História do corpo

2. Da Revolução à Grande Guerra

Dados Internacionais de Catalogação na Publicação (CIP)
(Câmara Brasileira do Livro, SP, Brasil)

História do corpo : Da Revolução à Grande Guerra / sob a direção de Alain Corbin, Jean-Jacques Courtine e Georges Vigarello ; tradução de João Batista Kreuch, Jaime Clasen ; revisão da tradução Ephraim Ferreira Alves. 4. ed. – Petrópolis, RJ : Vozes, 2012.
Título original: Histoire du corps : De la Révolution à la Grande Guerre.
"Volume dirigido por Alain Corbin".
Vários autores.
Bibliografia.

4ª reimpressão, 2025.

ISBN 978-85-326-3626-3
1. Corpo humano – Aspectos religiosos – Cristianismo 2. Corpo humano – Aspectos sociais 3. Corpo humano – História 4. Figura humana na arte I. Corbin, Alain. II. Courtine, Jean-Jacques. III. Vigarello, Georges. IV. Título: Da Revolução à Grande Guerra.

07-10614   CDD-306.4

Índices para catálogo sistemático:
1. Corpo humano : História : Aspectos sociais : Sociologia   306.4

História do corpo

Sob a direção de
Alain Corbin, Jean-Jacques Courtine, Georges Vigarello

2. Da Revolução à Grande Guerra

Volume dirigido por Alain Corbin

Alain Corbin
Olivier Faure
Richard Holt
Ségolène Le Men
Henri-Jacques Stiker
Georges Vigarello
Henri Zerner

Tradução
João Batista Kreuch (Partes I e II)
Jaime Clasen (Parte III)

Revisão da tradução
Ephraim Ferreira Alves

EDITORA VOZES
Petrópolis

© Éditions du Seuil, 2005
Tradução do original em francês intitulado *Histoire du corps –
2. De la Révolution à la Grande Guerre*

Direitos de publicação em língua portuguesa:
2008, Editora Vozes Ltda.
Rua Frei Luís, 100
25689-900 Petrópolis, RJ
www.vozes.com.br
Brasil

Todos os direitos reservados. Nenhuma parte desta obra poderá ser reproduzida ou transmitida por qualquer forma e/ou quaisquer meios (eletrônico ou mecânico, incluindo fotocópia e gravação) ou arquivada em qualquer sistema ou banco de dados sem permissão escrita da editora.

CONSELHO EDITORIAL

Diretor
Volney J. Berkenbrock

Editores
Aline dos Santos Carneiro
Edrian Josué Pasini
Marilac Loraine Oleniki
Welder Lancieri Marchini

Conselheiros
Elói Dionísio Piva
Francisco Morás
Teobaldo Heidemann
Thiago Alexandre Hayakawa

Secretário executivo
Leonardo A.R.T. dos Santos

PRODUÇÃO EDITORIAL

Anna Catharina Miranda
Bianca Gribel
Eric Parrot
Jailson Scota
Marcelo Telles
Mirela de Oliveira
Natália França
Priscilla A.F. Alves
Rafael de Oliveira
Samuel Rezende
Verônica M. Guedes
Vitória Firmino

Editoração: Fernando Sergio Olivetti da Rocha
Diagramação: AG.SR Desenv. Gráfico
Capa: Juliana Teresa Hannickel
Imagem de capa: Paul-Albert Rouffio, *Samson et Dalila*, 1874

ISBN 978-85-326-3626-3 (Brasil – Vol. 2)
ISBN 978-85-326-3628-7 (Brasil – Obra completa)
ISBN 2-02-022453-4 (França – Vol. 2)
ISBN 2-02-022455-0 (França – Obra completa)

Este livro foi composto e impresso pela Editora Vozes Ltda

Sumário

Introdução (Alain Corbin), 7

PARTE I: OLHARES CRUZADOS SOBRE O CORPO

1. O olhar dos médicos (Olivier Faure), 13

2. A influência da religião (Alain Corbin), 57

3. O olhar dos artistas (Henri Zerner), 101

4. As imagens sociais do corpo (Ségolène Le Men), 141

PARTE II: PRAZER E DOR: NO CORAÇÃO DA CULTURA SOMÁTICA

1. O encontro dos corpos (Alain Corbin), 181

2. Dores, sofrimentos e misérias do corpo (Alain Corbin), 267

PARTE III: O CORPO CORRIGIDO, TRABALHADO, EXERCITADO

1. Nova percepção do corpo enfermo (Henri-Jacques Stiker), 347

2. Higiene do corpo e trabalho das aparências (Georges Vigarello), 375

3. O corpo trabalhado – Ginastas e esportistas no século XIX (Georges Vigarello e Richard Holt), 393

Índice de nomes próprios, 479

Os autores, 505

Índice geral, 507

Introdução

"É estranho existirmos por meio de nosso corpo, com suas perceptíveis variações de acordo com as idades da vida e, sobretudo, quando a morte se aproxima, semelhante a todas as demais coisas desse mundo"[1]. Ora, essa estranheza radical une-se a uma total familiaridade, o que exige a clássica distinção entre o corpo objeto e o corpo próprio.

O corpo ocupa um lugar no espaço. E ele mesmo é um espaço que possui seus desdobramentos: a pele, as ondas sonoras de sua voz, a aura de sua perspiração. Esse corpo físico, material, pode ser tocado, sentido, contemplado. Ele é esta coisa que os outros veem, sondam em seu desejo. Desgasta-se com o tempo. É objeto de ciência. Os cientistas o manuseiam e o dissecam. Medem sua massa, sua densidade, seu volume, sua temperatura. Analisam seu movimento. Transformam-no. Mas este corpo dos anatomistas ou dos fisiologistas é radicalmente diferente do corpo do prazer ou da dor.

Na perspectiva do sensualismo, que triunfa quando começa o período estudado neste livro, o corpo é o lugar das sensações. O fato de se provar a si próprio constitui a vida, a origem da experiência, a temporalidade vivenciada, o que situa o corpo do "lado da subjetividade patética, da carne, da sensibilidade"[2].

---

1. HENRY, M. "Le corps vivant". *Prétentaine*, n. 12/13, *Corps*, mar./2000, p. 13. Todos os artigos desse belo número nos foram muito úteis.

2. BROHM, J.-M. "Le corps, un référent philosophique introuvable?", *Prétentaine*, n. 12/13.
• *Corps*, mar./2000, p. 131.

Estou em meu corpo e não posso deixá-lo. Essa copresença constante consigo mesmo dá base a uma das interrogações fundamentais dos Ideólogos, especialmente, de Maine de Biran. O sujeito – o eu – existe somente encarnado; nenhuma distância pode se constituir entre ele e seu corpo. Todavia, o corpo transcende o eu a toda hora no – ou pelo – sono, na fadiga, na possessão, no êxtase, na morte. Ele será, futuramente, um cadáver. Por tudo isso, a tradição filosófica antiga o entende como prisão da alma, como um túmulo, o corpo está "do lado obscuro da força, da impureza, da opacidade, da decadência e da resistência material"[3]. As modalidades da união da alma e do corpo – posteriormente, do psíquico e do somático – não cessam de ocupar os discursos.

Ora, as mais das vezes, os historiadores têm ignorado a tensão instaurada entre o objeto da ciência, do trabalho, o corpo produtivo, experimental, e o corpo espiritualizado, "conjunto de forças e fraquezas, de ações e de afeições, de energia ou de debilidades"[4]. É o restabelecimento de um equilíbrio entre essas duas perspectivas que este livro procurará encontrar. O corpo que se satisfaz, o corpo sofredor e o corpo como entidade espiritualizada encontram aqui um lugar ao menos equivalente ao ocupado pelo corpo dissecado ou pelo corpo manuseado.

A partir do final do século XIX, a distinção clássica que acabamos de lembrar em poucas linhas, que faz do corpo o território estável do sujeito, encontra-se deslocada. Aos poucos impõe-se a consciência da gestão social do corpo. Nesta nova perspectiva culturalista, o corpo aparece como resultado de uma construção, de um equilíbrio estabelecido entre o dentro e o fora, entre a carne e o mundo. Um conjunto de regras, um trabalho cotidiano das aparências, de complexos rituais de interação, a liberdade de que cada um dispõe para lidar com o estilo comum, com as posturas, as atitudes determi-

---

3. Ibid., p. 134.
4. Ibid., p. 151.

nadas, os modos usuais de olhar, de se portar, de se mover, compõem a fábrica social do corpo. As maneiras de se maquiar, de se pentear, inclusive de se tatuar – se necessário, se mutilar – e de se vestir, são igualmente características do gênero, da classe etária, do *status* social ou da pretensão de pertencer a determinada classe. Até a própria transgressão manifesta a força do contexto social e ideológico.

A distinção, por demais sumária, estabelecida entre o corpo objeto e o corpo próprio se enriquece com outra, com a que opõe o corpo para mim ao corpo para o outro e que provoca, em última análise, o sentimento de uma tentativa de despossessão, o receio de que me tenha furtado o "privilégio de ser um sujeito, senhor de meu universo". Permanentemente, o indivíduo se sente atingido, observado, desejado, impelido em e por seu corpo. Esta tensão entre o corpo existido e o corpo alienado, caracterizada recentemente por Jean-Paul Sartre, o risco da possessão por outro, de submissão ao poder, aos projetos, ao desejo do outro, fundamentam, principalmente, a importância da relação sexual. Este livro lhe reserva um lugar, ao lado do reservado ao processo de construção social dos tipos corporais. A união sexual, a tentativa de fusão que a constitui, como toda carícia, produz uma dupla encarnação recíproca. A interpenetração das zonas erógenas e a eventual construção da imagem do corpo de cada um dela resultante situam-se, evidentemente, no centro de toda história do corpo.

A porosidade das fronteiras entre o corpo sujeito e o corpo objeto, entre o corpo individual e o corpo coletivo, entre o interior e o exterior, tornou-se mais refinada e mais complexa no século XX devido ao surgimento da psicanálise. Esta ultrapassa os limites temporais abrangidos neste volume, mas precisamos considerar a importância desta referência, mesmo que silenciosa, na exploração atual da corporeidade. O corpo é uma ficção, um conjunto de representações mentais, uma imagem inconsciente que se elabora, se dissolve, se reconstrói através da história do sujeito, com a mediação dos discursos sociais e dos sistemas simbólicos. A estrutura libidinal desta imagem e tudo aquilo que vem perturbá-la constituem o corpo em um corpo clínico, um corpo sintoma. Não colocaremos no centro de nossa problemática este conjunto de dados, considerando os riscos de anacronismo e a dificuldade de combinar suas diversas abordagens. Todavia, como acontece com a maioria dos estudos em nossa época, esse eco se fará ouvir ao longo destas páginas, sobretudo naquelas dedicadas por Henri Zerner ao corpo imaginado.

Evidentemente, a leitura deste livro é, necessariamente, uma incursão num objeto histórico cujas dimensões desafiam qualquer tentativa de síntese verdadeira. Nada, aqui, sobre o sono, nada sobre a percepção do envelhecimento. O corpo do soldado, a exibição do monstro ficam reservadas para o volume seguinte. O corpo da parturiente foi abordado no volume anterior. O longo século XIX, que aqui será tratado, já era suficientemente rico de novidades para justificar que a tônica fosse colocada sobre processos tão ativos como o predomínio da medicina anatomoclínica e da frenologia, o aparecimento da anestesia, a emergência da sexologia, a ascensão da ginástica e do esporte, o aparecimento de novas formas de fábricas pela Revolução Industrial, a constituição de uma taxionomia social do corpo, a ruptura radical da representação do eu; e são apenas alguns exemplos. Este volume não pode, todavia, ser plenamente compreendido senão em função daquele que o precede e daquele que o sucede.

Alain Corbin

Parte I

Olhares cruzados sobre o corpo

Qual era o conhecimento dos médicos sobre o corpo, sobre sua anatomia e sua fisiologia? Como este saber constituiu-se e evoluiu ao longo do século? Como o corpo era considerado pelos membros do clero e o que ele representava aos olhos dos cristãos fervorosos? Que sistema de normas resultava dessas crenças? Que obsessões, que fantasmas – e, inclusive, que angústias – orientaram esse olhar ao passo que se formava um imaginário social, configurado por uma série de tipos? São todas questões cujas respostas condicionam o propósito de uma história do corpo no século XIX. Portanto, cabe-nos abordá-las logo de entrada, antes de tratar da história do prazer e da dor.

1
O OLHAR DOS MÉDICOS
Olivier Faure

Hoje em dia já não nos é possível falar de nosso corpo e de seu funcionamento sem recorrer ao vocabulário médico. Para nós, o corpo é "naturalmente" um conjunto de órgãos-sede de processos fisiológicos e bioquímicos. Nós designamos e localizamos nossas doenças de acordo com uma geografia e uma terminologia de influência médica, mesmo que não recubram perfeitamente a nosologia oficial.

Longe de ser inconsequente, essa terminologia orienta nossa representação e nossa experiência do corpo. O vocabulário técnico que utilizamos nos permite fazer de nosso corpo um objeto exterior com o qual podemos tomar um mínimo de distância e afastar as inquietações que ele nos inspira. Também não resta dúvida de que este quadro analítico condiciona a escuta de nosso corpo e nos torna mais atentos aos distúrbios audíveis pelo médico do que aos demais. Contudo, seria exagerado acreditar que a leitura de nosso corpo seja unicamente uma leitura médica. Muitos de nossos autodiagnósticos não correspondem ao saber médico contemporâneo no tocante às famosas crises de fígado, que tampouco nossos vizinhos do além-Mancha reconhecem. Quanto à doença, ela está longe de ser chamada e interpretada como um fenômeno puramente fisiológico. As mortes causadas pelo câncer ainda são anunciadas como consequências de "dolorosa doença". Quando se trata de explicitar as causas da doença, geralmente são invocados a hereditariedade, o modo de vida, o destino e a própria culpa, mais do que mecanismos puramente biológicos. Diversamente do que se poderia acreditar, tais atitudes não são apenas resíduos de crenças irracionais antigas ou sinais de resistência a uma medicina tecnicista e despersonalizante. Com efeito, elas se alimentam amplamente de representações medicais dos últimos dois séculos, que fazem do corpo um organismo dependente de seu ambiente e de comportamentos daquele que o possui. Assim, a visão médica contemporânea do corpo está longe de reduzi-lo a uma série de órgãos, de células e de mecanismos gerados por leis psicoquímicas. A ideia de que a medicina ocidental teria aniquilado, há dois séculos, a existência do enfermo e a autonomia do indivíduo ao despedaçar o corpo e a doença é, sem dúvida, uma visão caricatural. Se o esquema médico tornou-se dominante em nossas maneiras de falar e viver o corpo é, talvez, porque ele é mais complexo do que certo vulgarismo denuncista o tenha afirmado.

Tentaremos caracterizar aqui um episódio essencial da constituição e da difusão desse esquema na sociedade. Claro que os médicos de antes da clínica não ignoram o corpo, mas guardam uma certa distância dele. As indicações que ele lhes fornece (os sintomas) não são sua única bússola. A partir de 1750, pelo contrário, a observação, tanto na medicina como nas outras ciências, torna-se a operação essencial. O corpo é seu principal objeto, embora não seja o único. Se a visão global de um corpo ancorado em seu ambiente está longe de desaparecer, se lhe acrescentam uma série de fotografias, cada vez mais precisas, porém cada vez mais parciais, de um corpo humano composto de órgãos, de tecidos, de células. É certo que os médicos do fim do século XIX ainda não percebem as moléculas, mas a tendência a fragmentar o corpo já está estabelecida. A estas imagens estáticas somam-se mais tarde filmes que traçam o funcionamento do organismo. Ao mesmo tempo, o quadro geral do doente vai-se tornando um terreno privilegiado de observação. Também aí, o percurso não é inédito e Hipócrates, redescoberto no final do século XVIII, já havia insistido nesses fatores em seu famoso tratado *Ares, lugares e águas*. Longe de serem concorrentes, as duas abordagens, ambiental e global de um lado, fisiologista e localista de outro, constituem os dois pilares da medicina moderna, embora o segundo, mais técnico, mais revolucionário, adquire mais prestígio e causa maior impacto nas imaginações do que o primeiro.

O discurso a seguir não quer fornecer um balanço exaustivo dos conhecimentos médicos sobre o corpo no século XIX, nem descrever sua evolução. Para isto existem sínteses recentes e excelentes obras de história das ciências[1]. Tampouco tem-se o objetivo de descrever o lento e relativo progresso do poder e do monopólio medicais[2] mas, sim, colocar a questão da formação e da extensão de um código de leitura e de prática do corpo. Com efeito, tudo o que, neste volume, nos é dito a respeito do corpo em todos os seus estados é vastamente influenciado pelas normas médicas. Tantas vezes descrito pelos médicos, o corpo enfermo, doente, supliciado ou morto, é submetido a procedimentos elaborados no coração ou às margens da medicina. Dando provas de imaginação, os pintores e os literatos estudaram muito a anatomia, visitaram o anfiteatro de minuciosos exames, leram ou visitaram os médicos. Além disso, pode-se imaginar que pelo viés dessas leituras, de consultas médicas mais frequentes, indivíduos provenientes de esferas sociais cada vez mais amplas tenham podido ser marcados por esses novos códigos. Seria, contudo, exagerado e falso imaginar que as representações médicas se imponham espontaneamente a toda uma sociedade apenas por suas virtudes demonstrativas. Se a medicina transforma-se no principal guia de leitura do corpo e da doença é porque a ciência médica se elabora no seio da sociedade e como resposta a seus questionamentos, e não num universo científico totalmente subtraído da realidade.

---

1. Entre as mais recentes, a síntese reunida por GRMEK, M.D. (org.). *Histoire de la pensée médicale en Occident*. 4 vol. Paris: Du Seuil, 1995-1999. Para nosso período, tomo II: *De la Renaissance aux Lumières*, 1997, e tomo III, 1999.

2. Para a França, retornaremos ao conjunto da obra de Jacques Léonard e particularmente a *La Médicine entre les savoirs et les pouvoirs*. Paris: Aubier, 1981.

Concretamente, portanto, trata-se de mostrar como, nessa dinâmica de relações mais intensas, nascem e se desenvolvem novas abordagens médicas do corpo, sem jamais perder de vista que elas modificam e são modificadas pela prática da medicina, pelas relações entre médicos e doentes. Finalmente, elas mudam as atitudes e as crenças da população em relação ao corpo, ao mesmo tempo em que se adaptam a elas. Ao invés de desenvolver sucessivamente esses três registros (a ciência, a prática e o imaginário), ou estabelecer uma cronologia forçosamente triunfalista, escolhemos aqui, apesar do artifício, expor sucessivamente as concepções científicas do corpo em torno de duas operações centrais da medicina contemporânea, a clínica e a fisiologia. Nesta medida veremos como as disciplinas estão longe de fornecer respostas unívocas e completas às questões colocadas pelo corpo e seu funcionamento. Com efeito, por detrás da via mais visível e mais conhecida que consiste em dividir o corpo para melhor descrevê-lo e tratá-lo, os médicos não esquecem que o corpo também é o corpo de uma pessoa, que está integrado num contexto físico e humano que o ameaça tanto quanto pode ser ameaçado.

I. Corpo explorado, corpo dividido, corpo negado?

Hoje é de bom tom criticar uma medicina especializada, tecnicista, na qual o médico trata de um órgão, uma disfunção, e não mais da pessoa nem mesmo do corpo do doente. Esta enorme tendência está em vigor há pelo menos dois séculos. Longe de demonstrar um original desinteresse pelo humano, ela é expressão de um novo humanismo. Além de permitir o aumento dos conhecimentos sobre o organismo, senão um aperfeiçoamento dos tratamentos, ela não visa única e exclusivamente a reduzir o paciente ao estatuto de objeto de estudos.

Esta abordagem mais e mais minuciosa e técnica pesa, naturalmente, na prática médica e nas relações entre médicos e pacientes. Mais amplamente, ela modifica a maneira de os indivíduos e a sociedade lidarem com o corpo: a representação naturalista do corpo vira de cabeça para baixo as representações filosóficas do ser humano; a abordagem localista tem repercussões sobre a relação que os indivíduos mantêm com seu corpo e com a doença. Essas mudanças são tão sensíveis que a medicina realiza uma segunda revolução, paralela à primeira. Mais numerosos, mais presentes, mais visitados, os médicos penetram em meios sociais até então separados de sua influência.

Aqui devemos ficar atentos a dois perigos. O primeiro consiste em acreditar que houve, antes do século XIX, uma abordagem totalmente profana e puramente metafórica do corpo. O segundo seria acreditar que as novas representações médicas fazem desaparecer totalmente as precedentes. Talvez pelo contato com o mundo animal, as pessoas do povo possuem há tempos uma visão anatômica precisa do corpo humano. Mais que isso, derivada da medicina antiga, a representação de um corpo essencialmente composto por quatro humores (o sangue, a bílis, a fleuma e a atrabílis, ou bílis negra), penetrou fortemente o corpo social. Lê-se abertamente nas correspondências e registros íntimos do século XVIII o caráter dominante da representação humoral do corpo[3]. Pode-se descobri-la também na coorte de camponeses que vão se fazer sangrar regularmente e preventivamente, ou ainda nas denominações que repartem os indivíduos segundo temperamentos herdados da visão humoral. Tais representações perduram, não sem se associar às novas abordagens essencialmente anatômicas e fisiológicas. Todas, entretanto, relacionam-se muito bem com o novo discurso sobre o papel do ambiente e das crenças mais antigas na função da hereditariedade ou do sobrenatural.

1. O nascimento da medicina moderna

Recolher informações junto aos pacientes, examiná-los com atenção (clínica), fazer a ligação entre os sintomas que apresentam e suas lesões orgânicas (percurso anatomoclínico), analisar os diferentes elementos do corpo humano (órgãos, tecidos, células) saudáveis ou doentes (anatomia e ana-

---

[3]. Sobre esse ponto, confira a tese recente de RIEDER, P. *Vivre et combattre la maladie: representations et practiques dans les régions de Genève, Lausanne et Neuchâtel au XVIIIe siècle*. 2 vol. Genebra, 2002 [digitado].

tomia patológica): essas atividades estão no coração da medicina da atualidade e constituem suas principais subdisciplinas. Elas são promovidas em apenas um século, que se estende de 1750 a 1850. Esta revolução, no entanto, é anunciada desde muito tempo. Já presente em Hipócrates, a observação retorna com força antes mesmo do século XVI. Longe de se limitar unicamente aos sintomas, ela se aplica amplamente à anatomia. Desaparecidas desde o período helenista, as autópsias e as dissecações voltam a ser praticadas abertamente desde o começo do século XIV e se multiplicam a partir do século XVI[4]. Particularmente frequentes na Itália, elas permitem identificar as lesões anatômicas provocadas pelas doenças. Paralelamente, cansados de sistemas especulativos, alguns médicos como Sydenhan e Boerhaave preconizam uma descrição atenta das doenças. De acordo com Sydenhan, "aquele que pretender apresentar uma história das doenças deverá renunciar a todas as hipóteses filosóficas e perceber com muita exatidão os mais ínfimos fenômenos das doenças que são claras e naturais, imitando nisso os pintores que, em seus retratos, têm um cuidado enorme para reproduzir até os mínimos traços das pessoas que querem representar". Esta citação de 1676 diz muito. Além da influência do empirismo de Bacon e de Descartes, a comparação do pintor e do médico deixa entender que a medicina participa da lenta mudança mental que revira a Europa das elites a partir do século XVI. A observação nasce parcialmente da descoberta do Novo Mundo com suas plantas, seus animais e seus homens estranhos. A diminuição temporária das crises, o enriquecimento de alguns e o refluxo parcial da força religiosa dão mais peso à vida terrestre e à existência individual. Nesse quadro, o esforço por vencer a doença e adiar a hora da morte exerce sobre o médico uma demanda social de cuidados e/ou de cura à qual a medicina galênica* não consegue dar res-

---

4. Sobre esse ponto, confira MANDRESSI, R. *Le Regard de l'anatomiste* – Dissections et invention du corps en Occident. Paris: Du Seuil, 2003.

* Referente a galenismo: Doutrina médica de Cláudio Galeno, médico e filósofo grego (131-200), a qual subordinava os fenômenos da saúde e da doença à ação de quatro humores: o sangue, a bílis, a fleuma e a atrabílis [N.T.].

posta. Nesse novo contexto científico, os médicos e cirurgiões mais inovadores irão seguir as disciplinas mais "avançadas" que são a botânica e a zoologia e converter-se à observação.

Apesar dos precursores já aludidos, o movimento da medicina clínica somente se exprime maciçamente após 1750. Até então, o apego das faculdades à medicina humoral reduz os inovadores a experiências informais. Na institucionalização da trajetória clínica, os historiadores insistiram muito sobre o papel dos Estados. Na tentativa de aumentar sua população para aumentar seu poder militar e econômico, os soberanos absolutos se interessam pela saúde do seu povo. Se as iniciativas inspiradas no populacionismo e no cameralismo privilegiam o apoio às profissões de saúde e a promoção da higiene, elas também se traduzem por um apoio aos médicos inovadores. Na Áustria, sobretudo, o absolutista liberal José II cria o Hospital Geral de Viena (1784), depois a Academia de Medicina e Cirurgia (1785), duas instituições nas quais a formação clínica está no centro. Mais prudente, a monarquia francesa se contenta em modernizar a formação dos médicos e cirurgiões do serviço de saúde militar, criando os hospitais-anfiteatros de instrução (1771) e autorizando a abertura do hospício de aperfeiçoamento do Colégio de Cirurgia (1774)[5]. O essencial, contudo, não está nisso, mas nas criações espontâneas. Assim, multiplicam-se em Londres (os hospitais Saint-Guy, Saint-Thomas, Saint-Barthélemy), na Itália (Pavia, 1770), na Dinamarca (Copenhague, 1961), na Alemanha, nos anos de 1750-1780[6], na França no Hôtel-Dieu e na Charité de Paris, em diversas cidades do interior, cursos de medicina e cirurgia prática dados aos voluntários por médicos e cirurgiões dos hospitais. É preciso acrescentar ainda o ensino prático dado a alunas parteiras seja nos hospitais, seja em cursos itinerantes como o de Mada-

---

5. FAURE, O. Les stratégies sanitaires. In: GRMEK, M.D. (org.). *Histoire de la penseée médicale en Occident*. Op. cit. Tomo II, p. 279-296.

6. BUELTZINGSLOEWEN, I. von. *Machines à instruire, machines à guérir*: les hôpitaux universitaires et la médicalisation de la societé allemande. Lyon: PUL, 1997.

me. du Coudray. Aí, mais uma vez, a observação, a demonstração, a prática estão na base do ensino. Após um longo debate historiográfico, verificou-se que, desde meados do século XVI, diversamente da clínica de Boerhaave, em Leyde, as clínicas não são mais "teatros nosológicos", onde fossem apresentados apenas casos ilustrativos de um ensino magistral, mas sim locais de observações autênticas recolhidas de todos os serviços hospitalares[7].

Embora ela não crie a clínica hospitalar, como se afirmou por muito tempo, a Revolução Francesa e a lei de Ventôse*, ano XI que sistematiza suas conquistas, tornam obrigatória a clínica na formação médica e os exames que conduzem ao doutorado francês. As três faculdades de medicina abrem cursos de clínica a cargo de professores que exercem serviços específicos nos hospitais. Onde não existem faculdades, os hospitais se tornam o principal lugar da formação médica. Com a promoção da prática, as funções do auxiliar de cirurgia, até esse momento situado no grau mais baixo da escala, tornam-se, com o novo título de interno, funções buscadas e logo passam a ser o começo da via régia das carreiras médicas. Com efeito, tais funções que permitem residir permanentemente no hospital e adquirir uma experiência incomparável são de tal modo disputadas que seu acesso se dá através de concursos muito seletivos[8]. Assim, o que se chama, às vezes, escola de Paris, torna-se um modelo de formação médica para toda a Europa da primeira metade do século XIX[9].

---

7. KEEL, O. *L'Avénément de la médicine clinique en Europe (1750-1815)*. Montreal/Genebra: Presses Universitaires de Montréal/Georg, 2002.

* Ventôse (ou *Ventose*) era o sexto mês no calendário da República francesa e começava aos 19-21 de fevereiro e terminava em 20-21 de março. Era o terceiro dos meses de inverno, sendo precedido do *Pluviôse* e sucedido pelo *Germinal*. O nome origina-se do termo latino *ventosus*, que significa ventoso e foram sugeridos por Fabre d'Églantine, em outubro de 1793 [N.T.].

8. *Ordre et désordre à l'hôpital*: l'internat en médicine (1902-2002). Paris: Musée de l'Assistance Publique, 2002.

9. ACKERKNECHT, E. *La Médicine hospitalière à Paris (1794-1848)*. Paris: Payot, 1986 [edição americana, 1967].

Movimento científico e organização institucional se conjugam para dar à observação um lugar de destaque na medicina e iniciar um movimento sem fim no qual o corpo é explorado e analisado de maneira cada vez mais fina e mais aprofundada.

2. A exploração do corpo

Se a observação médica em geral concede um lugar de destaque ao ambiente em torno do corpo, nos hospitais ela tende a polarizar-se sobre o corpo do doente, esteja ele vivo ou morto. Com efeito, esses lugares oferecem aos médicos uma massa de corpos relativamente submissos. Abertos unicamente aos indigentes, os hospitais estabelecem com eles um contrato tácito segundo o qual "o infeliz que vem pedir ajuda paga à medicina o que ele deve à caridade". O contrato se aplica também ao corpo morto que, quando não é reclamado, é colocado à disposição dos médicos que podem "quando a arte é vencida pela doença [...] persegui-la até dentro do órgão que ela afetou e descobrir seus segredos até nas entranhas de suas vítimas"[10]. Assim se realiza nos hospitais a síntese entre dois percursos já existentes, mas até então separados. O vínculo estabelecido entre a observação dos sintomas do doente e a anatomia patológica constitui a medicina anatomoclínica. Inicialmente, independentes da observação clínica por se contentarem em constatar a localização das doenças, depois, subordinadas a elas por servirem apenas para verificar as constatações *ante mortem*, as autópsias, multiplicando-se, permitem distinguir melhor e definir as entidades nosológicas, desvelar os efeitos ocultos da doença e ajudar a compreendê-la. Em suma, o corpo morto se torna tão importante na medicina quanto o corpo vivo.

Convertidos a essa trajetória, mas submetidos à pressão da clientela e movidos pela necessidade de agir, os médicos ordinários não podem, contu-

---

10. IMBERT. *De l'observation dans les grands hôpitaux et spécialement dans ceux de Lyon*. Lyon: Perrin, 1830, p. 5-9.

do, contentar-se em esperar a morte do paciente para compreender a doença, dar o diagnóstico, definir o tratamento. Eles também tentam encontrar um meio de "tornar visível o interior do corpo humano, e fazer uma espécie de autópsia sem dissecação"[11]. Obviamente, as explorações vaginais e anais, o uso de sondas, bugias e estiletes já eram praticados desde a Antiguidade, embora com um declínio no período clássico. O retorno da exploração interna do corpo passa, antes de tudo, pela utilização mais sistemática do *speculum uteri* aperfeiçoado por Récamier entre 1812 e 1835. Derivados do *speculum uteri*, instrumentos penetram outras cavidades do corpo: o *speculum* uretrocistítico explora a bexiga; o otoscópio, o ouvido. A luz passa também a ser utilizada para examinar o olho, graças ao oftalmoscópio de Herman von Helmholtz (1851), e o aparelho urinário, graças aos primeiros uretroscópios (1853), cujo inventor, Désormeaux, já entrevia seu prolongamento para a exploração do aparelho digestivo. Contudo, exceto o primeiro, esses instrumentos conservam um uso limitado e, praticamente, ficam no estágio da invenção, pois ainda não havia uma técnica adequada para determinar seu emprego imediato.

A *contrario*, a aventura do estetoscópio, o sucesso da percussão, o triunfo mais tardio dos raios X demonstram, finalmente, o caráter secundário da técnica. Proposta por Auenbrugger em 1761, a percussão é de uma simplicidade rara. Conta a história que a única genialidade de seu inventor teria consistido em transferir para o corpo humano a técnica utilizada pelos vinhateiros, que avaliavam o conteúdo dos cachos pelo som produzido na hora de colhê-los. Simples, essa técnica, todavia, não seria utilizada imediatamente, por não se dispor de resultados interpretáveis no contexto científico da época. Deixada de lado no tempo de Auenbrugger, o método só é valorizado

---

11. SÉGAL, A. Les moyens d'exploration du corps. In: GRMEK, M.D. (org.). *Histoire de la penseée médicale en Occident*. Op. cit., tomo III, p. 187-196. Todo o parágrafo que segue baseia-se bastante nele.

quando Corvisart o assume, quarenta e cinco anos depois de seu surgimento, quando triunfa o método anatomoclínico[12].

A invenção do estetoscópio é ainda mais caricatural e ilustrativa[13]. Exatamente por ser um aluno de Corvisart que Laennec procura e encontra um meio de aperfeiçoar a escuta do corpo. Mais uma vez, trata-se de um sistema de amplificação do som muito simples, inspirado, diz-se, em brincadeiras infantis. Com um simples rolo de papel e cilindros de madeira artesanalmente arranjados, Laennec conseguiu ouvir melhor os sons das cavidades pulmonares dos pacientes respeitando o pudor deles e o seu. Por corresponder a uma expectativa de inúmeros médicos, o aparelho e o método tiveram um sucesso imediato. Traduzido para o inglês dois anos depois de sua aparição, o *Traité de l'auscultation médiate* (Tratado da auscultação mediata) é publicado nos Estados Unidos desde 1823, ao passo que o estetoscópio chega ao Canadá em 1827.

O destino do termômetro é bem diferente. Inventado há muito tempo, sem apresentar maiores problemas de utilização, ele aparece no rol dos instrumentos de medição médica apenas tardiamente. O uso do termômetro tal como o conhecemos supõe que se atribua um significado a uma série de números. A operação só é pensável após a introdução do método numérico (estatístico) na medicina, a partir de 1820, com o Doutor Louis[14]. Mais ainda, a tomada da temperatura requer que a febre deixe de ser considerada uma doença em si e passe a ser vista como uma simples testemunha de diferentes estados patológicos. Esta mudança passa por uma longa prática de observação clínica hospitalar. Dessa forma não é de nos admirar que as primeiras medi-

---

12. PEITZMAN, S. & MAULITZ, R.C. Apud GRMEK, M.D. (org.). *Histoire de la penseée médicale en Occident*. Op. cit. Tomo III, p. 169-186.

13. DUFFIN, J. *To See with a Better Eye*: a Life of R.T.H. Laennec. Princeton: Princeton University Press, 1998.

14. BOURDELAIS, P. Définir l'efficacité d'une thérapeutique: l'innovation de l'école de Louis et sa réception. In: Olivier Faure (org.). *Les Thérapeutique: savoir et usages*. Lyon: Fondation Mérieux, 1999, p. 107-122.

ções sistemáticas da temperatura só sejam realizadas a partir de 1840 onde atua o Doutor Wunderlich[15].

Ainda rara no final do nosso período, a tomada da tensão arterial ilustra o papel dos fatores sociais na difusão das novas práticas de medição. Mostra também como uma técnica de diagnóstico não se contenta em revelar uma patologia, mas pode também criá-la. Também nesse caso, o problema não é, principalmente, de ordem técnica. Realizada por Stephen Hales no século XVIII, a medição da tensão arterial é aperfeiçoada pelo médico-engenheiro Poiseuille no final de 1820. A partir dos anos de 1860, em alguns serviços clínicos como o de Potain no Hôtel-Dieu de Paris, a medição da tensão arterial é sistemática e esta é interpretada como um sinal clínico entre outros de diferentes doenças. Ela só se generaliza e contribui para criar a noção de hipertensão no fim do século XIX, mediante a pressão de companhias de seguro de vida. Nascidas na Inglaterra no fim do século XVIII, aclimatadas na França nos anos de 1820-1830, estas companhias asseguram cerca de um milhão de franceses em 1887. Naquele ano, é publicado um *Tratado do exame médico nos seguros de vida* que expõe diferentes métodos para identificar doenças obscuras e os meios de avaliar sua probabilidade. Entre as técnicas propostas no âmbito da primeira medicina preventiva, a medição da tensão permite determinar progressivamente um novo risco e uma nova doença, a hipertensão[16].

Muito mais tarde, a descoberta dos raios X por Roentgen, em fins de 1895, é objeto de uma paixão imediata e generalizada à qual o mundo médico não escapa. Essa apropriação de uma rapidez surpreendente se explica, claro, pelo sucesso geral da imagem (a descoberta dos raios X é perfeitamente contemporânea da cinematografia) e o entusiasmo pela eletricidade, mas ela encontra na medicina um uso imediato e maciço no âmbito da mobiliza-

---

15. SÉGAL, A. "Les Moyens d'exploration du corps". Art. citado.

16. POSTEL-VINAY, N. et al. *Impressions artérielles*: cent ans d'hypertension (1896-1996). Paris: Maloine/Imhotep, 1996. • POSTEL-VINAY, N. & PIERRE CORVOL. *Le retour du docteur Knock*: essai sur le risque cardiovasculaire. Paris: Odile Jacob, 1999.

ção geral contra duas doenças definidas como chagas sociais: a tuberculose e o câncer[17]. Sem possibilidades de cura, a estratégia principal é tentar combatê-las precocemente. Os raios X são particularmente propícios para isso, uma vez que permitem detectar tubérculos e tumores nascentes.

Cada vez mais profundamente explorado pelos aparelhos, o corpo vai sendo apreendido de maneiras sempre mais refinadas e especializadas. À decomposição do corpo, órgão a órgão e aparelho por aparelho, acrescenta-se uma outra, fundada inicialmente com a prática das autópsias. Multiplicando-se, estas mudam de natureza. Nos museus anatômicos onde se acumulam coleções de membros apresentados isoladamente, o olhar se dirige para além da visão global. Desde fins do século XVIII, na Inglaterra, com Cullen, Hunter e Smith, na França com Bichat, os médicos estudam os tecidos. Alguns anos mais tarde, amparados nas pesquisas anteriores dos naturalistas, os clínicos descobrem que os tecidos são compostos de células. De tecidual, a patologia torna-se celular com Virchow[18]. Embora surgido no século XVII, o uso do microscópio não exerce papel decisivo nem se aperfeiçoa senão a partir do momento em que o estudo dos tecidos se torna importante na evolução da medicina. Mais uma vez, é a trajetória científica que cria o objeto, muito mais do que o contrário.

A introdução de técnicas particulares que é preciso dominar, os estudos científicos avançados que implicam a patologia celular e a histologia não são realizáveis por todos nem por toda parte. Assim tem início uma diversificação de cursos, práticas e locais de exercícios médicos. Este esboço de especialização, entretanto, está longe de fornecer ao médico que se embrenha por ela uma superioridade em relação a seus colegas. Por muito tempo dominada por profissionais às margens da medicina, como os dentistas ou os atadores de hérnias, a especialização "moderna" diz respeito, inicialmente, às doenças

---

17. PINELL, P. *Le cancer*: naissance d'un fléau social (1890-1940). Paris: Métailié, 1982.

18. FAURE, O. *Histoire sociale de la médicine (XVIIe-XXe siècle)*. Paris: Anthropos, 1994.

malditas, dificilmente curáveis ou pouco prestigiosas como a loucura e as doenças venéreas, os partos, as doenças das mulheres e das crianças. Aqueles que se dedicam a elas o fazem mais por acaso ou por necessidade do que por opção. Apesar do dinamismo que eles demonstram e das inovações a eles atribuídas, atualmente, esses profissionais permanecem marginais e passam por semimédicos aos olhos dos clínicos que dominam os serviços generalistas que distinguem apenas feridos e febris. Nas escolas de medicina do interior, durante toda a primeira metade do século, vê-se professores passarem de uma cadeira a outra. Claro, a especialização se impõe nos hospitais ao longo de todo o século e nas faculdades francesas após 1870, mas dificilmente passa às clínicas privadas onde apenas uma minoria de clínicos hospitalares divulga uma especialidade que não os impede de se apresentar como médicos a pleno título e de cuidar de todas as afecções[19]. Apesar da realidade, a medicina continua a se apresentar como uma ciência única que pretende dar conta do funcionamento global do organismo humano e de todas as suas disfunções.

3. A dor ludibriada?

Tornou-se corrente, há cerca de vinte anos, localizar esta inovação na passagem de uma medicina holística, que considera o indivíduo em seu conjunto e em seu ambiente, a uma medicina sempre mais especializada, técnica e desumanizada, que trata órgãos mais que indivíduos. À parte o anacronismo, esse processo coloca, no entanto, um verdadeiro problema. Segundo a interpretação precedente, a introdução dessas novas concepções e práticas teria feito desaparecer o ser humano doente da relação terapêutica.

---

19. WEISZ, G. "Mapping medical specialization in Paris in the nineteenth and twentieth centuries". *Social History of Medicine,* 1994, p. 177-211. • WEISZ, G. The development of medical specialization in 19th century Paris. In: LA BERGE, A. & FEINGOLD, M. (orgs.). *French Medical Culture in the Nineteenth Century.* Amsterdam: Rodopi, 1994, p. 149-198. "Medical directories and medical specialization in France, Britain and the United States". *Bulletin of History of Medicine,* 1997, p. 23-68.

Uma das expectativas do processo efetuado sob essa rubrica aos médicos e à medicina do século XIX se refere ao esquecimento ou ao desprezo que eles teriam demonstrado em relação à dor do doente[20]. Para reforçar a convicção, a acusação costuma citar as declarações de dois médicos célebres. O primeiro é Vespeau, o imortal inventor da faixa que leva seu nome, que declarou em 1840: "Evitar a dor por meios artificiais é uma quimera". O segundo é o célebre fisiologista e empirista Magendie, mestre de Claude Bernard, que, num debate sobre a anestesia em 1847, pronunciou toda uma série de condenações de ordem moral e ética. Essas tomadas de posição seriam emblemáticas da atitude global do corpo médico, não apenas durante todo o século XIX, mas inclusive até o final do seguinte. Evidentes até alguns anos, as resistências manifestas de inúmeros médicos para empregar a morfina, inclusive em doentes terminais, contribuem amplamente para embasar a ideia da indiferença dos médicos à dor.

Três elementos essenciais costumam ser invocados para explicar por que essa ideia permanece. O primeiro é a herança cristã, sobretudo católica, que faz da dor e do sofrimento uma graça, além de uma punição. Isso parece se confirmar mais ainda considerando que as reticências ao uso de calmantes é mais forte nos países de tradição católica do que nos países reformados. O segundo elemento é a tradição clínica. Mais poderosa e mais exaltada na França do que na Alemanha, esta seria outra responsável pela indiferença dos médicos. Com efeito, a investigação clínica vê na dor e na descrição que o doente faz dela um dos elementos essenciais para estabelecer o diagnóstico. Enfim, o vitalismo* representa o último elemento essencial de explicação. Superando de longe a única escola do final do século XVIII que traz esse nome, esta durável interpretação atribui, abertamente ou não, uma grande im-

---

20. Toda a passagem que segue deve muito à obra de REY, R. *Histoire de la douler* (Paris: La Découverte, 1993), e aos trabalhos de PETERM, J.-P. *De la douleur* – Observations sur les atitudes de la médicine prémoderne envers la douleur. Paris: Quai Voltaire, 1993.

* Doutrina filosófica segundo a qual os seres vivos possuem uma força particular, distinta da alma e da físico-química, que dá origem aos fenômenos vitais; opõe-se ao mecanicismo [N.T.].

portância a um processo imaterial, a força vital, no desencadeamento da doença e no restabelecimento da saúde. Vendo na dor o sinal de uma reação da força vital, bem como uma etapa necessária no caminho da cura, o médico simpatizante do vitalismo não tem, portanto, nenhuma razão, muito ao contrário, para se opor a esta manifestação de uma futura cura espontânea.

Bem-entendido, a realidade é mais complexa e sobretudo mais mutável do que esse esquema supõe. Parece pacífico que o final do século XVIII e o começo do século XIX, que veem triunfar a medicina clínica, representam um período de retorno de um interesse pela dor. Largamente distante de suas significações religiosas aos olhos dos médicos e dos filósofos, ela é, antes de mais nada, um meio de chegar ao conhecimento dos sentidos e da sensibilidade, centro das interrogações dos filósofos que procuram descrever e explicar uma natureza humana liberada de seu estatuto único de criatura divina. A capacidade de sentir e ressentir é rapidamente considerada como algo próprio do ser humano. Objeto de especulações filosóficas em Condillac, o estudo da sensibilidade estimula pesquisas de médicos-fisiologistas como Albrecht von Haller e de médicos-filósofos como Georges Cabanis. Nesse contexto, a dor ocupa o lugar central nas pesquisas sobre a sensibilidade bem como sobre a doença. Ela é observada, repartida em uma multidão de categorias de acordo com sua intensidade e suas formas. Inúmeros são os médicos que tentam, tanto por meio da anamnese quanto por meio de exames fisiológicos, conter sua fonte e descrever suas manifestações. Se a busca da felicidade e do humanitarismo que estão no coração das Luzes temperam seus excessos, a retomada do interesse pela dor acaba recobrindo-a de virtudes positivas. Ela é "um grito da sensibilidade, pelo qual nossa inteligência é advertida do perigo que nos ameaça", segundo Marc-Antoine Petit (1799)[21], símbolo da expulsão de humores pecantes para o "mecânico" Hoffmann, manifestação da reação do doente depois de uma operação, ela é amplamente considerada uma indicação e uma reação fornecidas pela natureza. Na

---

21. PETIT, M.-A. *Discours sur la douleur*. Lyon: Reymann, ano VII, 90 p.

época em que esta é a suprema guia, a dor é, portanto, uma manifestação salutar que não se deve absolutamente impedir. Sem chegar a exaltá-la, Cabanis menciona que ela pode fortalecer o corpo.

Para além desses posicionamentos oficiais é bastante difícil conhecer as práticas mantidas junto ao leito dos doentes. Os raros elementos de que dispomos acentuam certo número de aparentes contradições. Antes do pleno desenvolvimento de trabalhos de fisiologia, a dor somente é informada ao médico pelo relato do doente. Nesse diálogo, os médicos têm uma necessidade indispensável do relato do doente, mas desconfiam dele na medida em que assumem por si mesmos os pré-juízos das elites sobre as pessoas do povo simples, sempre prontas a se lamentar e exagerar suas desgraças para tirar proveito disso. Contudo, apesar dos procedimentos realizados para objetivar as afirmações dos doentes, o relato das dores continua sendo um espaço de negociação entre médicos e doentes. Estes acabam por impor a seus interlocutores o reconhecimento do caráter individual da dor. Diante dela, a teoria terapêutica se divide em partes quase iguais entre duas estratégias radicalmente diferentes. A primeira, proveniente de Hipócrates, consiste em provocar artificialmente uma dor maior do que a sofrida pelo doente a fim de obscurecê-la. Daí vem a moda sempre forte de usar cautérios, vesicatórios e sedenhos. O uso terapêutico da dor é reforçado pela vontade de estimular a força vital. A tendência culmina no uso de moxas importadas da China, porém incrementadas pela substituição do algodão pela artemísia. A técnica consiste em aplicar sobre a pele, o mais próximo possível do local naturalmente dolorido, um cilindro de algodão e fazê-lo queimar. Criticado por causa de seus excessos, a esse método é contraposto, sem grande sucesso, um outro método vindo da China, a acupuntura, cujas agulhas podem ser condutores de uma corrente elétrica.

A fama da teoria da dor derivada, todavia, não impede o uso de calmantes, dos quais o principal é o ópio, também ele importado do Oriente e utilizado sobretudo desde o século XVII sob forma de soluções líquidas cuja mais conhecida é o láudano de Sydenham. Em revanche, o uso do princípio ativo do ópio, a morfina, isolada em 1817, logo causa problemas, tanto por causa dos riscos reais precocemente revelados pelas experiências intensas e graves quanto pela desconfiança dos médicos legistas. Preocupados em afirmar sua autoridade, eles desenvolvem uma verdadeira obsessão com os efeitos nocivos. Contudo, fora do uso hedonista dela pelos artistas, médicos e militares, a morfina ganha seu lugar na medicina entre os anos de 1850 e 1875[22]. Tal introdução acontece amplamente na esteira do uso anestésico do éter e do clorofórmio a partir de 1847[23].

Rapidamente difundida e aceita de imediato com entusiasmo pela imensa maioria dos médicos e das autoridades médicas, a introdução da anestesia tem efeito de uma revolução num contexto até então mais voltado para os indícios da dor. Na verdade, as pesquisas sobre a utilização do éter e do clorofórmio não são realizadas nas esferas médicas ou ligadas à medicina. Se o primeiro produto é conhecido há muito tempo, a descoberta do segundo (batizado assim em 1834) vem de químicos pouco interessados na medicina, e as primeiras experiências com o éter no ser humano acontecem nos Estados Unidos no contexto de espetáculos circenses. De lá elas conquistam profissões paramédicas, em particular os dentistas que são os primeiros a usá-lo com o objetivo de suprimir a dor, proverbial, de seus pacientes. O reconhecimento evidente das propriedades anestesiantes do éter tinha, portanto, tudo para contrariar os médicos estabelecidos e as academias. Entretanto, apenas as primeiras experiências foram relatadas pela imprensa, médicos se lançam a praticar anestesias, às vezes sem muitas precauções. As academias se apoderam imediatamente do assunto e lhe dão uma acolhida surpreendentemente favorável, numa rápida unanimidade, apesar dos acidentes e das incertezas. Claro, pode-se argumentar que numa situação de

---

22. YVOREL, J.-J. *Les Poisons de l'esprit*: drogues et drogués ao XIXe siècle. Paris: Quai Voltaire, 1992.

23. Sobre a anestesia, além da obra de Roselyne Rey, confira a tese de LAVILATTE, M.-J. *Le Privilège de la puissance*: l'anesthésie au service de la chirurgie française (1846-1896). 3 vol. Paris: Université Paris I, 1999 [datilografado].

crise da profissão e da ciência médica[24] era grande a tentação de assenhorear-se de uma descoberta de tal modo popular e cheia de perspectivas para tirar a cirurgia da geladeira em que estava. De fato, quis-se ver na precipitada conversão do corpo médico à anestesia uma repentina atenção à demanda de seus clientes, cujo limiar de sensibilidade à dor pareceu ter-se bruscamente baixado. Intelectualmente sedutora, a teoria da pressão da clientela não é de fácil comprovação. Obviamente, as guerras do Império, com todo seu sofrimento, podem bem ter modificado a atenção dos médicos para a dor, como o mostram as reações dos principais cirurgiões militares. Certamente, a imprensa generalista se apossa desta descoberta mais do que de nenhuma outra, sinal de que ela podia provocar mais repercussão nos leitores do que qualquer outra. Se o debate médico constata de maneira neutra que operar sem dor é um significativo progresso, mostra também que os médicos estão longe de capitular ante um pedido dos doentes. Estes, de resto, não estão inclusos nos debates e o Estado delega seu poder às academias encarregadas de dizer em seu lugar se a anestesia é perigosa ou não. Desde então, a introdução da anestesia implica uma grande transformação nas relações entre paciente e médico, mas não unicamente em favor do primeiro. Como mostra Magendie, a anestesia contribui para colocar o paciente totalmente nas mãos do médico, privando-o de qualquer controle sobre a operação, se é que algum pudesse existir. Além disso, a anestesia expõe o doente a riscos que há muito tempo são preocupantes. Na Inglaterra dos anos de 1880, contava-se um acidente em cada quatro anestesias. Nada era previsto para manter o doente informado sobre os riscos que corria e as raras queixas judiciais abertas em consequência de acidentes com a anestesia acabaram logo em nada. Em suma, se os operados se beneficiam do desaparecimento, sem dúvida desejado, das insuportáveis dores, seu corpo individual e sua vida ficam mais submetidos ao médico do que ficavam antes. Isso não impediu que se estabele-

---

24. FAURE, O. *Les français et leur médicine au XIXe siècle*. Paris: Belin, 1993.

cesse permanentemente a partir dessa época um modo de funcionamento médico que, em grande parte, volta-se para o indivíduo.

Os médicos do tempo da clínica, portanto, não foram indiferentes à dor de seus pacientes. A presença permanente e ativa destes modifica mais amplamente as percepções médicas do corpo.

4. O corpo na relação terapêutica

Caso se queira levantar condenações *a posteriori*, o afastamento do doente dos olhos do médico está longe de se comprovar. Claro que o diálogo com o doente perde espaço para o exame físico e a anamnese retorna ao interrogatório. As guias de uso dos médicos lhes recomendam fazer aos doentes perguntas precisas, às quais estes só podem responder de forma breve sem dar vazão a interpretações. Nesse quadro ideal, o diálogo é inteiramente dominado pelo médico. O doente e seu corpo não fornecem mais que indícios, aos quais somente o médico pode dar um sentido, transformando-os em sinais. Com o aparecimento da semiologia, apenas o médico pode discorrer sobre a doença. O diagnóstico anatomopatológico provoca, além disso, uma recomposição da nosologia. Esta já não depende dos sintomas que o doente sente e pode expressar, mas de sinais que o médico identifica. A passagem da tísica à tuberculose é a melhor revelação da ruptura introduzida entre as percepções médicas e as designações profanas da doença. Com o diagnóstico da tísica doente e médico falam a mesma língua. Ambos a designam como uma doença localizada nos pulmões e caracterizada por sintomas como a hemoptise ou expectoração de sangue. Forjada a partir dos tubérculos que Laennec e seus sucessores suspeitam graças ao estetoscópio e encontram nas dissecações, o termo "tuberculose" designa toda uma série de afecções pulmonares, ósseas e outras que correspondem a localizações e a sintomas diferentes. O diagnóstico anatomopatológico tira do doente qualquer faculdade de definir sua doença.

Este esquema de confiscação do corpo retalhado do doente por parte do médico, todavia, continua bastante teórico. Infelizmente, sabe-se pouco da prática concreta e cotidiana dos médicos, de suas competências reais, de seus equipamentos materiais, de sua capacidade para integrar as novidades científicas ao longo de sua carreira, da resistência dos esquemas da medicina humoral. Recentemente estudada, a prática de um médico do interior do país permite entender a complexidade das coisas. Nascido em 1780, filho de cirurgião, formado na École de Santé de Paris, templo da medicina clínica, Léon Dufour (1780-1865)[25] não gosta, ele próprio, de aplicar em sua prática as técnicas novas que, apesar disso, ele domina e aprova. Entomologista e médico, ele disseca uma infinidade de insetos e realiza as autópsias que as autoridade judiciárias lhe pedem. Contudo, ele mesmo, na medida do possível, se faz acompanhar de um cirurgião quando precisa realizar alguns atos sobre o corpo do doente. Em meados do século, ele encoraja vivamente seu filho a iniciar-se na prática da auscultação e da percussão (prova de que as conhecia e apreciava), mas parece que ele mesmo nunca se dedicou a investigar essas técnicas até o fim de sua carreira em 1865. Pelo contrário, continuou a examinar seus doentes de acordo com as recomendações de Hipócrates e a descrever o histórico da doença a partir do relato do paciente. Na medida em que sua carreira avança, os sinais fisiológicos constatados pelo médico somam-se aos sinais físicos fornecidos pelo paciente, mas nunca os deixam de lado. Igualmente, a dor, as impressões subjetivas do doente não são omitidas pelos relatórios do médico. Para além dos limites desse exemplo privilegiado, percebe-se o quanto a arte do diagnóstico é fruto de parâmetros múltiplos e de heranças diversas. O cuidado de conhecer precisa acomodar-se à necessidade de compartir, a lembrança da formação adquirida precisa pactuar com a conservação dos traços que distinguem cirurgia e medicina.

O simples fato de que a palavra "tuberculose" toma meio século para substituir a de "tísica" em toda a literatura médica faz pairar uma dúvida sobre a rápida extensão da nova abordagem no conjunto do corpo médico.

---

25. Recentemente estudado por Chantal Boone em sua tese *Engagements et pratiques*: Léon Dufour (1780-1865), savant naturaliste et médicin. 2 vol. Paris: EHESS, 2003 [digitada].

Pode-se, em revanche, ter certeza de que a prática da cidade não reproduz perfeitamente a prática hospitalar, apenas por razões materiais. O que se sabe das condições econômicas e sociais nas quais se desenvolve a medicina a domicílio leva a pensar que os compromissos com a clientela foram dominantes. Muito numerosos frente a uma clientela solvível e encurralados por concorrência acentuada, os médicos também não podiam impor a seus clientes o que eles recusavam obstinadamente, sob pena de perdê-los. Faltaria saber em que medida alguns clientes, fascinados pelas novas técnicas e tranquilos com relação a elas, foram capazes de encorajar os médicos a utilizarem tais novidades. Também seria necessário saber quantos, ao contrário, foram capazes de recusar esses exames, ademais, não desprovidos de inconvenientes: uma dor maior num momento em que o limiar de tolerância a ela parece mais baixo, embora com diferenças; uma violação de sua intimidade, cada vez mais valorizada; uma afronta ao seu pudor, embora as reservas que pesam sobre o corpo e a sexualidade desfazem-se imperceptivelmente, apesar do discurso dominante.

Não é, absolutamente, fácil pensar de outra forma que não hipoteticamente, quando se trata de examinar as influências que possam ter tido essas novas concepções e práticas médicas sobre as percepções e os comportamentos profanos em relação ao corpo.

Não há dúvidas de que o recurso à consulta médica mais frequente e melhor distribuído socialmente tenha modificado as percepções do corpo. Imagine-se a soma do aprendizado que se obtém com todos os milhares de entrevistas entre pacientes e seus médicos: aprendizagem de uma geografia relacionada aos locais do sofrimento; aprendizagem do tempo médico necessário para compor o histórico da doença. Em graus diversos, difíceis de precisar, o vocabulário médico do corpo e da doença se estende ao discurso profano. Sabe-se por Michel Foucault e outros mais que o discurso também é uma realidade cujo uso modifica as percepções e as sensações. Ao obrigar o doente a descrever sua dor, sua intensidade e sua forma, a localizá-la precisamente, a reconstituir a história de sua trajetória, a consulta médica necessariamente acentuou a atenção dada aos distúrbios físicos, já percebidos com mais fineza por deverem ser descritos seguindo um procedimento definido. O desenvolvimento de uma escuta mais atenta do corpo ocorreu de maneira ainda mais fácil devido ao fato de ter ido ao encontro do processo mais antigo de controle dos afetos e das pulsões, o que obriga a uma vigilância sempre maior das manifestações corporais[26]. A adoção das normas médicas acontece bem mais suavemente pelo fato de a anamnese confinar o doente à pura informação dos sintomas que sente, mesmo que precise especificá-los. A divisão das tarefas entre aquele que informa e aquele que interpreta é tanto fonte de comprometimento quanto de desentendimentos. Se o vocabulário se torna progressivamente comum entre doentes e médicos, as mesmas palavras podem recobrir realidades e interpretações bem diferentes. Transformada em chaga social e obsessão individual, a tuberculose para o público profano se reduz à tuberculose pulmonar dos médicos, e se identifica nas famílias por sinais exteriores (palidez, emagrecimento, expectoração de sangue) e não pela presença de tubérculos e de bacilos. No que diz respeito à sua etiologia, o abismo é ainda maior. Muito depois que o bacilo de Koch foi identificado (1882) como responsável pela doença, sua origem hereditária continua sendo uma interpretação tão difundida que os próprios médicos franceses se recusam a inseri-la no rol das doenças contagiosas de declaração obrigatória. Mais trágico ainda, as diferentes formas de câncer diagnosticadas pelos médicos se conjugam no singular no imaginário dos doentes. Imprudentemente divulgada pela propaganda sanitária, a imagem do caranguejo que corrói o organismo impede, por seu próprio sucesso, que uma representação mais precisa da doença possa emergir.

Parece, portanto, bastante difícil pleitear uma transformação total das percepções do corpo do doente até mesmo no interior da esfera controlada diretamente pelos médicos.

---

26. Confira sobre este ponto a obra de Norbert Elias. Para as relações entre processo de civilização e medicalização, cf. PINNEL, P. Médicalisation et procès de civilisation. In: AÏACH, P. & DELANOË, D. (org.). L'ère de la médicalisation: ecce homo sanitas. Paris: Anthropos, 1998, p. 37-52.

II. O retorno do corpo-máquina e seus limites

A ambição de compreender os mecanismos da doença e o funcionamento do corpo leva alguns médicos, formados na via clínica, a trocar parcial ou totalmente as salas de hospital pelo laboratório, preferindo o estudo dos órgãos, dos tecidos e das funções ao exame de doentes. Sem que suas evidentes aquisições cheguem a ser negligenciadas, o extraordinário desenvolvimento da fisiologia experimental é visto, muitas vezes, como tendo contribuído para a desumanização de uma medicina que estaria voltada mais para os processos, as leis químicas que animam o corpo humano, que ao doente em sua totalidade e em sua experiência de vida. De fato, apresentar o organismo humano como "uma máquina viva, constituída de um composto articulado de elementos orgânicos", dizer que "as doenças, no fundo, são apenas fenômenos fisiológicos" (Claude Bernard), com certeza provoca tais acusações. Uma vez propostas, essas afirmações revolucionárias têm consideráveis repercussões, como se pode ver pelo debate filosófico que elas suscitam. Contudo, ao menos no século XIX, essa reviravolta, sem dúvidas, tem menos efeito sobre a representação profana do corpo e da doença do que a revolução clínica. Com efeito, se a medicina experimental de Claude Bernard, de seus antecessores e sucessores, constitui uma revolução científica e epistemológica no século XIX, sua influência sobre a prática médica e terapêutica é pequena. Oriunda, também essa, do laboratório e dos experimentos com animais, a teoria microbiana conhece uma repercussão imediata, na medida em que promete tratamentos preventivos e designa uma causa simples para as doenças que combate. Embora invisível, o micróbio é facilmente integrado no imaginário popular mesmo sua representação sendo diferente da dos médicos.

1 O corpo: um "ambiente interior"

Não se tratando, aqui, de uma história da medicina, nos contentaremos de lembrar as principais consequências da medicina experimental na representação do funcionamento do organismo e as concepções da doença antes de insistir um pouco mais nos principais fenômenos que explicam os sucessos e os limites de sua difusão no corpo médico e no público. Os experimentos, no sentido contemporâneo do termo, nascem na física e na química a partir da primeira revolução científica do século XVII. São os físicos e sobretudo os químicos que se dedicam a experiências utilizando-se de animais. Todos conhecem a famosa experiência do fim do século XVII que evidencia o caráter mortal da respiração prolongada de gás carbônico. É na esteira da química que se desenvolve amplamente a fisiologia experimental. Seu ato fundamental é a publicação, em 1821, do primeiro número do *Journal de Physiologie Expérimentale*, lançado pelo médico François Magendie com o apoio dos químicos Bertholet e Laplace. Embora fosse médico dos hospitais de Paris e chefe de serviço no Hôtel-Dieu, daquela cidade, Magendie não acede ao ensino de medicina, uma vez que sua trajetória parece distante da prática clínica, então no ápice. Felizmente, o Collège de France, que oferece um refúgio aos gênios rejeitados, cria para ele uma cadeira de medicina experimental na qual ele dá tudo de si antes de ceder seu posto a seu aluno, Claude Bernard[27]. Além dos vínculos com os químicos e outros cientistas, reforçados pela eleição de Magendie para a Academia de Ciências, o percurso experimental é beneficiado por sua proximidade com a corrente filosófica positivista que conhece um sucesso crescente a partir de 1840. Contrariamente à vulgata científica, o positivismo não é a consequência filosófica das descobertas científicas, mas, antes, o meio que as favorece. Profundamente marcada pelo selo de Augusto Comte, a "Société de Biologie", criada em 1848, é uma instituição fundamental no êxito da via experimental e na divulgação de suas interpretações. Ao mesmo tempo membro fundador da sociedade e médico pessoal de Napoleão III, Rayer exerce um papel essencial na legitimação da

---

27. HOLMES, F. La physiologie et la médicine expérimentale. In: GRMEK, M.D. (org.). *Histoire de la pensée médicale en Occident*. Op. cit. Tomo III, p. 59-96.

medicina experimental. Esta passa, entre outras, pelas honras adquiridas sob o Império por Claude Bernard, nomeado senador em 1869[28].

Apesar do fosso, muitas vezes mencionado, que se cria entre clínicos e fisiologistas, é verdade que a distância entre os dois não é radical e as continuidades existem. Obviamente, é justo reconhecer que a experimentação é mais um complemento da clínica do que uma oposição a ela, na medida em que ela "cobre suas insuficiências variando as condições, de modo a testar as hipóteses a respeito das relações de causalidade"[29]. Contudo, trata-se aí mais de uma constatação intelectual e *a posteriori* do que de uma afirmação de ordem histórica. Por outro lado, a continuidade se estabelece pelo estudo dos tecidos, a histologia, já realizados por heróis do período clínico como Bichat. Este estuda os tecidos, seja no estado natural, seja depois de submetê-los a diferentes "tratamentos", dentre os quais o emprego de substâncias químicas.

Muito depressa, contudo, essas duas vias divergem, ao menos na França, na época em que a medicina deste país serve de modelo para o resto do mundo. O divórcio não é de natureza essencialmente técnica, mas sim profissional. Organizada há pouco em torno de postulados da clínica, a medicina concede apenas um lugar modesto às ciências chamadas auxiliares nos cursos de formação e na organização do ensino. Muito depressa, a prática da observação do doente se torna o critério da hierarquização profissional. Começando pelo externato e estendendo-se pelo internato, posições que possibilitam estar em permanente contato com doentes, a via real culmina na atribuição de um serviço hospitalar de medicina ou de cirurgia. Dentro das faculdades, as cadeiras de clínica interna ou externa gozam do maior prestígio. Nestas condições, as pesquisas experimentais são conduzidas fora do quadro hospitalar e das faculdades de medicina, nas faculdades de ciências, no Collège de France, na École Normale Supérieure. Mesmo quando se refe-

---

28. MICHEL, J. (org.). *La Nécessité de Claude Bernard*. Paris: Klincksieck, 1991.

29. GRMEK, M.D. Le concept de maladie. In: GRMEK, M.D. (org.). *Histoire de la pensée médicale en Occident*. Op. cit. Tomo III, p. 156.

rem à fisiologia humana, elas atraem mais físicos, como Pasteur, do que médicos. Estes últimos passam por "segunda classe" da profissão, como Claude Bernard, estudante tardio de medicina e inclusive medíocre, doutor em medicina colocado no Collège de France unicamente devido à sua destreza manual. Ele ainda tem o benefício de uma chance insigne, tão raros se tornaram os laboratórios dispostos a acolhê-los. A vida de laboratório, nessa época, não oferece nenhum atrativo. Se, na verdade, exagerou-se a miséria desses lugares para permitir avaliar melhor o gênio de Pasteur e de Bernard, a remuneração é modesta, o trabalho ingrato, os resultados aleatórios e o anonimato garantido. Trabalhando em animais e praticando a vivisseção, os experimentadores também são criticados por esse fato. Embora a reprovação, na França, não atinja os níveis da que se verifica no Reino-Unido[30], os conflitos de Claude Bernard com sua mulher e suas filhas são bastante elucidativos quanto ao surgimento de uma nova forma de proteção aos animais, a proteção da sensibilidade que tende a superar até a mais antiga proteção de utilidade[31]. Nessas condições, entende-se que os clínicos não tenham prestado a mínima atenção ao que acontecia bem distante deles.

As razões profissionais e organizacionais não são as únicas a limitar o alcance das descobertas da medicina experimental. Na Inglaterra, onde o sistema é menos centralizado do que na França, as pesquisas podem ser feitas em estruturas privadas como o célebre Instituto de Medicina Pneumática de Bristol, onde o químico Humphry Davy e o médico Thomas Beddoes são conhecidos principalmente por experimentarem sobre si mesmos e sobre os doentes novos gases produzidos pela química. Na Alemanha[32], a reorganização universitária do início do século repousa na estreita associação entre a

---

30. RUPKE, N. (org.). *Vivisection in Historical Perspective*. Londres/Nova York, 1987.

31. Confira a tese de PIERRE, E. *Amour des hommes, amour des bêtes* – Discours et pratiques proctetrices dans la France du XIXe siècle. 3 vol. Angers, 1998 [datilografada].

32. Sobre a situação na Alemanha, cf. BUELTZINGSLOEWEN, I. von. *Machines à instruire, machines à guérir*. Op. cit., p. 127-135 e 276-286.

pesquisa e o ensino. Esta dupla função se traduz na criação de seminários ou institutos mais capacitados. Claro que, como em Göttingen em 1823, a maioria deles são institutos clínicos, mas eles bancam um instituto de química, um instituto veterinário, um espaço destinado à história natural e um jardim botânico. Também não é de se admirar que a Alemanha ocupe desde 1850 o primeiro lugar na nova orientação médica e que clínicos como Schönlein logo pratiquem análises químicas e microscópicas. Estes fatores de aproximação não impedem, contudo, que se produza entre clínicos e fisiologistas um enfrentamento bastante semelhante ao que ocorre em outras partes.

O debate começa bem antes que as pesquisas experimentais tenham desembocado em descobertas incontestáveis. Ao lançar sua revista *Archiv für physiologische Heilkunde*, em 1842, os que anseiam por uma evolução na medicina alemã afirmam: "Nós acreditamos que chegou o tempo de dar início a uma ciência positiva a partir do material das experiências cuidadosamente acumuladas, [...] uma ciência que permita compreender os fenômenos e evite as ilusões da prática"[33]. Três anos antes, em um texto mais confidencial, Magendie mostra-se ainda mais ambicioso ao expor seus objetivos aos seus ouvintes: "O que eu pretendo é definir com vocês algumas propostas fundamentais baseadas em uma fisiologia sadia. E se tivermos tempo de fazer alguma incursão no campo da patologia, estaremos ainda mais preparados para fazê-lo visto que, nas doenças, vocês reconhecerão a mão do experimentador e, no homem que sofre, o animal no qual vocês próprios percebem sofrimentos semelhantes"[34]. Inclusive as reivindicações dos fisiologistas, que querem explicar sozinhos tanto o funcionamento do corpo quanto a origem das doenças e até apoderar-se da terapêutica, não contam com a célebre *Introduction à la médicine expérimentale*, que Claude Bernard publica em 1865, na qual afirma que "se a medicina começa necessariamente pela

---

33. Ibid., p. 285.

34. MAGENDIE, F. *Leçons sur les fonctions et les maladies du système nerveux*. Paris: Baillière, 1839. Apud REY, R. *Histoire de la douleur*. Op. cit., p. 158.

clínica, esta nem por isso é a base da medicina científica [...] mas é a fisiologia que dá base à medicina científica porque é ela que deve explicar os fenômenos mórbidos".

Nos anos de 1830-1840, ao menos, o programa dos fisiologistas deve mais às suas profundas convicções do que às provas que podem apresentar. Que suas convicções tenham sido fecundas depois disso, esse é um fato posterior que não pode ser invocado para condenar as reações de alguns de seus contemporâneos. Além da reação, naturalmente bastante defensiva, dos clínicos ante as críticas ásperas e pouco sutis de jovens médicos presunçosos, a hostilidade se amplia com considerações políticas e ideológicas. Os primeiros manifestos fisiologistas emanam, geralmente, de médicos que, como Rudolf Virchow, são muito ativos em denúncias de ordem médica e social. Em 1848 reforça-se a hostilidade dos conservadores para com os fisiologistas comparados a revolucionários. A conjuntura e as filiações políticas dos protagonistas, por si sós, não explicam o vigor do debate. Mais conservador e favorável ao Segundo Império, Claude Bernard proclama asserções que escandalizam mais de um[35]. Tirando as lições de suas experiências, tanto com os efeitos do curare quanto com a função glicogênica do fígado, Claude Bernard consegue dar definições gerais e revolucionárias do organismo e da doença.

Mesmo introduzindo uma distinção entre os fenômenos de destruição orgânica puramente químicos, que escapam às implicações tão somente físico-químicas, como a nutrição, ele afirma que tais fenômenos obedecem, contudo, a leis da natureza inerte, mesmo que ainda desconhecidas. Assim, na fabricação de açúcar pelo fígado, a transformação da glicose em açúcar pertence à primeira categoria de fenômenos, ao passo que a criação do glicogênio é um "ato vital, cuja origem essencial ainda não é conhecida". Em sua progressiva definição do meio interior, Claude Bernard passa de afirmações marcadas com o selo do vitalismo a uma apresentação cada vez mais mate-

---

35. Sobre o parágrafo seguinte, cf. GRMEK, M.D. *Le Legs de Claude Bernard*. Paris: Fayard, 1997.

rialista. Em 1854, ele define a nutrição como "uma espécie de atração eletiva que uma molécula exerce sobre o meio ambiente para trair a si os elementos que devem constituí-la"[36]. No mesmo ano, define seu programa como a vontade "de compreender como o indivíduo situado em seu meio realiza seu destino: viver e reproduzir-se". Alguns anos mais tarde (1857), o ser vivo não é mais que um receptáculo dentro do qual "os tecidos são subtraídos às influências exteriores diretas e protegidos por um verdadeiro meio interior constituído, sobretudo, de líquidos que circulam pelo corpo". Tais líquidos conduzem do exterior para dentro dos órgãos e tecidos (depois, para as células) os materiais e as condições necessárias ao seu funcionamento, e os aliviam de suas impurezas. Um pouco mais tarde, Claude Bernard afirma que os meios interiores são "produto dos órgãos e dos aparelhos de nutrição que não têm outro objetivo do que preparar um líquido geral nutritivo no qual vivem os elementos orgânicos". Sua visão se completa com a demonstração de um sistema de regulação do organismo através do sistema nervoso. Ele é realizado pelos centros nervosos que excitam ou freiam a absorção e a secreção. O sistema bernardiano desemboca ainda na afirmação que "a terapêutica poderá agir sobre os elementos orgânicos por intermédio do meio orgânico interior modificado através de algumas substâncias tóxicas". Nesta concepção, a diferença entre as doenças e a saúde não é mais uma questão de natureza mas uma simples questão de graduação.

A afirmação ameaça toda a organização contemporânea da medicina. Uma vez que, agora, toda doença diz respeito ao organismo inteiro, a clínica, o estudo das lesões anatômicas, não têm, afinal, mais nenhum interesse. Esta perspectiva profissional explica tanto a acolhida mitigada aos paradigmas da medicina experimental quanto suas explicações filosóficas. Estas, contudo, não foram poucas. Definindo em 1864 o corpo como "um composto articulado de elementos orgânicos ou mesmo de inúmeros organismos elementares associados que existem num ambiente líquido que deve ser dotado de

---

36. Ibid., p. 127.

calor e conter oxigênio, água e materiais nutritivos", Claude Bernard afirma, no ano seguinte, na *Introdução à medicina experimental*, que "o organismo não é mais que uma máquina viva", e se expõe às acusações de materialismo, parecendo retomar a mensagem cartesiana rechaçada pelos vitalistas. Todavia, ao definir em seus últimos escritos a vida como um contato, uma relação, um conflito e não como um resultante nem um princípio[37], Claude Bernard situa-se distante tanto de um mecanicismo sumário quanto do essencialismo cristão. Equivale a dizer que o debate sobre a natureza humana e o estatuto do corpo apresenta-se segundo uma configuração muito mais complexa que a de um combate permanente e frontal entre materialistas e espiritualistas, mecanicistas e vitalistas. Outros episódios anteriores a Claude Bernard demonstram isso.

2. Do moral ao psíquico

Por mais numerosas e frutíferas que sejam, as observações clínicas recolhidas pelo Século das Luzes estão longe de poder explicar todos os mistérios que regem o funcionamento do corpo humano e o fazem passar do estado de saúde ao de doença. Dessa forma, as teorias explicativas retornam com força e se associam muito bem com a observação[38]. As esperanças abertas pela trajetória anatomopatológica também se frustraram. Embora afirme que "se você abrir alguns cadáveres, perceberá que desaparece a obscuridade que a observação poderia ter dissipado sozinha", Xavier Bichat, ao definir a vida como "conjunto de forças que resistem à morte", admite os limites da via que ele defende. Invocando forças indefinidas, ele se insere na interpretação vitalista. Esta vai muito além, cronológica e geograficamente, do grupo organizado em Montpellier em volta de Bordeu, Barthez e alguns outros. O vitalismo é herdeiro do animismo, sistematizado por Thal no começo do sécu-

---

37. Ibid.
38. FAURE, O. *Histoire sociale de la médicine (XVIIe-XXe siècle)*. Op. cit.

lo XVIII. Sem negar as constatações empíricas, Sthal transforma a alma na força que rege o organismo e cujo enfraquecimento dá origem à doença. Abandonando a noção de alma, de conotação muito religiosa, a interpretação vitalista, fortemente ancorada na medicina de observação, vê na força vital, que não é nem definida nem localizada, o motor da vida e a fonte da doença e da saúde. Em função deste princípio, a medicina deve contentar-se em conservar ou estimular a força vital. Embora amplamente difundida, a orientação vitalista mexe novamente, muitas vezes, com posicionamentos religiosos e políticos favoráveis à tradição. Na primeira metade do século XIX, em que os debates ideológicos são intensos, filosofia, política e medicina estão profundamente ligadas, a aproximação do vitalismo e da "reação" causa forte contestação. Assim, a célebre doutrina de Broussais, que atribui a todas as doenças uma causa fisiológica única, a inflamação das mucosas, torna-se o ponto de unidade de todos os intelectuais que são hostis à Igreja e à monarquia. Eles, por sua vez, são chamados de materialistas e provocam um retorno do espiritualismo que vê na homeopatia[39] mais um lugar de expansão.

Esse contexto de enfrentamento ideológico explica que os Ideólogos[40] e seus sucessores, os frenologistas, tenham sido tratados como materialistas por seus adversários. A realidade de suas afirmações, contudo, é particularmente mais rica e complexa. Os Ideólogos, inspirados nesse tipo de reflexão pelo médico Georges Cabanis, contribuem vastamente para abrir o caminho a uma representação do ser humano que nem é uma criatura divina dirigida por sua alma, nem um animal particular movido unicamente por suas sensações.

Sendo ao mesmo tempo uma corrente filosófica, científica e política, a ideologia tem dois objetivos essenciais. No plano científico, quer vencer a avalanche das muitas observações acumuladas no Século das Luzes para organizá-las sob leis e princípios gerais. Essa tentativa implica que a filosofia

---

[39]. FAURE, O. "L'homéopathie entre intégration et contestation". *Actes de la Recherche en Sciences Sociales*, jun./2002, p. 88-96.

[40]. Sobre esse movimento, AZOUVI, F. (org.). *L'institution de la raison*: la revolution culturelle des Idéologues. Paris: Vrin/EHESS, 1992.

(a ideologia no sentido próprio), assuma nisso a parte decisiva. O outro objetivo da ideologia é estabelecer uma ciência humana susceptível de estabelecer uma sociedade harmoniosa ao vencer as injustiças do Antigo Regime e os transtornos da Revolução. Para Cabanis, como para muitos médicos de sua época, a medicina deve ser o pivô dessa ciência do homem em nome da metáfora organicista que pretende que o corpo social funcione como o corpo humano. Aquele que conhece e cuida deste, pode compreender e curar aquele. A medicina de Cabanis é, antes de tudo, antropológica. Querendo conhecer o homem em sua inteireza, ela é levada a refletir as relações entre o físico e o moral[41] (hoje diríamos o mental). Em vez de fazê-los dependerem um do outro, como animistas ou os sensualistas, os Ideólogos pensam as relações em termos de interdependência e de reciprocidade. Como vínculo dos dois, a sensibilidade, propriedade única do ser vivo, recebe não apenas impressões externas, como já o haviam mostrado os sensualistas, mas também impressões internas. Umas e outras gerariam ideias (da ordem da razão) e paixões (da ordem do instinto), com efeitos, obviamente, tanto sobre o moral quanto sobre o físico. Apesar das acusações de materialismo, estas teorias são parcialmente ratificadas pelos espiritualistas. Em suas *Nouvelles considérations sur les rapports du physique et du mental* (Novas considerações sobre as relações entre o físico e o moral), que são uma resposta explícita à obra de mesmo título de Cabanis, Maine de Biran admite também que o homem é constituído de duas partes indissolúveis, o ser sensível e a força ativa, postas em relação pela imaginação. Em revanche, ele mune a força ativa do livre-arbítrio e lhe confia a propriedade do eu[42]. Embora muito especulativo, o pensamento dos Ideólogos tem um alcance enorme. Considerado no longo prazo, esta é a primeira reflexão a respeito do funcionamento do psiquismo e de seus efeitos sobre o organismo, estabelecendo a primeira etapa de

---

41. CABANIS, C. *Rapports du physique et du moral de l'homme*, ano X. Paris: [s.e.], 1802.

42. GOLDSTEIN, J. *Consoler et classifier*: l'essor de la psychiatrie française. Paris: Les Empêcheurs de penser en rond, 1991.

uma longa e rica série. No imediato, ela infiltra na maioria dos ambientes intelectuais, inclusive entre os espiritualistas, a noção da unidade do indivíduo, visão bem distante do tradicional dualismo entre alma e corpo.

Por um lado, muito teórico e filosófico, o debate sobre as relações entre o moral e o físico logo encontra saídas bem concretas e métodos de observação científicos. Depois da Revolução, os desvios, a loucura, a criminalidade e a delinquência são problemas que se tenta controlar pela prevenção e pela reintegração dos culpados na sociedade. O tratamento dos problemas sociais depende tanto da ciência quanto da política. Nesse contexto, a frenologia[43] seduz muitos médicos, psiquiatras e reformadores sociais que veem nela um rigoroso método de análise fundado na observação e que leva a aperfeiçoar os indivíduos e a sociedade. Autêntico médico, Franz-Joseph Gall (1758-1828) observa a natureza como seus contemporâneos. A partir de constatações bastante pragmáticas – ele havia notado que todos os seus alunos que tinham boa memória possuíam grandes olhos salientes – ele sistematiza o exame dos crânios em busca da localização dos pensamentos e das faculdades, de acordo com o anatomolocalismo reinante na medicina. A partir de palpitações e autópsias *post mortem*, ele consegue determinar a existência de vinte e sete zonas funcionais no cérebro, das quais dezenove comuns ao homem e ao animal. Em seguida, ele deduz que as cavidades e protuberâncias aparentes do crânio refletem a maior ou menor importância da cavidade correspondente e, portanto, a maior ou menor predisposição do indivíduo a desenvolver a função aferente. Com efeito, mesmo sendo objeto de uma multidão de interpretações e de denúncias em sua época, a teoria de Gall nem é totalmente determinista nem totalmente materialista. Para Gall, as qualidades próprias do homem lhe permitem perceber os impulsos que partilha com os animais. Na verdade, ele atribui ao cérebro humano uma cavidade metafísica e uma cavidade do sentimento religioso. Para muitos de seus dis-

---

43. Sobre a frenologia, a obra decisiva é a de RENNEVILLE, M. *Le Langage des crânes*: une histoire de la phrénologie. Paris: Les Empêcheurs de Penser en Rond, 2000.

cípulos, a frenologia deve conduzir a uma educação capaz de minimizar as predisposições perigosas e a desenvolver as qualidades úteis à sociedade.

Vivamente combatida em seu tempo, em parte desacreditada por demonstrações ousadas e espetaculares, logo superada pelos fisiologistas por se recusar a praticar a vivisseção, a frenologia foi rapidamente relegada ao rol das teorias absurdas. Ver nela uma tentativa não suficientemente valorizada que levaria, diretamente, às experiências de Broca e às análises contemporâneas do cérebro seria tão excessivo quanto torná-la uma pura fraude. O historiador pode simplesmente perceber a abrangência e a diversidade do atrativo que a frenologia exerce sobre as elites dos inícios da Monarquia de Julho, tanto no mundo médico (os Brossais, Andral, Bouillaud) e, em particular, entre os primeiros psiquiatras (Foville, Bottex, Brierre de Boismont, Falret, Delasiauve), quanto entre os higienistas, os filantropos (Appert) e os reformadores sociais (particularmente, os são-simonianos). Esse agrupamento aparentemente heteróclito testemunha, sobretudo, a força da reflexão, a abertura mental e a permeabilidade das pretensas fronteiras entre materialistas e espiritualistas. Com efeito, os pretensos materialistas como Broussais encontram ali colegas adeptos da homeopatia e do magnetismo, considerados marcas do espiritualismo e do vitalismo. Os autênticos republicanos positivistas estão ao lado de são-simonianos para quem a parte atribuída ao religioso e ao sagrado é fundamental[44]. No todo, o destino da frenologia mostra a força hereditária dos Ideólogos e questiona novamente as ideias simples sobre a mensagem filosófica da medicina. Nesse tempo, pelo menos, a medicina não é inteiramente materialista, nem tampouco dividida em dois campos hostis e nitidamente separados, o dos vitalistas espiritualistas e o dos materialistas ateus.

Embora ela continue, por muito tempo, válida em seu conjunto, esta abordagem complexa do corpo e do ser humano é atuante, particularmente, entre os psiquiatras. Estes parecem hesitar entre a interpretação fisiológica e

---

44. PICON, A. *Les Saints-Simoniens*: raison, imaginaire et utopie. Paris: Belin, 2002.

a interpretação psicológica, mas, na verdade, eles associam as duas sem ver nelas contradições. Muito ligado aos Ideólogos, Pinel[45] aplica inicialmente o método anatomoclínico para localizar no cérebro a origem das doenças mentais. Depois de mais de 250 autópsias, ele conclui em seu célebre tratado de 1808[46] que as anomalias fundamentais do cérebro não podem explicar a maior parte das doenças mentais. Sem renunciar à esperança de encontrar outras localizações anatômicas dos delírios, ele passa a acentuar, contudo, o tratamento moral. Este não nasce de uma longa reflexão filosófica, nem é fruto da crise do percurso anatômico. Muito mais prosaicamente, nasce da prática de Pinel em Bicêtre e da experiência de Pussin, o supervisor-chefe do estabelecimento[47]. Claro que o tratamento moral deriva do pensamento dos Ideólogos, já que visa essencialmente a agir sobre a sensibilidade do doente na esperança de que essas ações e manifestações de interesse tenham efeitos, tanto sobre o físico quanto sobre o moral dos pacientes. Ora, vimos quanto os sucessores de Pinel foram tentados pela frenologia. Associando via anatômica com crença na possibilidade de agir pela educação sobre as capacidades fisicamente distinguidas no indivíduo, o procedimento seduz os psiquiatras, pois justifica as orientações já escolhidas e as confirma completamente. A associação prossegue com Charcot. Formado em fisiologia e anatomopatologia, também é ele quem desenvolve o recurso à hipnose no tratamento dos histéricos, sem negligenciar os fatores ambientais no estudo etiológico da doença[48]. Longe de ser excepcional, o procedimento se encontra também

---

45. WEINER, D.B. *Comprendre et soigner*: Philippe Pinel (1745-1826), la médicine de l'esprit. Paris: Fayard, 1999.

46. *Traité médico-philosophique de l'aliénation mentale ou de la manie*, ano IX. Paris: [s.e.], [reeditado em 1809].

47. GOLDSTEIN, J. *Consoler et classifier*. Op. cit.

48. Sobre Charcot e a histeria, entre uma enorme bibliografia: GASSER, J. *Aux origines du cerveau moderne*: localisations, langage et mémoire dans l'oeuvre de Charcot. Paris: Fayard, 1995. • BONDUELLE, M.; GELFAND, T.; GOETZ, C.G. *Charcot, un grand médicin dans son siècle*. Paris: [s.e.], 1996. • MICHALON; GAUCHET, M.; SWAIN, G. *Le Vrai Charcot*: les chemins imprévus de l'inconscient. Paris: Calmann-Lévy, 1997. • EDELMAN, N. *Les Métamorphoses de l'hystérique du début du XIXe siècle à la grande Guerre*. Paris: La Découverte, 2003.

entre pessoas como Charles Richet (1850-1935), descobridor da anafilaxia (propriedade que uma substância tóxica tem de diminuir a imunidade), representante de um extremo eugenismo e, além disso, muitíssimo interessado em fenômenos ocultos. Ou seja, mais uma vez, vê-se a vaidade das fronteiras entre escolas e teorias, a complexidade das concepções médicas do corpo e da saúde, inclusive em um mesmo indivíduo.

3. O corpo no "meio exterior"

Com Richet se chega a Pasteur, de quem ele também era um dos devotos. Os fatos, os efeitos e as consequências libertadoras tardias das descobertas dos bacteriologistas são de tal modo conhecidas que podemos nos contentar, aqui, em mostrar diretamente o quanto elas reativaram, não sem modificar, o papel nunca totalmente esquecido que o ambiente exerce sobre o corpo e a doença. Com o risco de nos unirmos à numerosa coorte dos críticos de Pasteur, insistiremos, aqui, sobretudo, que a revolução pasteuriana tem suas raízes numa visão do corpo mais antiga. Ao evidenciar a existência de organismos vivos responsáveis por inúmeras doenças, a concepção microbiana da doença tende a considerar o organismo como um todo confrontado a outros organismos vivos. Esta concepção unicista do indivíduo toma corpo ainda mais facilmente porque tem respaldo numa tradição muito antiga revigorada no fim do século XVIII e porque permite dramatizar e racionalizar toda uma série de desafios que ameaçam a sociedade no tempo de Koch e de Pasteur.

A ideia segundo a qual o corpo humano é um componente do universo influenciado pela marcha deste é, pelo menos, tão antiga quanto a medicina ocidental. A ideia de que o homem é um microcosmo do universo está na base de todo um milênio de visão médica, que concebe o organismo humano composto por quatro humores (sangue, bílis, fleuma e atrabílis), à imagem do universo feito de quatro elementos fundamentais (ar, água, terra e fogo). Dominante até o final do século XVIII, esse modelo sobrevive, atualmente, sob forma de traços, tanto no vocabulário que designa os caracteres (sanguíneo, biliar, fleumático e atrabiliar), de acordo com os termos humorais, como na leitura dos horóscopos, inclusive na crença no papel dos astros sobre o destino humano. No século XIX, esse esquema interpretativo ainda não está relegado ao âmbito dos preconceitos populares.

É verdade que a medicina de observação rejeita a teoria dos humores, mas nem por isso ela renuncia ao vínculo entre o homem e o mundo. Muito pelo contrário, dá-lhe uma fundamentação científica de peso irrefutável. A tradição, o bom-senso e a nova teoria científica contribuem para estabelecer o predomínio da medicina ambientalista[49]. A observação do homem e da natureza confirma os dados acumulados do bom-senso. A estatística das doenças ratifica a ideia assimilada de que o tempo, a temperatura e a umidade têm consequências sobre o estado de saúde. As estações úmidas e frescas veem dominar as doenças respiratórias, ao passo que o verão é o terreno favorito das doenças digestivas. A observação privilegia a atmosfera, mas sem negligenciar o papel dos lugares e das águas. A releitura de Hipócrates é feita a ponto de guiar os observadores do final do século XVIII e dar às suas investigações pragmáticas uma certa justificação teórica. O período, portanto, vê florescer as topografias médicas, obras nas quais o estado de saúde de uma população parece ser o resultado mecânico de fatores físicos (os solos, o tempo, as águas) que a envolvem. Esta descrição, no entanto, é caricatural. Sensíveis aos problemas sociais como todas as elites iluministas, os médicos introduzem os costumes em seu esquema explicativo da saúde e da doença[50]. Designando o conjunto de fatores humanos, os costumes reúnem em si, ao mesmo tempo, as condições de trabalho, o habitat, os hábitos alimentares, sexuais, morais, em suma, todo o modo de vida. Se a polêmica dominante do Antigo Regime contribui para incriminar o papel dos fatores sociais exóge-

---

49. GOUBERT, J.-P. (org.). La médicalisation de la société française (1770-1830), número especial de *Réflexions Historiques/Historical Reflections*, 1982.

50. GOUBERT, J.-P. *Médecins d'hier, médecins d'aujourd'hui*: le cas du docteur Lavergne. Paris: Publisud, 1992.

nos, a nova ordem pós-revolucionária leva os médicos, integrados às novas elites ou desejosos de sê-lo, a minorarem o papel das condições provocadas pela nova ordem social. Entretanto, eles não renunciam tanto à pesquisa das causas ambientais, já que a revolução clínica acaba não oferecendo uma melhoria sensível dos resultados terapêuticos. Esta, portanto, é praticamente esquecida em proveito da etiologia das doenças. Os fatores mórbidos mais sondados e mais invocados pertencem à esfera pessoal e fazem apelo à responsabilidade individual que se tornou central na sociedade liberal. Para caricaturar, higienistas como Villermé tornam, no geral, os operários responsáveis por suas misérias materiais e por sua degradação física. Sempre imprevidentes, às vezes, relaxados, sistematicamente preguiçosos e aproveitadores, geralmente dados à bebida, totalmente impermeáveis às exigências da higiene, apegados a hábitos antigos e perigosos, eles estariam construindo com suas próprias mãos sua triste condição. Esse discurso atinge seu primeiro apogeu por ocasião das epidemias de cólera, diante das quais, mais por ignorância do que por cinismo, conclama-se os pobres a manter-se calmos, a limpar seus casebres e alimentar-se bem[51]. Embora o povo, habituado a constatar os efeitos das diversas catástrofes, partilhe a visão de que o destino é comandado pelo meio exterior, a mensagem higienista, em si, não é muito bem recebida. Sem tomar posição com relação às condições de trabalho e às desigualdades sociais, e servindo de pretexto para controlar a população pobre, o primeiro higienismo é socialmente muito pesado para conseguir adesão.

O prejuízo é mais claro e evidente devido ao fato de que a única operação preventiva relativamente eficaz à disposição da medicina anterior a Pas-

---

51. BOURDELAIS, J. & RAULOT, J.-Y. *Une peur bleue*: histoire du choléra en France. Paris: Payot, 1987.

teur é objeto de diversos mal-entendidos. A vacinação[52], exclusivamente antivariólica e baseada na inoculação da varíola das vacas (*cow-pox*) aos seres humanos, não se deparou com a hostilidade popular sistemática invocada por alguns médicos cheios de preconceitos e preocupados em se justificar. Sua responsabilidade nas limitações da vacinação, na verdade, é evidente. Recusando-se rapidamente a delegar o cuidado de vacinar para pessoas próximas do povo, como as parteiras, negando até ao absurdo o caráter miscível do vírus vacinal, dando-se o prazer perverso de contradizer o desejo das mães, o corpo médico parece ter feito de tudo para prejudicar o êxito de uma operação demasiadamente frágil e sujeita a delicados problemas técnicos.

Fazer de Pasteur e de seus colegas os salvadores providenciais e conscientes desse higienismo nessa situação seria ainda mais falso e redutor. Mas não significa que a descoberta dos germes não dê origem a um novo higienismo, no qual sobrevivem inúmeros pressupostos do período precedente. Sem poder encontrar imediatamente (exceto no caso da raiva e da difteria), meios técnicos de matar os germes ou evitar seu desenvolvimento, a revolução pasteuriana confirma a orientação preventiva do primeiro higienismo. Por outro lado, a luta é profundamente modificada, pois agora se trata de encurralar organismos vivos devidamente identificados e batizados, e não mais de se desgastar tentando mudar radicalmente os modos de vida. Encarregados de detectar os indivíduos suspeitos de serem portadores de germe e de examinar amostras de seu corpo através da análise bacteriológica e dos raios X, os dispensários, dirigidos pelos médicos, parecem instituições que simbolizam a ruptura com o higienismo moralizante anterior. Contudo, é ao re-

---

52. Sobre a vacinação jenneriana (jenneriana: relativo a Jenner, médico inglês (1749-1823), que descobriu a vacina antivariólica [N.T.]), a obra fundamental é a de DARMON, P. *La Longue Traque de la variole*: les pionniers de la médicine préventive. Paris: Parrin, 1986. Para uma visão mais crítica: BERCÉ, Y.-M. *Le Chaudron et la Lancette*. Paris: Presses de la Renaissance, 1984. Ou ainda, sobre um exemplo local, FAURE, O. "La vaccination dans la région lyonnaise au début du XIXe siècle: résistence ou revendication populaire". *Cahiers d'Histoire*, 1984, p. 191-209.

dor desses "vigias", e graças a eles, que são elaborados discursos e práticas que confundem proteção da saúde com controle moral e social[53], pesquisa de bacilos e estigmatização dos infectados. Caracterizando de forma duradoura a organização e a filosofia do sistema de saúde pública, a efetivação desse higienismo social deve muito ao contexto ideológico, social e político do final do século, que não é uma questão a ser tratada aqui. Ele não impede que o temor da diminuição populacional, da degeneração e do declínio exerçam um papel determinante no surgimento de uma nova representação unicista do corpo. Este torna-se o receptáculo de todas as ameaças que pesam sobre a sociedade, o lugar de inscrição manifesta de todo desregramento presente ou passado. Nesse tempo que se reivindica como científico e positivista, essa representação amplamente metafórica do corpo nutre e revela a crença revitalizada no papel da hereditariedade. Reconhecida desde tempos imemoriais, assentada sobre constatações irrefutáveis, a hereditariedade é objeto de uma reconquista de interesse cuja principal razão não é a descoberta das leis de Mendel (1866), que continua nas sombras, mas sim a preocupação com a decadência. O fenômeno não atinge apenas o "grande público". Com toda boa-fé e convictos de realizarem estudos impecavelmente científicos, alguns médicos elaboram a teoria da heredossífilis, que congrega a quase totalidade de seus colegas, seduz os literatos e acaba aterrorizando uma parte da população, ao menos na burguesia[54]. Afirmando que a sífilis de um ancestral pode contaminar seus longínquos descendentes, a teoria da sífilis hereditária tardia contamina a leitura de outras chagas sociais específicas, como o alcoolismo, do qual se denunciam os efeitos mortíferos sobre os

---

53. Sobre a luta contra a tuberculose, GUILLAUME, P. *Du désespoir au salut* – Les tuberculeux aux XIXe et XXe siècles. Paris: Aubier, 1986. • DESSERTINE, D. & FAURE, O. *Combattre la tuberculose (1900-1940)*. Lyon: PUL, 1988.

54. CORBIN, A. "L'hérédosyphilis ou l'impossible rédemption". *Romantisme*, 1981, p. 131-149 [retomado em *Le temps, le désir et l'horreur* – Essais sur le XIXe siècle. Paris: Aubier, 1991; reeditado na Flammarion, Col. "Champs", 1998]. • CORBIN, A. La grande peur de la syphilis. In: BARDET, J.-P. et al. (org.). *Peurs et terreurs face à la contagion*. Paris: Fayard, 1988, p. 337-347.

descendentes dos beberrões. Somado ao medo do contágio, o espectro da hereditariedade justifica e aumenta os sonhos e as políticas de saúde pública. Entre estas, o eugenismo, que se pretende científico e protetor, é o menos isento de reticências e fantasias e o mais sujeito a desvios. O higienismo, nascido de uma visão global do indivíduo, dá origem à saúde pública que integra o indivíduo a um conjunto mais vasto, a sociedade, e dá a esta a prioridade sobre aquele.

Conclusão

Terminar a análise das visões médicas do corpo com uma menção ao higienismo poderia dar a entender que este é o termo inevitável de uma evolução implacável. Contudo, nada seria menos verdadeiro. O higienismo é apenas a consequência temporária de uma visão de um corpo integrado à cadeia das gerações. Longe de resumir o pensamento hipotético único de uma época, ele nem mesmo traduz, salvo excepcionalmente, a totalidade das reflexões de seus responsáveis, como vimos com Richet. Essa constatação pode ser estendida a todo o século. Como procuramos mostrar, as representações médicas do corpo são sucessivas umas às outras, mas coexistem e se misturam. Reduzir o século XIX a uma evolução que fosse do mais especulativo ao mais bem demonstrado, do mais geral ao mais particular, do espiritualismo ao materialismo, seria uma reconstrução redutora e tendenciosa. Se abandonarmos o mundo das ideias e olharmos o mundo dos homens, veremos que diversas visões do corpo animaram uma mesma geração. Os médicos do triunfo da clínica, que observam o corpo, vivo ou morto, são, em sua maioria, vitalistas que, inclusive, privilegiam o papel do ambiente na etiologia das doenças. Mesmo que utilizem a prática experimental, os pasteurianos também são levados a defender medidas que os aproximam dos primeiros higienistas e alguns deles chegarão a proferir *slogans* (a tuberculose se transmite pelo zinco), ao invés de preceitos científicos. Ao fazerem isso, mostram que sua visão médica do corpo e da doença não é mais que, unicamente, o produto de um raciocínio científico elaborado à parte do mundo e de suas paixões.

Os exemplos desse emaranhamento e dessa interpenetração entre a ciência e a política poderiam ser multiplicados ao infinito. É preferível deduzir daí uma hipótese, segundo a qual a medicina do século XIX mais abriu o campo das possibilidades do que tentou defini-lhes uma orientação unívoca. O corpo que emerge, pouco a pouco, é ao mesmo tempo um aglomerado de células e também um organismo animado pelas leis físicas e químicas. Se, no final do século, nenhum médico nega essa nova realidade, também ninguém, nem mesmo Claude Bernard, reduz a vida à obediência de leis gerais. Mesmo que alguém tenha pensado ou esperado que ela se reduzisse, a parte do corpo conservada livre da dominação das leis da natureza, sempre considerável, aumentou ainda mais. Obviamente, o campo das interpretações, aqui, é mais amplo e as opções mais abertas. O corpo descrito pelos médicos continuou sendo um corpo social, em parte modelado por sua pertença a uma genealogia familiar, modificada pelas condições de sua existência, tanto físicas quanto sociais e, por fim, influenciada por seu psiquismo. Sendo essa última, uma constatação tardia e apenas esboçada no final do século XIX, ela não constitui uma revolução total, na medida em que se insere em uma longa série de reflexões sobre as relações entre o físico e o moral. O gênio de Freud consiste em inverter a proposição tradicional e em se perguntar a respeito das influências do moral sobre o físico.

Mesmo assim, a descrição de uma medicina que consegue impor suas visões à sociedade ou convencê-la de suas argumentações pode ser questionada. Se o sucesso das visões médicas do corpo é inegável, talvez seja preciso ver nisso algo mais do que os efeitos de um complô arranjado pelos médicos. Mais do que ao rigor de suas concepções e à firmeza de sua evolução, o recurso ao discurso médico, que reaparecerá ao longo de todo este volume, depende, antes da plasticidade, das contradições das múltiplas vozes de médicos hesitantes e permanentemente expostos a dúvidas. O impulso, portanto, nesse caso, viria mais da sociedade, cada vez mais obcecada, fascinada e agitada com o corpo e o destino dos indivíduos do que da medicina.

2
A INFLUÊNCIA DA RELIGIÃO
Alain Corbin

I. O cristianismo, a religião da encarnação

O século XIX costuma ser visto como um período de desencantamento do mundo. A prática religiosa vem abaixo. Não retomaremos, aqui, muito longamente as aquisições daqueles que se empenharam em medir a evolução do fervor[1]. Sublinhemos, apenas, que o retraimento da ação do catolicismo – pois é dele, essencialmente, que se trata – não foi maciço nem linear. Se a prática religiosa masculina torna-se, então, bastante minoritária, a Igreja conta com as mulheres para garantir a manutenção de sua influência. Por outro lado, o fortalecimento do dogma e o rigor crescente da disciplina, desde o século XVI, só se difundiram paulatinamente. Muitos historiadores da religião estimam, a esse respeito, que o século XIX viu aprofundar-se, nas populações fervorosas, a espiritualidade e a moral tridentinas*.

---

1. Nós nos deteremos, aqui, no que diz respeito às representações do corpo segundo a religião católica. O estudo da diversidade de crenças relacionadas ao protestantismo, considerando o pequeno contingente que representa, não correspondia aos objetivos desta obra. Para o que concerne à França, baseamo-nos na sociologia religiosa codificada pelo Cônego Boulard, sobretudo, e por Gabriel Le Bras, bem como nos inúmeros estudos dedicados a dioceses. Para uma síntese destas aquisições, o leitor pode se reportar a três obras: CHOLVY, G. & HILAIRE, Y.-M. *Histoire religieuse de la France contemporaine*. 2 vol. Toulouse: Privat, 1985. • LEBRUN, F. (org.). *Histoire des catholiques en France*. Paris: Hachette, 1984 [Col. "Pluriel"]. • JOUTARD, P. (org.). Du roi très chrétien à la laïceté républicaine, XVIIIe-XIXe siècle In: LE GOFF, J. & RÉMOND, R. (org.). *Histoire de la France religieuse*. Tomo III. Paris: Du Seuil, 1991.

* Que caracteriza as decisões do Concílio de Trento (1545-1563).

Inúmeros indivíduos, que se tornavam ateus ou agnósticos, conservavam lembranças de uma cultura herdada da frequência juvenil do catecismo, mantida pela assistência às celebrações, ao menos por ocasião dos ritos de passagem, das "festas"[2] ou das missões. Uma elite de católicos havia frequentado internatos religiosos, inclusive seminários menores. A leitura dos livros de piedade era maciça, como mostrou Claude Savart, a propósito do segundo período do Império[3]. A *Imitação de Cristo* viria a ser um *best-seller* por muito tempo; e muitas jovens foram profundamente influenciadas por ele. Pela leitura de milhares de livros escolares, Christian Amalvi lembra que Boussuet ocupava o quarto lugar na relação dos grandes homens considerados célebres[4]. Notre-Dame acolhia multidões que se amontoavam para escutar as conferências de Quaresma do Padre Lacordaire. O recrutamento dos religiosos seguiu uma curva ascendente até meados dos anos de 1860 e, segundo Claude Langlois, não foram menos de duzentas mil as meninas que decidiram consagrar sua vida a Deus[5], sem contar as mulheres piedosas que faziam parte das ordens terceiras[6]. Esse foi o século do Santo Cura d'Ars, de Bernadette Soubirous e de Teresa do Menino Jesus. As multidões que se dirigiam em peregrinação a Lourdes, conduzidas pelos assuncionistas, deixavam os observadores estupefatos com seu grande número. Em suma, esquecer o peso do catolicismo

---

2. A título de exemplo, em Limousin, região muito pouco fervorosa, grande número de homens não deixavam de participar das "festas de guarda", sobretudo, o dia de Todos os Santos; cf. CORBIN, A. *Archaïsme et modernité en Limousin*. Tomo I. Limoges: Pulim, 2000, p. 624-625.

3. SAVART, C. *Le Livre Catholique témoin de la conscience religieuse en France au XIXe siècle*. Paris: Université Paris IV, 1981 [tese].

4. AMALVI, C. *La Vulgarisation historique en France d'Augustin Thierry à Ernest Lavisse, 1814-1914*. [s.l.]: Université Paul-Valéry Montpellier III, 1995 [tese].

5. LANGLOIS, C. *Le Catholicisme au féminin* – Les congrégations françaises à supérieure générale au XIXe siècle. Paris: Université Paris X/Nanterre, 1982 [tese], principalmente "L'irrésistible croissance" e "L'invasion congrégacioniste", tomo I, p. 353ss. e 357ss.

6. LANGLOIS, C. & WAGRET, P. *Structures religieuses et célibat féminin au XIXe siècle*. Lyon: Centre d'histoire du catholicisme, 1971, sobretudo, de Claude Langlois, o exemplo das ordens terceiras da Diocese de Vannes, p. 4-115.

sobre as representações e os usos do corpo seria condenar-se à incompreensão da cultura somática do século XIX, que também foi o da mariofania*.

Ora, nosso século XXI perdeu o contato com esse tempo próximo a nós, mas longe do qual nós derivamos, com o risco de não mais compreendê-lo. É-nos necessário, portanto, fazer um esforço especial de empatia. Tudo que diz respeito ao corpo, em relação à religião católica, leva, parece-nos, a marca dessa estranheza. Primeiramente, é preciso ter presente que o cristianismo, diferentemente das outras duas religiões monoteístas, fundamenta-se na Encarnação da divindade, celebrada no dia de Natal. Isto coloca o corpo do Menino Jesus, mais tarde, do Cristo, no centro do sistema de crenças. Os pavores, as ternuras e os tormentos da maternidade, o suor de sangue na presciência da agonia, os horrores do suplício: são todas emoções e sentimentos sentidos em maior ou menor grau pelos fiéis, de acordo com o grau de sua fé e de seu fervor, mas que, de qualquer forma, referem-se diretamente à existência carnal; são afetos distantes da concepção, quando muito, metafórica ou conscientemente antropomórfica, do corpo do Deus do Antigo Testamento, que permanece, como o Deus do Islã, uma figura abstrata, encolerizada, justiceira ou misericordiosa. Além disso, aos olhos dos católicos, a Igreja forma o corpo místico de Cristo ressuscitado, que reúne os vivos e os mortos.

Aprovado por Deus, que criou o ser humano à sua imagem, o corpo, receptáculo da alma, também é um templo apto a receber o corpo de Cristo no Sacramento da Eucaristia; isso explica a frequência do termo "tabernáculo" para designá-lo. Os ritos do Batismo, da Confirmação e, mais ainda, da Unção dos Enfermos manifestam essa sacralidade do corpo humano, prometido, também ele, à ressurreição. Mas uma vez reduzido ao *status* de cadáver, ele logo passa a ser essa matéria desprezível que, de acordo com Tertuliano, traduzido por Bossuet, em seu sermão sobre a morte, não possui nome em nenhuma língua; receptáculo que retornou ao pó, depois de ter libertado a alma que aprisionava.

---

* Aparições da Virgem Maria.

O corpo que, segundo esta tensão, torna o ser humano partícipe da divindade, da mesma maneira que a Encarnação constituía a base da humanidade do Cristo, é visitado pelo demônio e por suas tentações. Após o pecado, pela concupiscência, ele escapa à força da vontade. Ele se manifesta, fora mesmo de qualquer assentimento do ser em seu íntimo, como o mostra a automaticidade da ereção e de outras manifestações do desejo. Portanto, é preciso dominá-lo, desapegar-se dele, e acolher o Espírito Santo – esse é o sentido do Sacramento da Confirmação – a fim de libertar-se, sobretudo, dos pecados do orgulho, da gula e da luxúria; os dois últimos sendo uma ameaça, na verdade, de que o ser humano seja relegado ao *status* de animal. A ingerência do demônio aninhado no interior do corpo pode chegar até à possessão. Ora, esse mesmo corpo, às vezes, é escolhido como lugar privilegiado dos milagres. Por meio de uma cura que parece acontecer fora das leis da natureza, Deus se manifesta com a maior evidência.

De acordo com esse conjunto de crenças e de representações citadas muito rapidamente, o católico do século XIX que, além disso, herdou o aprofundamento da interação entre corpo e alma que se deu, especialmente, ao longo do século XVII, encontra-se impregnado de imagens do corpo de Cristo, da Virgem Maria, dos santos mártires e dos anjos.

A espiritualidade do início do século XIX insistiu com uma inaudita violência sobre o corpo doloroso de Cristo Redentor, cujos sofrimentos são descritos com o maior realismo possível. O culto dos instrumentos da Paixão, sobretudo o Sagrado Coração, embora não datem do século XIX, recebem uma abrangência e uma difusão até então desconhecidas. Em 1846, a Virgem que, segundo a fala dos dois pastores, aparece a Salette, traz consigo objetos que simbolizam os sofrimentos de Jesus: o chicote da flagelação, os espinhos da coroa, os pregos da crucificação, a lança que perfurou o seu lado. A crescente veneração da Sagrada Face e de Verônica, aquela que, no percurso da subida ao calvário, estendeu o linho a Jesus no qual seu rosto ficou impresso, contribui para a acentuada presença da figura do sudário ensanguentado. No final do século, sob a influência do culto propagado em

Tours por Irmã Saint-Pierre, Teresa Martin decidirá chamar-se, no Carmelo de Lisieux, Teresa do Menino Jesus e da Sagrada Face.

Os exercícios espirituais, especialmente a meditação sobre os mistérios dolorosos que incluem, em parte, a recitação do rosário, convidam, assim, a reviver as torturas suportadas por Cristo. A prática da via-sacra, que se difundiu pela metade do século[7], contribui para aprofundar essa meditação. Cada etapa dos sofrimentos experimentados por Cristo é lembrada em uma estação que leva o fiel a reviver a mutilação progressiva do ser corporal. Uma literatura piedosa e voltada para a dor, testemunhada, em 1815, pela publicação de *Intérieur de Jésus et Marie* (o Interior de Jesus e Maria), do jesuíta Jean-Nicolas Grou, deleita-se com o relato dos sofrimentos do Redentor, cujo sangue jorra, escorre e cobre o corpo. Essa sensibilidade trágica é endossada pela crença na circulação do sangue de Cristo na história.

Nesses tempos do triunfo da medicina anatomoclínica, mais tarde fisiológica, o culto do Sagrado Coração se reveste de formas de enorme realismo. O corpo de Cristo é representado, no sentido próprio do termo, eviscerado. Às vezes, a colocação dos instrumentos de sua paixão até o centro dos órgãos internos tem efeito duplo sobre o espectador; da mesma forma que, curiosamente, essa evisceração que coloca em evidência o coração, quer dizer, o amor que o Redentor tem por suas criaturas, não parece pôr em perigo a vitalidade do Cristo representado, o qual, em algumas imagens, aponta o dedo para seu peito aberto. As orações atendem ao desejo de habitar no Coração de Jesus, o refúgio ideal; o fiel espera alcançá-lo através da meditação e a contemplação das feridas.

O culto do Sagrado Coração conhece seu apogeu após a guerra franco-prussiana e a Comuna. É revestido, então, de uma conotação oficial. A Assembleia Nacional decide a construção da Basílica de Montmartre, que

---

7. A título de exemplo, o estudo de sua difusão na Diocese de Arras por Yves-Marie Hilaire. *Une chrétienté au XIXe siècle* – La vie religieuse des populations du diocese d'Arras, 1940-1914. Tomo I. Lille: PUL, 1977, p. 414.

será concluída muito mais tarde. Os enviados do clero se dirigem em peregrinação a Paray-le-Monial, para consagrar a França ao Sagrado Coração[8]; e são incontáveis as procissões e os cânticos que exaltam o sagrado órgão. Dito isto, o dolorismo foi-se diluindo aos poucos, desde a metade do século. O dogma da Imaculada Conceição e a mariofania tinham promovido uma piedade mais seráfica e, no contexto da arte de Saint-Sulpice, as representações de Jesus se tornaram mais suaves.

O corpo sofredor de Cristo, e depois o cadáver, representado pelos artistas sendo descido da cruz ou colocado no sepulcro, será em seguida um corpo glorioso. Claro que a materialidade do corpo de Jesus ressuscitado não tem nada de duvidoso, aos olhos do católico. A cena evangélica durante a qual o discípulo Tomé coloca seu dedo no furo aberto na crucificação basta para demonstrá-lo. Todavia, a tradição iconográfica da transfiguração sobre o Monte Tabor e, mais nitidamente ainda, a da cena da ascensão ordenam as representações de um corpo glorioso. A influência do último desses episódios sobre o imaginário é, dessa forma, evidente. Portalis, conselheiro do primeiro cônsul, quis transformá-la numa das "festas de guarda"[9]. O rosário, a meditação sobre os mistérios do corpo doloroso, também é uma celebração mental do corpo glorioso, sobremaneira da figura de Cristo-Rei, ao qual serão dedicadas inúmeros edifícios religiosos.

A promulgação do Dogma da Imaculada Conceição – longamente esperado – é essencial no assunto que nos ocupa. Não era de maneira alguma concebível que o Deus vivo se encarnasse no seio de uma mulher marcada pelo pecado original. Portanto, há uma lógica simples no reconhecimento da preservação de Maria. É o que o Papa Pio IX reconheceu em 1854. Note-se que esse dogma não trata de sexualidade, não tinha referência implícita à grandeza

---

8. Sobre essa peregrinação, cf. BOUTRY, P. & CINQUIN, M. *Deux pèlerinages au XIXe siècle:* Ars et Paray-le-Monial. Clamecy, 1980.

9. Cf. CORBIN, A. *Les cloches de la terre* – Paysage sonore et culture sensible dans les campagnes au XIXe siècle. Paris: Albin Michel, 1994 [Flammarion, Col. "Champs", 2000, p. 119-125].

misteriosa da união física de Ana e Joaquim, os pais da Virgem, segundo os evangelhos apócrifos, e o fato de que, por sua imaculada conceição, Maria escapa da concupiscência. O dogma, apenas promulgado, goza instantaneamente de uma grande repercussão junto ao povo fervoroso e impõe uma visão mais suave do corpo de Maria do que a imagem da tradicional *Mater dolorosa*. Em poucos anos, os edifícios consagrados a Maria Imaculada e as instituições que lhe são dedicadas se multiplicam; e o dia 8 de dezembro torna-se rapidamente uma festa celebrada nos internatos confessionais.

Esta imagem de um corpo feminino preservado do pecado original, nascido do mistério da união carnal de Joaquim e Ana, soma-se à imagem do corpo que chega à maternidade sem a relação sexual. A Imaculada Conceição fortalece a cena da Anunciação que, é verdade, perde um pouco de seu brilho na ordem das representações, se comparada à frequência com que os artistas da Renascença irão representá-la. Resta a da Assunção, a mais difícil de conceber.

Não é certo que ela tenha recebido uma posição maior no espírito dos católicos do que antes, não obstante a intensa atividade da congregação dos assuncionistas. Apenas pesquisas quantitativas nos permitiriam afirmá-lo. De qualquer forma, a Assunção exerce forte peso sobre as representações do corpo feminino em glória. O corpo que havia recebido em seu seio a pessoa divina de Jesus dificilmente podia voltar a ser um cadáver, como os demais corpos, e esperar, como eles, a ressurreição; daí nasce a crença na assunção da Virgem, que ainda não constituía um artigo de fé. Os artistas, muitas vezes, apresentam, não um corpo glorioso que se eleva por si mesmo ao céu, como o do Cristo na sua Ascensão, mas sim um corpo bastante humano, intacto, não ainda transfigurado, de alguma maneira elevado em todo o seu peso por uma coorte de anjos para ser colocado, no paraíso, à direita do Filho.

Também a assunção foi considerada suficientemente importante, aos olhos de Portalis, para justificar uma "Festa de Guarda", com data de 15 de agosto. Ela continua inserida em nossos usos, como sabemos. É preciso dizer que, muito habilmente, sob o Primeiro e o Segundo Impérios, fez-se com que ela coincidisse com a festa dos soberanos, transformando-a assim, por um tempo, em celebração nacional.[10]

O mais importante, para o assunto que nos diz respeito, é que, comparativamente à presença real do corpo de Cristo na Eucaristia, o corpo da Virgem se manifestou de maneira sensível, na França, durante o século XIX. Centenas de aparições presumidas, reivindicadas, agitaram os ânimos dessa época. A Igreja reconheceu apenas três delas: a de La Salette (1846), a de Lourdes (1858) e a de Pontmain (1871). O que nos é dito sobre a aparência desse corpo, ao mesmo tempo virginal e maternal?

Se acreditarmos em Mélanie e Maximin, duas crianças da pequena comunidade alpina de La Salette, a Virgem que lhes apareceu em 1846 é uma Virgem dolorosa, de fala apocalíptica. Ela anuncia desgraças. Seu corpo de mulher, com jeito de mãe, aparece num halo de luz. Em 1870, em Pontmain, pequena localidade da Mayene, a Virgem se manifesta, mais uma vez, a crianças, quando os prussianos ameaçam invadir a região. A silhueta se destaca na escuridão da noite estrelada, sob forma e cores que lembram as de um ícone neobizantino. Entre essas duas datas, na primavera de 1858, Maria aparece num penhasco da gruta de Massabielle, situada às margens do Gave. Esse acontecimento, do qual, obviamente, não se pode apresentar provas, é particularmente rico de informações para o nosso objetivo.

A Virgem descrita por Bernadette Soubirous, uma pastorinha de quatorze anos, a primogênita – portanto, a herdeira – de uma família pobre e numerosa, reveste-se com aparência de uma menina de doze anos. Seu tamanho é menor do que o da vidente, que mede um metro e quarenta. O contorno da "pequena senhorita", "bem delicada", na fala de Bernadette, corresponde às representações das fadas que, tradicionalmente, visitam as grutas e

---

10. Cf. SANSON, R. Le 15 août: fête nationale du second Empire. In: CORBIN, A.; GÉRÔME, N. & TARTAKOWSKY, D. *Les Usages politiques des fêtes aux XIXe-XXe siècles*. Paris: Publications de la Sorbonne, 1994, p. 117-137.

as fontes pireneias. Sua idade corresponde à da Virgem que, noutra época, aparecia a Teresa d'Ávila[11].

Segundo Bernadette, a menina estava vestida com uma veste branca, ornada com uma faixa azul. Um véu branco recobria seus cabelos e seus ombros, mas seu rosto, expressivo, estava perfeitamente visível. Seus pés nus, enfeitados com duas rosas amarelas, possuíam uma alvura ímpar. Suas duas mãos estavam unidas na altura do peito. Nisto, a atitude da Virgem se difere da que apareceu a Catherine Labouré, em 1830. Na medalha milagrosa comemorativa desta mariofania, que foi distribuída em dezenas de milhares de cópias por ocasião da epidemia de cólera em 1832, as mãos estavam estendidas em direção ao sol e de suas palmas emanavam raios luminosos[12]. No conjunto da imagem da Virgem de Lourdes, por sua vez, é neste ponto luminoso que Bernadette precisa adaptar-se, depois de cada aparição, antes de voltar para a luz ordinária do dia.

A "pequena senhorita" se exprime com um sorriso, às vezes, coberto de tristeza. Sua palavra, rara, é toda doçura, contrariamente daquela da Virgem de La Salette. Interrogada sobre sua identidade, ela declara em dialeto: "Eu sou a Imaculada Conceição". Essa decisiva referência ao dogma bastante recente torna a aparição autêntica aos olhos da hierarquia católica.

Para o que nos interessa, o essencial é que, em Lourdes, a mariofania se repete, durante vários dias, em espaço público e na presença de um grande número de testemunhas, que não para de aumentar. Em 4 de março, Bernadette precisa passar entre uma multidão de 7 mil pessoas para conseguir

---

11. Sobre todos esses pontos: LAURENTIN, R. *Lourdes, historique authentique des apparitions*. 6 vol. Paris: P. Léthielleux, 1961-1964. E, mais recentemente, HARRIS, R. *Lourdes*: Body and spirit in the secular age. Allen Lane: The Penguin Press, 1999 [trad. Francesa: *Lourdes*: La grande histoire des apparitions, des pèlerinages et des guérisons. Paris: Jean-Claude Lattès, 2001. Nós nos inspiramos nesse belo trabalho nas páginas que seguem.

12. LAURENTIN, R. *Vie authentique de Catherine Labouré, voyante de la rue du Bac et servante des pauvres (1806-1876)*. 2 vols. Paris: Desclée de Brouwer, 1980.

chegar ao Gave, que ela atravessa de pés descalços, antes de ajoelhar-se, com as mãos unidas segurando um terço, diante da gruta de Massabielle.

De acordo com as testemunhas, o corpo de Bernadette parecia refletir o corpo da Virgem. A jovem, imóvel, com os olhos bem abertos, fixava o local onde se acreditava estar a Virgem. Seu sorriso reproduzia o sorriso presente nos lábios da aparição. Seu rosto, que revestia, nessa hora, a brancura de um sírio e que, para alguns, parecera ter-se tornado translúcido, atesta, aos olhos dos fiéis presentes, a realidade do corpo contemplado pela vidente. As lágrimas que, às vezes, caíam sobre seus joelhos, comparavam-se a uma água pura. Suas mãos unidas foram vistas como a réplica das mãos da Virgem.

As testemunhas mais céticas, que analisam o corpo de Bernadette, não identificam nenhum sinal de convulsão. Nenhum movimento altera seu rosto. É difícil, igualmente, entrever algum sinal de uma crise de histeria. A humildade, a simplicidade, a doçura, a ausência de fadiga, o domínio de si mesma demonstrado pela menina ao sair do êxtase depõem em favor da realidade do acontecimento. Esse contribuiu poderosamente para remodelar a cultura devocional, tornando-a "fisicamente intensa"[13]. As atitudes da oração se modificaram ao longo da segunda metade do século XIX. "O corpo silencioso de Bernadette em êxtase", escreve Ruth Harris, "apresentava uma realidade *física* que transformou a vida das testemunhas mais do que longos discursos poderiam fazê-lo"[14].

Todavia, a Igreja não podia se satisfazer com a aparência desta Virgem aos olhos inocentes de uma criança. Efetua-se um trabalho de adaptação a fim de fazer essa descrição corresponder aos dois modelos iconográficos dominantes: o da jovem de quinze a dezessete anos que recebe a visita do arcanjo por ocasião da Anunciação e o da Virgem com o Menino, cujas formas atestam a recente maternidade. O escultor de Lião, Joseph Fabisch, autor da

---

13. HARRIS, R. *Lourdes*. Op. cit., p. 350.
14. Ibid., p. 15.

estátua que seria a representação oficial de Nossa Senhora de Lourdes, assumiu o compromisso. Sua Virgem possui a forma de uma jovem mulher idealizada, ao mesmo tempo doce, sorridente e com um semblante um tanto distante, de acordo com a arte acadêmica da época.

Da mesma maneira, a imagem do corpo de Bernadette é cuidadosamente modelada por meio da fotografia. A natureza de seu caráter, considerado um pouco selvagem, é sutilmente suprimida. Educada, protegida dos peregrinos que desejam tocá-la, ocultada e enviada ao Carmelo de Nevers, Bernadette escapa à representação da maturidade. No espírito dos fiéis que contemplam seus retratos, ela permanece até sua morte, a jovem menina das aparições.

As imagens da Virgem e, mais amplamente, o culto mariano, foram estudados, sobretudo, pelo historiador Maurice Agulhon[15], em relação aos combates de Marianne, símbolo da República. Esse paralelismo se justifica plenamente no conjunto de uma história das representações do corpo da mulher e, melhor ainda, do simbolismo político. O esforço realizado pelos assuncionistas para propagar as representações da Virgem, a fronte cingida com uma coroa, permite que se perceba o olhar teocrático. O mesmo se pode dizer da intenção de encorajar a celebração de 15 de agosto para fazer frente ao prestígio da festa nacional de 14 de julho, considerada um momento de exaltação da violência revolucionária.

Dito isto, a mariofania constitui, na França do século XIX, um fenômeno que, por sua intensidade, ultrapassa em muito os domínios do simbólico e do embate político. Aos olhos dos católicos fervorosos, sobretudo de numerosos peregrinos de Lourdes, a Virgem é uma pessoa que se manifestou fisicamente às margens do Gave e com a qual é possível entrar diretamente em contato, de pessoa a pessoa, por meio da oração. Sua presença, intermitente mas real, naturalmente, está em sintonia com a figura de Cristo, pre-

---

15. Cf. AGULHON, M. *Mariane au combat*: l'imagerie et la symbolique républicaine de 1789 à 1880. Paris: Flammarion, 1979. E, recentemente, o colóquio sobre esse assunto na Université Paris X, 21/02/2004.

sente permanentemente na Eucaristia. Retornaremos sobre a influência que esta irrupção do corpo da Virgem na história exerceu sobre a cultura somática e a maneira de representar aquilo que une o físico e o moral.

Aqui nos cabe lembrar a insistência da presença do corpo do anjo nesse século XIX que, muito rapidamente, afirma-se descristianizado. É verdade que esse retorno da angelologia, sublinhado por Alphonse Dupront[16], já estava particularmente presente na decoração das igrejas barrocas. Mas, com o declínio da arte barroca, a angelologia não perde espaço. As inúmeras instituições de ensino que são dedicadas ao anjo da guarda; uma infinidade de imagens coloridas, piedosas, usadas, principalmente, nas missas solenes, a abundância de ilustrações de obras religiosas, a arte dos salões, a decoração das igrejas, tudo isto demonstra a obsessão pelo corpo dos anjos com características sexuais imprecisas, companheiro atento que tem por missão a preservação.

Lembrar esses poucos dados fundamentais da sensibilidade religiosa e do imaginário do corpo era indispensável antes de explorar as práticas somáticas induzidas por esse conjunto de crenças, enraizados com maior ou menor solidez. Nós iremos nos ater a cinco elementos: 1) os debates ligados ao valor da virgindade, a necessidade da preservação e os riscos da continência; 2) as injunções da teologia moral dirigidas aos esposos; 3) as práticas destinadas a dominar os impulsos do corpo através da mortificação; 4) os efeitos do culto católico sobre as posturas e os gestos; 5) as súplicas dos doentes e enfermos pela intercessão da Virgem Maria. Em diversas vezes, o corpo da religiosa servirá como fio condutor no esboço dessa reflexão.

II. Virgindade e continência

Aos olhos da Igreja, a virgindade é, ao mesmo tempo, um estado, definido pela integridade da carne, quer dizer, pela "abstinência de todo ato vené-

---

16. DUPRONT, A. *Du Sacré* – Croisades et Pèlerinages, images et langages. Paris: Gallimard, 1987, passim.

reo consumado", e uma virtude que é "perfeita abstinência de toda ação voluntária ou de todo prazer oposto à castidade, com a resolução de permanecer sempre nesta abstinência"[17]. Esta virtude, portanto, "não consiste em uma disposição do corpo, mas sim da alma; ela se mantém apesar dos atos involuntários que fazem desaparecer o estado de virgem" e que constituem o estupro, ou seja, a defloração ilícita de uma jovem.

A virgindade, assim entendida, prepara aquelas que tiverem sabido preservá-la para receber uma coroa de glória no outro mundo. Elas poderão entrar nas coortes angelicais que fazem cortejo ao Cristo na eternidade, no coro dos que acompanham o Cordeiro na Jerusalém celeste; pois a virgem é semelhante à fonte pura que jorrava no Jardim do Éden, ou seja, a uma água que ainda não foi separada de sua origem[18]. Para Santo Ambrósio, longamente evocado por Chateaubriand em *Génie du christianisme* (O gênio do cristianismo) a virgem está isenta de toda impureza. Ela é pela virtude aquilo que o anjo é por natureza; e a virgindade "passa logo dos homens aos anjos, e dos anjos a Deus, onde ela mergulha"[19]. Meio século mais tarde, o médico Jean-Ennemond Dufieux exalta esta bem-aventurança: "A vida das virgens é bela como a vida dos anjos; é a inocência primitiva e a ignorância do pecado; a vida das virgens é sublime como a vida de Deus, é rebaixamento da carne e a glorificação do espírito, a vida das virgens é desejável como o próprio Deus pode ser desejado, é o abandono da terra e o começo do céu"[20].

---

17. Monsenhor Bouvier, bispo de Mans, membro da congregação do Index. *Manuel secret des confesseurs*, seguido do *Questionnaire à l'usage des confesseurs*. Paris: Arléa, 1999, bem como a citação seguinte, p. 14 e 15.

18. Cf., no século XVII, a instrução de Bossuet destinada às religiosas e consagrada à exaltação da virgindade.

19. CHATEAUBRIAND, F.-R. *Génie du christianisme*. Paris: Gallimard, 1978, p. 502 e 505 [Col. "Bibliothèque de la Pléiade"].

20. DUFIEUX, J-E. *Nature et virginité* – Considérations physiologiques sur le célibat religieux. Paris: Julien Lanier, 1854, p. 501.

Por todas essas razões, a virgem é "fonte de graças" e perfeição da beleza. Ela emite uma espécie de fulgor. Sua pureza interior se reflete no exterior. Nela se encontram o charme, a candura, sobretudo a modéstia, a simplicidade, a discrição, a doçura, a franqueza, da mesma maneira que, ao contrário, o pecado e até a defloração conjugal deixam sua marca no corpo. Aquela que soube guardar seu tesouro e fechar as portas do jardim interior de sua alma transmite o brilho de um doce mistério.

A virgem sabe se inspirar em Maria, desconhecendo a concupiscência, e implorar a intercessão de seu anjo protetor ou dos santos, seus patronos. A ascensão do culto mariano, principalmente a partir dos anos de 1850, reforça a influência do modelo virginal sobre as jovens piedosas e aumenta seu poder de atração junto aos mais jovens. Inúmeros cânticos, mencionava Chateaubriand no começo do século, glorificavam aquela que havia, milagrosamente, reunido em si "os dois estados mais divinos da mulher": a virgindade e a maternidade. Maria, "sentada em um trono de candura, mais refulgente que a neve [...] poderia fazer nascer o mais violento amor, se ela não se lançasse, ao mesmo tempo, em êxtases de virtude"[21]. As aparições da Virgem, sob a forma luminosa que se conhece, sobretudo na gruta de Massabielle, próximo a Lourdes, em 1858, confirmavam esse modelo.

Foi dito e repetido que essas imagens da virgindade estavam em conformidade com a sensibilidade do Romantismo, apaixonado pelo que refletia a pureza das origens e favorecia sua reminiscência. Efetivamente, a poesia romântica exalta a jovem mulher idealizada, pura, translúcida como um anjo, fervorosa e bondosa; e o imaginário piedoso, tão abundante no segundo Império, reflete essa conformidade[22]. Dito isto, é, principalmente, a partir de meados do século que se afirma a influência desse modelo. Ora, o Romantis-

---

21. CHATEAUBRIAND, F.-R. *Génie du christianisme*. Op. cit., p. 487 e 1.688.

22. De um modo mais geral, sobre as representações românticas da mulher, cf. MICHAUD, S. *Muse et Madone* – Visages de la femme de la Révolution Française aux apparitions de Lourdes. Paris: Du Seuil, 1985.

mo, no campo literário, já estava desacreditado. O angelismo, o desejo de descorporização nele implicado, refere-se, sobretudo, às gerações fervorosas da segunda metade do século XIX e coincidem com o adoçamento das formas de piedade. Odile Arnold o menciona a propósito das religiosas[23]. A série das imagens de comunhão solene confirma essa constatação.

O culto de Santa Filomena é particularmente revelador sobre a influência da virgindade[24]. Originado na Itália no começo do século, impulsionado pelo Cura d'Ars que pretendia o reconhecimento dos milagres que se atribuíam à santa, o culto culmina no início dos anos de 1870. Filomena revela com grande nitidez a força da palavra que emana da virgem, e o vínculo que a une ao martírio. A santa – que, ademais, é uma criação da imaginação – tinha feito o voto de virgindade perpétua desde os dez anos de idade. Dois anos mais tarde, por ter-se recusado ao Imperador Diocleciano, ela foi presa e torturada, antes de ser decapitada. Chicoteada com um couro com anéis de metal, crivada por flechas incontáveis, ela permanecera impassível durante os tormentos; pois um corpo virginal recebe, com uma força particular, a ajuda do Espírito Santo no momento do combate.

Para muitas jovens dos anos de 1870, Filomena é uma protetora. Sua medalha, sua fita em branco e vermelho, as cores da virgindade e do martírio, que a virgem usa em volta do corpo, a leitura do *Mensageiro de Santa Filomena*, as orações que lhe são dirigidas ajudam a vencer o demônio, com o auxílio comum do anjo da guarda e do santo patrono. Relações afetivas são estabelecidas entre a jovem e essa coorte de personagens celestes. O culto da

---

23. ARNOLD, O. *Le corps et l'Âme* – La vie des religieuses au XIXe siècle. Paris: Du Seuil, 1984, p. 314 [Col. "L'Univers Historique"].

24. Sobre este culto, no que se refere à França, cf. o trabalho de REY, L. *Sainte Philomène, vierge et martyre*. Paris: Université Paris I, 1994. Sobre o pároco de Ars e a santa, cf. BOUTRY, P. *Prêtres et paroisses au pays du curé d'Ars*. Paris: Cerf, 1986, passim. Sem esquecer FORD, C. Female martyrdom and the politics of sainthood in the nineteenth-century France. The cult of sainte Philomène. In: TALLET, F. & ATKIN, N. (orgs.). *Catholicismo in Britain and France in 1789*. Londres: Hambledon Press, 1996, p. 115-134.

gloriosa mártir manifesta a força das noções de proteção e de preservação que está presente nos pais e nos educadores.

Com efeito, todo o discurso consagrado à virgindade e todas as práticas espirituais induzidas, sobremaneira, a confissão frequente e o esforço permanente de introspecção que ela implica, fundamentam-se implicitamente na convicção da fragilidade da pureza, na intensidade da ameaça que pesa sobre o tesouro interior: "um olhar, um pensamento, uma palavra, um gesto, também podem debilitar e manchar, em vocês, a mais bela das virtudes"[25]. Mesmo a preservação da inocência primitiva implica, logicamente, o desconhecimento das coisas da sexualidade e o silêncio sobre esse assunto.

A respeito disso, impõe-se uma digressão. A virgindade não ocupa um lugar central unicamente no imaginário religioso da mulher. Médicos, autores de literatura erótica, especialistas de teologia moral se unem numa fascinação comum. O fascínio que os autores de literatura erótica demonstram não resulta apenas do desejo de usufruir das primícias, de beneficiar-se da suposta estreiteza dos orifícios e da dor infligida numa investida à força, que também revelaria prazer. Na verdade, o imaginário que esse discurso revela em seu conjunto está estruturado pela impressão de indecisão, pelo sentimento da riqueza das promessas e da metamorfose. Diante da descorporização do angelismo, que, além de tudo, sugere posturas e atitudes comedidas até nas futuras relações carnais, coloca-se a descrição minuciosa e complacente feita pelos médicos[26] de todas as modificações abruptas por que passa o corpo, desde a puberdade até o desabrochar da maternidade. Quanto aos autores da literatura erótica, eles esperam que as virgens, a partir da defloração, abandonem seu esboço rudimentar e vejam acentuar-se a firmeza e a beleza de seus traços e a riqueza de seus contornos[27]. Para todos, antes de

---

25. ARNOLD, O. *Le corps et l'âme*. Op. cit., p. 151.

26. Cf. infra, p. 227s.

27. Cf. DELON, M. apud SADE. *Oeuvres*. Paris: Gallimard, 1990, tomo I, n. 1, p. 1.139 ["Bibliothèque de la Pléiade"].

tudo, a virgindade provoca uma expectativa inquieta e fascinante, às vezes impaciente, pela metamorfose, considerando que esta pode levar à transformação de tudo. A fragilidade do ser em transformação abre uma imprevisível multiplicidade de destinos. Daí a enorme importância, para uns, da iniciação erótica e, para outros, de se preservar da exposição à libertinagem.

Uma série de estudos pontuais leva a destacar o cuidado constante manifestado pelo clero em preservar as jovens, sobretudo pelo clero das paróquias rurais, em que a vigilância é particularmente mais fácil. A hostilidade à dança, demonstrada pelos clérigos rigoristas na primeira metade do século XIX, está ligada a esta preocupação. O mesmo vale para a vontade do pároco de controlar todas as manifestações festivas da juventude dentro de sua paróquia. O Cura d'Ars acreditava entrever o diabo deslizando entre os corpos dos jovens arrastados pelos músicos. O pároco de Veretz proibia os paroquianos de dançarem, o que lhe valeu as condenações de Paul-Louis Courier. Jean-Louis Flandrin cita uma série de párocos ou vigários particularmente inquisidores[28]. Um deles não hesitava em subir ao campanário, munido de sua luneta, para observar os camponeses. Veremos a atitude hostil do clero em relação a todas as formas de sexualidade imagináveis. Jean Faury lembra a vigilância de um pároco de Tarn que percorria toda a área de sua igreja para corrigir a postura ou o penteado das jovens paroquianas provocantes demais[29]. Em Bué-en-Sancerrois, no final do século, as moças passavam as tardes de domingo em companhia do senhor pároco, que se esforçava por distraí-las e fazê-las caminharem para preservá-las de tentações[30]. Diversas paróquias possuíam confrarias juvenis, às vezes grupos de Filhas de Maria. Instituições se dedicavam especificamente à preservação das moças do

---

28. FLANDRIN, J.-L. *Les amours paysannes, XVIe-XIXe siècle*. Paris: Gallimard/Julliard, 1975 [Col. "Archives"].

29. FAURY, J. *Cléricalisme et anticléricalisme dans le Tarn (1848-1900)*. Toulouse: Publications de l'université de Toulouse-le-Mirail, 1980, p. 274.

30. GARNICHE-MERRITT, M.-J. *Vivre à Bué-en-Sancerrois*. Paris: Université Paris VII, 1982 [tese].

povo. A convicção de que o tempo entre a puberdade e o casamento é cheio de perigos, de que nesse tempo a "menina crescida" fica submetida a tentações intensas, e que convém manter seu corpo sob uma atenção particular corresponde, repitamos, às representações médicas da mulher.

Na verdade, a maioria dos práticos concordam, nesse ponto, com o discurso dos clérigos. A moça que sabe resistir à tempestade da puberdade, dominar os impulsos naturais das metamorfoses de seu corpo e, mais ainda, dominar as criações de sua imaginação evita muitos males e patologias. Preservada, entregue intacta ao seu esposo, tudo a conduz à fidelidade e à feliz maternidade. É por isso que a violência infligida a uma virgem, que constitui uma falta de gravidade excepcional aos olhos dos teólogos, é o principal objeto de preocupação para os médicos legistas em matéria de violência sexual. Note-se, a esse propósito, a confusão dos especialistas dessa época, que são muitos, a insistir na dificuldade, e até impossibilidade, de detectar com certeza os indícios da defloração. O hímen de algumas jovens, reconhecem os médicos legistas, às vezes se rompe apesar da ausência de qualquer relação sexual. Por outro lado, há aquelas que, apesar das evidências, não apresentam claramente indícios da perda da virgindade[31].

Seria absurdo pretender quantificar os resultados do esforço de preservação. A conservação da virgindade diz respeito a grupos muito diferentes, de acordo com o ambiente, a profissão, o *status* social, a posição na comunidade, as normas regionais, o encanto, o fervor e, segundo os médicos dessa época, o temperamento. As observações dos clínicos especialistas em doenças de mulheres e em patologias venéreas dão a entender que, entre os operários de fábricas parisienses, a maioria das moças perdiam a virgindade entre dezessete e dezenove anos[32]. Más há também as que permanecem virgens

---

31. Todos os tratados de medicina legal da primeira metade do século XIX ressaltam essa dificuldade.

32. Alain Corbin, conclusão provisória de um trabalho em andamento sobre a história dos comportamentos sexuais no século XIX.

bem além dessa idade, sem que se possa identificar as razões do sucesso dessa preservação. No seio das famílias antigas da França Meridional, a virgindade das herdeiras é mais cuidadosamente preservada do que a das caçulas ou a das empregadas vindas de outro lugar[33]. Em diversas regiões mais piedosas, a "moça fácil", a "ovelha infectada", aos olhos do clero, aquela que já se deixou seduzir mais de uma vez pelas artimanhas de um sedutor, e que é vista como pecadora assumida, é figura bem-conhecida entre a juventude local. Seu comportamento fica evidente por ocasião do carnaval.

Em suma, para a maioria das moças, antes da revolução sexual ocorrida ao longo do século XX, a preservação era uma preocupação constante. Os dramas interiores, inclusive os remorsos, a estigmatização, a desvalorização em vista de seu futuro matrimonial, excluíam aquelas que, muito cedo, tinham enveredado pelas delícias da entrega sexual, mesmo que evitassem a gravidez. Mesmo alguns rapazes, apesar da ambiguidade padrão de sua moral sexual, atribuíam valor à virgindade delas. Pode-se ouvir o eco desta preocupação em alguns diários íntimos.

A preocupação com a preservação, o valor atribuído à pureza e à inocência, a certeza da salvação das virgens, podiam tornar mais fácil a aceitação da morte das adolescentes. O Cura d'Ars não queria tristeza diante da morte das moças piedosas da redondeza. Em janeiro de 1848, Léon Papin-Dupont, "o santo homem de Tours" sente-se consolado na morte de sua filha Henriette, levada por uma febre tifoide com menos de quinze anos de idade, tendo acabado de ser pedida em casamento, com o pensamento de que ela morreu "antes do combate, em estado de pureza e de inocência". Não nos tornamos pais, considera ele, senão "quando a salvação de nossos filhos está garantida", e convida Laure, sua filhinha, a "contemplar a felicidade de Henriette". "Minha filha virgem, escreve Léon Papin-Dupont, um mês mais tarde, a uma parenta, tornou-se esposa do amantíssimo Jesus para sempre"; o que o leva a

---

33. CLAVERIE, E. & LAMAISON, P. *L'impossible mariage* – Violence et parenté en Gévaudan, XVIIe, XVIIIe et XIXe siècle. Paris: Hachette, 1982.

declarar a um amigo, em 11 de dezembro de 1848, que "a morte de Henriette deu-lhe um parentesco com Deus"[34].

Se, para a grande maioria da sociedade, com raras exceções, a preservação da moça na expectativa do casamento é questão indiscutível, não há assunto que suscite maiores debates, durante a primeira metade do século XIX, do que os méritos ou os malefícios da virgindade prolongada e da continência. Obviamente, os visados são os membros do clero.

O debate foi preparado, no contexto do século XVIII, por um outro que diz respeito ao eventual casamento dos padres[35]. Em 1758, o eclesiástico Desforges publica uma obra cujo título apresenta bem o conteúdo: *As vantagens do casamento e quanto é salutar e necessário aos padres e aos bispos da atualidade casar-se com uma moça cristã*. Em 1781, o religioso Jacques Gaudin publica em Genebra seu livro intitulado *Os inconvenientes do celibato dos padres*, livro amplamente difundido que forneceu muito arsenal polêmico aos partidários do casamento dos eclesiásticos.

A natureza, argumenta Gaudin, "adquire novas forças na proporção dos obstáculos que lhe são opostos [...]. Sabe-se quanto a falta de experiência incendeia a imaginação. Basta que um prazer esteja fora de nosso alcance para que seja revestido de todos os atrativos secretos, que deixam de ser atrativos somente depois de usufruirmos deles [...]; os celibatários, em geral, têm a imaginação mais poluída e intenções mais libertinas do que os casados"; ora, "a natureza parece ter imposto a cada ser humano a obrigação de, primeiro, produzir um seu semelhante". A esses argumentos, baseados no conjunto dos direitos outorgados por Deus e perceptíveis unicamente pela razão, sem a in-

---

34. MÉTAIS-THOREAU, O. *Un simple laïc* – Léon Papin-Dupont, "le saint homme de Tours", 1797-1876. Paris: Universidade Paris I, 1991 [Tours: Héraut, 1993 (tese) – As citações são extraídas das p. 56-58].

35. Sobre esse debate, cf. PLONGERON, B. *Théologie et politique au siècle des Lumières (1770-1820)*. Genève: Droz, 1973, p. 192-198. E, mais recentemente, CHOPELIN, P. "Le débat sur le mariage des prêtres dans le diocèse de Rhône-et-Loire au début de la Révolution (1789-1792)". Chrétiens et societés, XVIe-XXe siècle. *Bulletin du Centre André-Latreille*, n. 10, 2003, p. 69-94. Nós citamos neste artigo a obra do abade Gaudin.

tervenção de qualquer graça, acrescentam-se aqueles que decorrem da história. Não há nenhuma menção a um dever de continência no texto dos evangelhos. A leitura das cartas de São Paulo mostra que a maioria dos apóstolos eram casados. A propensão ao celibato caracteriza as sociedades decadentes.

Em novembro de 1791, Antoine Franchet, pároco de Mornand, cita suas lutas como exemplo. Desde o começo de seu ministério ele não cessou de trocar de governantas, depois de tê-las tratado com dureza, para não correr o risco de ceder à concupiscência. E ele decidiu, com a idade de quarenta e nove anos, firmar um contrato com a última dessas mulheres. Depois, escreve ele, "nós realizamos o ato marital que nos fez felizes".

Durante a Revolução, não menos de 6 mil padres, para não falar das religiosas, acederam ao casamento, como o demonstram os dossiês de reconciliação com a Igreja constituídos sob o Consulado e o Império[36]. O fato de que um certo número dessas uniões não tenham sido consumadas não impediu que o assunto fosse candente durante a primeira metade do século XIX.

A maioria dos médicos, preocupados com o bom funcionamento de todas as funções orgânicas, lamenta nessa época, em seus escritos, a existência do celibato eclesiástico. Eles criticam os votos de castidade. Seu enorme dossiê, do qual convém apresentar apenas as linhas gerais[37], fundamenta-se na

---

36. LANGLOIS, C. & LE GOFF, T.J.A. "Les vaincus de la Révolution. Jalons pour une sociologie des prêtres mariés". *Voies nouvelles pour l'histoire de la Révolution Française* – Actes du colloque Mathiez-Lefebvre (1974). Paris, 1978, p. 281-312.

37. A título de exemplo de uma abundante literatura sobre isso, eis algumas teses da primeira parte do século XIX, cujos títulos, por si sós, mostram claramente a posição adotada: LABRUNIE, E. *Dissertation sur les danger de la privation et de l'abus de plaisirs vénériens ches les femmes*. Paris, ano XIV, n. 549 [Dissertação sobre os perigos da privação e do abuso dos prazeres venéreos entre as mulheres]. • CANGRAIN, A. *Du célibat* (Do celibato). Paris, 1838, n. 214 [tese]. • QUESNEL, F.C. *Recherches relatives à l'influence de la continence sur l'économie animale* (Pesquisas relativas à influência da continência sobre a economia animal). Paris, 1817, n. 201 [tese]. BERTHIER, J.M.F. *Considérations physiologiques et médicales sur le plaisir*. Paris, 1821 [tese]. • BOUSQUET, J. *Du mariage considéré comme moyen curatif des maladies* (Do casamento considerado como meio curativo das doenças). Paris, 1820 [tese]. • VERRIER, J. *Dissertation sur l' abstinence prolongée* (Dissertação sobre a abstinência prolongada). Paris, 1814, n. 201 [tese]. Como exemplos, entre os artigos do *Dictionnaire des Sciences Médicales* (Panckoucke): "Mariage" (Casamento) por Fodéré e "Satyriasis" (Satiríase), por Rony.

ocorrência frequente – segundo eles – de histeria, de câncer, de doenças dos órgãos, de problemas de menstruação no interior das comunidades religiosas, bem como na mortalidade precoce constatada nesse ambiente. Eles voltam a falar de casos raros de satiríase de que eclesiásticos teriam sido vítimas[38], e a diatribe contra a masturbação, da parte de ambos os sexos, se apoia, às vezes, em práticas clericais. Os próprios confessores, por motivos de indiscrição, são suspeitos de manter relações problemáticas com seus penitentes. Em suma, a demasiada castidade dos membros do clero aparece como uma anomalia para a maioria dos médicos que, dessa forma, colocam-se em continuidade com a filosofia do Iluminismo.

Médicos católicos lhes dão respostas. Melhor: alguns deles entraram nos conventos. O primeiro deles foi o trapista Debreyne[39]. Esses práticos da outra margem contestam as observações de seus adversários e apresentam suas próprias estatísticas. Eles detalham os méritos da virgindade e se dedicam a provar o quanto as núpcias das religiosas com seu esposo celeste, sem querer recobrir essa união de considerações supérfluas relacionadas a alguma compensação erótica, pode ser uma fonte de equilíbrio e de realização. De qualquer maneira, a carne deve obedecer ao espírito, e o corpo estar submetido à alma.

III. Os deveres conjugais

O debate a respeito dos perigos ou dos benefícios da continência excessiva se desenvolve nos mesmos moldes e sobre os mesmos argumentos daquele que acontece com relação ao celibato, excetuando que este diz respei-

---

38. Sobretudo o caso do pároco de Cours près de La Réole, reportado por Buffon: cf. Rony, "Satyriasis", op. cit.

39. Como exemplo, o grande livro citado de Jean-Ennemond Dufieux, *Nature et verginité*, bem como os capítulos dedicados à questão por Pierre J.C. Debreyne, *Essai sur la théologie morale considérée dans ses rapports avec la psychologie et la médicine* – Ouvrage spécialement destiné au clergé [4. ed. Bruxelas: Vanderborght, 1844, 99ss.: debate sobre "o estado de virgindade perfeita"].

to geralmente ao sexo masculino. Isso nos leva a lembrar brevemente o que justifica, aos olhos dos católicos, o controle dos impulsos sexuais. Como já foi dito, a mensagem dos Padres da Igreja e, particularmente, de Agostinho, fundamentava-se no fato de que, comparadas com a vontade, as manifestações somáticas do desejo são independentes, no que tange à concupiscência como o resultado evidente do pecado[40]. Na perspectiva da doutrina de São Paulo (1Cor 7), o estado de virgindade é considerado preferível em comparação com as relações sexuais. A vida de Jesus é suficiente para demonstrá-lo. Todavia, segundo Paulo, é melhor ter uma boa relação conjugal do que abrasar-se; esta é, de acordo com a opinião dos teólogos, uma maneira de poupar aos esposos, unidos pela obrigação de cumprir o dever conjugal um para com o outro, o castigo que recai sobre aquele que se entrega ao estupro, à fornicação ou ao adultério. Apesar da complicação dos meandros da teologia moral e a intervenção das descobertas da fisiologia nesse processo, os católicos, guiados pela Penitenciária romana[41], podem ater-se a obrigações simples, mas sólidas: os dois esposos realizam o ato carnal em vista da procriação e não pelo desejo de se entregarem a momentos de volúpia. Eles devem evitar toda artimanha que leve à contracepção e, dessa forma, também as variações eróticas que recorrem ao coito anal ou oral, ou à masturbação recíproca[42]. Eles devem, na medida do possível, evitar aqueles prazeres que poderiam fazê-los esquecer a finalidade da relação carnal.

---

40. Não podemos citar a imensa bibliografia dos estudos agostinianos. No que diz respeito à luxúria e ao comportamento sexual dos esposos segundo os teólogos da Idade Média, cf. CASAGRANDE, C. & VECCHIO, S. *Histoire des péchés capitaux au moyen Âge*. Paris: Aubier, 2000 ["Collection Historique"]. Cf.tb. a recente reedição de *De bono conjugali*, traduzido por Jean Hamon sob o título *Le bonheur conjugal*. Paris: Payot, 2001.

41. Sobre o debate relacionado aos teólogos, a Penitenciária romana e a contracepção no século XIX, a obra fundamental continua sendo a de Jean-Louis Flandrin. *L'Église et le contrôle des naissances*. Paris: Flammarion, 1970.

42. Cf. infra, p. 202, no que concerne ao acordo entre os médicos e os teólogos.

Por outro lado, nenhum dos esposos deve recusar-se ao parceiro, sob risco de induzi-lo à tentação da fornicação ou do adultério. Resta o ponto litigioso sobre o qual se debatem os principais teólogos, como o Monsenhor Bouvier, bispo de Mans, Monsenhor Thomas Gousset ou o Padre Debreyne. Que atitude deve adotar a esposa, que anseia por conhecer o mistério da concepção de um pequeno ser formado à imagem de Deus, se ela sabe por experiência que seu esposo está decidido a praticar o coito interrompido, em grande expansão na época? As opiniões divergem, mas parece que a maioria dos teólogos são mais propensos à indulgência ou, se preferimos, ao laxismo. A esposa não deve arriscar levar seu marido a pecar de forma ainda mais grave corrompendo uma mulher livre ou, pior, a esposa de outro homem.

Uma última questão subsidiária: a mulher que o permite, apesar de saber de antemão da falta em que incorre o marido, deve procurar evitar o prazer, sabendo perfeitamente que isso não ocasionará uma possível ou provável concepção? A maioria dos teólogos aconselham-na a evitar, mas o Padre Debreyne, apoiando-se nas descobertas dos fisiologistas, desculpa a esposa na medida em que, a seus olhos, a ciência mostrou que algumas mulheres são incapazes de evitar o gozo durante uma relação sexual[43].

De qualquer modo, a exaltação do domínio de si e do modelo traçado pelo casal José e Maria leva a considerar benéfica a continência entre os esposos, uma vez garantido o nascimento de vários filhos. Com a condição, obviamente, de que nenhum dos parceiros venha a pedir ao outro que cumpra o dever conjugal para consigo.

Embora desenhada, assim, com linhas gerais, a mensagem católica em matéria de união carnal não deve ser avaliada segundo a sensibilidade de nosso século XXI. A intensidade do mistério da concepção[44], a sacralidade

---

43. Sobre essa discussão, cf. DEBREYNE, P.J.C. *Essai sur la théologie morale*. Op. cit., cap. 5: "De l'onanisme conjugal", especialmente p. 184-187.

44. Cf. infra, p. 184ss.

reconhecida do corpo da mulher-mãe, a exaltação da fidelidade entre os esposos e da doação recíproca de dois seres que, de acordo com os termos bíblicos, passam a formar uma só carne, a atmosfera do quarto conjugal dos casais cristãos, geralmente com um crucifixo acima do leito, a presença, às vezes, do genuflexório, puderam, apesar da ausência de aprimoramento erótico, conferir à união carnal uma intensidade emocional que convém considerar se tivermos o cuidado de evitar todo anacronismo psicológico.

Acrescentemos que, neste campo, os teólogos da época não condenam as preliminares destinadas a facilitar o sucesso da união. Eles admitem a reiteração dos prazeres. Deixam uma certa liberdade às posições amorosas, sempre lembrando aquele dito missionário a respeito do ato anal (*more canum*). Alguns dentre eles admitem inclusive que o parceiro menos rápido – geralmente, a mulher – faça de modo a conseguir o prazer mesmo depois que o outro obteve o seu. A partir da metade do século, alguns teólogos começam, além disso, a considerar o amor como um dos fins das relações sexuais; é o caso de Jean Gury, em 1850, que se insere, nesse ponto, na linha de pensamento de Afonso de Ligório.

Quantos casais, se dirá, terão controlado, dessa maneira, seus instintos para respeitar as ordens dos diretores de consciência ou de simples confessores? Seria bem difícil dizê-lo. Mas o essencial, para o nosso propósito, é a incessante lembrança das normas, tendo em vista o recurso frequente de inúmeras mulheres ao tribunal da penitência. Seria um equívoco metodológico postular uma desenvoltura absoluta dos casais católicos em relação à teologia moral; ainda mais porque o reconhecimento das faltas no confessionário implicava a contrição e era seguida de uma penitência, por mais leve que fosse, bem como de boas resoluções; sem esquecer o peso do sentimento de culpa sobre as emoções experimentadas por aqueles que ousavam não respeitar as normas prescritas; mesmo se considerarmos que o erotismo se alimenta da transgressão.

IV. A posição ascética

"De nossos inimigos, o maior é o nosso corpo"[45], escreveu Afonso de Ligório, a cuja influência se atribui, justamente, a suavização da teologia moral durante a primeira metade do século XIX. O "rigorismo implacável" que se encontra no Cura d'Ars, que considerava seu corpo como "seu cadáver", determina a "posição ascética" que predomina na maioria dos cristãos do século XIX. Para as almas da elite, evitar a concupiscência não era suficiente. Tratava-se, então, de "contrariar continuamente a natureza e o corpo", quando, ao mesmo tempo, a história natural do homem e a ciência médica, na continuidade do Século das Luzes, passavam uma mensagem inversa.

"O que requer a mortificação do corpo?", interroga em 1884 Désiré Graglia, autor de instruções espirituais destinadas à congregação das irmãs de caridade. " – Que nutramos [por ele] um ódio santo e implacável, recusando-lhe as satisfações que ele demanda [...]"[46].

Essa época é herdeira da ruptura realizada durante o século XVII, quando se aprofundou a dissociação entre corpo e alma, entre físico e espiritual. Todavia, no século XIX não se encontra a mesma tentação do misticismo e o mesmo apetite de mortificação. A propósito disso, no período de que estamos tratando, importa tentarmos distinguir aquilo que se situa na linha das disciplinas fixadas em decorrência do Concílio de Trento e o que caracteriza uma inovação. Consideremos, nesse período, as práticas usadas nos conventos femininos. Elas constituem o modelo exacerbado, muitas vezes, inacessível, proposto às piedosas almas.

As vestes das religiosas têm por fim negar o corpo, destinado a apodrecer. "Confusamente, escreve Odile Arnold, recusa-se integrar o corpo à pessoa; sepulta-se o corpo numa veste como se fosse sob um lençol mortuário,

---

45. LIGUORI, A. de apud ARNOLD, O. *Le corps et l'âme*. Op. cit., p. 136.
46. Apud ARNOLD, O. Ibid., p. 135.

porque o sentimento é de estar sepultado em pessoa numa condição carnal da qual se gostaria de escapar"⁴⁷. Portanto, as vestes das religiosas não são feitas de acordo com o corpo e não revelam formas femininas. Geralmente as blusas são ajustadas e o tamanho bem medido; a única exigência é a postura do véu e de tudo que cobre os cabelos, num cuidado de modéstia; exigência antiga, evocada com insistência por Agostinho no século V.

O silêncio reina nos conventos. E é total na Grande Trapa, reformada recentemente pelo abade de Rancé. Em 1847, Chateaubriand, sob pedido de seu diretor espiritual, mergulha neste profundo silêncio. Ele lhe dá um novo sentido à luz da sensibilidade romântica e da estética do sublime⁴⁸. Em outros lugares, distingue-se o "grande silêncio", aquele que reina durante a noite, e o "pequeno silêncio", que marca as atividades do dia e que é interrompido de tempos em tempos durante as recreações ou por ocasião de permissões que cabe aos superiores decidir. O silêncio é aprendizado e sinal de domínio de si. Ele aumenta a capacidade de controlar seus reflexos. Evita a dispersão do espírito. Facilita o exame interior. Prepara para a oração. Obviamente, permite evitar as conversas fúteis, as maledicências, as distrações. Ele corresponde à regularidade necessária a todas as ações. Como tal, é uma das bases da regra de vida.

O jejum está ligado ao silêncio. Este favorece o recolhimento no refeitório. Também ele atesta o domínio dos próprios impulsos. O ascetismo nos alimentos se impõe "como uma condição fundamental da vida espiritual"⁴⁹. Na Trapa, a carne, o peixe, os ovos, a manteiga são proibidos, como também as especiarias, cremes e tortas. Durante o Advento e a Quaresma, o regime é ainda mais severo; nos dias de jejum, as monjas tomam apenas uma refeição.

---

47. Ibid., p. 68.

48. CORBIN, A. "Invitation à une histoire du silence". *Foi, fidélité, amitié en Europe à la periode moderne* – Mélanges Robert Sauzet. Tours: [s.e.], 1995, p. 51-64.

49. ARNOLD, O. *Le corps et l'âme*. Op. cit., p. 121.

A regra das outras comunidades, naturalmente, é menos rígida, e costuma variar conforme os costumes locais.

Não se pode considerar o jejum e a abstinência, quer dizer, a atitude com relação ao alimento do corpo, desvinculadamente da refeição eucarística, para a qual eles preparam e com a qual se harmonizam. Na verdade, sobre a comunhão do corpo de Cristo pesa sempre o temor do sacrilégio. O jejum e as penitências contribuem para aliviar esse temor, uma vez que "a alma fica enferma se a carne não é mortificada"[50].

O uso do cilício e da disciplina é bastante comum em toda parte do século XIX. Às sextas-feiras, dia em que se comemora o suplício e a paixão de Cristo, inúmeros religiosos e religiosas praticam a flagelação. Tais práticas ultrapassam os muros dos mosteiros, e estão presentes em muitos membros do clero secular, a exemplo do Cura d'Ars, e de frades engajados na vida ativa, como o dominicano Lacordaire, o pregador de Notre-Dame. Inúmeras mulheres e jovens piedosas, sobretudo as recém-convertidas, usam o cilício. George Sand, que era, ademais, uma fervorosa leitora da *Imitação*, viveu uma crise de misticismo durante sua adolescência quando era interna das irmãs agostinianas. "Eu usava em volta do pescoço, conta ela em sua autobiografia, um rosário de filigrana que me arranhava, como um cilício. Eu sentia o frescor das gotas de meu sangue, e, em vez de dor, o que eu sentia era uma sensação agradável [...] meu corpo estava insensível, ele não existia mais"[51].

Dito isto, por outro lado, essas macerações se encontram limitadas por uma série de precauções. No interior dos conventos, elas estão sujeitas à permissão da superiora e devem ser mantidas em absoluto segredo. Fora das clausuras, os confessores têm a incumbência de evitar os excessos, e inúmeros são os que proíbem tais práticas a seus penitentes. O Padre Debreyne, do

---

50. Ibid., p. 135.

51. SAND, G. *Histoire de ma vie*. Tomo I. Paris: Gallimard, 1970, p. 965 [Col. "Bibliothèque de la Pléiade"].

qual já falamos, renomado diretor de consciência, é um médico que se tornou trapista. Ele se declara desfavorável às mortificações. Evitemos, além do mais, confundir estas com tudo aquilo que está ligado ao que os médicos denominam algofilia – gosto pela dor – antes que se difundisse, no final do século (1886), a noção de masoquismo. Entregando-se à mortificação da carne, esses cristãos fervorosos pretendem acompanhar, sem comprazer-se com isso, os sofrimentos do Redentor. A flagelação é inseparável da meditação sobre os mistérios dolorosos; ela corresponde aos esforços da imaginação recomendados no contexto dos exercícios espirituais. Evitemos agir como médicos e considerar, com demasiada pressa, esses comportamentos como sendo patológicos.

Ainda mais que o século XIX, sobre esse assunto, é avesso aos excessos, inclusive no misticismo. Os fiéis dessa época, geralmente, procuram uma outra relação com Deus do que aquela que, outrora, levava um João da Cruz ou uma Teresa d'Ávila ao êxtase e à visão pela noite dos sentidos.

Desconfiados com relação a todos os excessos, os autores das regras de vida e dos manuais de piedade, bem como os diretores de consciência, acentuam, ao contrário, as injunções relacionadas ao controle cotidiano do uso dos sentidos, considerados igualmente portas para o demônio. "Toda a função de órgão de relação fica limitada pelas reações interiores que eles podem suscitar"[52]. Nos conventos, as religiosas se esforçam para controlar os gestos, dominar a vivacidade e a petulância das noviças. A moderação é exigida sem cessar. Os modos de ficar sentadas ou de pé, a maneira de caminhar precisam ser controlados. "Os gestos, os ritmos, as fontes de emoção, a força da sensibilidade"[53] são objeto de permanente vigilância. As atitudes da oração são estritamente codificadas. As mãos devem estar continuamente ocupadas, elas que

---

52. ARNOLD, O. *Le corps et l'âme*. Op. cit., p. 141.
53. Ibid., p. 87.

são as únicas partes visíveis do corpo, além do rosto. É importante evitar, no trato com as outras, tudo aquilo que possa se assemelhar a uma carícia.

O essencial é o domínio dos cinco sentidos. Considerando o quanto o olhar é perigoso, é necessário lutar contra o desejo de ver e de ser vista. Obviamente, todo olhar impudico deve ser evitado, mas tanto quanto for possível é proibido encarar alguém. A religiosa deve evitar olhar sua nudez e esquecer-se de sua própria imagem. Para isso, ela não tem espelhos à disposição. Da mesma maneira, ela não deve deleitar-se com os bons odores. Pelo contrário, ela pode procurar os maus cheiros, sobretudo quando faz isso para realizar um gesto de caridade.

À noite, a recitação das completas é oração preparatória para a castidade do repouso e para preservar os fantasmas noturnos. Para as religiosas como para o conjunto dos cristãos, o sono deve lembrar a imagem da morte, o leito a do túmulo e o despertar, precoce, a imagem da ressurreição; vêm daí a insistência relacionada à rudeza da cama, que reencontraremos sob a pena dos médicos[54].

De resto, a maior característica do século XIX, sobretudo em sua segunda metade, é o refinamento de uma "economia aflitiva", a procura, no final do período, dos "pequenos caminhos" que levam a Deus, elemento maior da espiritualidade de Teresa do Menino Jesus. Confrontada com o grande sofrimento, a religiosa deve saber suportar com paciência sem lamentar-se, sem deixar nada transparecer. Ela pode, inclusive, recusar os alívios, numa maneira discreta de se unir ao Redentor. Quando a morte se aproxima e o corpo se consome, algumas monjas demonstram uma espécie de alegria, na expectativa de festa para a alma.

Distante de toda luta dramática, no cotidiano se efetua um trabalho ininterrupto de submissão e renúncia de si mesmo. Os pequenos sacrifícios impostos ao corpo são maneiras de "juntar o máximo de aflições, imitando,

---

54. Cf. infra, p. 201.

assim, os santos". Uma aritmética de sacrifícios, observa Claude Savart[55], combina com o espírito da época; como se tratasse de acumular pela economia, numa forma de capitalização, um investimento espiritual, em vista de garantir a salvação eterna; práticas reforçadas pelo refinamento cada vez mais incisivo do exame de consciência, pela frequência regular à confissão, enriquecida pelas penitências e pela prática da comunhão frequente.

Então, o modelo proposto pelas religiosas difunde-se, com menor rigor, dentro dos internatos e por toda a sociedade, sob a influência dos confessores, diretores de consciência e por meio da influência exercida por uma literatura de piedade que, sob o segundo Império, sobretudo, conhece, como dissemos, um sucesso considerável; daí vem a cólera dos anticlericais que acusam os padres de submeter as mulheres à sua influência.

Ora, seja que se trate das religiosas ou da coorte das almas fervorosas, um paradoxo foi, justamente, apontado: "O medo e a rejeição do corpo, escreve Jean-Pierre Peter, acabam instalando como mestres, dentro das paredes, o desejo ameaçador [...], o corpo pudico, incompreendido, martirizado e, dessa forma, onipresente, invasor"[56]. Por sua vez, Odile Arnold afirma: "Querendo rejeitar a influência do corpo, acabava-se dando-lhe um lugar incrível, que tomava todo o tempo"[57].

Numa perspectiva de ordem mais antropológica, Jeanne Andlauer levanta um paradoxo do mesmo tipo. Consideremos por um instante sua análise. Com base numa minuciosa pesquisa realizada com religiosas contemplativas dos séculos XIX e XX, ela escreve: "A vida conventual, em que o corpo deve ser colocado de lado para favorecer a vida do espírito e da alma, é, todavia, lu-

---

55. SAVART, C. *Le Livre catolique témoin de la conscience religieuse en France au XIXe siècle*. Op. cit.
56. Prefácio do livro de Odile Arnold. *Le corps et l'âme*. Op. cit., p. 11.
57. ARNOLD, O. Ibid., p. 143.

gar de uma presença cotidiana, viva e simbólica, da corporeidade"[58]. Essa constatação paradoxal, que reforça e incrementa de *nuances* o que fora dito por Jean-Pierre Peter e Odile Arnold, apoia-se na confecção de objetos devocionais, em uma oração das mãos "que é um trabalho sobre o corpo e, ao mesmo tempo, um trabalho do corpo". Então, acrescenta Jeanne Andlauer, "a arte do convento é inseparável da carne"; alguns objetos confeccionados falam "de incorporação, de encarnação, remetem ao terreno do orgânico"[59].

Por ocasião da cerimônia da tomada do hábito – a vestição –, os cabelos da postulante, desatados em mechas soltas, são cortados e recolhidos numa bacia de prata. Com esse material, pelo menos até por volta de 1880, as religiosas confeccionam uma série de pequenos objetos: cruzes, guirlandas, enfeites, anéis de relógio. Algumas conseguem até desenhar paisagens.

A pesquisa etnográfica revela que a religiosa, no momento de pronunciar seus votos, confecciona uma boneca que a simboliza. Trata-se de um corpo velado para sempre, cujo rosto de cera reflete a carne inalterável, idealmente inanimada. Vestindo um corpo nu, destinado a nunca mais ser despido, o gesto significa a entrega de sua função genésica. Geralmente, a boneca é colocada dentro de uma "caixa de solidão", que representa a cela, onde, se necessário, é permitido mostrar os instrumentos de mortificação.

Uma das atribuições tradicionais das mulheres enclausuradas, ao lado da confecção da renda que simboliza a virgindade, é preparar vestes para relíquias, sobretudo fragmentos de ossos, a fim de introduzir elementos corporais nas imagens veneradas. A preocupação de manifestar a presença corporal atinge seu ápice nas efígies de tamanho natural, vestidas com hábitos de verdade e cobrindo partes de esqueletos, que são conservadas numa caixa

---

[58]. ANDLAUER, J. *Modeler des corps* – Reliquaires, canivets et figures de cire des religieuses chrétiennes. Paris: EHESS, 2002, p. 102 [tese].

[59]. Ibid., p. 281.

de vidro no interior das igrejas⁶⁰. Dessa forma foram expostos os restos do Cura d'Ars, após sua beatificação, em 1905. Catarina Labouré, na capela da Rua du Bac, Bernadette Soubirous, Teresa do Menino Jesus e da Sagrada Face foram apresentadas em traços pouco personalizados e angelicais "como adormecidos, de olhos fechados, a cabeça levemente inclinada para o lado"⁶¹, as mãos postas uma sobre a outra ou fechadas segurando um rosário. Esse trabalho, que corresponde à ceroplastia vigente durante o século XIX, melhor do que todo o resto, mostra ao espectador fascinado a capacidade que o corpo tem de impregnar o imaginário dos cristãos fervorosos dessa época.

Obviamente, é muito difícil – e nem é este nosso objetivo – perscrutar os pavores dos indivíduos mais frágeis para suportar o rigor dos conventos. A esse respeito, é sabido com que insistência a literatura erótica, desde a publicação do *Portier des chartreux. Histoire de don Bougre écrite par lui-même* (O porteiro dos cartuxos*. A história de Dom Bougre** escrita por ele mesmo, 1741) ou de *La religieuse* (A religiosa) de Diderot, sem falar dos escritos de Sade, tentou instalar suas heroínas no interior das clausuras. A transgressão suprema – pois, aos olhos dos teólogos, o comércio da carne é um sacrilégio nesses locais – obviamente tinha por objetivo exacerbar a emoção do leitor, como no caso das cenas que relatam a pilhagem coletiva da virgindade (*Les 120 Journées de Sodome* – Os 120 dias de Sodoma).

Pesquisas pacientes nos arquivos mostram que a sexualidade estava, efetivamente, presente nos conventos de mulheres do Antigo Regime, mas não com a intensidade apregoada por essa literatura. A título de exemplo, Gwenaël Murphy menciona, no século XVIII, o registro de dezesseis declarações

---

60. GAGNEUX, Y. *L'Archéologie du culte des reliques des saints à Paris* – De la Révolution à nos jours. Paris, 1997 [Université Paris IV (tese)].

61. ANDLAUER, J. *Modeler des corps*. Op. cit., p. 81.

* "Cartuxos": Religiosos da Ordem de São Bruno [N.T.].

** "Bougre": Homossexual, no latim *Bulgarus* de *Bulgare*, por causa de hereges da Bulgária, taxados de homossexuais [N.T.].

de gravidez e de quatro violações de religiosas no conjunto de sete conventos femininos da cidade de Niort, e conclui que, para a maioria daquelas que se casaram sob a Revolução, a relação carnal foi uma descoberta, segundo elas, pouco desejada. Com efeito, entre as 356 religiosas casadas, uma só declarou, em seguida, ter sido motivada pelo desejo sexual[62]. Por outro lado, 30% dos padres casados sob a Revolução declararam tê-lo feito por amor[63].

Philippe Boutry, feliz leitor dos arquivos de Ars, apresentou o caso da Irmã Marie-Zoé, que permite perceber de maneira mais simples e menos provocante o que podia significar, naquele lugar, o combate de um corpo sensual[64]. Este estudo de caso nos possibilita lembrar, desde já, informações gerais sobre a confissão no interior de confessionários – sabendo, além do mais, que esse tipo de móvel foi sendo instalado nas igrejas aos poucos. O século XIX é o grande século das confissões, tanto da confissão ordinária como da confissão geral que permite realizar uma introspecção de maior alcance sobre si mesmo. De acordo com as instruções de Massillon, enunciadas no início do século XVIII em seu sermão sobre o Sacramento da Penitência, de uma extrema penetração psicológica, as práticas do exame e da atenção às pulsões do corpo que ele implica se difundiram, sobretudo, entre a população feminina e fervorosa. As distinções precisas infundidas pela teologia moral entre pecado mortal e venial, entre pecado ocasional, pecado de recaída e pecado habitual tinham-se tornado mais familiares. Uma história do corpo e da vida sexual, que será abordada mais adiante, não pode deixar de tratar desse processo de aculturação.

---

62. MURPHY, G. Les religieuses mariées pendant la Révolution française. In: CAPDEVILA, Luc, CASSAGNES, Sophie, COCAUD, Martine et al. *Le Genre face aux mutations* – Masculin et féminin, du Moyen Âge à nos jours. Rennes: Presses Universitaires de Rennes, 2003, p. 243-255. E, mais amplamente, a tese do mesmo autor: *Femmes de Dieu et Révolution Française dans le Diocèse de Poitiers.* Paris: EHESS, 2003.

63. A respeito disso, cf. MARÉCHAUX, Xavier. *Les prêtres mariés sous la Révolution Française.* 3 vol. Paris: Université Paris I, 1996 [tese].

64. BOUTRY, P. "Réflexions sur la confession au XIXe siècle". *Pratiques de la confession des Pères du Désert à Vatican II.* Paris: Cerf, 1983.

O exemplo da Irmã Marie-Zoé, que expõe ao Cura d'Ars, naquilo que pode ser considerado uma consulta, as razões que a levam a pensar que está caminhando para a condenação, permitirá identificar melhor as distinções costumeiras feitas pelos teólogos. Religiosa numa comunidade de Vannes, ela acumula, frisa Philippe Boutry, diversas categorias de pecados de luxúria. Com catorze anos, ela perdeu sua inocência para um tio abusivo. Com dezesseis, depois de passar dois anos num internato, ela se entrega a ele novamente. Sem se sentir à vontade na casa de seus pais, ela decide entrar no convento. Lá um padre a seduz durante o noviciado. Uma confissão geral lhe permite romper com aquilo que, por três vezes, não passara de pecados ocasionais. Ela faz seus votos, mas "costumes lamentáveis", incorrigíveis, fazem com que ela desrespeite a regra da comunidade a que pertence. Esse pecado habitual, na verdade, não cede diante das confissões gerais. Em suma, durante o período de sua juventude, como noviça e depois como religiosa, Marie-Zoé nunca respeitou a pureza exigida. Mais que isso, ela confia ao Cura d'Ars seu pecado mais grave, que transforma o tormento em prazer. "Eu contei muitas vezes minhas faltas", confidencia Marie-Zoé, "porque eu sentia um certo prazer em falar dessas coisas tristes"[65]. A confissão, na verdade, pode causar perturbação corporal tanto no padre quanto na penitente. Os manuais, a esse respeito, aconselham que o confessor tenha a maior prudência, e alguns pais lamentam que ele ensina muitas coisas às moças novas que recorrem ao seu ministério.

Sabemos bem, sobretudo pelos trabalhos de Claude Langlois, que a maioria das religiosas vivia no contexto de congregações ativas: professoras primárias, enfermeiras, serviços de caridade, dedicação aos pobres ou idosos. Ora, nesse ambiente, sobretudo quando se tratava de dar alívio ao corpo das outras, as religiosas não procuravam transmitir-lhes a vivência de seu próprio corpo. Aqui convém distinguir duas esferas. A solicitude em atenuar os sofrimentos do paciente, a assistência, na hora da agonia e da prepara-

---

65. Citado por Philippe Boutry.

ção para uma boa morte e a difusão de uma mensagem de esperança e de consolação, representam um conjunto de práticas que revelam uma visão harmônica do ser humano, diferente do dualismo obcecado que reinava no interior dos conventos de contemplativas.

Notemos que um conflito podia acontecer à cabeceira de um agonizante. A companhia das religiosas, a presença insistente do padre, preocupado com a salvação de suas ovelhas, o ritual da unção dos enfermos, que consiste em ungir diferentes partes do corpo, chegavam a competir com os procedimentos daquela crescente medicalização da morte, recentemente descrita por Anne Carol[66], ou, mais raramente, com o militantismo dos livres-pensadores.

V. As posturas do recolhimento e da adoração

Poucas coisas têm sido ditas, por quanto sabemos, sobre a maneira pela qual a prática cultual católica, excluindo-se as práticas de mortificação, influenciou a cultura somática. Algumas posturas, alguns gestos, marcaram diretamente o corpo. A genuflexão dupla e prolongada durante o ofício divino, na hora da preparação para a confissão, durante as sessões da adoração perpétua, por ocasião das punições infligidas nas instituições católicas endurece os joelhos, em alguns casos chegando a torná-los calosos. Essa ajoelhação leva a se habituar e tolerar posturas e estiramentos que nada têm de natural, mas que também não devem ser incluídos logo, exclusivamente, no rol das medidas disciplinares criticadas pelos historiadores. A ajoelhação, ou genuflexão dupla, harmoniza-se à oração, significando a submissão à divindade, e acompanha a prece. Encontra-se presente, assim, em inúmeras práticas sociais, desde a sedução e a conquista até o pedido de uma graça, um favor, etc.

---

66. CAROL, A. *Les médecins et la mort*. Paris: Aubier, 2004 ["Collection Historique"].

Menos pregnante, sem dúvida, mas não negligenciável é a genuflexão simples, que obriga a um exercício muscular, um esforço perigoso para as pessoas mais idosas, que as obriga a apoiar-se, força o pé, dobra o sapato do padre, conforme as múltiplas flexões que acontecem durante a celebração dos ofícios.

Mais amplamente, a prática do culto católico, mesmo fora dos conventos, leva a um domínio dos gestos, um controle das modalidades de atenção e acolhida das mensagens sensoriais. O sinal da cruz, efetuado com a mão direita umedecida na pia de água benta, prepara para o recolhimento no interior da igreja ou da capela. Lá se impõe a *mezzo voce* que Philippe Boutry menciona ao indicar a dificuldade para a população rural, acostumada a exprimir-se falando bem alto[67]. A celebração do culto, em si – fora de qualquer disciplina monástica –, é uma escola da prática do silêncio, frequentada desde a mais tenra idade. Não são, certamente, momentos de inculcar uma disciplina somática mais estrita. Os pequenos aprenderam a unir as mãos. Aprenderam que não devem correr na igreja, nem nos seus arredores. O mesmo vale, e com maior razão, para as crianças do coral, levadas a dominar o corpo como exigência da cenografia das cerimônias. Os adultos devem adotar movimentos mais lentos. O controle dos impulsos se revela, inclusive, na gestão do olhar. Assim, a oração impõe um recolhimento que se expressa nas atitudes do corpo. Mais nitidamente ainda, as posturas de adoração impedem toda agitação e manifestam a concentração interior através da imobilidade. O caminhar em direção ao altar requer a arte de deslocar-se em recolhimento, em um fechamento particularmente voltado para tudo que é sensorial. Em cada um desses pontos, o modelo se encontra nas regras formuladas para orientação das religiosas. A difusão da adoração perpétua e o hábito de comungar frequentemente, sem dúvida, aprofundaram essa disciplina ao longo da segunda metade do século.

---

67. BOUTRY, P. *Prêtres et paroisses au pays du curé d'Ars* [tese].

Os sinais que marcam o ritmo do tempo cerimonial[68] acrescentam regras coletivas e obediência às normas do comportamento. A realização das procissões – uma das grandes questões da luta anticlerical – manifesta o êxito dessas disciplinas. Essas demonstrações coletivas da fé, a propósito, devem ser consideradas em relação aos cortejos e às manifestações mais desordenadas que se multiplicam nas cidades pelo final do século[69].

A prática da oração e do culto católico sugere atitudes que culminam naquilo que se designa sob os termos da unção sacerdotal. Os padres, mais ainda do que os fiéis, interiorizaram os elementos dessa cultura somática. O mistério da transubstanciação*, que se realiza por seu ministério, a leitura cotidiana do breviário, os movimentos que, geralmente, a acompanham, os gestos de oferenda e de oração, no altar, os gestos da bênção e da absolvição, impõem uma concentração e uma postura comedida que modelam as atitudes; sem falar da conservação do gesto clerical de eloquência ou da apresentação negligente, por parte do prelado oficiante, de seu anel, para o beijo dos fiéis.

VI. Compaixão e espera do milagre

O catolicismo ordena, enfim, de acordo com a mensagem evangélica, que o fiel olhe com compaixão o corpo sofredor ou miserável, que não evite seus estigmas nem esqueça os riscos que as atitudes de reserva e segurança poderiam causar. Lavar os pés, para os mais altos dignitários do clero e para

---

68. Alphonse Dupront (*Du Sacré* – Croisades et pélerinage. Op. cit.) distingue o tempo litúrgico e o tempo cerimonial, próprio unicamente da celebração dos ofícios.

69. A cidade de Limoges fornece uma cena particularmente reveladora desses contrastes; cf. o conjunto dos trabalhos de Françoise Lautman sobre as "ostensões" das relíquias e o livro de John Merriman. *Limoges la rouge* – Portrait d'une ville révolutionnaire (Paris: Belin, 1990), sobre os cortejos que percorrem, frequentemente, a cidade.

* Dogma segundo o qual a substância do pão e do vinho se transforma, na Eucaristia, na substância real do corpo e do sangue de Cristo.

o próprio papa, por ocasião das cerimônias da Quinta-Feira Santa, simboliza essa atenção e essa compaixão para com o corpo dos mais humildes.

A partir de 1862, a caridade manifestada em Lourdes, o grande palco do milagroso, expande-se, pela repercussão causada, a outras formas de compaixão demonstrada por católicos fervorosos. Aqui os doentes e os agonizantes, normalmente relegados à margem da sociedade e ocultados da vista, ocupam o primeiro plano[70].

Desde a ocorrência das aparições, e inserindo-se na tradição popular de recorrer aos santos curadores e à água milagrosa das "boas fontes"[71], os doentes afluem a Massabielle. Será necessário muito tempo até que a Igreja reconheça a realidade dessas aparições (1862), e mais ainda para que reconheça os milagres realizados. Estes, inicialmente registrados, com maior ou menor precisão, pelos irmãos de Garaison, a partir de 1883, passaram ao crivo dos médicos do Bureau de constatações.

Para o propósito desta obra, o essencial é que Lourdes se torna, desde então, local de um ajuntamento inaudito de enfermos, doentes, inclusive de agonizantes, trazidos de toda parte, geralmente em trens especiais, na esperança de uma cura milagrosa. Esse afluxo sem precedentes, às vezes, faz com que a esplanada se pareça com o hospital de um campo de batalha um dia depois do massacre. Qualquer que seja sua patologia, os infelizes de todas as condições sofrem o calor e a fadiga da viagem. Da estação, eles são transportados nos ombros de alguém, em carrinhos, em macas, na melhor das hipóteses, em carroças da companhia das estradas de ferro ou em charretes puxadas a braço e levados aos alojamentos, muitas vezes, por sorte. Homens e mulheres generosos os conduzem às piscinas, à água fria e escura onde os mergulham, nus, tremendo, angustiados, mas cheios de esperança. Quando

---

70. HARRIS, R. *Lourdes*. Op. cit., p. 335.
71. Cf. LEPROUX, P. *Dévotions et saints guériseurs*. Paris: PUF, 1991.

saem desse banho, os enfermos procuram conservar o mais que podem a água da fonte sobre seu corpo.

Em suma, tudo acontece como se, em seu desejo de fazer crer no milagre, os organizadores quisessem expor o corpo e as deformidades desses doentes, diante dos quais a ciência revelara-se impotente, e que manifestavam com clareza a necessidade da ajuda sobrenatural de Deus, oferecida à humanidade sofredora. Por sua vez, inúmeros peregrinos, cravados em seus catres, "utilizavam suas últimas forças a fim de imitar a Paixão, colocando-se na posição de Cristo na cruz"[72]. Quanto aos carregadores, ao imergirem os doentes, "expressavam a intensa dor física e o sofrimento"[73], e, observa Ruth Harris, não se conseguiria avaliar o efeito psicológico de tal experiência.

Nessa época da revolução pasteuriana, a falta de higiene da piscina incomoda os anticlericais. É preciso dizer que, nas multidões que vêm a Lourdes, há inúmeras vítimas de úlceras e abscessos purulentos e doentes com o corpo coberto de pústulas. Socorridos pelas Irmãzinhas da Assunção, as boas senhoras de Notre-Dame de Salut, muitas vezes recrutadas no seio da aristocracia, enfrentam a repulsa e o contágio. Elas são incitadas a verdadeiras proezas de abnegação pela atmosfera das peregrinações. Obrigam-se, ali, a tarefas que, embora se coadunem com os papéis femininos e as ações comuns da filantropia, manifestam uma efêmera alteração das funções. Com efeito, o tratamento das feridas que elas assumem em Lourdes normalmente é reservado aos empregados domésticos que, nas famílias, são encarregados de tudo que depende do corpo[74]. Essas mulheres, escreve Ruth Harris, eram movidas por uma "visão idealizada de uma coletividade cristã orgânica, intensamente física e, muitas vezes, extática em sua espiritualidade"[75]. Os ho-

---

72. HARRIS, R. *Lourdes*. Op. cit., p. 335 e 351.

73. Ibid., p. 282.

74. MARTIN-FUGIER, A. *La place des bonnes* – La domesticité féminine à Paris en 1900. Paris: Grasset, 1979.

75. HARRIS, R. *Lourdes*. Op. cit., p. 291.

mens, por sua vez, sobretudo os da Hospitalidade de Notre-Dame de Salut, especializaram-se no transporte e na imersão dos doentes.

Em Lourdes, "a dor [...] colocava o mundo de cabeça para baixo, mesmo que por pouco tempo". Naquele espaço de atuação, em todo lugar "a fé se exprimia através do corpo"[76]. Além disso, muitos dos atores tinham em mente formas de solidariedade e de harmonia social que derivavam da mensagem de Leão XIII e do espírito da encíclica *Rerum Novarum*.

O essencial não deixa de ser a cura. Esta acontece, principalmente, por ocasião da imersão na água gelada da fonte e durante a procissão eucarística. A presença de pessoas curadas milagrosamente nos anos precedentes, seja nos trens ou inseridas nos cortejos, aviva a esperança daqueles que sofrem.

A cura milagrosa diz respeito, no mais alto grau, à história do corpo. Ela "faz apelo a todos os recursos emocionais e físicos dos indivíduos em questão". A maneira com que os paralíticos "se põem novamente a andar depois de anos de imobilidade e de sofrimento leva o historiador a afrontar o corpo não como uma abstração filosófica ou linguística, mas como uma realidade intensa"[77]. Ademais, as curas, por vezes, ocorridas à distância, geralmente se apresentam como fenômenos coletivos que envolvem a família, a vizinhança, ou mesmo o grupo de peregrinos inteiro. Diferentemente das pessoas histéricas que, no interior dos hospitais, acham-se relegadas ao *status* de objetos passivos, sujeitos ao olhar dos médicos, os doentes e, sobremaneira, os curados milagrosamente de Lourdes suscitam a compaixão, a admiração, ou até uma forma de veneração.

Para qualificá-la como milagrosa, o Bureau das constatações exige que a cura seja radical, instantânea, permanente, independente de qualquer causa anterior; em suma, que ela signifique um momento de transformação física que escapa às leis da natureza. Para os beneficiários, ela constitui a grande

---

76. Ibid., p. 381 e 383.
77. Ibid., p. 45-46.

experiência somática de sua existência, a partir da qual eles se sentem renascer, como se tivessem ressuscitado. Com isso, de alguma maneira, eles precisam adquirir hábitos totalmente novos.

Felizmente, são inúmeros os relatos de tais experiências. Note-se que a evolução da retórica da cura, além disso, põe em evidência a relatividade cultural da noção. O exame dos documentos de arquivo, realizado, sobretudo, por René Laurentin e por Ruth Harris, permite vislumbrar que o corpo passa por uma grande subversão que acontece instantaneamente, muitas vezes, por meio de uma dolorosa expulsão, comparável à que acompanha o exorcismo de uma possessão demoníaca[78].

Obviamente, as aparições, as curas, assim como todas as práticas das peregrinações locais, diocesanas e nacionais, foram objeto de críticas, de sarcasmos, de debates que seria muito longo analisar aqui. Notemos, unicamente, que as aparições de Lourdes são contemporâneas da grande onda do espiritismo e do apogeu da influência de Allan Kardec. Mais importante de tudo: a cenografia do milagre se desenvolve, mesmo que triunfem o cientificismo, a medicina experimental, que Charcot apresente, na Salpêtrière, os corpos dos histéricos em crise e que o livre pensamento estabeleça sua influência[79]. Lourdes se coloca, assim, como um desafio à ciência do século XIX. Muitos médicos, e Zola depois deles, com seu grande romance de 1893, veem os acontecimentos das margens do Gave como o imenso teatro de uma histeria coletiva. A realização da procissão de 1897, durante a qual cerca de quarenta doentes de cama respondem à voz do Padre Picard, ordenando-lhes que levantassem e caminhassem até ele, deu argumentos aos que escarneciam da peregrinação.

Dito isto, as atitudes evoluem até o final do século. Os documentos que tratam da cura milagrosa vêm somar-se aos volumosos dossiês alimentados

---

78. Ibid., p. 426ss.
79. LALOUETTE, J. *La libre pensée en France, 1848-1940*. Paris: Albin Michel, 1997.

pela hipnose, à sugestão e por tudo aquilo que se qualifica como inconsciente. A estrela do naturalismo perde o brilho. O sentido das experiências religiosas e espirituais suscita novas interrogações. Muitos cientistas começam a estimar que as curas de Lourdes dependem de processos misteriosos que levam a reconsiderar os respectivos papéis do psicológico e do orgânico, bem como a natureza do laço que os une.

A partir de uma paciente análise dos dossiês dos "curados milagrosamente" de Lourdes, Ruth Harris detecta um fascinante questionamento dos esquemas então dominantes da união do corpo e da psique; descoberta para ser unida a todos os trabalhos dedicados[80] às peripécias da história do "eu" durante a segunda metade do século XIX.

---

80. Cf. especialmente CARROY, J. *Hypnose, sugestion et psychologie* – L'invention des sujets. Paris: PUF, 1991.

3
O OLHAR DOS ARTISTAS
Henri Zerner

No dia 5 de outubro de 1855, encontrando-se de vilegiatura em Dieppe e tendo levado consigo um dossiê de fotografias e desenhos para alimentar suas reflexões, Delacroix fez a seguinte anotação em seu diário:

> Eu fico olhando os desenhos que trouxe comigo; olho com paixão e sem cansaço essas fotografias de homens nus, esse poema admirável, esse corpo humano com o qual aprendo a ler e cuja vista me fala mais do que as invenções dos escrevinhadores.

Sem nos determos aqui sobre o lugar que a fotografia possa ter ocupado no pensamento de Delacroix, notaremos duas coisas. Primeiramente, Delacroix se abandona completamente à transparência da fotografia. Durante a própria frase, ele começa olhando as fotografias e termina enxergando corpos. A fotografia não é, para ele, mais que um substituto para a coisa fotografada. Em segundo lugar, o artista é apaixonado pelo corpo humano: esse corpo é um corpo de homem (veremos que nesta época Delacroix é um pouco retrógrado) e, em si, constitui já um "poema". É um corpo legível e expressivo em si mesmo.

Ainda na virada do século XX, o jovem Paul Klee, que também tem um diário, registra com precisão a intensidade de sua experiência:

> Passamos o dia 6 de março (1902) aos pés de Cléo de Mérode, sem dúvida a mais bela mulher que se possa ver. Todos conhe-

cem sua cabeça, mas é preciso ter visto seu pescoço uma vez na vida. Fino, bastante longo, liso como o bronze, não muito móvel, com tendões delicados, os dois tendões próximos ao esterno. Esse esterno e as clavículas (acabando no tórax nu). Seu ventre estreitamente envolvido, de modo que se harmoniza bem com as partes nuas. A coisa mais lamentável é que não possamos contemplar seus quadris, pois, por força da virtuosidade de seus movimentos, nesse lugar vê-se manifestarem os efeitos de uma lógica singular quando ela, por exemplo, compensa o peso de seu corpo. Por outro lado, ela oferece suas pernas por assim dizer, nuas, como também seus pés, ornados com um gosto refinado. Os braços são clássicos, talvez um pouco mais finos, com mais variações, graças à vida, a que se une o jogo das articulações. Nas proporções e no mecanismo das mãos se encontram mais uma vez, nos detalhes, a beleza e a sabedoria de um grande organismo.

É preciso ver isso com precisão, não basta indicá-lo em linhas gerais, e para exprimi-lo nenhuma comparação de ordem patética seria adequada. (Ela dá uma impressão não sexual.) A dança consiste em desenvolver docemente as linhas do corpo. Não é a alma, não é o temperamento, é nada mais que a beleza absoluta[1].

Percebe-se claramente, na forma das anotações espontâneas, todo um substrato intelectual. A emoção do jovem diante do corpo ilustre, com certeza, é sincera e visceral, mas, na formulação, termos como "a beleza absoluta" ou "a sabedoria do grande organismo" denunciam a presença subjacente de um fundo de ideias longamente elaboradas na tradição. Através da Renascença, a época moderna herdou a imagem grega do corpo, compreendida como a única verdadeira e fiel à natureza. Ora, tal imagem de um corpo claramente articulado, criada na Grécia durante o século V a.C.: é uma criação do espírito, resultado de uma análise, a formulação de observa-

---

1. *Journal*. Paris: Grasset, 1959, p. 97-98.

ções feitas sobre seres vivos, mas guiadas por uma concepção específica, ao mesmo tempo orgânica e mecânica do corpo, que de maneira alguma é a única possível. Para perceber isso basta transitar pelas salas recém-instaladas no Louvre com o fim de apresentar a arte das civilizações mais estranhas para o Ocidente.

Podemos nos perguntar se a atitude dos artistas do século XIX em relação ao corpo tem alguma originalidade. Afinal, o corpo sempre exerceu um papel capital na arte do Ocidente, e o próprio conceito de "pintura de história", cuja origem remonta até Leon Battista Alberti e à função essencial que ele atribui à *história*, funda-se no primado da figura humana. Parece-nos, no entanto, que o corpo adquire uma nova expressividade a partir do final do século XVIII. Redescoberta ou invenção? Na Renascença, o corpo é objeto de uma intensa excitação. Os grandes nus venezianos, de Giorgione a Tintoreto, marcam seu apogeu, mas a *Betsabeia* de Memling ou o *Adão e Eva* de Dürer, para não mencionar as investigações anatômicas de Leonardo ou da humanidade imaginada por Michelangelo manifestam uma efervescência geral. A observação e a coisa observada se combinam para fazer do corpo um lugar privilegiado da imaginação. Mas, passado esse tempo, um corpo apreendido, geralmente substitui, para os artistas, um corpo descoberto. Esse corpo codificado é o suporte tanto de ideias quanto de ações; ele faz parte e está, sem dúvida, no centro de um arsenal de meios, mas só raramente ele tem valor em si mesmo (o que não impede a *Vênus* de Velasquez, o *Sansão* de Guido Reni ou *Het Pelsken* de Rubens de constarem entre os grandes poemas do corpo).

O artista da época moderna era herdeiro de uma forte tradição que acumulava um fundo greco-romano e uma enorme carga judeu-cristã. Por um lado, o corpo é um microcosmos, verdadeira representação do mundo em miniatura. Por outro, sendo formado à imagem de Deus, o corpo é como uma lembrança da aparência divina. Mas, na tradição cristã, é preciso considerar também a ideia da encarnação, que propõe o corpo como sinal da temporalidade, da contingência do sujeito humano e de sua ruína; em contrapartida, o dogma da ressurreição dos corpos levou os teólogos à ideia do "corpo glorioso", ou seja, não sujeito à corrupção, e essa noção afetou, sem dúvida, de maneira mais ou menos inconsciente, a constituição do conceito de "natureza bela" e do nu como gênero na arte desde a Renascença.

Talvez tenha sido este peso da tradição, esta sobrecarga simbólica e a ansiedade que ela podia provocar, o que causou a originalidade da visão do corpo entre os artistas do século XIX. Em outros termos, estaríamos assistindo a um questionamento da concepção tradicional do corpo; durante muito tempo implícito, este questionamento torna-se evidente no final do século em um artista como Gauguin. Ainda temos na memória a exclamação atribuída a Manet, exasperado pelas condições de estudo no ateliê de Couture: "Pelo menos no verão se podia estudar a nudez no campo, pois o nu, ao que parece, é a primeira e a última palavra da arte"[2]. Autêntica ou não, essa brincadeira mostra bem o lugar obsessivo que a representação do corpo havia assumido, independentemente da narração. Para compreender essa situação é preciso retornar até Winckelmann e Lessing.

I. Fundamentação teórica

Não é necessário retornar, detalhadamente, às ideias de Lessing, o verdadeiro fundador do formalismo, mas de lembrar seu posicionamento assumido contra a narração nas artes plásticas. Sem excluí-la de forma alguma, ele admite sua legitimidade, apenas na medida em que uma ação (a *história* de Alberti) permite introduzir a diversidade numa arte como a pintura, que seu formalismo ameaçava condenar à imobilidade e à monotonia: a narração permite justificar a presença de corpos de idades e condições diversas. Sua crítica da narração pictórica, e sobretudo a ideia lançada por ele de "momento pregnante" estimularam vivamente a discussão, particularmente na França, mas o resultado foi, ao menos momentaneamente, uma intensificação da

---

2. Esse propósito é apresentado por PROUST, A. *Édouard Manet* – Souvenirs publiés par A. Barthélemy. Paris: H. Laurens, 1913, p. 17.

narração. Para Lessing, todavia, o ideal da arte era a representação de um corpo perfeitamente belo: o retrato de Helena por Zeuxis, quadro perdido, obviamente e, consequentemente, imaginário. Não é impossível que essa proposta tenha permanecido, ao menos vagamente, na memória das pessoas. Em todo caso, o nu feminino, sobre o qual será preciso demorar-nos mais, iria tornar-se um dos temas centrais do século XIX[3].

Enquanto Lessing apresentava como modelo um quadro inacessível e, por assim dizer, hipotético, Winckelmann, cuja obra é complementar, propunha aos artistas exemplos bem concretos: o Torso de Belvedere (provavelmente um Hércules) e, sobretudo, o Apolo, cuja descrição continua a ser de uma obra imponente, o modelo da *ekphrasis* moderna. Se é possível ver na enorme popularidade do nu feminino do século XIX um ressurgimento do ideal de Lessing, o discurso de Winckelmann sobre o corpo masculino teve uma repercussão imediata. Mente original e personagem sedutor, ele irá, desde a publicação das *Reflexões sobre a imitação das obras gregas na pintura e na escultura*, alimentar um debate que se renova ao longo de todo o século XIX[4]. Winckelmann não é apenas um teórico que está na origem da história da arte enquanto disciplina, mas também marcou a própria arte pela força de sua imaginação. Suas ideias estiveram presentes no pensamento artístico muito mais além do que se chama, talvez um pouco injustamente, de Neoclassicismo[5].

É possível compreender em que medida o ideal grego de Winckelmann, que se cristaliza em torno do corpo masculino, é uma questão de imaginação se lembrarmos que as *Reflexões* foram escritas em Dresden, numa época em

---

3. *Laokoon*: oder, Über die Grenzen der Mahlerey und Poesie. Berlim, 1866 [Uma tradução francesa foi publicada em Paris em 1802].

4. WINCKELMANN, J.J. *Gedancken über die Nachahmung der griechischen Werke in der Mahlerey und Bildhauer Kunst* [Leipzig?] 1755 [Tradução francesa de Léon Mis: *Réflexions sur l'imitation des oeuvres grecques en peinture et en sculpture*. Paris: Aubier ("Collection Bilingue des Classiques Étrangers", 1954 – reeditado em 1990)].

5. Cf. o protesto de Régis Michel contra esta denominação em *Le beau idéal*. Paris: Louvre, 1989, p. 7 [Catálogo de exposição].

que o esteta ainda não havia visto, de fato, nada mais da arte antiga do que as raras obras conservadas na capital da Saxônia. Para ele a Grécia será sempre uma utopia e, mesmo mais tarde, já estando fixado em Roma, na verdade ele não vê nenhum original grego da grande época, o que não o impede de fazer uma distinção radical entre a arte grega e a arte romana e proclamar a superioridade daquela em relação a esta. Esse julgamento permanecerá sempre nas memórias, apesar dos protestos de um Piranèse, cujo posicionamento pró-romano repousava igualmente em bases puramente ideológicas, uma vez que também ele não tinha tido acesso às principais obras gregas (exceto os templos de Paestum, que ele considerava como etruscos e, assim, italianos).

Winckelmann, portanto, desenvolveu em seus escritos uma verdadeira mística da beleza do corpo masculino na arte grega. Precisamos acentuar aqui um ponto que teve, como se verá, uma grande repercussão: trata-se da distinção entre beleza severa e beleza graciosa, entre o corpo vigoroso e, digamos, masculinizado do homem maduro tal como se apresenta no Torso de Belvedere, e a beleza graciosa que, para Winckelmann, encontra seu exemplo perfeito em Apolo[6]. Ele apreciava a variedade dos tipos de beleza em cada uma das diferentes idades, "todavia, escreve ele, a beleza se associa, preferencialmente, à juventude: por isso, o mais sublime na arte é representar as formas da bela idade".

Winckelmann não se contentava em proclamar a superioridade da arte grega, mas lhe dava, inclusive, uma explicação. Ele via no ambiente da Grécia e na tradição da visibilidade total do corpo masculino, particularmente por ocasião dos jogos olímpicos, uma das causas da superioridade dos artistas gregos. Mas também supunha uma maior perfeição física nos gregos do que nas sociedades modernas, perfeição que associava à liberdade política do regime ateniense. Essas ideias já estão projetadas nas *Reflexões*, das quais vale a pena citar uma passagem não muito longa.

---

6. Sobre esse assunto, cf. a excelente análise de POTTS, A. *Flesh and the ideal* – Winckelmann and the origins of Arts History. New Haven: Yale University Press, 1994.

O corpo mais belo entre nós seria, talvez, tão diferente do mais belo corpo grego, quanto o Iphicles é diferente de Hércules, seu irmão. A influência de um céu doce e puro, que se fazia sentir entre os gregos desde a mais tenra idade, mais os exercícios corporais, praticados desde cedo, transformavam essa forma inicial em uma forma nobre. Tome um jovem espartano gerado por um herói e uma heroína, que nunca, em sua infância, foi vestido com lã, que desde os sete anos dormiu por terra e, desde a infância, exercitou-se na luta e na natação. Coloque-o ao lado de um jovem sibarita de nossos dias, e avalie, então, qual dos dois o artista escolheria como modelo (*Urbilde*) para um jovem Teseu, um Aquiles, ou mesmo um Baco. Um Teseu feito a partir do modelo moderno seria um Teseu erguido no meio das rosas; e feito a partir do modelo antigo, seria um Teseu erguido entre músculos, segundo o julgamento de um pintor grego sobre as duas representações diferentes desse herói[7].

Em sua *História da arte na Antiguidade*, ele irá desenvolver mais amplamente essas ideias e insistirá sobre a beleza graciosa e sobre a relação entre essa beleza e a liberdade[8]. Essas obras, traduzidas imediatamente ao francês, tiveram uma ampla circulação e geraram um debate cujas repercussões foram duradouras.

II. O nu

Se as vestes existem, em princípio, para proteger e ocultar o corpo, elas servem também para revelá-lo e dar-lhe contornos[9]. De fato, a representação do corpo vestido transmite uma experiência da carne de maneira muito mais

---

7. WINCKELMANN, J.J. *Réflexions sur l'imitation des oeuvres grecques en peinture et en sculpture*. Op. cit., p. 99-101.

8. WINCKELMANN, J.J. *Geschichte der Kunst des Alterthums*. Dresde, 1764 [Tradução francesa: Paris, 1966].

9. Sobre esse assunto, cf. HOLLANDER, A. *Seeing Through Clothes*. Nova York: Viking, 1978.

viva do que o nu, que sempre é mais ou menos ideal. David parece, deliberadamente, fazer um jogo com esse contraste para acentuar a distinção dos gêneros: a nudez, distinta dos trajes íntimos, é conveniente para a pintura histórica e as vestes são adequadas para os retratos, que o pintor praticou com zelo durante toda a sua carreira. Consideremos o retrato de Joubert (Montpellier, Museu Fabre): as carnes excessivas pressionam as vestes; a véstia e o colete apertam os botões; as coxas grossas preenchem totalmente as calças, cujas dobras parecem formar um avental em torno da braguilha. Tudo isso sugere um peso, uma consistência, atributos de um corpo verdadeiramente submetido às condições ordinárias da vida. Os corpos em *Le Serment des Horaces* (O juramento dos Horácios), sem estarem nus, são muito mais visíveis do que o de Joubert em que apenas o rosto e as mãos estão descobertos; mas não produzem a mesma impressão de vida precária. A crítica, geralmente dirigida menos ao próprio David e mais aos seus sequazes, por pintar estátuas mais do que homens, seria injusta; ao contrário, sabe-se que David fazia questão que se usasse sempre modelos vivos para pintar, e sua realização nos *Horácios* chega a fazer sentir o sangue circulando sob a pele. Mas, ao mesmo tempo, o ideal da "bela natureza" está bem presente e se poderia dizer que se trata de nus vestidos: são corpos irreais de perfeição; corpos vivos, mas de uma vida ideal. O que distingue o retrato da pintura histórica em David não é simplesmente a individualização dos traços e da fisionomia, numa palavra, o efeito de semelhança, mas uma concepção fundamentalmente diferente do ser.

A ideia de guerreiros combatendo nus (exceto pelo elmo, o boldrié e as sandálias!) mostra o quanto a visão do corpo na pintura histórica é acentuada. Em *Leônidas*, o quadro mais "grego" do pintor, em que o homoerotismo é explícito entre homens e jovens, o artifício que consiste em esconder as partes sexuais se apresenta como litotes. David não observa algo proibido na exibição das partes: o sexo de Leônidas está oculto apenas parcialmente pela bainha de sua espada, e o jovem que amarra suas sandálias em primeiro plano mostra tudo. Todavia, um outro mancebo, exatamente aquele que, à direita do quadro, troca carícias com um mais velho, tem o sexo inteiramente encoberto de forma ostentatória pela bainha de sua espada, escondendo/sugerindo, assim, um sexo em ereção. Tudo isto, sem segundas intenções, porque os corpos da pintura histórica são corpos transfigurados, não submetidos às proibições da vida ordinária. O nu é, por assim dizer, o emblema da pintura histórica, à qual, necessariamente, ele se refere, com risco de cair em inconveniência.

O nu nunca foi tão cultivado como no século XIX, que foi a época da pudibundaria por excelência[10]. Na vida cotidiana, por outro lado, o corpo nunca foi tão zelosamente ocultado, sobretudo o corpo da mulher. Não apenas se oculta o corpo, como também parece que se assiste aí a uma cultura da feiura física, ao menos na esfera masculina. Léon de Laborde descreve um estado de espírito que é como o oposto do que Winckelmann tinha imaginado na Grécia Antiga:

> O homem do mundo e o homem de negócios consentem em ser obesos, pesados, embaraçados em seu caminhar, empacotados em seu paletó; eles admitem essa deformação como um atributo de sua posição social; ser menos completamente feios lhe pareceria um desajuste. – Consequências para a arte. – As formas humanas são de alguma coisa mais estranha do que as formas do mastodonte. – É um círculo vicioso, pois assim o nu, em lugar de ser visto com indiferença, impressiona, e escrúpulos legítimos de moralidade se apõem ao estudo do corpo humano[11].

É por causa desse perigo que se desenvolve, então, com toda sua força, o contraste entre o nu e os trajes íntimos. É necessário lembrar que um corpo representado nunca é um corpo real? Ao mesmo tempo, a representação se

---

10. Cf. principalmente BOLOGNE, J.-C. *Histoire de la pudeur*. Paris: Olivier Orban, 1986.

11. LABORDE, L. *Exposition universelle de 1851* – Travaux de la comission française, VIe groupe, XXXe jury, Application des arts à l'industrie. Paris: Impériale, 1856, p. 991.

refere à nossa experiência vivida, e essa experiência não é apenas visual, mas ocupa todos os sentidos; um corpo tem um odor, um peso, uma consistência. Eu apenas lembraria, aqui, a descrição de Voltaire, no início do *Candide*: "[...] Cunegundes, com dezessete anos, tinha cores muito vivas, era cheia de frescor, grande, apetitosa". O artista que representa um corpo tem um leque de possibilidades: pode dar destaque mais estritamente ao que a vista apreende, mas também pode sugerir uma experiência mais completa da carne por meio de diversos artifícios. A teoria clássica insiste numa distância entre a representação e o referente, mas esse ideal irá se confrontar, ao longo do século XIX, com uma vontade de diminuir tal distância, de aproximar a imagem da realidade, a arte e a natureza. O ideal romântico será o de eliminar os limites entre a arte e a vida: o espectador deveria ter, diante da imagem, as mesmas reações que tem em contato com a realidade. De Girodet a Gerôme, a lenda de Pigmalião que encarna o cancelamento possível entre a representação e a realidade interessou, sobretudo, e inquietou os dois artistas para quem era importante, especialmente, respeitar a distância entre a arte e a experiência pessoal.

O nu como gênero assumiu uma importância imprevista no círculo de David: a produção de uma "academia" pintada, isto é, a representação de um modelo nu natural, era obrigatória para os alunos da Vila Médicis, para onde o instituto enviava os laureados do prêmio de Roma. Alguns davam um título à sua tela, como o próprio David, que intitulou de *Heitor* sua academia apresentada em 1778. Em 1784, Drouais, o aluno favorito de David, apresentou uma peça particularmente ambiciosa conhecida como *Athlète mourant* (O atleta moribundo) ou ainda *Guerrier blessé* (O guerreiro ferido), uma figura viril em uma pose tensa que exprimia a dor de uma maneira totalmente impressionante. Bem mais do que uma simples demonstração de saber, ali estava-se diante de um verdadeiro quadro onde, sem referência literária ou narrativa precisa, um corpo era suficiente para o artista se expressar. O fato de o ferimento ser negligenciado ou, em todo caso, pouco aparente, apenas aumenta a força comunicativa dessa figura em que todo o corpo exprime uma dor que parece mais interior que física[12]. Com seu *Endymion* pintado em 1791 e exposto com enorme sucesso no Salão de 1793, Girodet apresentava um nu wincklemanniano que iria gozar de uma grande continuidade na pintura. Trata-se, mais uma vez, de um exercício escolar, de uma "academia", contudo, mais radicalmente transformado em quadro, uma vez que o pintor introduziu uma segunda figura, um Eros disfarçado em Zéfiro. De espírito literário, tendo recebido uma educação intensiva, Girodet não apenas deu um título mitológico à sua academia, mas também elaborou uma versão nova e profundamente original de um tema já muitas vezes visitado pelos pintores e, em particular, por Poussin, com quem, dessa forma, Girodet se media. Selene (isto é, Diana, a deusa da lua), apaixonada pelo belo pastor Endymion, vem contemplá-lo, à noite, durante seu sono. A invenção, genial, de Girodet, foi representar a deusa apenas por raios lunares que acariciam o corpo alongado de Endymion entregue ao sono. Disfarçado em Zéfiro, Eros, que inspirou na deusa esse amor, afasta a ramagem para deixar passarem os raios. Esse Endymion feminizado, com formas ondeantes, pele lisa, de contornos macios, é uma figura voluptuosa de um tipo novo que leva aos limites o ideal wincklemanniano da beleza graciosa. Voltado para o espectador, ele está tão completamente entregue quanto a luz envolvente da deusa sob o sorriso largo de Eros[13].

Esse tipo de mancebo teria, dali em diante, um grande sucesso. O próprio David voltou a ele já em 1793 com *La mort de Bara* (A morte de Bara), onde o tema ético-político da liberdade, que remonta a Winckelmann, é plenamente reafirmado. Outros exemplos são mais turvos e parecem, na verda-

---

12. Como demonstrou Thomas Crow em sua excelente análise, *L'atelier de David* – Émulation et Révolution. Paris: Gallimard, 1997 [Coleção "Bibliothèque Illustrée des Histoires"].

13. CROW, T. (ibid., p. 163-165) acredita que Girodet tenha concebido seu *Endymion* em oposição sistemática ao *Guerrier blessé* de Drouais num espírito de competição *post mortem*. De qualquer forma, é certo que os dois quadros tão contrastantes constituem como que dois polos do corpo masculino: viril e heroico de uma parte, feminizado e voluptuoso de outra. Lembremos, aliás, que em 1790 Fabre, outro aluno de David, tinha apresentado uma academia masculina lânguida, ao mesmo tempo ideal e erotizada, sob o título *La mort d'Abel*.

de, constituir os sintomas de uma crise de identidade sexual no que se poderia chamar de movença davidiana. Excelente aluno que era, o jovem Ingres faz dela um resumo completo em *Achille recevant les ambasseurs d'Agamemnon* (Aquiles recebendo os embaixadores de Agamenon), que lhe valeu o grande prêmio de Roma em 1801. A mulher, Briséis, que está no centro da disputa entre os heróis, é relegada à sombra de fundo, mera lembrança da narrativa, ao passo que tudo acontece entre os homens do primeiro plano. Ingres diferenciou perfeitamente os tipos de corpo, do jovem, quase adolescente, ainda, até o velho. Nota-se, particularmente, a postura inclinada de Pátroclo que não deixa nenhuma dúvida sobre a feminização do tipo do mancebo. Assim, como bem destacou Solomon-Dodeau, a diferenciação dos papéis sexuais é trazida de volta ao interior de uma sociedade masculina, em que as mulheres são deixadas à parte[14].

A escola de David não foi o único crisol para a renovação da arte no fim do século XVIII. John Flaxman, escultor inglês, publicou em 1793 uma série de gravuras recolhidas dentre seus desenhos ilustrando a *Ilíada*, seguidas pela *Odisseia* em 1795, e, depois, por outras tiradas dos grandes textos da tradição clássica até Dante. As coletâneas de Flaxman tiveram uma enorme repercussão na Europa. São gravuras de um gênero totalmente novo, chamado "Gravura com traços". Flaxman se inspirou na pintura de vasos gregos, nos quais tudo é mostrado pelos contornos, sem sombras nem modelados. Como na arte clássica grega, as indicações de lugar se reduzem ao mínimo estrito: as figuras são tudo, mas em Flaxman elas são insubstanciais; são abstrações, ideias de corpos. Werner Busch observou, corretamente, que uma consequência importante deste tipo de vazio instaurado por Flaxman no centro da representação está em abrir a porta à imaginação e

---

14. SOLOMON-GODEAU, A. "Male trouble: a crisis in representation" (*Art History*, vol. 16, n. 2, jun./1993, p. 286ss.), e o livro do mesmo autor e de mesmo título (Nova York: Thames & Hudson, 1997).

ao devaneio[15]. É nisso, exatamente, que está a força tão particular da arte que se desenvolve na Inglaterra com o pintor suíço Heinrich Füssli, propagador do pensamento de Winckelmann, amigo e tradutor de Lavater, e com o poeta e artista William Blake.

Blake, particularmente, traz algo de muito novo à visão do corpo: na grande tradição do misticismo, ele cultiva uma espécie de sensualismo espiritual. A linearidade de sua arte é tão rigorosa quanto a de Flaxman, mas, onde Flaxman deixava um espaço para a imaginação, Blake preencheu com uma estranha sensualidade, com uma espécie de matéria que não é a mesma da natureza, mas uma criação dele mesmo: corpos gloriosos de uma humanidade heroica, ao mesmo tempo abstratos e musculosos, corpos angélicos etéreos, corpos primitivos, por vezes quase bestiais como o Nabucodonosor que se move em quatro patas. O mundo de Blake é povoado de seres totalmente inventados, porém dotados de uma estranha energia e, às vezes, inclusive de uma sensualidade intensa e inquietante. A articulação do corpo herdado da Grécia Antiga, essa análise desenhada que define para o olho um corpo inteligível, Blake a libera de seu apego original na observação da natureza para transformá-la numa linguagem inteiramente própria. Da mesma forma que inventa em seus escritos toda uma mitologia complexa que lhe é característica (que os exegetas se esforçam até hoje para destrinchar), ele também liberta, assim, a linguagem gráfica do corpo da necessidade de recorrer a um modelo e a coloca a serviço de uma imaginação sem freios.

Ingres contribuiu mais do que qualquer um para situar o nu feminino no centro da arte do século XIX, a ponto de transformá-la como que no emblema da beleza. Uma vez de posse de uma formação muito forte na escola de David, ele logo se distanciou a ponto de ser visto como um rebelde aos olhos das instituições artísticas. Embora tenha obtido o prêmio de Roma já em 1801, sua partida para a Vila Médicis demorou cinco anos, as caixas esta-

---

15. BUSCH, W. Die Neudefinition des Umrisszeichnung in Rom am Ende des 18. Jahrhunderts. In: BUSCH, W. & STUFFMANN, M. (orgs.). *Zeichen in Rom, 1790-1830*. Colônia, 2001.

vam vazias. Quando, enfim, ele deixa Paris, o jovem de vinte e seis anos não é mais um principiante: sua arte já é bem individualizada e ele irá causar impacto; em Roma, seus mestres ficam ainda mais inquietos porque sua forte personalidade lhe dá uma ascendência sobre seus demais condiscípulos. Cada exercício acadêmico dele parece uma provocação. Como academia pintada, ele apresenta *La Baigneuse Valpinçon* (do nome de um proprietário da obra). Não apenas era incomum fazer uma academia feminina, como também o tratamento desse nu de costas, pouco articulado, de linhas fluidas, sem sombras bem definidas e, portanto, quase sem relevo, contrariava as expectativas e os costumes da escola. A composição original que Ingres apresentou como trabalho final na conclusão de seus estudos foi ainda pior: o tema de *Júpiter e Tétis*, ou uma mulher acariciando um homem para obter um favor, foi julgado totalmente impróprio para um grande quadro de história. Quanto ao tratamento – linearidade exagerada, deformações anatômicas intoleráveis, desprezo total da perspectiva –, esse não podia incomodar mais os juízes acadêmicos. A independência, para não falar da excentricidade, de Ingres, concentra-se na figura feminina; o pescoço bizarramente desenvolvido (uma papeira, disseram) de Tétis, o achatamento da figura de modo que a perna esquerda se confunda com a direita, tudo contribui para torná-lo um corpo abstrato, distante, estranho e, ao mesmo tempo, estranhamente sensual. Em uma palavra, é a própria inscrição do desejo. Essa visão pessoal do corpo feminino, Ingres irá reiterá-la em versões sempre novas e sempre semelhantes, durante cinquenta anos, passando por *A grande odalisca*, ridicularizada no Salão de 1819, a *Odalisca com a escrava* em 1840, até o célebre *Banho turco* de 1863, em que o octogenário coberto de honras vinga sua juventude perseguida citando sua própria *Baigneuse*, outrora escarnecida, no centro de um enlaçamento de corpos. Pode-se ver nesse fantasma libidinoso de um mundo todo feminino como a inversão sistemática do *Leônidas* de David.

Embora eles tenham pontos em comum, o procedimento de Ingres não tem nada de parecido com o de Blake, que vira sistematicamente as costas à natureza e ao modelo vivo. Apesar da aparente extravagância de suas figuras, Ingres, pelo contrário, sempre permaneceu muito apegado ao trabalho com modelos e com a observação exata. Ele mesmo declarava: "Eu não idealizo". Com efeito, ele não procura um corpo ideal no sentido de uma estandardização, uma espécie de natureza regularizada. Ele acentua, ao contrário, as particularidades, destila-as, exagera-as conforme for preciso. Observador apaixonado, ele repudiava o estudo da anatomia que ensina generalidades. Também foi um dos maiores retratistas. Talvez nos apercebamos melhor de sua trajetória no caso de uma figura masculina, em que ele fantasia menos do que diante do corpo feminino. Em *Rômulo, vencedor de Acron*, o corpo do vencido é retomado quase exatamente de uma figura das *Sabinas* de David, num espírito de competição evidente; Ingres revisou a figura meticulosamente sobre o modelo em um de seus desenhos mais surpreendentes, e o resultado na pintura é, ao mesmo tempo, mais abstrato – menos palpável, menos linear, mais geométrico – e mais individualizado nas formas do que a obra de seu mestre.

III. O modelo

Quando, em 1831, Balzac escreve a primeira versão do *Chef-d'oeuvre inconnu* (Obra-prima desconhecida), a escola de David está agonizando, o Romantismo triunfa, e é em torno do nu feminino que se organizam as ideias sobre a criação artística. Na fábula contada por Balzac, Frenhofer é um Pigmalião frustrado que morre por não ter conseguido dar vida à sua criação. Um dos pontos fortes da história é o papel do modelo; toda a aventura começa quando o velho pintor procura um modelo, um corpo de mulher perfeito, para levar à perfeição a sua *La Belle Noiseuse* (A bela Noiseuse), um nu que é a obra de sua vida e que ele não chega a concluir. Balzac é sensível à economia do desejo, à relação entre impulso sexual e criação artística. Gillette, a mestra do jovem Poussin, que também lhe serve de modelo, aceita posar para o velho Frenhofer que, por sua vez, consente em mostrar sua *Belle Noiseuse*, a sua própria mestra, que nunca fora manchada por outro olhar que não o seu. Gillette sabe desde o princípio que aceitar significa renunciar ao seu amor por Poussin. Quanto ao velho pintor, sem ter conseguido ser um novo Pigmalião, morrerá depois de ter destruído suas telas.

Durante todo o século XIX, o modelo exercerá um papel muito grande na prática artística e no imaginário da época, e será uma figura recorrente na literatura. Émile de La Bédollière fez o retrato desse personagem familiar do mundo artístico parisiense[16]. Sendo a demanda considerável, devido ao aumento espetacular do número de artistas concentrados em Paris, posar para os artistas tornara-se uma verdadeira profissão. Os modelos mais procurados eram estimados por seu físico excepcional, obviamente, mas também por sua experiência e sua compreensão do metiê, e alguns se consideravam até como verdadeiros colaboradores do artista. Inúmeros são os episódios que ilustram as inconveniências da profissão ou as desditas dos artistas. No-lo mostra Ingres, indo implorar a um modelo feminino que volte, depois de tê-lo despedido brutalmente, num momento de desespero.

Essa situação do modelo não é surpreendente. Para o artista não se trata apenas de olhar as formas exatas, mas também da excitação que causa a proximidade do real. Géricault exprimiu essa realidade a propósito de um cavalo, em vez de um modelo humano, mas sabe-se do forte vínculo afetivo que ele tinha para com esse animal. Quando ele trabalhava em seu *Hussard chargeant* (Hussardo encilhando o cavalo), cada dia era-lhe levado um cavalo ao seu ateliê. Não que isso ajudasse muito para o seu quadro, mas, dizia ele, "eu olhava e assim a imagem do cavalo voltava à minha cabeça"[17]. Em seu diário de jovem, Delacroix algumas vezes registrou a sua boa sorte nas sessões de pose. A incrível acadêmia feminina do Louvre chamada *Mlle. Rose* (Senhorita Rose), quadro de uma delicadeza arrepiante, é resultado dessa intimidade, dessa cumplicidade entre pintor e modelo. Mais tarde, Delacroix evitará

---

16. *Les français peints par eux-mêmes*. Tomo II. Paris, 1843, p. 1-8.

17. Essa informação vem de Antoine Montfort, em suas lembranças transmitidas a Clément. Cf. *Géricault*. Paris: Réunion des Musées Nationaux, 1991, p. 312 [Catálogo de exposição].

pintar recorrendo a modelos vivos. Já tinha adquirido experiência suficiente para interiorizar toda uma humanidade muito pessoal, sobretudo um tipo feminino um pouco melancólico e de olhar imerso, que sua imaginação punha livremente em cena. Mas, salvo poucas exceções, entre as quais é preciso situar *La Liberté guidant le peuple* (A liberdade guiando o povo), seus personagens não produzem o efeito de presença que o trabalho com modelos favorece, mas que, muitas vezes, prejudica a integração da figura no conjunto. Assim, *Femmes d'Alger* (Mulheres da Argélia) pertence por demais completamente ao seu interior para dar uma forte impressão de presença corporal; apesar do exotismo, a mulher não tem nada de erotizada.

Um quadro de Wilhelm Bendz, pintor dinamarquês de grande talento morto prematuramente aos vinte e oito anos, tematiza a relação triangular entre artista, modelo e obra com uma intensidade singular: *Um escultor (Christen Christensen) trabalhando a partir do modelo vivo em seu ateliê* (1827, Copenhague, Statens Museum for Kunst). O modelo, talvez um jovem militar, mais que um modelo profissional, está numa pose de pugilista como uma escultura apoiada sobre o cavalete. O pintor dispôs a cena de maneira que a obra e o modelo sejam vistos sob ângulos muito diferentes. As proporções da estátua se distanciam um pouco das do modelo, mas a identidade entre as poses não deixa nenhuma dúvida quanto à dependência de um em relação a outro. O corpo comum mas vivo do modelo e sua transmutação, ao mesmo tempo inerte e imortal, em obra fazem um forte contraste com o corpo desengonçado do jovem escultor (Christensen, 1806-1845, era ainda mais jovem do que Bendz) que parece estar corrigindo a pose. Por outro lado, um manequim articulado e parcialmente coberto disposto sobre um banco na extrema-direita propõe um estranho eco à silhueta do escultor, mas esse manequim feminino também está dialogando com um molde (ou uma cópia) da Vênus Médicis. Além disso, Bendz introduz o contraste entre o antigo e o moderno: um busto bem evidente sobre uma estante e que, no esboço, tinha um aspecto vagamente antigo, tornou-se, no quadro definitivo, um retrato agressivamente contemporâneo. Nesse quadro complexo, onde a arte se coloca em oposição à natureza e ao artificial, não se trata apenas de marcar a distância entre o modelo e a obra, mas também de transmitir a plenitude da experiência do real. Mostrando-o, não nu, como em tantos quadros que representam ateliês de artistas, mas parcialmente desnudo, com a camisa caindo sobre a calça, o pintor soube comunicar a emoção que a carne viva do modelo provoca.

IV. Imaginar o real

O percurso de Ingres era apenas uma das vias possíveis do Romantismo; outros artistas, igualmente característicos desse grande movimento da cultura ocidental, infletiram sua arte no sentido do "realismo". Apesar de tudo que esse termo possui de ambíguo e de problemático, ele continua sendo indispensável. A experiência do real, informe em si, não pode se fixar em imagem senão pela intermediação da imaginação.

Théodore Géricault abriu amplamente o caminho nesse sentido e continuou sendo um exemplo revisitado durante todo o século. *Le Radeau de la Méduse* (A jangada da Medusa) que nunca deixou a cimalha do Louvre desde sua aquisição pouco depois da morte do artista em 1824, permanece fiel à tradição da pintura histórica no rasto de David. Mas, além do assunto tão pouco ortodoxo – trata-se do fim lamentável de um desastre marítimo que havia se transformado em escândalo político –, a originalidade de Géricault consiste em levar bem longe a impressão de presença física, de corpos humanos verdadeiros, sejam mortos ou vivos. O extremo vigor do modelado, a observação exata, a recusa de suavizar os contornos, a impressão de proximidade produzida pelos corpos em tamanho natural (ou um pouco maiores?) do primeiro plano, tudo contribui para produzir um poderoso efeito de realidade. Contudo, foi apontado muitas vezes que seus imponentes corpos atléticos não tinham nada de verossímeis, pois os náufragos tinham sido privados de alimento durante treze dias e submetidos às condições mais atrozes. O próprio pintor, provavelmente, era sensível às exigências da pintura histórica e do grande estilo ao qual se conforma em seu vasto quadro de exposição. Em obras menos monumentais, que datam da época em que trabalhava no *Radeau*, ele propõe uma visão do corpo mais radicalmente inovadora, e muito desconcertante. As *Têtes coupées* (Cabeças cortadas) de Estocolmo, os *Fragments anatomiques* (Fragmentos anatômicos) de Montpellier, pinturas elaboradas demais para que se possa reduzi-las a meros exercícios, resistem poderosamente a toda interpretação que as pudesse recolocar na categoria dos costumes artísticos da época. Em todo caso, esses verdadeiros quadros recusam o decoro que o pintor de *A jangada da Medusa* respeita, talvez, a contragosto, em seu grande quadro. A carne humana lembra aqui, de maneira inelutável, a carne das naturezas mortas tradicionais.

Courbet é herdeiro legítimo da modernidade concebida por Géricault. Ele mesmo declarou que não se poderia, verdadeiramente, fazer a história, senão a de seu próprio tempo. Mais importante ainda é que a história, essa, não é obra dos heróis e dos governantes, mas de todos e de cada um. Esse programa, aparentemente simples, é de uma extrema dificuldade e até paradoxal, se, como Courbet, não se renuncia a uma tradição elitista da arte, à sua monumentalidade, à sua panóplia de meios de expressão apropriada a uma concepção heroica e idealista da "história".

Poderíamos fazer, aqui, um paralelo com Honoré Daumier que assume, dir-se-ia uma história "do povo, para o povo, pelo povo". Mais uma vez, tal fórmula seria, talvez, muito especiosa, pois Daumier se situa de maneira bastante ambígua entre o povo, em nome do qual pretende se exprimir, e a burguesia, que o sustenta. A caricatura tal qual ele a pratica é filha da época revolucionária na França e da Revolução Industrial na Inglaterra, um gênero novo que tem um enraizamento profundo no imaginário popular, mas também uma conivência evidente com as "belas artes", de acordo com as inúmeras citações de quadros ou de estátuas, tanto por parte de caricaturistas ingleses como Gillray quanto de franceses, a começar por Daumier. *Les Horaces de l'Élysée* (Os horácios do Eliseu) de Daumier ou o surpreendente *Hercule vainqueur* (Hércules vencedor) de Traviès não são, realmente, divertidos se não se tem consciência da referência ao quadro de David ou ao Hércules de Farnèse do museu de Nápoles. Para serem entendidas, essas referências precisavam de uma cultura da qual as classes populares eram desprovidas.

De resto, Daumier toma distância em relação a alguns aspectos da caricatura. Na virada do século, Gillray desenha corpos quase sempre aberrantes, seja obesos, seja esqueléticos, de modo que sua arte se situa claramente no contraponto da arte neoclássica, da qual é ele o avesso burlesco. Daumier deforma muito menos e muito mais raramente o corpo; é um cronista sem indulgência, tanto mais crível quanto menos exagera. Ele sabe apresentar um personagem perfeitamente plausível sem recorrer a uma descrição precisa e detalhada, mas por um sentido infalível do movimento justo que ele consegue dar sem hesitação em alguns traços de uma maneira que se poderia dizer instintiva e espontânea, mas que supõe um conhecimento profundo do corpo humano por ele interiorizado. Aproveita a liberdade de um gênero menor para abordar todas as feiuras, todas as contorções humanas, e produzir uma arte crítica que está longe de não ter ambição. Na verdade, *Rue Transnonain, le 15 avril 1834* (Rua Transnonain, dia 15 de abril de 1834) não tem nada de satírico ou humorístico. A cena é trágica, tratada de uma maneira extravagante pelo poderoso lápis de Daumier. O cadáver estendido pertence à retórica da grande arte; o artista, sem dúvida, teve presente aquele que Delacroix havia colocado pouco antes, em *Le 28 juillet 1830* (Dia 28 de julho de 1830). *La liberté guidant le peuple* (A liberdade guiando o povo), sua homenagem à Revolução de Julho. Mas Daumier produz um corpo mais tangível, mais escultural, mais próximo mentalmente de Géricault. Quanto ao resto, sentindo-se pressionado pelos limites do jornalismo litográfico, ele consagrará uma parte de seu gênio à pintura, mas de modo quase inteiramente privado, o que o libera das exigências costumeiras dessa arte. Sua obra pintada é uma obra póstuma.

O realismo de Courbet, esse autodidata que, certamente, observou Daumier de perto, não consiste simplesmente em fazer uma crônica visual, mas em elaborar uma equivalência metafórica de grande complexidade porque ele não é exclusivamente mimético. Nos anos puramente realistas, essa "fase" de sua carreira que *L'Atelier* (O ateliê) pretende definir, a figura humana, o corpo, tem um primado tão incontestável quanto o tem em David. Courbet se propõe a mostrar o homem físico nas condições ordinárias da existência. Fazer algo belo do feio ou, pior ainda, do insignificante, sem embelezá-lo, talvez seja o empreendimento mais difícil a que se possa propor um pintor que ambiciona visivelmente conquistar seu espaço depois de um David, um Ingres e um Delacroix. O enorme esforço que Courbet realiza tem o intuito de abolir a distância, não apenas de fazer algo para ser visto com ajuda da descrição, mas comunicar a plenitude da experiência das coisas.

Ao pintar *Les casseurs de pierres* (Os quebradores de pedras), Courbet retoma relações com a arte de Géricault e vai ainda mais longe. O formato da pintura histórica é colocado a serviço de um tema muito menos aceitável ainda do que o era aquele, ao menos dramático, do *Radeau*. Courbet posicionou em sua grande tela duas figuras de cantoneiros em tamanho natural, lado a lado de forma ostensiva e até ostentatória, sem composição. Eles não têm rosto, são anônimos: simples constatação de miséria. Aqui, nada de camisas um pouco abertas para revelar uma bela anatomia, um pedaço de nudez. O efeito de presença corporal, essencial no sentido do quadro, é sugerido pela tensão, o esforço visível do garoto à esquerda, ao passo que se sente um corpo frágil e desgastado sob as vestes remendadas do homem velho.

O quadro das *Baigneuses* (Banhistas), exposto no Salão de 1853, é muito mais retorcido; Courbet não esconde sua intenção de mostrar um corpo desnudado, mais que nu, pendurando num ramo a roupa, não muito contemporânea e familiar da dama que, decididamente, não é uma deusa. "É menos uma mulher que um tronco de carne, um corpo de madeira", escreveu Edmond About[18]. Contudo, esse corpo de mulher, sem distinguir-se nem aproximar-se do ideal clássico, também não é tão diferente do que propõe,

---

18. ABOUT, E. apud BOREL, F. *Le modèle ou l'artiste séduit*. Genebra: Skira, 1990, p. 148.

às vezes, Rubens. A diferença está menos nas formas do que em alguns detalhes como a indicação bastante explícita dos tecidos adiposos; ela se manifesta sobretudo no cenário e na feitura. A feitura de Rubens, seguido neste ponto por Delacroix, é transparente, produzindo o efeito de uma corrente de luz colorida. Courbet pinta com uma matéria opaca, como uma casca de pintura que se pode apalpar. Ele também usa imoderadamente da espátula, tanto que seus contemporâneos o compararam a um pedreiro que trabalha com colher de pedreiro. Na instituição acadêmica, o quadro é decididamente a forma preponderante da expressão artística, mas a pintura como ato de pintar, de depositar matéria colorida sobre um suporte, é ali considerada algo secundário e quase obsceno. Até 1863, a Escola de Belas Artes, sob o controle do instituto, não ensinava pintura, mas apenas desenho, este considerado a atividade intelectual do artista. Tudo aquilo que, no quadro, chama a atenção para o ato de pintar, para a presença física do pintor e a matéria pictórica é algo suspeito. O realismo de Courbet consiste em valorizar esse lado desprezível da pintura. Disso resulta uma espécie de metáfora, como se a matéria pictórica, o corpo da pintura, fosse representativo da materialidade do corpo figurado.

Obviamente, no *Les Baigneuses* não há somente isso. É preciso contar com a ironia que fustiga a grande pintura; nossa vistosa burguesa que foi banhar-se no pobre riacho está acompanhada de uma serviçal destratada e entre as duas pessoas se entrevê uma troca de gestos, troca esta que Delacroix, chocado, não consegue compreender. "Que querem dizer essas duas figuras?" Quanto a Daumier, este compreendeu. Em uma de suas sátiras dos visitantes do salão, um personagem, cujas vestes designam como artista, toma à parte um visitante chocado com as emblemáticas formas: "Vamos, não seja tão burguês assim... admire pelo menos esse Courbet!"[19] Os gestos são os das *Baigneuses*, mas vistos de um ângulo um pouco diferente. Em Courbet, a

---

19. Litografia publicada em *Le Charivari* de 22/06/1865. DELTEIL. *Le peintre-graveur illustré*, n. 3.447.

serva expressa admiração diante de sua patroa que responde com protestos de modéstia. Trata-se, evidentemente, para Courbet, de uma paródia da gestualidade declamatória da "grande pintura", paródia esperada numa litografia de Daumier, mas desconcertante em Courbet porque o formato – tela grande, nu em tamanho natural – é precisamente o mesmo da grande pintura que ele ridiculariza ao mesmo tempo que se apodera de seus meios.

Les lutteurs (Os lutadores) expostos no mesmo Salão de 1853 são como que a contraparte masculina das *Baigneuses*, mas a estratégia é diferente, pois não tem o mesmo efeito paródico. De resto, é a única vez que Courbet se interessa particularmente pelo nu masculino; por outro lado, ele volta com frequência ao nu feminino com abordagens muito variadas; mesmo os dois quadros pintados para Khalil-Bey, o diplomata turco que também comprara *Le Bain turc* de Ingres, são muito diferentes um do outro. *L'origine du monde* (A origem do mundo) é uma exposição quase clínica do órgão feminino. Algo totalmente diferente é *Le sommeil* (O sono), que poderia chamar-se "Luxo, calma e volúpia". Os amores lésbicos que aí se exibem são um *topos* das fantasias masculinas da literatura e da arte eróticas. De resto, para criar esses magníficos corpos voluptuosamente enlaçados (que diferença em relação à banhista de 1853!), Courbet, ao mesmo tempo que assinala as pilosidades prescritas pelo decoro oficial, aproxima-se da feitura acadêmica lisa e refinada; em revanche, os acessórios, luxuosos e agressivamente contemporâneos, são tratados com mais empastamento, mas com pequenos toques precisos, e apresentam uma intensidade cromática que produz um certo efeito alucinatório.

Degas é o verdadeiro continuador desta tradição realista do corpo; ninguém melhor do que ele fez sentir a mecânica corporal, seja a tensão das mandíbulas no ato do bocejo, seja a pressão dos braços das mulheres apoiando o ferro de passar roupas. As dançarinas, sobre quem seu olhar continuamente retorna, o cativaram, tanto por seus movimentos mecânicos, como também por sua fadiga e aquela espécie de esgotamento físico que ele soube exprimir nos momentos de inação. São sobretudo seus nus femininos dos anos de 1880 e adiante que oferecem uma visão inédita da mulher. Trata-se de jovens ocupadas com o cuidado de seu próprio corpo em espaços interiores bastante pobres; nenhuma indulgência ou enternecimento, e tampouco imagens exóticas; o olhar do pintor é sem indulgência, mas não desprovido de simpatia, quando coloca em evidência a dura realidade de mulheres cujo corpo é seu único capital. Elas também são muito conscientes desse corpo que apalpam, acariciam ou maltratam. As posições (aqui não se trata de pose) e os pontos de vista totalmente estranhos às convenções ordinárias do nu dão uma visão, às vezes, muito desconcertante desse corpo, mas sempre inteligível. Os arabescos mais surpreendentes e os mais bizarros são resultado de gestos familiares perfeitamente compreendidos e sentidos. Degas impeliu o estranho do cotidiano aos seus limites. Geralmente, ele prefere a matéria opaca e pulverizada do pastel à pintura a óleo. Esta feitura muito pessoal chama a atenção e se interpõe entre o espectador e o objeto da representação: como em Courbet, esta franqueza dos meios é garantia da realidade do representado.

V. Realismo óptico e fotografia

Esta arte da matéria não era, em meados do século, a única maneira de imaginar a realidade do corpo. Encontra-se outra espécie de realismo que se pode denominar realismo óptico ou retiniano, e que, em vez de insistir sobre a materialidade e sobre a opacidade do signo, joga, ao contrário, com as cartas da transparência. O espectador é convidado a ver a coisa representada sem ter consciência, ou tê-la ao mínimo possível, do veículo de representação.

A invenção e o rápido desenvolvimento da fotografia a partir de 1839 afetaram profunda e imediatamente os hábitos artísticos e visuais. O registro químico da imagem produzido pela câmara escura foi rapidamente coberto de avaliações, ora negativas, ora positivas. Após um primeiro momento, muito breve, de surpresa e maravilhamento, ou às vezes de dúvida, a comunidade artística recusou qualquer valor de arte a imagens produzidas mecanicamente; ao mesmo tempo, a aparente inumanidade do procedimento deu à imagem fotográfica um valor de verdade positiva e indiscutível, conferiu uma transparência perfeita ao real. Pode-se dizer, simplificando, que duas coisas resultaram disso: por um lado, a fotografia pode constituir, para o artista, uma espécie de substituto da natureza; por outro lado, a superfície lisa, contínua, detalhada da imagem fotográfica torna-se signo da fidelidade ao real.

O primeiro ponto é, particularmente, delicado no que diz respeito à representação do corpo e nós vimos o próprio Delacroix examinar corpos através de provas fotográficas. Desde meados do século, começou-se a produzir inúmeras fotografias de modelos, tanto masculinos quanto femininos, que vão da pornografia pura e simples a clichês como os de Gaudenzio Marconi, produzidos na própria Escola de Belas Artes e endereçados principalmente aos principiantes[20]. Para além dos anos de aprendizagem, os pintores se servirão, muitas vezes, de fotografias para simplificar seu trabalho e evitar as dispendiosas sessões de pose do modelo vivo; mas trata-se de uma prática desonrosa e disfarçada[21].

O segundo ponto não é menos significativo. Temos muita consciência, hoje, que uma fotografia não é o registro neutro do visível, mas o produto de um dispositivo inventado especificamente para fixar e organizar visualmente alguns aspectos, e alguns aspectos apenas, do mundo exterior. Ademais, o operador faz escolhas e toma inúmeras decisões (escolha do motivo, do enquadramento, da óptica, da emulsão, do tempo de pausa, sem falar de tudo

---

20. Sobre esse assunto, cf. *L'art du nu au XIXe siècle* – Le photographe et son modèle. Paris: BNF/Hazan, 1997-1998 [Catálogo de exposição]. Cf. tb. ROUILLÉ, A. *L'empire de la photographie* – Photographie et pouvoir bourgois, 1839-1870. Paris: Le Sycomore, 1982. Esta obra considera o uso científico da fotografia, sobretudo na medicina, uso que nunca foi contestado. As fotografias executadas para Charcot na Salpêtrière são, atualmente, muito conhecidas.

21. O caso dos pintores que utilizam fotografias, de que Aaron Scharf (*Art and Photography*. Londres, 1989, 1968) citou alguns exemplos, são, na verdade – como hoje podemos perceber –, muito mais frequentes do que se podia imaginar. Um exemplo que surpreende é aquele de uma fotografia de Nadar representando um modelo na pose da *Phriné* de Gérôme, geralmente considerada como uma iniciativa de Nadar imitando Gérôme, até que Sylvie Aubenas descobrisse que o clichê havia sido encomendado por Gérôme para confeccionar seu quadro (AUBENAS, S. *L'art du nu au XIXe siècle*. Op. cit., p. 46).

que concerne a obtenção das provas) que incidem sobre a imagem fotográfica. No entanto, quando a fotografia apareceu, viu-se nela uma afirmação inegável daquilo que é, uma verdade positiva. Essa confiança foi tão incondicionalmente atribuída à fotografia e à sua particular capacidade de representar a realidade que até a pintura foi por ela influenciada. Por vezes, os pintores se puseram a competir com a nova técnica em seu próprio campo pelo refinamento da representação e da precisão dos detalhes. Esse gênero de representação, todavia, seja ele o resultado do dispositivo fotográfico ou de uma técnica inteiramente manual, não chegou, necessariamente, a dar uma impressão de presença física real, mas oscila facilmente para uma sensação alucinatória ou fantasmagórica, a impressão de uma pura aparência sem substância. É apenas quando, pela construção da imagem, o artista envolve a materialidade de um espectador e um equivalente das condições corporais da percepção que tal método de representação chega a transmitir uma experiência do real.

Por volta de 1850, no momento em que Courbet entra em seu período realista, os pré-rafaelitas ingleses e seus simpatizantes procuram reencontrar o realismo da arte do século XV, a impressão que ele dá de descobrir a realidade do mundo por uma descrição "ingênua", ou seja, sem convenções, como se pode imaginar seja a visão do recém-nascido. Esses jovens (John Everett Millais tem apenas vinte e um anos em 1850 e William Holman Hunt tem vinte e três) produzem, então, obras fortes em que cada detalhe é minuciosamente estudado na natureza. Seus personagens, tanto nos temas históricos como *Jésus-Christ dans la maison de ses parents* (Jesus Cristo na casa de seus pais) (1850) de Millais ou *Une famille anglaise convertie soustrayant un prêtre chrétien à la persecution des druides* (Uma família inglesa livrando um padre cristão da perseguição dos druidas) (1850) de Hunt quanto nas cenas de gênero como *Le Mauvais Berger* (O mau pastor) (1851), são retratos tomados dentre seus familiares, o que lhes dá uma estranha força de convicção. Ford Maddox Brown, seu primogênito de poucos anos, que não pertencia à confraria, talvez seja o que tem mais poder nesse gênero em que tudo é descrito nos maiores detalhes de maneira obsessiva. *The last of England*, que se pode traduzir por "Último olhar sobre a Inglaterra", é uma imagem surpreendente de emigrantes que embarcam para a Austrália; não apenas o mínimo detalhe é observado com a maior exatidão, mas também os personagens parecem pressionados contra nosso espaço.

Esta forma de evocar a realidade pela aparência exata, evocando também as qualidades de superfície das coisas, um pouco como na pintura eyckiana ou na pintura holandesa do século XVII, desenvolveu-se ainda na França com um artista como Meissonier, que é um pintor habilidoso para o minúsculo; esse gosto pelo pequeno formato confere aos seus quadros uma distância poética que os colecionadores apreciaram avidamente, mas ao mesmo tempo isto significa que seus personagens não possuem presença verdadeira. O alemão Adolf von Menzel pinta de uma maneira bastante semelhante, mas com resultados mais convincentes. Em seus desenhos, particularmente, Menzel obtém uma tensão visual admirável compondo a página, muitas vezes, com motivos disjuntos, cada um tratado com um modelo vigoroso e sugestivo, visto, geralmente, de pontos de vista inesperados, de forma que se fica com a impressão de que os personagens invadem nosso espaço como verdadeiros corpos. Uma de suas obras mais surpreendentes, uma espécie de desafio fenomenológico, é uma representação de seu *Pied* (Pé), um pé horrivelmente afetado pela gota; a exatidão clínica detalhada, como ponto de vista que é indubitavelmente o do artista sobre seu próprio corpo, produz uma impressão de dor insuportável e evoca assim, por meios estritamente descritivos, a experiência vivenciada do corpo.

Mas tais obras são extremamente raras, em geral esse gênero de representação minuciosa se tornou uma convenção fácil e se transformou no que se chama, às vezes, de realismo acadêmico.

VI. "Mais Vênus, sempre Vênus..."

Sabe-se que 1863 é uma data-chave na arte do século XIX, data da morte de Delacroix, da reforma das belas-artes, do Salão dos Recusados. Assiste-se aí a uma verdadeira batalha de nus. É o ano em que Manet expõe *Le déjeuner sur l'herbe* (O almoço sobre a relva) no Salão dos Recusados, e também o ano em que ele pinta, sem todavia expor, ainda, *Olympia*. No salão, a *Vênus* de Cabanel, comprada pelo imperador, é a mais notável de toda uma série de nus acadêmicos. Daumier fará gozações desses nus – uma mulher, que em nada se parece com uma deusa, interpela sua comadre: "Este ano, mais Vênus... sempre Vênus!... Como se existissem mulheres assim..."[22] Ingres havia dado o modelo desses corpos lisos, sem a menor aspereza nem enrugamento, com orifícios cuidadosamente selados. Esta visão da mulher inacessível, emblemática do desejo, foi adaptada e codificada no interior da academia. O que era, em Ingres, uma visão inteiramente individual e excêntrica foi generalizado, tornando-se um ideal comum. A diferença reside, sobretudo, na execução: os pintores da academia adaptaram o realismo ótico ou fotográfico para domesticar seus fantasmas; os quadros de Ingres, por lisos que fossem, eram de uma feitura muito aplicada. Com meios bem diferentes, eles mantinham uma forte opacidade do sinal que não permitia um acesso fácil ao espaço representado. Além disso, por muito tempo sua arte foi considerada difícil e reservada aos conhecedores, sua imensa popularidade aparecendo, apenas, muito mais tarde e graças, sobretudo, à reprodução que simplificava e facilitava suas obras um pouco como uma glosa. Os Cabanel não possuem estados de alma, eles navegam abertamente no irreal, para uma clientela supostamente masculina, bem alimentada e satisfeita. Sua Vênus está alongada sobre a água verde como se estivesse deitada numa otomana; tem os olhos quase, mas não totalmente, fechados; consciente de ser observada, ela em nada acanha o olhar do visitante, a quem oferece um corpo ao mesmo tempo irreal e materialmente sensual. Ao pintor não faltam nem a habilidade nem mesmo a capacidade inventiva: a cor bastante clara e leve era nova e picante. Nas partes secundárias, o toque é largo e vivo; o desenho

---

22. Litografia publicada em *Le Charivari* de 10/05/1864. DELTEIL. *Le peintre-graveur illustré*, n. 3.440.

bastante profissional; a pose lembra os grandes nus históricos, particularmente o *Odalisque à l'esclave*, de Ingres, mas Cabanel retrabalhou, visivelmente, sua figura sobre o modelo: a articulação do corpo é convincente e o detalhe, picante. Cabanel sabe encontrar um equilíbrio sóbrio entre a convenção e a observação a fim de evocar ao mesmo tempo a longínqua deusa do amor e um modelo disponível em seu ateliê.

O *Olympia* de Manet propõe ao cliente um corpo totalmente diverso: sem arredondamentos, nada de longuidão, mas um corpo nervoso, levemente anguloso, onde se vê a ossatura da caixa torácica sob as carnes firmes, mas pouco abundantes, um corpo branco, urbano, moderno; corpo provido, ainda, de um verdadeiro rosto, no qual se podia reconhecer a Senhorita Victorine. A referência à *Vénus d'Urbin* de Ticiano é inelutável, mas o sentido desta referência não é tão claro; não acredito que seja preciso ver aí uma paródia da obra da Renascença, mas sim uma crítica da tradição acadêmica que se pretendia sua herdeira. Comparando a *Vénus d'Urbin* com a *Vénus endormie* de Giorgione, é difícil dizer em que momento exatamente afirmou-se que Titien tenha pintado lá o retrato de uma cortesã. Não é, absolutamente, impossível que Manet tenha estado ao corrente de tal interpretação: ele faz, em suma, o que Ticiano teria feito se tivesse vivido em 1863. Admitido no Salão de 1865, o quadro provocou reações extremamente violentas e foi um escândalo de enorme sucesso: com exceção de alguns raros defensores como Émile Zola, houve uma grande divisão de hilaridade e indignação.

Com *Olympia*, o conflito entre arte acadêmica e arte independente atinge seu paroxismo. Deve-se sublinhar que o debate é ideológico e que está articulado em termos que são igualmente éticos quanto estéticos. É em nome da verdade que Manet pintava como pintava. Dois anos após o escândalo do *Olympia*, por ocasião de sua exposição pessoal ao lado da exposição universal de 1867, Manet fez imprimir em papel de cartas a divisa: "Faire vrai et laisser dire" ("Ser verdadeiro e deixar que falem"). Quando se examinam os ataques contra *Olympia*, vê-se que a representação é considerada, aí, como falsa, suja, deformada. O quadro chocou por causa do que nele aparecia para muitos como falsidade, ao passo que as Vênus de Baudry e dos Cabanel pareciam mais verdadeiras. Com o tempo, tudo oscilou para um outro sentido. O que pensar, então? A representação do *Olympia* é, objetivamente, mais verdadeira. Os principais critérios são de duas ordens; por um lado, a forma ou o desenho e, de outro, a feitura e o resultado. No que concerne à forma, o corpo de *Olympia* é mais individualizado e, portanto, sem dúvida, mais fiel à aparência do modelo (nesse caso, Victorine Meurand), mas os defensores da teoria clássica diriam que a verdade e a realidade acidental não são, necessariamente, sinônimos. No que se refere à feitura, o fim acadêmico se aproxima do resultado fotográfico que, nesses anos, é considerado como sendo verdadeiro. Quanto à cor, seria difícil dizer qual dos dois sistemas é mais verdadeiro, pois, mesmo se o pintor chegasse a reproduzir exatamente a tinta da pele do modelo, sua obra não seria considerada, necessariamente, com o tom certo. A representação na pintura é um sistema complexo de equivalências cujo efeito sobre o espectador depende de relações de tons interiores à obra tanto ou até mais do que da relação entre um pigmento e um tom local particular percebido na natureza. É claro que se trata, aí, de dois sistemas de representação igualmente convencionais que se enfrentam e, portanto, de uma diferença ideológica; isto não implica, muito pelo contrário, que os dois sejam de igual valor. Por outro lado, a recepção, ou seja, a maneira como a obra é percebida, depende evidentemente das disposições e dos hábitos visuais do espectador, de seu equipamento mental (razão por que, hoje, distingue-se bem a percepção visual, seja o equipamento fisiológico da visão, daquilo que um recente vocábulo anglo-saxão denomina *visuality*, seja a visão tal como é condicionada pelos hábitos culturais). Os visitantes do salão, habituados a uma pintura lisa e próxima do objetivo fotográfico, ficaram chocados por aquilo que se distanciava violentamente disso. O público atual, habituado à pintura impressionista como regra, acha a pintura acadêmica da época artificial, mesmo que ela lhe agrade. Isto significa que a maneira como nós vemos o corpo na experiência cotidiana é afetada, ela mesma, por nossos hábitos culturais, quer dizer, particularmente, por nossa cultura visual.

Esta situação de ruptura entre uma arte independente e viva e a cultura oficial é o resultado da concepção romântica da arte como meio de regeneração em oposição ao poder estabelecido. Mas esta ideia, ela mesma, tornou-se bem depressa um mito oficial, de onde tem-se a situação tão ambígua da arte no século XX, em que a vanguarda é logo cooptada pela cultura dominante, exceto nos sistemas totalitários.

VII. O corpo simbolista

O Simbolismo, que marcou fortemente o fim do século XIX e deixou uma impressão decisiva sobre a estética do século XX, em parte, ao menos, é um ressurgimento do idealismo romântico. Esse movimento, do qual Mallarmé é o teórico ou representante mais completo, tem contornos bastante precisos como escola literária, mas quando se abordam as artes plásticas, as coisas não são tão nítidas. De qualquer forma, pode-se definir algumas ideias ou algumas tendências. O Simbolismo resulta, sem dúvida, de uma certa decepção diante da esperança que pode ter sido depositada no conhecimento positivo. Para os simbolistas, a presença material das coisas e dos seres não é mais que uma aparência; a realidade, de natureza espiritual, estaria oculta, secreta, existiria apenas por trás das aparências e não seria acessível diretamente. A estética do Simbolismo é uma estética da sugestão mais do que da descrição ou da designação. Para o artista simbolista, a emoção e a intuição primam sobre a percepção. Confia-se mais no sonho do que na razão. Quanto ao corpo, não passa de uma máscara, o sinal de uma realidade misteriosa e inacessível.

Dois polos distinguem-se na grande diversidade de artistas que pertencem ao movimento simbolista; um, de caráter que se pode denominar literário, porque se vincula a assuntos, muitas vezes, pouco esotéricos tratados em geral com os meios da arte acadêmica, corrente da qual Gustave Moreau é o exemplo perfeito; e, de outro lado, uma corrente oriunda da vanguarda realista e que está mais interessada pela pesquisa plástica, mas se trata apenas de uma generalidade. Um artista como Odilon Redon, cuja invenção é, antes de mais nada, plástica, dá títulos bastante literários às suas visões. Para ele, o corpo é uma linguagem. Ele não hesita em separar as partes do corpo para representar uma função. Em sua primeira obra maior, uma série de litografias intitulada significativamente *Dans le rêve* (No sonho) (1879), uma prancha intitulada "Vision" mostra um olho imenso e radiante planando no céu. Muitas vezes, uma cabeça, não decepada, mas separada, independente, significa o pensamento. Tais motivos estão relacionados com o fragmento romântico, mas aqui a metáfora deriva para a metonímia [as *Têtes coupées* (cabeças cortadas) de Géricault sugerem uma amputação, ao passo que as cabeças separadas de Redon são uma imagem quase linguística do pensamento, embora sua forte expressividade evite que caiam na vacuidade de uma espécie de charada].

Na Inglaterra, os pré-rafaelitas e os artistas de seu movimento, muitas vezes, abandonaram o realismo antiacadêmico dos anos de 1850 por uma arte que se pode denominar simbolista. Burne-Jones, particularmente, é característico de uma pintura que põe uma técnica descritiva minuciosa ao serviço de uma arte fundamentalmente antinaturalista (linearismo, estilização do desenho, paleta iridescente muito arbitrária) em que o corpo é, por assim dizer, desencarnado: seus seres, a um tempo irreais e críveis evoluindo numa atmosfera onírica, foram um dos modelos do simbolismo europeu. Inúmeros artistas, alguns filiados à Rosa Cruz, exploraram, assim, a tradição "ilusionista" do realismo acadêmico para evocar um mundo interior. Eu mencionaria, como um exemplo entre muitos, *L'école de Platon* (A Escola de Platão) do pintor belga Jean Delville (1898, Museu de Orsay), um grupo de longos e sinuosos adolescentes andróginos reunidos em volta de um Platão crístico. A matéria pictural dessa imensa tela parece tão estiolada que os personagens são irreais. O retorno à alegoria e ao mito, característica desses artistas simbolistas com tendência literária, contudo, mobilizou, em alguns, meios plásticos mais sólidos. Gustave Moreau e Puvis de Chavannes, na França, Ferdinand Hodler, na Suíça, desenvolvem uma visão bastante pessoal e expressiva do corpo. Em Hodler, sobretudo, as mulheres com quadris excessivos, os efebos um pouco esguios e olhar intenso são figuras muito singulares e, ao mesmo tempo, muito presentes: uma certa estranheza permite ao artista intimar a presença de um mistério imanente às coisas e aos seres.

Alguns, como Paul Gauguin, dirigem-se para uma arte cada vez menos mimética ou, mais precisamente, antifotográfica, o realismo óptico não captando senão a aparência das coisas, em oposição à sua realidade. Contudo, esses artistas da vanguarda são os herdeiros do Realismo e têm um sentido da materialidade que também se opõe à pura aparência. Procurando modelos fora da tradição "ilusionista" da arte ocidental, Gauguin chega a uma visão do corpo que escapa aos cânones tradicionais, mas que, simultaneamente, sugere o peso, a tangibilidade do corpo. Substituir a descrição pela sugestão é algo que está no próprio coração do programa simbolista. Inspirados pelo modelo da música instrumental que age diretamente sobre o ouvinte para provocar emoções, os artistas de vanguarda se direcionam para uma abstração mais e mais radical. No limite, não se tratará mais de representar um corpo cuja imagem agirá sobre o espectador, mas, por mecanismos puramente plásticos (formas, linhas, cores), se tratará de agir diretamente sobre o espectador, sobre seu corpo, através de suas reações sensuais, para induzir nele estados interiores. No século XX é que aparecerão as consequências da teoria simbolista.

VIII. Rodin

Pouco se tratou de escultura nessas poucas páginas, embora o corpo seja o principal tema da estatuária. O século XIX conheceu uma enorme produção de escultura. Segundo uma palavra atribuída a Degas, se deveria ter colocado cartazes nos jardins públicos: "É proibido depositar estátuas na grama". O fato é que, apesar de seu prestígio acadêmico, a escultura da época é pálida ao lado da pintura. Baudelaire a considerava, aliás, como uma arte muito material, muito inerte, para exprimir um sentimento moderno. A escultura do século XIX toca pouco ao grande público da atualidade, apesar dos esforços recentes para redescobri-la. Algumas obras, contudo, merecem ser citadas: no momento em que a corrente realista toma corpo, o Salão de 1847 recebeu com escândalo a *Femme piquée par un serpent* (Mulher picada por uma serpente) de Clésinger (Museu de Orsay) recaindo sobre o artista a suspeita de ter usado um molde ao vivo. A estátua, de uma sensualidade um pouco vulgar, não chega a ser uma obra marcante, mas a questão do molde é interessante. Com efeito, a ilustração de corpos vivos, cuja prática é antiga, foi aperfeiçoada no século XIX e teve uma fama razoável por conservar a lembrança fragmentária de personagens célebres, fossem as pernas da condessa de Castiglione, o pé de Rachel ou a mão de Victor Hugo. Se esta fabricação de relíquias laicas não apresentava problemas aos contemporâneos, a utilização artística das imagens por parte dos escultores sofreu descrédito semelhante ao da fotografia: o de ser um meio mecânico vergonhoso. A redescoberta de obras impressionantes feitas de acordo com esse procedimento, particularmente as de Geoffroy de Chaume, mostra que é possível dar provas de imaginação na prática da modelagem[23]. Pelo recorte do corpo, que não pode ser moldado inteiro, pela posição, às vezes, insólita, pela precisão incômoda da gravura que registra até as rugas da pele, tais produções do escultor chegam a excitar a imaginação melhor do que suas obras mais tradicionais que nos deixam frios[24].

---

23. Cf. o catálogo de exposição *À fleur de peau* – Le moulage sur nature au XIXe siècle. Paris: Musée d'Orsay, 2002.

24. Cf. ibid.

Le génie de la danse (O gênio da dança) de Carpeaux, encomendado por Charles Garnier para a fachada da Ópera, causou, ao ser executado em 1869, um escândalo tão estrondoso quanto o da Olympia[25]. Na época, a sensualidade desses corpos tão verdadeiros, tão carnais (note-se, por exemplo, o detalhe da mão que se apoia sobre o dorso e faz ceder a carne), foi julgado inadmissível para um monumento público acessível a todos os olhares. A obra foi vandalizada com tinta atirada nela, produzindo uma enorme mancha. O grupo foi condenado a desaparecer da fachada da Ópera e um outro, mais conveniente, foi encomendado para substituí-lo. Mas, no fim das contas, a obra de Carpeaux nunca deixou sua base e aquela dança tão vivaz, aquelas mulheres voluptuosas, que dão uma volta tão bem executada em torno do arremesso vertical do gênio éfebo, ficaram gravadas na memória coletiva. A obra nunca desapareceu do cânon da arte moderna.

Contudo, apesar de alguns êxitos excepcionais, foi somente com Rodin que a escultura retomou a dianteira no cenário artístico. Isso fica bem evidente no texto de Rilke que foi, lembremo-lo, o secretário do escultor. Se o longo encantamento do poeta publicado em 1903 pode parecer literário demais, não deixa de ser igualmente documentado, através de um exame paciente e uma análise penetrante da obra, que ela se situa em uma longa perspectiva histórica:

> Sua língua era o corpo [...]. E esse corpo não podia ser menos belo do que o da Antiguidade; devia ser de uma beleza ainda maior. Durante dois milênios a vida o havia guardado em suas mãos, o havia elaborado, o havia martelado e auscultado. A pintura sonhara esse corpo, ela o ornara de luz, o penetrara de crepúsculo, o envolvera em toda sua ternura e em todo seu êxtase, ela o apalpara como a uma pétala e se deixara levar por ele

---

25. A documentação está reunida no livro de WAGNER, A. *Jean-Baptiste Carpeaux*: Sculptor of the Second Empire. New Haven: Yale University Press, 1986, cap. 6.

como sobre uma onda – mas a plástica, à qual ele pertencia, não o conhecia ainda[26].

Rilke considera, assim, Rodin como o primeiro verdadeiro escultor do corpo desde a Antiguidade, mas de um corpo diferente, moderno, longamente trabalhado tanto pela vida quanto pela arte.

Rilke evocou em termos extáticos a multidão de seres que evoluem em *La porte de l'enfer* (A porta do inferno): "corpos que escutavam como rostos e que tomavam todo seu elã como braços para lançar; correntes de corpos, guirlandas e sarmentos, e pesados cachos de formas humanas nas quais subia a seiva doce do pecado, fora das raízes da dor"[27]. O poeta também observou bem a nova relação dos sexos no mundo imaginário em que a mulher não é relegada ao seu papel de objeto de desejo: "É sempre, ainda, a eterna batalha dos sexos, mas a mulher já não é mais o animal subjugado ou dócil, ela é cheia de desejos e iniciativas como o homem, e se diria que eles se uniram para buscar juntos a alma de ambos"[28].

O corpo se mantém o principal, e quase o único assunto de Rodin. Entre *L'Âge d'Airain* (A Idade do Bronze) (ou *Le vaincu* – O vencido – conforme o primeiro título) que indica a maturidade do escultor e a estátua de Balzac rejeitada pela sociedade dos letrados em 1898, Rodin traça uma trajetória que resume bem a evolução da arte independente do Realismo ao Simbolismo.

Com *L'Âge d'Airain* (A Idade do Bronze) Rodin renova a tradição do corpo expressivo como o havia feito Drouais um século antes na pintura; sabe-se que o escultor havia procurado um modelo não profissional a fim de não cair no convencional; um amigo militar que comandava uma companhia de telegrafistas lhe propusera nove jovens entre os quais Rodin escolheu Auguste

---

26. RILKE, R.M. *Oeuvres* – Prose. Tomo I. Paris: Du Seuil, 1966, p. 378-379.

27. Ibid., p. 395.

28. Ibid., p. 394.

Neyt, um flandrino, rapaz inteligente, com o qual ele pôde trabalhar da maneira que entendeu; desde essa época, ao invés de colocar o modelo numa posição predeterminada, o escultor preferiu fazê-lo mover-se livremente e observá-lo a fim de captar o corpo em aspectos inéditos. A obra concluída foi uma sensação. O modelo era tão expressivo e tão preciso, o resultado tão verdadeiro que, quando a estátua foi exposta no Salão de 1877, houve suspeitas de que Rodin tivesse utilizado um molde sobre um modelo vivo (como acontecera com Clésinger, em 1847); ele teve que se justificar, o que nos rendeu uma preciosa série de fotografias, pedidas pelo próprio Rodin para sua defesa, que Marconi tirou do modelo na posição exata da estátua e que permitiu constatar o trabalho do artista. A este ponto de sua carreira, tem-se a impressão de que Rodin retoma a arte do *kouros* tal como a conceberam os gregos, explorando os limites, às vezes, da exatidão e da expressividade.

Mais tarde, o escultor ultrapassaria esse realismo um pouco literal e voltaria a apagar a distinção entre esboço ou estudo e obra terminada, como já ocorrera na pintura com Manet e, bem antes dele, Constable. Originalmente, *L'homme qui marche* (O homem que caminha) era um estudo para a estátua de *Saint Jean Baptiste prêchant* (São João Batista em pregação) na qual Rodin trabalhou durante os anos de 1878-1880, logo após *L'âge d'Airain* (A Idade do Bronze). Segundo o próprio Rodin, a ideia dessa figura tão animada lhe veio de um camponês italiano de nome Pignatelli, que viera a Paris à procura de trabalho. Rodin o teria levado ao ateliê e feito posicionar-se no lugar do modelo. Sem nenhuma experiência, o homem se plantou sobre as duas pernas como as varas de um compasso (isto é, ambas dando o movimento do passo, sem o contraposto tradicional ainda muito sensível em *A Idade do Bronze*). Rodin o teria fixado nessa posição anticlássica, vendo aí um homem caminhando (quando, de fato, é uma posição que impede o movimento). O tema religioso teria sido aplicado *a posteriori*. Quanto à figura de estudo sem braços nem cabeça, foi somente mais tarde que, aumentada e um pouco adaptada, ela se tornou uma obra independente[29]. Rodin deliberadamente deixou as marcas da modelagem bem aparentes, e tal feitura funciona um pouco como a vestimenta sob a qual a realidade do corpo se revela tão bem, ao passo que o resultado da epiderme quase sempre parece artificial.

Nesse ínterim, Rodin havia concebido o monumento a Balzac, encomendado pela Sociedade dos Escritores em 1891. Rodin se confrontou aí com problemas interminavelmente discutidos desde o século XVIII: Era preciso apresentar Balzac numa nudez heroica, logo ele, cujo físico se prestava tão mal a isso? Devia deixar-lhe as roupas modernas, geralmente consideradas mesquinhas e triviais, ou cobri-lo da maneira convencional? Rodin trabalhou nisso muito tempo, servindo-se de modelos vivos, mesmo para o rosto, para o qual havia os daguerreótipos. Entre os inúmeros estudos modelados do todo e das partes (cabeça, busto, etc.), um dos mais notáveis, que parece uma obra independente, é o Balzac nu, de braços cruzados, plantado numa atitude como de desafio, que foi comparada à de um lutador; esse homenzinho forte e corpulento dá uma impressão de energia e de presença física admirável, um pouco como se tivessem despido o retrato do Joubert de David.

Para chegar a uma solução definitiva, sabe-se como, afinal, Rodin vestiu esse esboço do corpo com um roupão molhado no gesso e colocado em volta das costas: a estátua estava pronta. O golpe de gênio está justamente em ter renunciado à finalização, ter elevado o resultado dessa experiência ao tamanho do monumento, sem dúvida, com um trabalho considerável de acabamento, mas conservando toda a força de sugestão que pertence ao esboço, justamente porque nada se deteve aí. O efeito é o de uma presença ao mesmo tempo física e espiritual muito forte, como uma imensa irrupção de energia. Esse corpo verdadeiramente transfigurado, que exprime tão bem a inspira-

---

29. Em 1905, de acordo com Judith Cladel; desde 1900, conforme C. Goldscheider, que não informa a fonte, mas, de qualquer modo, depois do *Balzac* e antes de 1907, quando a obra já estava fundida em bronze e foi exposta.

ção, afasta-se radicalmente dos dados físicos do homenzinho corpulento e um pouco grotesco que se prestava melhor à caricatura do que à apoteose monumental. Visão ideal à sua maneira, mas bem diferente daquela de um Canova: nenhuma obra caracteriza melhor a passagem do século XIX ao XX.

4
AS IMAGENS SOCIAIS DO CORPO
Ségolène Le Men

No Salão de 1831, Delacroix expôs um grande quadro que causou, ao mesmo tempo, admiração e escândalo[1], *La Liberté guidant le peuple* (A Liberdade guiando o povo)[2]; escalando uma barricada, sob a qual jazem os cadáveres de um homem seminu, de um guarda suíço e de um soldado da guarda real. Uma alegoria feminina, a Liberdade, acompanhada por um homem de chapéu alto e armado de um fuzil e de um rapazote de Paris que maneja uma pistola, marcha direto no sentido do espectador, arrastando atrás de si os insurgentes. Resposta militante de um grande artista à Revolução de Julho, a pintura de Delacroix é decorrente da nova pintura histórica da escola de 1830, e pressupõe um sistema semiótico fundado na linguagem corporal – da representação do povo de Paris por uma diversidade de tipos reunidos em torno do personagem feminino que encarna a ideia de nação. Mas Delacroix mistura ainda a legibilidade dos tipos: o homem de gibão, que traz um avental de couro, é um burguês ou um operário? A Liberdade coberta com o barrete frígio, comparada pela crítica à "forte mulher das poderosas mamas"

---

1. HADJINICOLAU, N. "La Liberté guidant le peuple de Delacroix devant son premier public". *Actes de la Recherche en Sciences Sociales*, n. 28, jun./1979, p. 3-26.

2. O registro manuscrito das entradas no salão leva o título *29 Juillet* (arquivos do Louvre), e o artista dá ao seu quadro o título *28 Juillet, la Liberté*, ou *la Barricade*, cf. TOUSSAINT, H. "La liberte guidant le peuple" de Delacroix. Paris: Réunion des Muséss Nationaux, 1982, p. 45 [Catálogo de exposição].

dos *Iambes* de Auguste Barbier, tem pelos nas axilas, o que não corresponde nem a uma alegoria nem ao eterno feminino [...] o modo como seu rosto se destaca sobre a névoa evoca o efeito de uma projeção fantasmagórica[3]. No quadro, o rapazinho, personagem que se encontra no mesmo salão em *Les Petits Patriotes* (Os pequenos patriotas) de Jeanron (Caen, Museu de Belas Artes), está situado não distante das torres de Notre-Dame, visíveis ao longe, o que não deixa de evocar o escolar Jehan Frollo no romance histórico de Hugo.

A grade visual de leitura social e política sobre a qual repousa a pintura de Delacroix, em conivência com seu público, e que ele já começa a transcender, foi lentamente elaborada ao longo da primeira metade do século XIX. Foi imposta ao teatro, na pintura, na literatura e, de maneira geral, nas mentalidades, de acordo com uma fórmula que os caricaturistas e os ilustradores instauraram progressivamente nos anos de 1820 e que recorre a toda espécie de metáforas óticas. A segunda metade do século a explora e a perpetua: é desse modo que, ainda no exemplo do quadro de Delacroix, o rapazinho se transforma, em *Les Misérables* (Os miseráveis), Gavroche [...] e, em seguida, Gavroche se transforma em Poulbot, sobre as alturas de Montmartre. Essa "figura" torna-se personagem de romance, e aparece como imagem de imprensa no fim do século. Para ilustrar a fábrica de "figuras" como construção de uma nova linguagem corporal distinta do sistema iconológico tradicional e fundado sobre a observação das vestimentas, da fisionomia e da silhueta dos contemporâneos, eu apontaria três tipos caricaturais masculinos que apareceram na primeira metade do século XIX: Mayeux, Prudhomme e Macaire[4].

---

3. TRAEGER, J. "L'épiphanie de la Liberté – La Révolution vue par Eugène Delacroix". *Revue de l'Art*, 1992, p. 9-26.

4. A análise de Robert Macaire foi realizada no catálogo da exposição *Daumier 1808-1879*. Paris: Réunion des Musées Nationaux, 1999 (edição francesa) e Ottawa: National Gallery of Art, 2000 (edição inglesa). Ela foi apresentada em julho de 2003 a convite de Heliana Angotti numa conferência ligada à sua exposição sobre a reinterpretação brasileira de Robert Macaire em 1844, exposição *A comédia urbana*: de Daumier a Porto Alegre. São Paulo: Fundação Armando Alvares Penteado, 2003.

Enquanto a "Pera" despersonaliza Louis-Philippe, o rei-burguês, ao ponto de fazê-lo passar ao reino vegetal, num procedimento inverso, o da individualização, acentua a apoteose do "burguês-absoluto", sob a Monarquia de Julho, segundo a fórmula de Henry James[5], retomada por T. Clark[6]: é assim que nascem, em alguns anos, Mayeux, Joseph Prudhomme e Robert Macaire, dotados de plena identidade e de um nome próprio, o que os aproxima dos personagens de romance, entre os quais se impõem, então, ao imaginário coletivo, o de Quasímodo[7], que é contemporâneo de Mayeux, e logo em seguida, nas ilustrações românticas de caráter caricatural, o de Dom Quixote, o herói de Cervantes reinterpretado por Rowlandson, Johannot, Grandville, Nanteil e Doré, e retomado por Daumier como tipo alegórico do herói-cômico do artista no vasto ciclo pictural sob o Segundo Império.

Esses "tipos" inventados se assemelham a retratos-caricatura individuais. Após os jogos de ilusão e os efeitos fantasmagóricos da Pera, eles têm traços de personagens reais, tornados cômicos pela caricatura, para o que contribui também sua pertença tanto ao mundo do teatro quanto ao da cena de costumes litográfico e satírico. A intensidade de sua presença se deve ao fato de eles serem ao mesmo tempo "personagens" e "caricaturas", para retomar a distinção estética proposta por Hogarth em 1743 em sua tela *Characters and Caricatures*[8]. O crítico de arte e teórico do Realismo

---

5. JAMES, H. "Daumier caricaturist" aparece em 1890 na *Century Magazine*, vol. 17, 1890, p. 402ss. Retomado em *Daumier Caricaturist*, Emmaus, Pennsylvania: Rodale Press, 1937, reed., 1954.

6. CLARK, T.J. *The absolut bourgeois* – Artists and politics in France, 1848-1851. Londres: Thames and Hudson, 1973; [reimpr., 1982].

7. Sobre a relação entre Quasímodo, em *Notre-Dame de Paris* (1831-1832), e a teoria da caricatura, tal como o exprime Hugo em particular no prefácio de *Cromwell* (1827), cf. meu artigo sobre "Victor Hugo et la caricature" nas atas do colóquio *L'Oeil de Victor Hugo*. Paris: Des Cendres, 2004.

8. Esta célebre pintura distingue em seus dois registros *Characters* (cabeças agrupadas de personagens de diferentes fisionomias da realidade, em sua feiura cômica) e *caricatures* (o desenho em charge pelo qual se divertem os artistas desde Vinci e Carrache). Ela serviu de folhetim de subscrição para *The analysis of Beauty*, o tratado de Hogarth, que o primeiro situa nas fontes primitivas do desenho evocando o desenho de criança e o esquema do *bonhomme*, prelúdio de todas as caricaturas.

Champfleury[9] chamou a atenção sobre sua tríade: "O que quer que aconteça, e embora outras figuras satíricas devam, um dia, suceder a *Mayeux*, *Macaire* e a *Prudhomme*, esses três tipos subsistirão como a representação mais fiel da burguesia durante vinte anos, de 1830 a 1850", escreve ele na *Histoire de la caricature moderne* (História da caricatura moderna), de 1865[10], e é em torno deles e de seus inventores, Traviès, Monnier e Daumier, que ele organiza a estrutura de sua obra. Com uma auréola sobre a cabeça, os três aparecem na imagem da capa ilustrada de seu livro acima das imitações que se sucederiam a isso.

Esta apresentação dos três "santos patronos" da burguesia sob a Monarquia de Julho mostra como a caricatura se insinua no âmbito das imagens patronais de inspiração cristã, da qual imita os procedimentos para inspirar-se e ridicularizá-la. Dando continuidade às imagens dos "tipos" que enaltecem a Monarquia de Julho, ela transpõe pelo registro da caricatura a função de identificação individual (através da imagem de piedade consagrada ao nome pessoal tirado do calendário) e coletiva (através da imagem popular das corporações) assumida pelo santo patrono da sociedade tradicional. Todos masculinos, esses três personagens, facilmente identificáveis fisi-

---

9. Champfleury (Laon, 1821/Sèvres, 1869, Jules Husson, chamado Fleury, depois Champfleury), dado à vida boêmia dos anos de 1840 e amigo de Baudelaire e de Courbet, foi autor da *Histoire de la caricature* em diversos volumes, historiador das *Vignettes romantiques*, da imageria popular e das faianças revolucionárias, e se tornou conservador da manufatura de Sèvres; romancista e novelista realista, defendeu a obra de Courbet e foi o defensor do termo "realismo". Seu testemunho é essencial porque ele conheceu de perto o ambiente dos caricaturistas de quem escreveu a história. Cf., a esse respeito: ABE, Y. "Une nouvelle esthétique du rire – Baudelaire et Champfleury entre 1845 et 1855". *Annales de la faculté des lettres* (Tóquio, Universidade Chuo), mar./1964, p. 18-30. • ABÉLÈS, L., apud LACAMBRE, G. *Champfleury, l'art pour le peuple*. Paris: Réunion des Musées Nationaux, 1990. • *Champfleury, son regard et celui de Baudelaire* – Textes choisis et présentés par Geneviève et Jean Lacambre, accompagnés de "L'Amitié de Baudelaire et de Champfleury" par Claude Pichois. Paris: Hermann, 1990 [1. ed., 1973]. • CHAMPFLEURY, G.S. *Du réalisme* – Correspondance. Paris: Des Cendres, 1991.

10. CHAMPFLEURY, G.S. *Histoire de la caricature moderne*. Paris: E. Dentu, 1865 [e 1878], p. XIV.

camente, põem em evidência a preponderância das classes média e abastada nas representações da sociedade então em circulação. Cada um deles personifica uma fração distinta do grupo social bastante amplo da burguesia, da qual a Pera oferece a alegoria mais genérica e mais indeterminada que, do retrato do rei, estendeu-se a todos os súditos.

A invenção deles, que se tornou inseparável dos três artistas que os popularizaram, situa a caricatura e a litografia no registro da comédia, e mesmo da *commedia dell'arte*, no momento em que Callot, o artista dos *gobbi* e dos *balli* que introduzira Scapin e Pantalon na gravura francesa, volta à moda. Com efeito, figuras de identificação ou de repulsão conforme o caso, eles representam os papéis sociais através de gêneros teatrais, e a metáfora de Scapin logo é introduzida pelos críticos em seu propósito[11].

O que esses três gêneros partilham, para além das posições sociais distintas que eles representam, é seu olhar geral, seu caráter de modelo para a interpretação global de uma sociedade que os caricaturistas criticam – último traço que os aproxima de "a doença da Pera".

I. Mayeux e a corcunda

Primeiro a aparecer, Mayeux, o anão corcunda e lúbrico de aspecto simiesco, é aquele que se prestou à maior quantidade de variações, mas cuja vida teve a duração mais curta. Essa presença efêmera é lembrada na "necrologia" do *Livre des cent-et-un* (Livro dos cento e um)[12], que proclama a morte

---

11. Por exemplo, na introdução ao estudo de Henry Lyonnet sobre Mayeux e Prudhomme em GRAND-CARTERET, J. *Les moeurs et la caricature en France*, 1888. O mesmo autor escreve na obra sobre Robert Macaire e sobre os outros tipos do século XIX, de Madame Angot a Cadet-Roussel.

12. BAZIN, A. [denominado Anaïs de Raucou]. "Nécrologie" [*Ou Le livre des cent-et-un*. Tomo III. Paris: Ladvocat, 1832, p. 361. – Este texto ainda é um dos mais preciosos estudos sobre o tipo de mayeux ao qual o autor, historiador de Luís XIII, consagra também um estudo em *L'époque sans nom, esquisses de Paris, 1830-1833*. 2 vol., Paris, 1833.

de mayeux: começada em 1829, sua biografia se interrompe em 1832, ano em que nasce a Pera, embora o personagem permaneça ainda por muito tempo nas mentes e nos traços dos desenhos. Segundo Champfleury[13], seu desaparecimento se deve à criação de Robert Macaire, embora introduzido na caricatura um pouco mais tarde. Provavelmente seja mais exato considerar que, nos jornais satíricos, para uns, a moda dos Mayeux é substituída pela das peras e, para outros, pelas caricaturas políticas da guerra de Philipon contra Philippe.

Mayeux, mesmo se associado ao nome de Traviès, permanece uma criação coletiva[14]. O personagem que, de repente, toma vida resulta do encontro entre o "ateliê" de caricaturas de Philipon e o ambiente dos espetáculos populares, das expressões que vêm das cidades e dos artistas de rua que faziam representações através de gestos e caricaturas[15]. Para Baudelaire, que extrai retrospectivamente, da invenção de Mayeux, uma espécie de poema em prosa inspirado em sua própria teoria do cômico e do riso, a ideia de mayeux teria sido sugerida a Traviès pelo espetáculo do artista de rua Leclaire, uma transposição popular da tradição acadêmica das expressões faciais: "Havia em Paris uma espécie de bobo fisionomista, chamado Leclaire, que percorria as tabernas, os cafés e os pequenos teatros. Ele fazia *expressões faciais* e, entre duas lamparinas, iluminava sucessivamente sua figura em todas as paixões. Era o álbum das *Representações das paixões de M. Lebrun, pintor do rei*. Este homem, um artista tão comum que não se imaginaria ser visto diante de públicos excêntricos, era bastante melancólico e deveras obcecado por uma amizade. Fora de seus estudos e de suas representações grotescas, ele passava seu

---

13. Que cita um artigo de *La Gazette de Paris* de 1859.

14. Como o indicam as incertezas que pairam sobre sua invenção, a variação das ortografias de seu nome e a abundância de formas que assumiu sob a pena e o lápis.

15. Esta pertença ao mundo dos espetáculos de rua é destacada no livro de Judith Wechsler que insiste na relação entre caricatura, espetáculo e pantomima; cf. WECHSLER, J. *A human comedy* – Physiognomy and caricature in 19th century Paris. Chicago: The University of Chicago Press, 1982.

tempo procurando um amigo, e, quando bebia, seus olhos choravam abundantemente lágrimas de solidão. Este desafortunado possuía um domínio objetivo e uma tal aptidão à mímica, que imitava até o desdenho à corcunda, o rosto enrugado de uma pessoa corcunda, suas pernas altas e magras e seu jeito de falar gritando e babando. Traviès o viu: era o auge daquele grande ardor patriótico de Julho; uma ideia luminosa abateu-se em seu cérebro: Mayeux foi criado, e durante muito tempo o tumultuado Mayeux falou, gritou, fez discursos inflamados, gesticulou na memória do povo parisiense"[16].

Se prestarmos atenção[17] à cronologia da entrada de Mayeux em cena, é evidente que o impertinente corcundinha, visto como criação de Traviès, foi modelado por diversas mãos. Pigmeu atrevido, vestido, como pequeno burguês, de sobretudo e chapéu alto nos modos próprios da "época sem nome"[18], Mayeux, do qual existe em Isabey um antecedente notável numa caricatura antinapoleônica de 1820[19], tem suas primeiras evocações litográficas em 1829-1831 em *La Silhouette* (A silhueta) e *La Caricature* (A caricatura) de Traviès[20], Grandville[21] e Philipon[22], sua primeira análise sob a pena

---

16. BAUDELAIRE. "Quelques caricaturistes français". *Le Présent, Révue Européene*, 01/10/1857 [Retomado em *L'artiste* de 24 e 31/10/1858, finalmente FRÈRES, M.L. *Curiosités Esthétiques*, 1868 (versão publicada na coleção "Bibliothèque de la Pléiade")].

17. Como fizeram Clive Getty (apud GETTY, C.F. & GUILLAUME, S. *Grandville* – Dessein originaux, catalogue de exposição, Museu de Belas-Artes de Nancy, nov./1986-mar./1987) e MENON, E. (*The complete mayeux* – Use and abuse of a french Icon. Berne: Peter Lang, 1998).

18. Cf. n. 12.

19. ISABEY, J.-B. (Mayeux et jeune femme). *Album comique*, 1820 [Retomado em Menon, figura 28, comentada na p. 81].

20. A primeira litografia de Traviès é apresentada em 27/01/1930 (MENON, E. *The complete mayeux*. Op. cit., p. 83). Em janeiro de 1831, Traviès começa a publicar *Les facéties de mayeux*.

21. Desenho legendado "Beau-frère de Mayeux", de 1829. Cf. Menon, figura 29.

22. Série *La Mascarade* de Philipon posta em relação com a primeira prancha de Grandville sobre Mayeux (GETTY, p. 82).

de Balzac[23] e dá lugar a uma rica produção de imagens[24], textual[25] e teatral. Como indicado por Champfleury, "o esboço dessa criação passou de mão em mão, definiu-se, adquiriu essa personalidade tão determinada e, com Traviès e Grandville, definiu-se a ponto de parecer ter vivido e ter sido um ser conhecido, palpável, de modo que sua fisionomia não poderia ser alterada sem gerar confusão na galeria[26]. O fenômeno de Mayeux aparece bastante como efeito de uma virada que se delineia rumo a uma extensiva cultura das imagens: é a multiplicação do mesmo personagem sob a pena de diversos desenhistas e em variados registros de expressão que lhe permite aparecer aos olhos dos contemporâneos como um personagem real, pronto para interagir com outros[27].

A fase dos Mayeux coincide com a do mais intenso Romantismo, a da criação de *Hernani* e do *Roi s'amuse* (O rei se diverte), com o grande sucesso, em 1831 e 1832, de *Notre-Dame de Paris*. Mayeux foi um "filho do século", que Musset descreveu incrivelmente na monstruosidade de um corpo grotesco que, como o de Quasímodo, é um desafio a todas as normas do belo ideal: "M. Mayeux é uma figura única: é ele que, esta semana, fará rirem os patetas: vejam esta cabeça monstruosa!, essas corcovas elogiadas por Lavater! Ele poderia ser diretor de espetáculos ou chefe de polícia. Como a Vênus de Cleômenes foi formada com a beleza de todas as jovens atenienses, assim essa figura disforme e hedionda é composta de todas as aberrações da natu-

---

23. BALZAC. "Statistique individuelle – M. Mahieux". *La Silhouette*, set./1830. Este artigo foi comentado por Clive Getty em sua tese *The Drawings of J.J. Grandville until 1830*. Stanford University, 1981.

24. Vendidas pelos editores de caricaturas concorrentes Aubert e Martinet-Hautecoeur, as 300 litografias são anônimas ou estão assinadas por Traviès, Robillard, Grandville, Delaporte, Daumier, Numa, Bouquet, etc. (MENON, p. 81).

25. ASSIM, F.C.B. *Histoire véritable, facétieuse, gaillarde, politique et complète de M. Mayeux.* Paris: Terry Jeune, 1831.

26. CHAMPFLEURY. *Histoire de la caricature moderne.* Op. cit., p. 195.

27. Como o músico Paganini: "Paganini sorcier". *Le Figaro*, 09/05/1831, p. 3. Apud MENON, p. 33, n. 38.

reza. O olho úmido de um sapo, as mãos longas de um macaco, as pernas frágeis de um pateta, todos os vícios ignóbeis, todas as monstruosidades morais ou físicas, esse é Mayeux. É o Diógenes dos tempos modernos; é a corrupção idealizada, agachada nos cantos dos muros, rolando sobre as mesas fora de lugar, com um pé sobre os joelhos de uma moça à toa e outro no caldo de peru com trufas; é um pai de família saindo com uma figura pálida e sifilítica de um lugar suspeito; é um guarda nacional a quem um banquete patriótico inspira pensamentos de assassínios, um réptil miserável que os homens esmagam sem se darem conta, que vive nos cabarés para morrer nas sarjetas"[28].

Aquele que Musset descreve alternadamente como "pai de família", novo "Diógenes" e "guarda nacional" aparece em Grandville sobre um tonel no meio da multidão desordenada que assiste à procissão da festa religiosa ou então aparece inesperadamente no salão parisiense, onde sua entrada intempestiva é tolerada porque ele está na moda[29]. Manifestando-se de maneira repetida nos contextos mais diversos, Mayeux, personagem zombeteiro, serve de exutório coletivo e encarna a figura de projeção para todo um leque do imaginário da Monarquia de Julho: "Mayeux é um tipo único; Mayeux é você, sou eu, somos todos nós, com nossos corações jovens e nossa civilização envelhecida, nossos eternos contrastes, vencedores sem vitórias, heróis de fim de batalha, andando na ponta de nossos pés para parecermos grandes, dando tiros de fuzil com lunetas; loucos sublimes, gigantes éticos, palhaços sérios, que abrem a boca até as orelhas, mostrando os dentes para rir e nunca para morder"[30].

---

28. MUSSET. "Revue Fantastique". *Le Temps*, 07/03/1831, p. 2. apud MENON, p. 93, n. 33.

29. Desenhos reproduzidos por Getty, p. 214, n. 167: *Mayeux à la procession de la Fête-Dieu*, 1830, 16,7 x 19,1 inv 877 637; e p. 230-231, n. 178 e 178A. Desenhos preparatórios para uma litografia de *La Caricature* publicada em 16/12/1830: On annonce M. Mahieu..., prancha explicada por Balzac.

30. "M. Mayeux". *Le Figaro*, 24/02/1831, p. 1. apud MENON, p. 29.

Por sua plasticidade disforme, Mayeux permite simbolizar a teoria romântica do grotesco e personifica, de certa maneira, a própria caricatura, através do comportamento de animalização introduzido por seu personagem, pelo recurso aos pares desajeitados dos charivaris e por sua pertença a uma família de figuras semelhantes do Punch – *Charivari* e *Punch* designando, então, os principais jornais de caricaturas.

Seu modo simiesco de andar marca a relação entre o homem e o animal, de conformidade com os códigos da fisiognomonia e da frenologia, que têm seus tradicionais pontos renovados pela anatomia comparada e a história natural ensinada no *Museum*. Ela contribui para a perpetuação do personagem em seu aspecto físico e moral: Traviès, cujo irmão ilustrador era desenhista no Jardin des Plantes, "não dotou Mayeux apenas da aparência simiesca, mas também de uma considerável lubricidade, pois o corcunda não tinha pela linguagem mais pudor do que o tinha o macaco em seus atos públicos"[31]. Os olhos redondos, vivos, bem abertos, e a cara risonha e maliciosa, o nariz curto, achatado, com tufos de pelos abaixo das orelhas, Mayeux era feliz com seu corpo sem elegância nem boa aparência.

Sua figura, que geralmente aparece ao lado de moças graciosas, tiradas das gravuras da moda, é completamente o oposto da imagem do dândi. O par formado por Mayeux e a costureirinha[32] e um daqueles pares descombinados, alvos tradicionais dos charivaris e das caricaturas de costumes. O cômico das pinturas de Mayeux, muitas vezes, é escatológico, ou pornográfico, na tradição da representação de imagens eróticas do século XVIII, cujo mer-

---

31. CHAMPFLEURY. *Histoire de la caricature moderne* Op. cit., p. 195-196.

32. "As mulheres, oh!, Mahieux as adora. Num ateliê de modas e costura, Mahieux é a coqueluche de todas as costureiras", escreve Balzac em "Statistique individuelle. M. Mahieux", artigo explicativo de uma litografia de *La Silhouette*: "Ele é um ser muito amável... De resto, amante consumado do belo sexo, ele o devora com seus óculos. Santo Deus! Bom Deus, que bela mulher!, que pernas!" (*La Silhouette*, IV, set./1830; litografia).

cado é vinculado ao das caricaturas[33]. Tal sobrecarga de energia sexual aparece como marca de uma necessidade vital para enfrentar a epidemia de cólera que, em 1832, torna a morte onipresente. De fato, é no mesmo conjunto de rascunhos, em que também estão relacionados diversos jogos de palavras, que Grandville compõe sua dança macabra e desenha o esqueleto desarticulado de Mayeux[34].

Contemporâneo de Triboulet, o bobo de *O rei se diverte*, e de Quasímodo, o herói "corcunda, vesgo e coxo" de *Notre-Dame de Paris*, Mayeux cruza, finalmente, com a marionete de Polichinelle, equivalente francês do "Pulcinella" napolitano. "Pulcinella, Polichinelle, Punch são, talvez, o filho de dois pais: Maccus e Priape; dessa geração disforme, chistosa e cínica, parece-me que descende Mayeux, do qual até o momento Traviès era visto como pai"[35]. Hugo, que se inspira nisso para seus desenhos em quadrinhos sobre Pista em 1832[36], fala de Mayeux como de um Esopo[37], e Grandville o situa entre outros tipos universais em *La barque à Caron* (a barca de Caronte), sua variação pessoal sobre *La barque de Dante*[38].

---

33. Como James Cuno demonstrou em sua tese sobre Philipon: James Cuno, *Charles Philipon and la Maison Aubert; the Business, Politics and Public of Caricature in Paris, 1820-1840*, Ph.D. Dissertation, Harvard University, 1985 (org. Henri Zerner).

34. SÉGOLÈNE. *Grandville au musée Carnavalet*. Paris: Paris-Musées, 1987.

35. CHAMPFLEURY. *Histoire de la caricature moderne*. Op. cit., p. 195.

36. O personagem de Pista é parecido com isso. Victor Hugo, [Pista]: *Pista vai com as moças, Pista cobiça uma bela mulher, Pista dá um pontapé na bunda de um garoto que pisou na bola com ele, Pista recebe o prêmio de poesia no instituto, Pista, com a cruz de honra, grita: "viva o rei!"* (com uma pera), *Pista põe-se em guarda e chama os republicanos de porcos sagrados*, 1832, seis desenhos a pena e tinta escura, 9,5 x 12 cm. BNF, Manuscrits Nafr 13355 fol. 24-25. Bibl.: Robert et Journet, p. 35-36. Massin I 42-43. Exp. I *Drawings by Victor Hugo*. Londres: Victoria and Albert Museum, 1974 (catálogo de Pierre Georgel), n. 74, p. 98. Exp. Paris, Patit Palais, 1985, n. 84. Exp. *Victor Hugo l'homme océan*, Paris, BNF, 2002 (catálogo sob a direção de M.L. Prévost), n. 74 p. 98.

37. Em *Les Miserables*, Hugo escreveu: "Paris tem um Esopo, que é Mayeux".

38. GRANDVILLE. *La barque à Caron*, prancha ilustrativa do capítulo "L'enfer de Krackq pour faire suite à l'enfer de Dante". *Un autre monde*. Paris: Fournier, 1844.

Finalmente, Mayeux brinca com as caricaturas que o fustigam e o tornam ilustre e popular: bonachão, ele não se incomoda com elas, segundo Balzac que o apresenta num primeiro artigo de *A Silhueta*[39], ao passo que nas representações litográficas se encontra a ambiguidade constitutiva de Mayeux: numa ele rasga as caricaturas que o atacam[40], enquanto em outra ele se faz caricaturista, ele mesmo.

Figura ambivalente, tem o poder dos corcundas, que carregam sobre si os defeitos da terra, nas crenças populares, mas ele é também aquele que tem "a corcunda", o que se pode entender de muitíssimas maneiras na época da onda frenológica. Ele é, à maneira dos anões e dos bobos da corte, ao mesmo tempo aquele de quem se zomba e aquele que zomba dos outros: ele inaugura, assim, o papel do palhaço, de origem inglesa, na cultura francesa[41]. Ele é ridículo, e tem o privilégio de dizer a verdade em qualquer circunstância, numa linguagem direta e crua que o aproxima de Duchêne nos textos revolucionários[42]. De uma parte e de outra da Revolução de Julho, Mayeux permitiu uma primeira tomada coletiva da palavra, apresentando-se como um "tipo" do qual Élisabeth Menon mostrou as múltiplas dimensões. Comentador da atualidade e do cotidiano, ele se mistura com tudo e se infiltra em toda parte; esse desejo da palavra preenche um vazio, no momento em que os caricaturistas se ocupam, antes de tudo, com o *Roi en Poire* ou com as celebridades do *Juste Milieu*, e caracteriza a presença de um novo ator, cujo modelo ainda permanece indefinido e cujas opiniões são versáteis.

Esta polissemia constitutiva é, ao mesmo tempo, a riqueza e o limite de Mayeux, cujo personagem é provido de uma identidade fundada na arte da

---

39. BALZAC. "Statistique individuelle. M. Mahieux". *La Silhouette*, set./1830.

40. ROBILLARD, H. "Ao inferno, artistas porcos!... Ao inferno, canalhas!... Ao inferno, nome de D... Ao inferno patifes... Ao inferno!!!...", 1831 [repr. por Menon, fig. 34).

41. O Clown será um dos personagens-chave do final do século (nos cartazes de Chéret, por exemplo) e da Bela Época, antes de aparecer no cinema.

42. Encontra-se esse tom no anarquista Félix Fénéon em alguns textos de crítica da arte no fim do século.

expressividade e da caricatura, mas cuja significação tem uma variação muito ampla. Em uma litografia, ele macaqueia o retrato do rei-burguês, segundo as convenções do grande retrato oficial[43]. Em outra, de luneta na mão, torna-se o pequeno caporal* no alto da coluna Vendôme[44]. Em outro lugar, mais frequentemente, ele representa o povo de Paris, esse povo das barricadas que, explorado por Louis-Philippe[45], torna-se "pericida"[46].

Esta última encarnação, enquanto herói da fala popular, é a que permanece a mais comum: é um dos primeiros tipos a personificar sozinho (pois as manifestações da cidade formam uma série), o homem da rua, como o garoto de Paris, seu contemporâneo, e como o trapeiro, que se tornará o tema preferido de Traviès daí em diante. É assim que muitas caricaturas referentes a ele, com pequenas variações, mostram sempre aquilo que é de se esperar, aspectos que refletem seu corpo encurvado, ao passo que nos muros são afixados cartazes que lembram a miscelânea desse lugar, que recebe em Arlequim[47] uma outra representação metafórica.

---

43. TRAVIÈS, C.J. *Charles, Louis, Philippe, Henry Dieu-donné Mayeux* – Né à Paris, le 7 fructidor an 2, décoré du lys et de la croix de Juillet, membre du caveau moderne et de plusieurs autres académies savantes, 1831.

* Alcunha familiar dada a Napoleão I pelos seus soldados [N.T.].

44. TRAVIÈS, C.J. "Tonnerre de D... j'crois qu'ils se f... de moi, avec leur République, je ne lavois pas", 1831 [Repr. por Menon, fig. 123 (cf. tb. as variantes desse mesmo tema repr. na fig. 122, onde Mayeux substitui a escultura de Napoleão no cume da coluna, e 121, onde Mayeux olha uma estatueta de Napoleão colocada no pano de chaminé do cômodo em que se encontra, e acaricia as protuberâncias do crânio, deleitando-se de se parecer com ele).

45. Diversas caricaturas mostram Mayeux perto de um tonel tão alto quanto ele, objeto simbólico que lembra as caricaturas da Revolução (Mirabeau-Tonneau), a barricada, e a filiação báquica do personagem.

46. TRAVIÈS, C.J. *Ah scélérate de poire, pourquoi n'est tu pas une vérité*, 1832 [Repr. por Menon, fig. 111, prancha comentada por Cuno em sua tese *Charles Philipon and la maison Aubert*. Op. cit.

47. Cf., entre outros, o desenho de Grandville: "*Faites donc attention, militaire, il y a un homme devant vous*", 1831, pena e tinta sépia sobre traços na mina de chumbo. Nancy: Museu de Belas-Artes.

Tal caráter repulsivo e tal ambivalência de um personagem que caracterizam a feiura, a bestialização e a deformidade permitem situar Mayeux próximo às representações caricaturais dos tipos sociais associados aos bairros populares de Paris aos quais Traviès também está ligado[48]. Em ambos os casos, o público afeito às litografias recorre ao cômico da caricatura como meio de exprimir sua discordância e sua inquietação.

II. Monsieur Prudhomme

Totalmente ao oposto do corcunda Mayeux, cuja interpretação, que se tornou a especialidade de Traviès, não basta para dar coerência ao personagem em todas as suas retomadas por diferentes artistas, o Monsieur Prudhomme é um personagem sempre reconhecível, com uma identidade que não se altera e acaba se impondo à de seu inventor, Henry-Bonaventure Monnier (1799-1877), cuja existência acompanhou desde 1830. Na notícia necrológica de Monnier, Paul de Saint-Victor fez esta anotação digna de uma novela fantástica: "Essa figura tinha um poder tamanho que devorou seu inventor, assimilou-o e tornou-se um só com ele. À força de representar o Monsieur Prudhomme, de pensá-lo e divulgá-lo, Henry Monnier amalgamou-se e fundiu-se nele. A máscara substituiu o rosto, a *prática* engoliu a voz natural. A natureza lhe dera a cabeça de um imperador romano, o busto de um Tibério ou de um velho Galba; mas essa efígie cesariana, atormentada pelos tiques de sua habitual caricatura, acabou assemelhando-se em todos os traços, à *fácies* magistral, tão frequentemente rabiscada por ele, de Joseph Prudhomme. O mesmo andar grave, o mesmo nariz majestoso pendendo sobre um queixo importante,

---

48. CUNO, J. Satire and social types in the graphic arts of the July Monarchy. In: TENDOESSCHATE-CHU, P. & WEISBERG, G. (orgs.). *The popularization of art in the July Monarchy*. Cambridge: Cambridge University Press, 1994, p. 10-36 [Versão francesa: "Violence, satire et types sociaux". In: CARACCIOLO, M.T. & LE MEN, S. (orgs.). *L'Illustration: Essai d'iconographie* – Actes du séminaire CNRS (GDR 712). Paris: Klincksieck, 1999, p. 285-309.

o mesmo tom baixo cavernoso, o mesmo ar de reflexão vazia e de autoridade bonachona. Fosse uma mistificação permanente ou uma verdadeira possessão, ele parecia tomar as ideias de seu personagem e falar seriamente sua língua. Sem alterar-se, sem rir-se, com um sangue frio desconcertante, ele lançava em face aos ouvintes frases e aforismos [...]. Como o mágico da balada alemã, o temerário evocador era subjugado e submetido pelo fantoche absorvente que ele tinha criado"[49].

Esta metamorfose de Monnier que se tornou seu personagem, essa réplica que o habitou durante cerca de meio século, parece ter-se imposto a ele como uma ideia fixa. Champfleury descreve da seguinte forma o fenômeno vivido por Monnier enquanto ator, enquanto escritor, enquanto desenhista: "O comediante levava consigo, em toda parte, a gestação de um personagem chamado a comparecer sobre um pedestal mais importante. Esse tipo havia-se tornado uma obsessão. Ele apoderou-se tanto da mão como do espírito do artista. O professor de escritura, desde seu ingresso na vida até a apoteose de sua carreira cômica, permaneceu o personagem favorito de Henry Monnier, seu companheiro, seu sósia, seu outro ele-mesmo. O escritor tinha consciência de ter criado uma figura; o comediante o tinha representado todas as noites; o pintor não cessava de reproduzir sua fisionomia".

Diferentemente dos outros artistas mencionados até aqui, Monnier não era um artista de profissão, mas extraía de sua própria profissão e de sua vida a matéria de sua arte. Segundo Anne-Marie Meininger[50], Prudhomme seria um achado de bar, de um desses cafés da Restauração em que coexistiam

---

49. SAINT-VICTOR, P. "Henry Monnier". *Le Moniteur Universel*, 10/01/1877.

50. Que destrinchou a gênese do personagem no estudo preliminar de sua edição das *Cenas populares* (MONNIER, H. *Scènes populaires* – Les bas-fonds de la société. Paris: Gallimard, 1984, p. 13 [Edição com apresentação e notas de Anne-Marie Meininger].

ambientes diversos e que eram frequentados pelos artistas, particularmente Gavarni, e o público dos dramas românticos.

Quaisquer que tenham podido ser as circunstâncias de sua invenção, Monsieur Prudhomme, mestre de escritura de seu estado, faz sua entrada em 1830 na parte teatral da obra de Monnier com as *Scènes Populaires*, nas quais ele aparece entre os personagens da primeira delas, *Le roman chez la portière*; na cena, ele se intercala entre o cão *Azor* ("Carlin de quatorze anos; oprimido por sua obesidade; exalando um odor fétido após o almoço; começando a ficar grisalho; libertino...") e *Un facteur* ("funcionário dos correios, pessoa de modos simples") e encontra-se assim descrito: "M. Prudhomme. – *Professor de escritura, aluno de Brard e Saint-Omer; especialista juramentado em cortes e tribunais.* – Estrangeiro em casa; cinquenta anos, pudico; todos os dentes; de boas maneiras; cabelos raros e cuidados; óculos de prata; falando sua língua com pureza e elegância. – Roupa escura; colete branco, nos feriados; meias brancas, calças escuras, sapatos laçados"[51].

Essas indicações oferecem um rápido esboço do burguês grisalho e banal que encarna o personagem, com seus óculos redondos que aumentam sua semelhança com Thiers[52], e a correta e cuidadosa posição de sua cabeça sobre os pés que evocam a veste escura, o colarinho postiço e os laços atados. Os itálicos citam as próprias palavras de Prudhomme, pois, a cada entrada, este declina sua identidade[53] por esta fórmula que faz as vezes de um epíteto natural, e da qual todos os contemporâneos conhecem de cor o refrão[54].

O personagem retorna em outras "cenas" do livro, e sua importância é colocada em evidência no subtítulo dessa edição original pelo anúncio da folha de rosto: "Cenas populares desenhadas a pena por Henry Monnier orna-

---

51. MONNIER, H. *Scènes populaires* – Les bas-fonds de la société. Op. cit., p. 44.
52. Que Daumier faz questão de acentuar.
53. Por exemplo, diante da pergunta do juiz na cena *La cour d'assises*.
54. A maioria dos artigos sobre Prudhomme começa dessa forma.

das com um retrato de Monsieur Prudhomme e um *fac-simile* de sua assinatura"[55]. A vinheta do título, única forma de ilustração sobre a madeira em 1830, é um pequeno retrato de perfil do personagem. A cópia da assinatura, em frente à página do título, aparece como um autorretrato do personagem que, tal como o próprio Monnier[56], define-se como uma "bela mão". Em sua autobiografia, Monnier pondera que esta qualidade lhe abriu espaço para a carreira de empregado na administração: "Ingressado numa época em que todas as portas estavam abertas, dava-se muita importância para as mãos bonitas. Também a minha bela mão foi a causa tanto de minha admissão quanto de minha saída. Nunca me fizeram passar para uma função superior, sempre por esta mesma razão, que as belas mãos se tornavam cada vez mais raras"[57], e Champfleury acrescenta uma nota sobre a escritura muito correta e a boa caligrafia de Monnier, que ele conservou por toda a vida[58].

Os floreados da assinatura indicam a autossatisfação do personagem que se pode ler igualmente em sua face, na vinheta-retrato, em escala de impressão digital, da página do título. Fazendo as vezes de autorretrato emblemático, essa assinatura manuscrita é gravada, reproduzida e copiada, e concilia as duas funções do sinal de identidade[59], como validação autográfica do autor e sinal pessoal, e como marca de propriedade comercial: acima da assinatura aparece a fórmula que lhe impede a falsificação e reconhece a obra como autêntica na medida em que traz esta marca.

---

55. Henry Monnier, página de título das *Scènes populaires dessinées à la plume par Henry Monnier, ornées d'un portrait de Monsieur Prudhomme et d'un fac-simile de sa signature*. Paris: Levavasseur/Urbain Canel, 1830.

56. MONNIER, H. "Henry Monnier" – Nouvelle galerie des artistes dramatiques vivants. Tomo I. Paris: Théâtrale, 1853, p. 13 [retrato e notícia].

57. Confira a nota precedente.

58. CHAMPFLEURY. *Heny Monnier, sa vie, son oeuvre*. Paris: Dentu, 1879, p. 7-8.

59. FRAENKEL, B. *La signature* – Genèse d'un signe. Paris: Gallimard, 1992.

No ano seguinte, Monsieur Prudhomme fazia sua aparição em *La Famille improvisée* (A família improvisada), cuja estreia, em 5 de julho de 1831, reunindo no teatro do Vaudeville "todas as ilustrações literárias e artísticas", foi triunfal, segundo Dumas, que rememora o evento com emoção em seu *Journal*. O ator principal era o próprio Monnier que representava cinco personagens tão diferentes quanto possível, um pintor, uma velha coquete, um mercador de animais, um Mayeux e Monsieur Prudhomme[60]. E a peça foi realizada até dezembro.

O caráter fascinante desse espetáculo cômico que "abria uma nova fonte de risos e de interesse" repousava, por um lado, na aptidão de Monnier para imitar com gestos todos os ambientes, e, por outro lado, no fato de um só ator condensar uma sucessão de diferentes personagens, e sobre a surpresa do espectador em reconhecer cada vez a mesma pessoa sob um personagem novo. Monnier parecia colocar em cena, exatamente assim, as ideias de Diderot sobre o ator, enunciadas em *Paradoxe sur le comédien* (Paradoxo sobre o comediante), texto que ficou inédito até 1832. Era a própria força de *A família improvisada* que apresentava, junto com o já célebre Mayeux, Joseph Prudhomme. Na tela de *A silhueta* aparecem em friso cinco personagens que são encenados, cada vez, por Henry Monnier, e o cômico repousa sempre no papel do ator, enquanto tal, sem que Prudhomme apareça, ainda, em destaque em relação aos demais.

Mas a extensão de seu sucesso também coloca em evidência a fascinação coletiva pelo mundo do espetáculo, que gera a convicção de que toda identidade social não é outra coisa senão um papel, uma realização teatral. Depois dessa tripla entrada literária, gráfica e teatral, Prudhomme se confunde com Monnier, por vezes cansado de reproduzir sempre esse personagem atrelado a si e que ele designava de *chic*. Monsieur Prudhomme, o personagem criado por Monnier, intromete-se como *personagem recorrente* em diversas cenas de

---

60. Cf. o capítulo XVIII: "Comment fut formé le type de M. Prudhomme", de Champfleury. Op. cit.

sua obra teatral (segundo o procedimento introduzido por Balzac em *La comédie humaine* (A comédia humana) e por Töpffer no ciclo dos "Álbuns Jabot", publicados na França pelo editor de caricaturas Aubert), e, finalmente, Henry Monnier escreve uma espécie de autobiografia, as *Mémoires de Monsieur Joseph Prudhomme*, em 1857, a única de suas obras não dialogada. Inúmeros retratos de Prudhomme feitos por Monnier subsistem ainda, compostos com uma surpreendente continuidade durante cerca de trinta anos[61]. Às vezes ele os entrega aos álbuns de senhoras[62], às vezes os desenha para a edição litográfica durante suas turnês de ator no interior. Ao envelhecer, para essa tarefa, que se tornou seu ganha-pão, uma vez que produzia suas aquarelas por encomenda e, frequentemente, pediam-lhe algum Prudhomme, Monnier serviu-se dos recursos da fotografia para repetir seu Monnier-Prudhomme:

> De natureza exata e precisa, dotada de um olho de máquina, de fotógrafo antes que o daguerreótipo fosse inventado, o desenhista compreendeu a utilidade da descoberta e serviu-se dela para necessidades particulares. Fosse para encenar uma comédia ou para pintar uma aquarela, Henry Monnier ia até um fotógrafo e posava com movimentos do corpo, atitudes da cabeça e detalhes fisionômicos que representava nas telas quando pintava. Diante da máquina ele se transfigurava através de um esforço da vontade, e chegava, assim, a dar expressões tão variadas que sua feição, seguindo sua fantasia, podia representar até a figura de uma mulher de idade. Ele e a objetiva se compreendiam, Monnier imprimindo sua própria vitalidade à máquina e forçando-a a segui-lo em poses e atitudes, não altivas e frias, mas vivas e dinâmicas[63].

---

61. MONNIER, H. *Monsieur Prudhomme* (a meio corpo, perfil voltado para a direita), 37 x 31 (imagem 23,5 x 18), pena e tinta da China sobre traços na mina de chumbo, Saint-Denis, museu de arte e história [NA4420].

62. Sobre a prática do álbum da qual Monnier foi vítima, e que descreve um artigo do *Livre des cent-et-un*, cf. LE MEN, S. "Quelques définitions romantique de l'album". *Les Albuns d'Estampes*, n. 143, fev./1987, p. 40-47.

63. CHAMPFLEURY. *Henry Monnier*: sa vie, son oeuvre. Op. cit., p. 137-138.

Champfleury nos dá aqui um testemunho interessante sobre o uso da fotografia pelo ator que trabalha por esse meio suas poses e suas expressões como o faria diante do espelho – não sem referência à percepção do recurso fotográfico como imagem no espelho fixo; lembra ainda as particularidades "pré-fotográficas" do estilo de Monnier, que alguns críticos consideravam seco, mas que soube, após a invenção da fotografia, utilizar de uma maneira original.

Desta personalidade prudhommesca que ele encarna pela escritura, pelo desenho e pela representação, Monnier tira, enfim, seu cartão de visitas. O pequeno cartão que oferece ao visitante como lembrança de sua passagem é um sinal de identidade cujo uso, uma tradição antes de tudo vista como provincial, expandiu-se no século XIX aos ambientes parisienses com a moda das visitas do primeiro dia do ano[64]. Para Monnier, o cartão de visitas sempre é um retrato de Prudhomme: "esses esboços de Joseph Prudhomme lhe serviam de cartões de visita para despedir-se e, apesar dos embaraços de sua vida nômade, Monnier sempre reproduzia a silhueta do personagem burguês com o mesmo cuidado e a mesma precisão", escreve Champfleury, insistindo também em um certo "desejo de difundir inúmeros exemplares de seu tipo favorito". Se volto a citar seu testemunho, é porque ele é inigualável, pois o crítico de arte e biógrafo de Monnier é, na verdade, um dos únicos a se interessarem pelos novos usos sociais da imagem e a descreverem-nas com atenção numa economia de conjunto das práticas visuais, totalmente virada de ponta-cabeça com a emergência da imagem fotográfica[65]. Monnier oferece assim um caso singular de autoedição do tipo, na acepção numismá-

---

64. Cf. a análise do fenômeno feita por Jouy em *L'Hermite de la Chaussée d'Antin, ou Observations sur les moeurs et les usagers parisiens au commencement du XIXe siècle*. Paris: Pillet, 1812.

65. Ela mesma industrializada como cartão de visita pelo fotógrafo Disdéri e por outros. Cf. McCAULEY, E.A. *Disdéri and the Carte de visite Portrait Photographs*. New Haven, Conn.: Yale University Press, 1985 (principalmente os capítulos 2 e 3 sobre a história do cartão de visita).

tica do termo; ele procurava dar curso ao seu personagem fazendo-o circular por todos os meios possíveis[66].

Monnier havia introduzido diferentes universos em sua obra de desenhista e de dramaturgo: o dos empregados e das práticas administrativas que apresentara nos álbuns da Restauração e no da *Portière* e, na sequência, o dos banhos e das execuções públicas [...]. Mas Monsieur Prudhomme possui em sua obra uma estatura particular porque esse *monsieur* – a designação tem sua importância – é adotado coletivamente e reconhecido como "esse tipo tão perfeito do deus burguês", segundo as palavras de Perlet em 1836[67]. Também são testemunhas disso as variações e reinterpretações propostas por outros, a começar por Daumier nos anos de 1860 e por Balzac, cujos laços com Monnier são complexos. Ele lhe deve a noção, metade litográfica, metade teatral, de "cenas"[68], e teve vários projetos inacabados de colaboração com Monnier: assim, um *Monsieur Prudhomme en bonne fortune* ("Monsieur Prudhomme bem-sucedido", evocado na correspondência com Mme. Hanska em fevereiro de 1844) e um *Monsieur Prudhomme chef de brigands* (Monsieur Prudhomme chefe de brigantes)[69], aos quais somam-se outros títulos como *Le Mariage de Mlle. Prudhomme* (O casamento da Senhorita Prudhomme), *Prudhomme parvenu* (Prudhomme abastado), *se mariant* (casando-se), ou mesmo *bigame* (bígamo) [...] Prudhomme foi, ainda, em 1852, o herói de uma comédia de Vaez montada no Odéon após a morte de Balzac, com um título balzaquiano, *Grandeur et décadence de Joseph Prudhomme* (Grandeza e decadência de Joseph Prudhomme). O próprio desenhista encontra-se incorporado em *A comédia humana* através do personagem-chave de Bixiou, do qual é o inspirador; e, para a edição ilustrada de *A comédia humana*, é a Monnier que Balzac pediu a ilustração do "tipo" de Bi-

---

66. CHAMPFLEURY. *Henry Monnier*: sa vie, son oeuvre. Op. cit., p. 130.
67. Carta de 10/07/1936, apud CHAMPFLEURY. Ibid., p. 119.
68. MEININGER, A.-M. "Balzac et Henry Monnier". *L'Année balzacienne*, 1966, p. 217-244.
69. CHAMPFLEURY. *Henry Monnier*: sa vie, son oeuvre. Op. cit., p. 124-129.

xiou; embora vexado por ver-se ridicularizado por trás das palavras sob a pena de Balzac, o desenhista aceitou fornecer essa imagem[70].

O tipo de Prudhomme tem de particular o fato de pertencer a todos os registros da obra de Monnier e, sobretudo, o fato de ele se embasar numa mistura da arte e da vida que leva a uma identificação do homem com seu personagem. Esta busca autobiográfica se alia à trajetória de Töpffer, pela autografia, e a de Flaubert, pelo gosto pelo clichê. O que é próprio do fenômeno Monnier-Prudhomme é esta conformidade consentida com uma identidade média, burguesa, totalmente dedicada a não ser mais que um tipo banal, e a fazer desse papel uma arte.

Ele sintetiza o anseio coletivo das classes médias em aceder ao retrato, prerrogativa tradicional dos grandes comanditários de obras de arte, em deixar a sua marca, em se fazer representar por sua própria imagem, o que estigmatiza Baudelaire em 1859 em sua aversão à fotografia: "A sociedade, como um único Narciso, atirou-se tempestuosamente sobre sua imagem imunda". É também Baudelaire que faz aparecer o limite do estilo autográfico de Monnier, em um desenvolvimento crítico sobre o "chique". Sem citar Monnier, Baudelaire faz, implicitamente, referência ao personagem de Joseph Prudhomme identificado com sua rubrica e com o traço de mão do mestre de escritura: "O *chic* pode se comparar ao trabalho desses mestres de escritura, dotados de uma bela mão e de uma boa pena feita sob medida para a inglesa e a cursiva, e que sabem traçar com ousadia, de olhos fechados, como uma rubrica, uma cabeça de Cristo ou o chapéu do imperador"[71].

---

70. Bixou, cuja biografia fictícia é retraçada no índex dos personagens da edição de *La comédie humaine* dirigida por Pierre-Georges Castex na coleção "Bibliothèque de la Pléiade", 1981, tomo XII, p. 1.182-1.284, é o herói da novela *Les employés*, onde seu retrato de desenhista empregado espiritual (Tomo VII, p. 974) evoca a personalidade de Monnier.

71. BAUDELAIRE & DUFAŸS. *Salon de 1846*. Paris: Michel Lévy, 1846 [Retomado em *Ècrits sur l'art*. Tomo I. Paris: Le Livre de Poche, 1971, p. 216].

A mesma crítica de um artista que, até em seu estilo, é integralmente burguês é formulada no desenvolvimento que Baudelaire consagra a Monnier em *Quelques caricaturistes français* (Alguns caricaturistas franceses): depois de lembrar o sucesso de Monnier "no mundo burguês e no mundo dos ateliês, duas espécies de aldeias", Baudelaire propõe duas razões para isso: "A primeira é que ele realizava três funções ao mesmo tempo, como Júlio César: comediante, escritor, caricaturista. A segunda é que ele tinha um talento essencialmente burguês. Como comediante, era exato e frio; como escritor, minucioso; e como artista, ele encontrara o meio de fazer algo chique a partir da natureza". Ele compara esse talento com o "charme cruel e surpreendente do daguerreótipo" e termina com essas palavras: "é a frieza, a limpidez do espelho que não pensa e que se contenta em refletir aqueles que passam".

III. Robert Macaire

Terceiro herói da tríade apresentada por Champfleury, Robert Macaire é aquele que introduz em sua *Histoire de la Caricature* (História da caricatura) a obra de Daumier, que Baudelaire admira tanto quanto ele e que opõe a Monnier: Daumier faz da caricatura, segundo o poeta, "uma arte séria", ao mesmo tempo "como artista" e "do ponto de vista moral": "seu desenho é abundante, fácil, é uma improvisação bem concatenada e, contudo, não tem nada de *chic*. Ele tem uma memória maravilhosa e quase divina que lhe confere um lugar de modelo", e "quanto ao moral, Daumier tem alguma relação com Molière".

Esses dois elementos, "a improvisação bem concatenada" e "a relação com Molière", entram na linha de considerações na criação de Robert Macaire, tipo transposto do mundo do teatro ao da litografia e do desenho, ao qual Daumier confere a consistência de um personagem percebido como verdadeiro que os contemporâneos podem reconhecer de gravura em gravura e que vive sua vida como um papel. Robert Macaire se distingue dos dois tipos precedentes na medida em que é visto como um burlador e um crápula, qualquer que seja a situação. Todavia, esses três heróis masculinos partilham certos traços de personalidade: a autossatisfação, expressa pela silhueta um pouco ventripotente e pelo gosto das poses e a necessidade de se impor tomando a palavra. Embora Baudelaire apresente Robert Macaire como uma criação pura, sem modelo (ao passo que Mayeux, para ele, tinha como modelo o imitador Leclaire e Prudhomme o próprio Monnier), a gênese do personagem, do modo como foi produzido, aparece como resultado de um trabalho coletivo, rematado pela interpretação de Daumier e prolongado, em seguida, por novas variações.

A origem do personagem remonta a um espetáculo apresentado sob a Restauração: o melodrama de Benjamin Antier, Saint-Amand e Paulyanthe[72] *L'Auberge des Adrets* (O albergue dos Adrets), montado no teatro do Ambigu-Comique em 1823, era a história apresentada com fantoches grandiosos de um bandido da floresta de Bondy que morria se arrependendo de seus crimes. Jovem ator de vinte e três anos, Frédérick Lemaître tinha criado o papel de Robert Macaire que, segundo o testemunho de Banville[73], ele havia criado a partir de um indivíduo original que estava no meio da rua comendo um bolo:

> Belo como Antínoo ou como o jovem Hércules, esse desconhecido, esse comedor de bolo tinha uma magnífica cabeleira sacudida pelo vento e um chapéu cinza muito velho. Tinha um olho escondido com uma venda preta. Ele chamava a atenção, usando umas longas gravatas que, conforme a moda das épocas, cobriam inteiramente a camisa, mas desta vez cobriam a ausência de camisa, um lenço de lã de cor vermelha, que subia até seu queixo, como gravatas à Barras. Sobre seu colete branco balançava, suspenso por um cordão escuro, uma luneta redonda, metade brilhante, metade dourada e ornada com um duplo

---

72. Pseudônimos de Chevrillon, Armand Lacoste e Alexis Chaponnier.

73. Para mais detalhes sobre a história do tipo, cf. OSIAKOVSKI, S. "The history of Robert Macaire and Daumier's Place in it". *Burlington Magazine*, vol. 100, n. 668, nov./1958, p. 388-392.

S. De um dos bolsos de sua veste verde com grandes abas, ornada de botões, porém mais gasta e desbotada do que as muralhas de Nínive, saltavam em cascatas amarelas e vermelhas um monte de trapos do que uma vez devia ter sido um lenço. O desconhecido tinha em sua mão direita [...] um resto de tecido branco em pedaços que ele parecia ostentar com orgulho, e na outra mão, descoberta, empunhava uma vara enorme, contorcida e bizarra como as que usavam os *incroyables* do Diretório*[74].

Em seguida, a descrição continua com a evocação da "obra-prima", a calça militar que se tornara de uso comum, abas brancas e "coturnos de cetim, pois o indescritível comedor de bolo calçava sapatos de mulher". Frédérick ficara deslumbrado, mudo [...]. Não lhe perguntou nada, não lhe disse nada [...] limitou-se a contemplá-lo, a agradecer-lhe, no fundo do seu coração [...]. O céu havia colocado em seu caminho [...] o ser que ele, poeta e comediante, devia introduzir no mundo ideal, aquele que Daumier desenhara, aquele que devia ser o Cid e o Scapin da comédia moderna, Robert Macaire".

A invenção de Robert Macaire mostra o atrativo dos passantes ocasionais da rua para o observador que, por volta de 1840, dá lugar à literatura panorâmica e à mitologia do vagabundo. A interpretação do personagem feita por Frédérick Lemaître iria transformar o "bandido sinistro" em "um personagem altamente cômico, heroicamente truão, transformando tudo numa formidável paródia burlesca cujo sucesso, para grande pasmo dos autores, iria superar todas as expectativas"[75]. Seu ajudante Bertrand era interpretado pelo ator Firmin.

---

* Les incroyables (Os incríveis): sob o Diretório, jovens que ostentavam um requinte extravagante em sua postura e em sua linguagem. – *Le Directoire* (O Diretório): na Constituição do ano III, conselho de cinco membros diretores encarregados do poder executivo. Regime político durante o período de 1795-1799.

74. BANVILLE, T. *Mes souvenirs*. Paris: Charpentier, (s.d.) [Texto reproduzido e citado em Delteil conforme o *Daumier* de R. Escholier].

75. LYONNET, H. "Robert Macaire et Mayeux". In: GRAND-CARTERET, J. *Les moeurs et la caricature en France*. Tomo V, p. 251 [Sobre Robert Macaire, p. 251-254].

> Robert Macaire com um chapéu sem fundo, colocado ao seu lado, (usa) um casaco verde atirado para trás, uma calça vermelha remendada, um jabô de renda e velhos sapatos de baile. Ele caminha de cabeça erguida, aparência alegre, rodeado de admiradores, com uma venda cobrindo um olho, a barba perdida entre as pregas de uma enorme gravata [...]. Sua palavra é doce, seu gesto, enérgico. Ele é sério, sorridente, cauteloso e seduz por sua eloquência. Caminha seguido por Bertrand, vestindo um sobretudo cinza com enormes bolsos laterais exageradamente largos à mostra, e as mãos cruzadas sobre um inseparável guarda-chuva[76].

Em plena posse de seu talento, o grande ator romântico retomou o personagem sob a Monarquia de Julho, em 1834, em outra comédia de Benjamin Antier, *Robert Macaire, ce sinistre Scapin du Crime* (Robert Macaire, esse sinistro Scapin do crime), com um novo parceiro fazendo o papel de Bertrand. A peça teve um grande sucesso, apoiado por Méry e Gautier, testemunhado por suas inúmeras derivações: ela foi retomada numa litografia de ilustração musical de "cena cômica cantada", enquanto os dois protagonistas não foram editados por ninguém [...][77]. Gautier fala sobre isso como do "grande triunfo da arte revolucionária que sucedeu à Revolução de Julho", e considera a peça como "a obra capital dessa literatura da casualidade, desabrochada dos instintos do povo e daquela impiedosa jocosidade gaulesa": "Frédérick Lemaître, escreve ele, havia criado para o personagem de Robert Macaire um gênero de cômico totalmente shakespeariano, de um bom-humor terrível, gargalhadas sinistras, zombaria amarga, gracejos impiedosos; um sarcasmo que deixa bem para trás a fria maldade de Mefistófeles, e, além de tudo isso, uma elegância, uma brandura e uma graça surpreendentes, que

---

76. Ibid., p. 252. Heliana Angotti (*A comédia urbana*: de Daumier a Porto-Alegre. Op. cit., n. 1) encontrou uma rara representação litográfica do personagem de Robert Macaire realizada por Frédérick Lemaître na primeira adaptação teatral.

77. Repr. ibid., p. 251 e 253.

são como que a aristocracia do vício e do crime". A referência a Molière (através de Scapin no título de 1834), a Shakespeare e a Goethe (através de Mefisto) é uma maneira de integrar Robert Macaire, esta criação moderna, no patrimônio literário europeu e aproximá-lo da arte romântica. A peça atacava a Monarquia de Julho e foi proibida pela censura em 1835; na última apresentação, o ator se fingiu de Louis-Philippe, como voltaria a fazê-lo em 1840, na estreia da peça de Balzac inspirada, por sua vez, no tema de Robert Macaire combinado com a lembrança do antigo vilão Vidocq, *Vautrin*, tendo o mesmo resultado [...].

Da gênese teatral de Robert Macaire, lembremos que, como Joseph Prudhomme, ele é, antes de tudo, um papel tragicômico criado por um ator que toma corpo com seu personagem. Mas, enquanto Monnier acaba vivendo à sombra de seu personagem, Lemaître, ao contrário, é a vedete que confere ao personagem de um melodrama ruim sua plena dimensão.

Não sabemos se Daumier, com quinze anos, chegou a ver a peça quando criada, em 1823, mas, como filho de um dramaturgo, ele tinha o gosto do teatro e, pouco antes, havia dado os primeiros passos na litografia. Em compensação, é certo que assistiu à segunda apresentação, em 1834, quatro meses depois da primeira[78], que deu lugar à aparição litográfica de Robert Macaire em sua obra com a prancha política do *Charivari*, publicada no dia 13 de novembro de 1834, na qual Macaire e Louis Philippe se abraçam, ao mesmo tempo em que um metia a mão no bolso do outro[79]. Em outra litografia, Thiers-Robert Macaire encontra-se entre os "juízes dos acusados de abril" Sémonville e Roederer, em 30 de julho de 1835. O chapéu amarrotado encobrindo um olho, o rosto semicoberto pela gravata, as pernas abertas, a mão à cintura, apoiada sobre a bengala e enfiada no bolso do casaco, o outro braço estendido na direção do espectador e a mão aberta, Robert Macaire, solida-

---

78. Dia 14 de junho de 1843 no teatro de Folies-Dramatiques, bulevar do Templo.

79. "Nous sommes tous d'honnêtes gens, embrasson-nous..." (Nós todos somos gente honesta, abracemo-nos), prancha 439 de *La Caricature*, n. 210, 13/11/1843, LD 95.

mente plantado diante do público, é representado por Thiers, do qual se reconhece a silhueta gorda e rechonchuda, o rosto redondo com pequenos óculos e esboçando um sorriso.

A referência ao papel do ator, que permite sobrepor o papel teatral ao personagem real caricaturado e, dessa forma, introduzir a metáfora na retórica da imagem, faz parte da técnica de sobre-exposição própria da arte do litógrafo Daumier que insere ressonâncias de uma obra em outra, às vezes com intervalos bastante grandes. No presente caso, tal Thiers-Robert Macaire prefigura a pose de Ratapoil, cujas litografias e estatueta datam da II República.

Na mesma prancha, o *habitus* corporal de Robert Macaire, personagem esse que Banville descreve como um "moralista forçado, um dândi em trapos, um fantoche feroz, charmoso e demente que apresenta no quadro de sua vulgar tragédia uma vasta sátira literária e política"[80], entra para a memória na obra de Daumier com um significado todo particular[81]. É, portanto, como desenhista de imprensa, reagindo à atualidade e integrando seus temas em sua obra, que Daumier insere Robert Macaire em dois de seus alvos políticos.

A apropriação de Daumier fica mais completa quando Robert Macaire se torna o herói de uma série de litografias que inicia em 1836, *Caricaturana*, cujas legendas são compostas por Philipon. Esse neologismo combina, por um lado, a arte gráfica da caricatura e, por outro, a referência aos -*ana*, seleção de anedotas tiradas da conversação que eram valorizadas no século

---

80. BANVILLE, T. *Mes souvenirs*. Op. cit.

81. É o que indica a inclusão de Thiers-Robert Macaire na sua primeira ocorrência em Daumier numa prancha com três personagens, onde ele está colocado entre duas caricaturas diretamente ligadas ao trabalho de escultor de Daumier, que transpõem para a litografia os bustos-charges modelados de memória, como mostra Édouard Papet, *Daumier 1808-1879*, Paris, Réunion des musées nationaux, 1999 (edição francesa), e Ottawa National Gallery of Art, 2000 (edição inglesa), catálogo da exposição apresentada de junho de 1999 a maio de 2000, Museu de Belas Artes do Canadá, Ottawa, Galerias Nacionais do Grande Palácio, Paris; The Phillips Collection, Washington, p. 161.

XVIII[82]. A litografia, pela conjunção entre imagem e texto, e pela forma dialogada da legenda, torna-se uma imagem que fala nas séries que retratam os hábitos e costumes do *charivari*; quer sejam obra de Gavarni ou de Daumier, elas estão sempre próximas da conversação e da vida da sociedade e completam o aspecto físico do personagem com uma presença reforçada pelo ato da fala. Para o público, o personagem pode ser reconhecido, antes de tudo, por seu aspecto, por suas palavras e pela dupla que forma com Bertrand, de modo que é desnecessário indicar seu nome ao leitor, e a legenda da primeira prancha o apresenta interpelando seu comparsa: *Bertrand, eu adoro as finanças [...] se quiseres, podemos criar um banco, mas um verdadeiro banco! [...] Capital, cem milhões de milhões, cem bilhões de bilhões de ações. Nós afundamos o banco da França, quebramos os banqueiros, os banquistas* etc., quebramos todo mundo! – Ok, e os gendarmes**? – Deixa de ser estúpido, Bertrand, já viste um milionário ser preso?* A semelhança entre uma fotografia de Carjat (obviamente mais tardia e regravada) e esta prancha inaugural[83] mostra o quanto Daumier se inspirou em Lemaître na aparência física, nas vestes e nos gestos de seu personagem, que pode, dessa forma, ser entendido como uma verdadeira homenagem ao ator pela presença que seu desenho chega a lhe dar[84]. As pernas afastadas, a silhueta um pouco recurvada que joga a bar-

---

82. E imediatamente retomadas pelos Goncourt que anotavam em seu jornal as boas palavras de Gavarni como "Gavarnianas".

* "Du banquier au banquiste": Não sabemos qual era, exatamente, a atividade do "banquista", mas a expressão, como tal, parece englobar uma gama de agentes financeiros, categoria nascente à época, como também de donos de "bancos de jogos", espécie de cassinos [N.T.].

** Pertencentes à gendarmaria, o corpo de soldados incumbidos de velar pela segurança e tranquilidade públicas, na França e em alguns outros países da Europa [N.T.].

83. Essa comparação é proposta por WECHSLER, J. *A Human Comedy* – Physiognomy and Caricature in 19th century Paris. Op. cit.

84. Frédérick Lemaître em papel de Robert Macaire, conforme uma fotografia de Carjat. DAUMIER. "Bertrand, j'adore la finance..." Prancha da série *Caricaturana*, 20/08/1836, LD 354. A gravura de imprensa é necessariamente mais tardia e não se exclui que Carjat, por sua vez, tenha pensado nas litografias de Daumier, que era seu amigo e de quem ele publicava as pranchas em *Le Boulevard*, uma vez que Philipon o tinha licenciado, bem como à sua ilustra-

riga para a frente, uma mão segurando seu bastão, Robert Macaire toma pose e fala com personagens que não estão em cena; com a boca coberta por seu lenço, o olho sob a faixa, o outro ocultado pela sombra de seu chapéu amassado, ele parece quase um gângster de história em quadrinhos com seu rosto mascarado![85] A legenda transcreve suas palavras que falam de seu amor pela "indústria" e sua vontade de tornar-se milionário, apesar da objeção de Bertrand preocupado com a polícia. Assim, a prancha revela-se um verdadeiro espetáculo, com personagens que dialogam na cena litográfica: esses personagens de papel, obra de um desenhista, são dotados de uma presença completa que excede o puro domínio do visível, graças ao estilo de Daumier; a legenda, pela habilidade de Philipon, coautor da série[86], contribui para o efeito de oralidade conferido à imagem.

O que estigmatiza a série é o novo reinado do comércio, do capitalismo bancário e das indústrias de publicidade. A postura de Robert Macaire, acompanhado de seu auxiliar Bertrand, parece dispor em imagens a fórmula de Guizot: "Enriqueçam". Todas as transformações financeiras, econômicas e sociais que estavam se produzindo sob os olhos de Daumier e de seus contemporâneos se encontravam traduzidas em astúcias e artimanhas, através de uma sequência de trapaças que percorriam o conjunto dos ambientes sociais. A primeira prancha o indica, logo de entrada, com o grito profundo de Robert Macaire, "Eu adoro a indústria", que é completado pela

---

ção de *Vautrin* para escolher o ângulo de seu ponto de vista sobre a pose característica do ator. Carjat produziu inúmeras fotografias de Frédérick Lamaître de quem publicou o ratrato-charge por Durandeau em *Le Boulevard*, acompanhado de um belo texto de Banville (n. 17, 26/041863). Cf. esp. CARJAT, E. *Photographies d'acteurs*. Paris: À l'image du granier sur l'eau, 1990.

85. Walt Disney chegou a ver os Robert Macaires de Daumier?

86. Provável inventor das situações cômicas presentes nas pranchas, esse último disputou a paternidade da obra com Daumier que, por sua parte, acabou aceitando ser conhecido antes de tudo como o desenhista de Robert Macaire. WOLFF, L. *Le Figaro*, 13/02/1879. Apud COURTHION, p. 49: "Todas as vezes que se falava, num jornal, dos Robert Macaires de Daumier, logo chegava uma carta de Philipon que reclamava a paternidade, porque ele havia composto a legenda".

assimilação, ademais etimologicamente justa, do banqueiro ao banquista[87], trazida pela legenda. É assim que a prancha 6, *L'assemblée d'actionnaires* (A assembleia de acionistas) reproduz o esquema da cena do prestidigitador, esse charlatão das ruas no qual Daumier havia, às vezes, transformado Louis-Philippe, para transportá-lo ao quadro mais austero da assembleia de acionistas de um jornal "monárquico", fundado por Macaire com capitães que ele arruinou completamente.

Essa nova interpretação de Robert Macaire, como escroque saltimbanco, é a que o "ateliê do *charivari*" empresta ao personagem, tal como foi recomposto por Daumier, e que convém relacionar, não apenas com a peça realizada por Frédérick Lemaître, mas também com um romance para crianças que ele havia ilustrado alguns meses antes, chamado *Les Aventures de Jean-Paul Choppart* (As aventuras de Jean-Paul Choppart), um livrinho para presente, reeditado por Aubert em janeiro de 1836, escrito em 1832 por Louis Desnoyers[88], diretor do *Journal des enfants* (Jornal das crianças), colaborador do *Livre des Cent-et-un* (Livro dos cento e um) e um dos redatores-chefes do *Charivari*[89]. Ilustrada por Daumier, a cena da "bagatela de entrada", isto é, daquela cena inicial que anuncia o espetáculo, parece um primeiro pensamento na direção dos Robert Macaire[90], e pode-se compará-la, por exemplo, com a litografia *Voulez-vous de l'or* (Vocês querem ouro?)

---

87. Todos os dois "realizam operações bancárias" no campo das feiras, onde nascem simultaneamente as artes populares e o câmbio bancário. Exp. *Jours de cirque*. Monaco: Forum Grimaldi, 2002 [org. Zeev Gourarier].

88. LE MEN, S. "De Jean-Paul Choppart à Struwwelpeter – L'invention de l'enfant terrible dans le livre illustré". *Revue des Sciences Humaines*. Vol. LXXXVIII, n. 224, jan.-mar./1992.

89. Ibid.

90. DAUMIER. "Las mâchoire de Jean-Paul courait le plus grand danger". *Les aventures de Jean-Paul Choppart*. Paris: Au Bureau (Aubert), 1836 [Ilustração do tomo II (LD 280). Litografia de Fauchery impressa por Junca].

(LD⁹¹ 436)⁹², em que aparece o *leitmotiv* do anúncio⁹³ e da cena inicial, acompanhada pela lábia forasteira e cadenciado pelo som da grande caixa: aqui, ao mesmo tempo em que aprofunda um tema que lhe é bastante caro⁹⁴, Daumier mexe com os anúncios ilustrados, pelos quais Girardin, o diretor de *La Presse*, tinha conseguido abaixar o preço da assinatura do jornal a quarenta francos. Daumier se englobou, tanto ele quanto seu ambiente profissional, nesse panorama crítico do capitalismo editorial, de que um dos mestres é seu próprio editor Aubert. Ele se põe em cena, discutindo com seu editor Robert Macaire, numa prancha em que seu herói entra no ateliê do litógrafo e vem interpelá-lo: *Monsieur Daumier*⁹⁵. Num canto, um painel indicando a

---

91. A abreviação LD remete ao catálogo de litografias de Daumier: Loys Delteil, *Le Peintre-graveur illustré, XIXᵉ et XXᵉ siècles, Daumier*, Paris, na casa do autor, 1925-1926, tomos XX a XXIV *bis*, e 1930, quadros, tomo XXIX *bis*.

92. Daumier. "Voulez-vous de l'or, voulez-vous de l'argent, voulez-vous des diamans, des millions, des milliasses? Approchez, faites-vous servir... Baoud! Baoud! Baoud-boud-boud!! Voici du bitume, voici de l'acier, du plomb, de l'or, du papier, voici du ferrrr gallllvanisé... Venez, venez, venez vite, la loi va changer, vous allez tout perdre, dépêchez-vous, prenez, prenez vos billet, prenez vos billet!! (Chaud, chaud, la musique). Baoud! Baoud!! Baoud-Baoud!! Baoud-Baoud!!" [Vocês querem ouro, vocês querem prata, vocês querem diamantes, querem milhões, milhares? Aproximem-se, sirvam-se... Aeh! Aeh! Aeh! Aeh! Temos betume, temos aço, temos chumbo, ouro, papel, temos ferrrro gallllvanizado... Venham, venham, venham depressa, a lei vai mudar, vocês irão perder tudo isso, apressem-se, tomem, tomem, peguem seus bilhetes, peguem seus bilhetes!! (atenção, atenção, música.). Aeh! Aeh! Aeh! Aeh!! – Prancha 81 da série "Caricaturana". *Le Charivari*, 20/05/1838. Litografia sem assinatura, "dos Srs. Daumier et Philipon" (conforme carta), imp. Aubert et Cie, 23,3 x 22cm. Paris: Bibliothèque de l'École Nationale Supérieure des Beaux-Arts, LD 436 (cf. tb. LD 433)].

93. Este é o *leitmotiv* introduzido desde o começo da série, na prancha 2, LD 355, 28/08/1836, *Robert Macaire Philanthrope*, retomado pelo cartaz de Nanteuil para a série: aí se pode ver Macaire mostrando a Bertrand um imenso painel onde ele faz propaganda. Encontra-se o muro de cartazes anunciando milhões de brindes na prancha 5, *Robert Macaire notaire*, dia 28/09/1836. Na prancha 7, *Messieurs et dames, les mines d'argent...*, Macaire está de pé sobre a grande caixa dos "anúncios" (30/09/1836, LD 360).

94. *Parade du Charivari* LD 554. A postura e a expressão de Robert Macaire gritando os anúncios, com a boca totalmente aberta, o busto ligeiramente pendido para a frente, serão retomadas por Daumier nas aquarelas posteriores, em que se vê o gesto do braço esticado, prolongado pela varinha que ele usa para mostrar a "pintura de saltimbancos" do plano de fundo.

95. LD 433. A prancha mostra um artista, visto de costas, em sua mesa de litógrafo, claramente sendo interpelado por Robert Macaire na legenda de Philipon. Sobre Robert Macaire, cf. tb. PREISS, N. *Pour de rire! – La blague ao XIXᵉ siècle ou la représentation en question*. Paris: PUF, 2002, sobretudo "Robert Macaire ou la blague dans tous ses états", p. 23-63.

tiragem dos ABC em quarenta mil exemplares faz alusão a uma das boas vendas do editor, uma coleção lançada desde 1835 para pequenos e grandes, os "abecedários em quadrinhos"[96] cujo conceito prefigura o dos fisiologistas. Ela é o alvo explícito de outra prancha da série, onde, entre as metamorfoses de Robert Macaire, aparece o editor do *Charivari*, vestido de homem-sanduíche, comerciante de abecedários anunciando sua mercadoria em plena rua[97].

Uma das constatações dessa série que caracteriza o surgimento da publicidade moderna e das propagandas, de que Grandville zombará em 1844 em *Un autre monde* (Um outro mundo), é o desaparecimento das manifestações de rua em prol dos painéis (aqui representados pelo homem-sanduíche, que se transforma em painel publicitário). Ela evidencia a passagem da oralidade popular a uma nova esfera própria da acomodação urbana da cidade grande, dada às imagens e a seus atrativos. Na segunda metade do século, os cartazes se tornam o grande veiculador de imagens, e são, então, imagens femininas, sobretudo, da mulher parisiense, que tomam espaço e substituem os tipos masculinos que dominavam as representações da primeira metade do século; a mercadoria multicolorida dos sonhos substitui o escárnio em preto e branco da trivialidade cotidiana.

Nesses anos em que aparecem simultaneamente o romance-folhetim (no jornal) e o fascículo ilustrado (no livro romântico) que dividem o relato em episódios sucessivos unidos pela permanência dos personagens, Töpffer inventa na Suíça o desenho em quadrinhos, do qual Aubert, na França, será ao mesmo tempo um dos introdutores e um falsificador. A série dos *Robert Macaire* pode ser interpretada como uma forma primitiva de história em quadrinhos que explora, em seguimento a Traviès e Monnier, e à equipe dos

---

96. O próprio Daumier colaborou nisso. Cf. Ségolène Le Men, "De l'image au livre: l'éditeur Aubert et l'abécédaire en estampes". *Nouvelles de l'Estampe*, n. 90, dez./1986, p. 17-30.

97. *Société générale des abécédaires*, LD 367. Paris: Bibliothèque de l'École Nationale Supérieure des Beaux-Arts (prova em *Charivari*).

caricaturistas diante das celebridades do *Caminho do meio* e da *Pera*, mas antes do próprio Balzac, o procedimento romanesco balzaquiano do "personagem que reaparece".

A estrutura iterativa reproduz sempre o mesmo esquema, de um jogo de personagens simplórios representado por Robert Macaire e seu auxiliar: de uma ponta à outra das pranchas, a dupla cômica e contrastada dos heróis enfrenta novas situações, embora se trate basicamente da mesma cena. A sátira visa os homens de negócios, então denominados pejorativamente como "industriais", e as sociedades de comandita e anônimas que ridicularizam os acionistas considerando-os "tansos", como o indica o título de outra série de Daumier[98].

Na comédia dos cem atos diversos, em que Robert Macaire era o herói, o protagonista incorporava toda espécie de papel e cutucava todos os ambientes. Chapéu de soslaio e lenço no pescoço, com vestes meio elegantes, meio esfarrapadas, ele perambulava em companhia de seu ajudante Bertrand, sempre com ar satisfeito, o dorso recurvado e a barriga ressaltada, proclamando a seus amigos grandes discursos que transcreviam as legendas de Philipon. Robert Macaire, banqueiro, advogado ou cambista, não representava apenas o mundo dos homens de negócios, mas, em todas as circunstâncias, era o intrujão que só pensava em dinheiro e transformava todas as cenas da vida em negócios financeiros, o que era, na verdade, a fonte cômica das situações representadas: ele vendia betume a um operário das ruas, propunha à mãe de luto um monumento à escolha para a tumba do filho que acabara de morrer, extorquia joias em troca de uma mecha de cabelos como objeto de seus desejos [...].

É a burguesia, sob o reinado do rei-burguês, que foi estilizada pelo personagem de Robert Macaire [como Ingres o fizera no retrato de *Monsieur*

---

98. Ela mesma inspirada em um dos personagens do comediante Robert Macaire.

Bertin, considerado uma caricatura por seu comanditário, diretor do *Journal des débats* (Diário dos debates)], oferecendo, depois de alguns anos do surgimento da literatura fisiológica, a vasta panóplia das condições sociais e dos ofícios contemporâneos cuja galeria é erguida por Daumier e Philipon. A palavra final retorna a Robert Macaire, que mostra com satisfação a Bertrand a multidão apressada dos passantes em plena rua, todos metamorfoseados em um dos dois, quer fossem pintores, advogados, burgueses ou dândis. Todos os tipos enumerados pelo malandro se reduzem a uma única dupla, Robert Macaire e Bertrand, que alcançaram, aí, seu melhor estratagema[99]: o de "macairizar" a sociedade contemporânea, que o rei-pera havia precedentemente tornado "periforme".

Mayeux, Prudhomme e Macaire se originam, todos os três, de um encontro entre teatro, sociedade e desenho. O quadro da litografia completa o cerco de charlatões imaginários, e a referência a Molière, particularmente através de seu tipo cômico, Scapin, do qual Daumier se apoderaria, exprime esta pertença constitutiva a um universo teatral que procede das técnicas da pantomima expressiva e do sistema de tipos da *commedia dell'arte*. Ela os explora em vista de um novo público, daí em diante, o público das classes médias, dos leitores de jornais de caricaturas e de sátiras.

Com a mesma envergadura pelo alcance simbólico e tendo todos os três por significado o reino da burguesia, esses três heróis tragicômicos, todavia, são bastante distintos. Eles caracterizam três degraus ou três faces da classe social que representam: a pequena burguesia próxima do povo pelo anão irrisório Mayeux, a burguesia média dos empregados por Prudhomme, e a

---

99. *C'est tout de même flatteur d'avoir tant d'élèves!... Mais c'est embêtant... y en a trop... la concourrence* [É, com certeza, lisonjeiro ter tantos alunos!... Mas é um aborrecimento... há demais deles... a concorrência – Litografia n. 76 da série "Caricaturana". *Le Charivari*, 22/03/1838, LD 431! Paris: Bibliothèque de l'École Nationale Supérieure des Beaux-Arts – Carton 2271, peças 410 a 1004 (prova em *Charivari*).

grande burguesia financeira por Macaire. O protocolo cômico utilizado por cada um deles induz de maneira diferente a posição do espectador em relação ao personagem: uma posição de superioridade por meio de Mayeux, uma relação de identificação e de autodesprezo por meio de Prudhomme, no qual se moldou seu inventor, e uma relação de denúncia e de crítica político-social por meio de Macaire, que é visto, ao mesmo tempo, como um grande burguês e como um debochado.

Eles também têm uma individualidade cômica que leva em conta sua existência em tríade, o que, mais uma vez, está próximo da *commedia dell'arte*, e nenhum deles invade o registro cômico do outro. Tal diferenciação permite que sejam utilizados como marionetes ou manequins por diferentes manipuladores, desde que estes saibam como manuseá-los: é assim que Mayeux passa de mão em mão, e que Daumier se apoderou dos esboços cômicos do tipo de Monsieur Prudhomme nos anos de 1860, enquanto Gavarni, para ilustrar o espectador em *Les Français peints par eux-mêmes* (Os franceses pintados por eles mesmos), compõe um tipo semelhante ao Robert Macaire de Daumier. Enfim, todos esses personagens continuam sendo representações de papel, seres do desenho. Mayeux não suscitou nenhum modo de desenhar, nenhum estilo particular, de onde seu relativo fracasso, expresso no franco julgamento estético de Béraldi: "Como qualidade, as litografias de Mayeux, geralmente, são nulas. Elas podem formar uma coleção curiosa, mas nada mais que isso[100]. Os outros dois, animados pelo lápis de Daumier e Monnier, são reconhecidos, antes de tudo, pelo estilo de seu desenhista. O Macaire de Daumier é o mais pessoal e o mais notável, e é pelo desenho desse personagem que Daumier se revelou o maior desenhista contemporâneo, o único comparável a Ingres e Delacroix, segundo Baudelaire.

---

100. BÉRALDI, H. *Les graveurs du XIXe siècle*. Tomo XII. Paris: Conquet, 1892, p. 148.

O tempo forte de uma história do corpo é exatamente aquele em que se examina o prazer e a dor, numa perspectiva diacrônica. Convém, portanto, discernir as modalidades de estimulação do desejo e de exercício dos prazeres, o pavor dos corpos massacrados, supliciados, violentados e, segundo um outro *tempo*, as misérias das vítimas da deterioração e do acidente, neste século da conquista da anestesia e do repensar das antigas representações da dor.

Parte II

Prazer e dor: no coração da cultura somática

Parte II

Prazer e dor, no coração da cultura somática

1
O ENCONTRO DOS CORPOS
Alain Corbin

I. As lógicas do desejo e da repulsa

O corpo contemplado, o corpo desejado, o corpo acariciado, o corpo penetrado, o corpo satisfeito constituem um conjunto de objetos históricos obsedantes no século que viu elaborar-se a noção de sexualidade. Há mais de um quarto de século que Michel Foucault[1] apontou a proliferação de discursos relacionados ao sexo, nesse tempo, não tão longínquo, considerado como de repressão dos impulsos. A satisfação solitária e juvenil, a homossexualidade, então designada sob os termos de comportamento antinatural, a histeria feminina, alimentam, com efeito, um discurso inexaurível em afinidade com uma multidão de procedimentos correspondentes. Ele submete o corpo a uma insaciável vontade de saber que, ao mesmo tempo, estimula o desejo e assegura seu controle de acordo com uma sutil tecnologia de poder.

---

1. DAVIDSON, A.I. "Sex and the emergence of sexuality". *Critical Enquiry*, vol. 14, 1987, p. 16-48. • DAVIDSON, A.I. *The Emergence of sexuality* – Historical Epistemology and the Formation of Concepts. Cambridge, Mass.: Harvard University Press, 2002. • FOUCAULT, M. *Histoire de la sexualité* – Tomo I: La Volonté de savoir. Paris: Gallimard, 1977. O emprego do termo "sexualidade" remonta, na língua francesa, ao começo dos anos de 1840. Seu emprego em inglês é atestado desde 1800, e, em alemão, por volta de 1820. Mas os autores franceses utilizam mais, e bem amplamente, "vida sexual", que designa o mesmo conjunto de dados. Alguns o contrapõem a "vida individual" e a "vida social".

Desde que foi exposta esta maneira de entender a sexualidade do século XIX, a abundância de traços discursivos não foi mais colocada em questão, embora sejam, então, numerosas as obras médicas, os escritos normativos, as estatísticas morais, os panfletos de toda natureza tratando do onanismo, da puberdade feminina, do casamento feliz, da natalidade, do atentado aos costumes, do perigo venéreo, antes mesmo do surgimento de uma protossexologia que procurasse catalogar as perversões. Krafft-Ebing, Hirschfeld além do Reno, Havelock Ellis na Inglaterra, Féré, Binet, Magnan, na França, ilustram a fecundidade desta nova disciplina. Thomas Laqueur, todavia, criticou Michel Foucault por não ter mencionado o vínculo que unia o desejo sexual ao impulso das mercadorias e dos novos comportamentos do consumidor[2].

Isso nos faz voltar à pergunta se a economia de mercado e a Revolução Industrial favoreceram a repressão sexual ou permitiram uma liberação das pulsões. A respeito disso, as opiniões divergem. Dois processos contraditórios, com efeito, estão em andamento. Que a própria noção de civilização tenha sido antagonista da livre satisfação do desejo e que o progresso seja acompanhado de sacrifícios nesse domínio se encontra atestado por inúmeros indicadores. A obsessão suscitada pela masturbação está, então, em seu apogeu. Na Inglaterra, uma *Sociedade para a repressão do vício* foi fundada desde o ano de 1802; ligas desse tipo se multiplicam até o fim do século em toda a Europa Ocidental. Wesley prega o celibato e muitos pastores defendem a abstinência. A partir de 1840, no além-Mancha há um esforço para substituir as distrações juvenis espontâneas por "recreações racionais", consideradas mais seguras. É nesse objetivo que são, então, promovidas atividades esportivas. Na França, o rigorismo de inúmeros membros do clero, à imagem do pároco de Ars, tem dificuldade de harmonizar-se com a ideia de uma liberação sexual.

---

2. LAQUEUR, T. Sexual desire and the market economy during the Industrial Revolution. In: STANTON, D. (org.). *Histories of Sexuality*. Michigan: Michigan University Press, 1992, p. 185-215.

Todavia, vários argumentos militam em favor da tese de Edward Shorter[3] que discerne, então, uma primeira etapa desta revolução sexual que triunfa em meados do século XX. Em Londres, desde os anos de 1820, alguns radicais, como Richard Carlile, autor de *Every Woman's Book* (1828), defendem a liberação das paixões, o controle da natalidade, inclusive a leitura das obras pornográficas. Carlile propõe o estabelecimento de templos de Vênus no interior dos quais os jovens de ambos os sexos poderiam se divertir livremente, sem riscos de doenças ou de gravidez não desejada. Ele imagina, assim, conter a masturbação, a pederastia, a prostituição e todas as práticas consideradas contrárias à natureza[4].

O êxodo rural e, especialmente na Grã-Bretanha, o afluxo das fábricas tendem a diminuir o controle exercido pela família e pela comunidade sobre as práticas sexuais. A prostituição está em expansão em toda a Europa Ocidental. Peter Gay, por sua parte, mostrou quanto a visão de uma moral triunfante combina mal, no século XIX, com a hipocrisia de burgueses que, fascinados pela fuga social e pela suposta instintividade do corpo das moças do povo, frequentam as prostitutas, mantêm amantes e se deleitam com literatura erótica. Pode-se pensar que as próprias relações conjugais eram, dessa forma, mais abertas aos refinamentos do prazer, que elas fossem mais felizes e mais variadas do que se acreditou durante tanto tempo[5]. Dito isto, a análise atenta das taxas de nascimentos ilegítimos não parece confirmar, na Grã-Bretanha, sobretudo, a tese de uma liberação libidinal das mulheres da classe operária. Elas não são mais altas nas regiões industriais do que nas zonas rurais. O controle exercido pelas comunidades não deixou de existir nos quarteirões da cidade grande.

---

3. SHORTER, E. *Naissance de la famille moderne*. Paris: Du Seuil, 1981.

4. LAQUEUR, T. "Sexual desire...", artigo citado, p. 189-191.

5. GAY, P. *The Bourgois Experience*: Victoria to Freud – Tomo I: *Education of the Senses*. Nova York: Oxford University Press, 1984.

O desejo e o prazer dos corpos deixam apenas traços evanescentes, que tornam difícil levar adiante debates sobre eles. A sensualidade escapa às estatísticas. Assim, a demografia histórica e seus procedimentos quantitativos mais refinados não permitem estimar a evolução do número médio de coitos realizados pelos casais legítimos. Com efeito, as modificações do regime alimentar, que repercutem no ritmo da ovulação, tornam muito aleatória a percepção das modificações. De qualquer modo, nessa alba do terceiro milênio, a pesquisa histórica tende a minimizar as transformações dos comportamentos sexuais ocorridos durante os dois terços iniciais do século XIX, sem negar, insistimos, esta proliferação de discursos que traçam uma nova economia do desejo.

Incapaz de medir a intensidade dos impulsos em uma perspectiva diacrônica, encabulada na determinação das práticas, o historiador se acha menos desprovido quando se trata de discernir a evolução das imagens do corpo e das instâncias do desejo. Consideremos, portanto, esses temas mais acessíveis.

1. O corpo e a história natural do homem e da mulher

Faz muito tempo que os historiadores dissecaram os textos do Doutor Roussel[6], de Virey e muitos outros Ideólogos cujos escritos pesaram nas representações dos corpos, no atrativo que eles exercem e, provavelmente, na natureza das emoções. Diversas lógicas estão, a esse propósito, em ação simultaneamente. A primeira é bem conhecida. O corpo da mulher e o do ho-

---

6. Especialmente KNIBIEHLER, Y. & FOUQUET, C. *La femme et les médecins*. Paris: Hachette, 1983. • KNIBIEHLER, Y. "Les médecins et la nature féminine au temps du Code Civil". *Annales ESC*, vol. 31, n. 4, 1976, p. 824-845. • Les médecins et l'amour conjugal au XIXe siècle. In: VIALLANEIX, P. & EHRARD, J. (org.). *Aimer en France, 1760-1860*. Tomo 1. Clermont-Ferrand, 1980, p. 357-366. • "Le discours médical sur la femme, constance et rupture". *Romantisme*, n. 13-14, 1976, p. 41-56. Entre as obras de Virey e Roussel: ROUSSEL, P. *Du système moral et phisique de la femme ou Tableau philosophique de la constituition de l'état organique, du tempérament, des moeurs et des fonctions propres au sexe*, 1775. • VIREY, J.-J. *De la femme sous ses rapports phisiologique, moral et litteraire*. Paris: Crochard, 1823.

mem foram construídos pela natureza em vista da perpetuação da espécie. Toda a sua morfologia é decorrência disso. Os dois sexos, nesta perspectiva, diferem-se não apenas pela configuração de seus órgãos genitais, mas também por toda a sua constituição física e moral.

Para compreender bem tal dimorfismo, um recuo no tempo é necessário aqui[7]. Há mais de mil anos, de acordo com os escritos de Galeno, havia-se imposto a ideia segundo a qual os órgãos sexuais da mulher tinham estrutura igual à dos masculinos. Eles estavam situados no interior para ficarem protegidos e poderem assegurar o bom desenvolvimento da gestação. Aristóteles pensava que a mulher era apenas um vaso destinado a receber a semente do homem. Em revanche, segundo a tradição hipocrática, nada vem à existência na ausência de prazer. O prazer revelava-se, então, como indispensável para a concepção: as fricções da vagina e do colo da matriz suscitavam o aquecimento necessário para a emissão de uma semente interna. Na mulher, pensava-se, o fogo subia menos rapidamente que no homem; por isso, o prazer seria menos intenso, porém mais duradouro. A menos que o gozo ocorresse no momento da ejaculação masculina. Esse modelo hipocrático e galênico das duas sementes refletia a ordem cósmica. O apogeu do prazer feminino, momento da emissão do líquido seminal, acreditava-se, podia ser desencadeado por uma fricção imaginária. Assim é que as jovens adolescentes experimentavam tantos prazeres noturnos e solitários e as viúvas podiam ser levadas a liberar uma substância viscosa, devido ao longo período de contenção.

Tais convicções levavam a considerar o orgasmo feminino como sinal de boa circulação dos humores e da abertura da matriz, dessa forma acessível à

---

7. Sobre isso, LAQUEUR, T. *La fabrique du sexe* – Essai sur le corps et le genre en Occident. Paris: Gallimard, 1992. • Orgasm, generation, and the politics of reproductive biology. In: SCHOEMAKER, R. & VINCENT, M. (org.). *Gender and History in Western Europe*. Londres: Arnold, 1998. Cf. tb.: *The Making of the Modern Body* – Sexuality and Society in Nineteenth Century. Berkeley: University of California Press, 1987. • PORTER, R. et al. *Sexual Knowledge, sexual Science*: the History of Attitudes to sexuality. Cambridge, 1994. • GARCÍA, F.V. & MENGIBAR, A.M. *Sexo y Razón*: una genealogía de la moral sexual en España (siglos XVI-XX). Madri: Akal, 1997. Síntese que ultrapassa o caso específico da Espanha.

semente do homem. O prazer era visto como o resultado de uma cocção semelhante à que ocorria com os outros fluidos. Para a concepção acontecer, portanto, parecia ser necessário que o corpo se aquecesse até o ponto em que a parte mais sutil de sangue fosse transformada em semente, depois liberada em um movimento semelhante ao da epilepsia. Assim se estabelecia, naturalmente, uma relação lógica entre o prazer e a fertilidade, entre a frigidez e a esterilidade. As prostitutas, acreditava-se, privadas desse aquecimento, tanto do desejo quanto do prazer, não corriam risco de engravidar.

Consequentemente, cabia ao homem preparar a mulher muito lenta a fim de alcançar a emissão simultânea das duas sementes. Para sua parceira, o prazer sexual compensava, antecipadamente, o desconforto da gravidez e os sofrimentos do parto. Sem essa satisfação anterior, a mulher teria inclinação a recusar o feto, ou seja, deixar de garantir a perpetuação da espécie. Mais conhecimentos sobre o clitóris não impediram que se mantivesse a crença na homologia dos órgãos sexuais, na medida em que ele parecia um equivalente do pênis.

Desde a Renascença, mas sobretudo durante o século XVIII e no começo do século XIX, a nova biologia volta a questionar todas essas convicções. Pouco a pouco, a ciência médica deixa de considerar o orgasmo feminino como sendo útil à geração; a concepção passa a ser entendida como um processo secreto, que não necessita de nenhuma manifestação de sinais exteriores. Thomas Laqueur afirma que o orgasmo feminino está concentrado na periferia da fisiologia humana. Torna-se simples sensação, forte, mas inútil. Veremos mais adiante que, ao mesmo tempo, a crença na homologia de estrutura e de funcionamento entre os dois órgãos sexuais será contestada cada vez com maior força. O que distingue os dois sexos passa, então, a ser considerado algo natural. Uma série de contrastes, que dizem respeito ao corpo e à alma, o aspecto físico e o mental, são descritos de maneira mais nítida do que o eram quando vigorava a medicina humoral, que opunha o fogo e a secura masculina ao frio e à umidade da mulher. Com efeito, não devemos esquecer que o próprio paradigma humoral implicava uma naturalização da diferença dos sexos e que a carne, a pele, a pilosidade, a voz e até a forma de inteligência e o caráter da mulher eram vistos em relação com a natureza de seus humores. A acentuação da divergência, muitas vezes, foi relacionada à perturbação da ordem social e à ascensão do liberalismo.

Este novo modelo engendra, ao mesmo tempo, uma representação nova do feminino e um medo inédito da mulher. O gozo dela, aos olhos de médicos dedicados à observação clínica, parece ainda mais perigoso por não ser mais necessário. As manifestações epilépticas do orgasmo feminino, sua proximidade com a histeria, cuja ameaça se acentua e se transforma, sugerem o risco de uma liberação de forças telúricas.

O conjunto das relações estabelecidas entre os homens e as mulheres se encontram, a partir disso, redefinidas. Os partidários da subordinação da mulher recorrem à biologia. Jean-Jacques Rousseau, no quinto livro de *Emílio*, havia apontado as diferenças, consideradas naturais, que distinguiam os dois sexos. O macho, ativo e forte, é macho em certos momentos. A mulher é mulher em cada instante de sua vida. Tudo, nela, evoca seu sexo. Portanto, é necessário lhe garantir uma educação particular. A crença segundo a qual os avanços da civilização acentuam a diferença entre o homem e a mulher embasa solidamente a divergência dos papéis. Esta divisão, acredita-se, deve ordenar todas as relações sociais, sobremaneira o discurso e o jogo amoroso. A mulher descobre o desejo quando focaliza seus sentimentos sobre um indivíduo. O homem pode ser invadido por uma necessidade de mulher que uma parceira casual poderá satisfazer. Esta diferença radical nas modalidades do desejo fundamenta o duplo padrão da moral.

A reviravolta das representações e das normas será progressivamente confrontada e acentuada pelas descobertas da biologia[8]. Os cientistas não cessam de explorar aquilo que distingue os homens e as mulheres em sua anatomia e fisiologia. No limiar do século XIX, descobre-se que alguns ma-

---

8. A respeito disso, LAQUEUR, T. "Sexual desire...", artigo citado, passim.

míferos ovulam espontaneamente durante períodos intensos e regulares de calor. Em 1827, Karl Ernst von Baer demonstra como esse processo acontece numa cadela; ele considera, contudo, que a relação sexual continua sendo necessária ao desencadeamento do processo. A verdadeira revolução se produz alguns anos mais tarde. Theodor L.W. Bischoff (1843) demonstra a ovulação espontânea da cadela, independentemente de toda cópula e de qualquer manifestação de prazer. Em 1847, Pouchet, em sua *Théorie positive de l'ovulation spontanée et de la fécondation des mammifères et de l'espèce humaine*, afirma – com razão, mas sem provas – que a ovulação das mulheres também acontece independentemente do coito e da fecundação. Os ovários, desde então, definem a essência da feminilidade e o orgasmo da mulher revela-se inútil para a procriação. Tais descobertas representam o fim da antiga fisiologia do prazer e, mais que isso, da doutrina da homologia anatômica.

Nesse contexto, o sangue da menstruação assume uma importância capital. Segundo Bischoff, com efeito, a equivalência entre as regras da mulher e o cio das fêmeas animais é evidente. É uma simples questão de bom-senso, que leva Michelet a escrever: "O amante que souber exatamente da camareira as épocas de sua senhora pode dirigir muito melhor seus planos. O que aconteceria se Lisette dissesse indiscretamente: 'venha, a senhorita está no cio?'"[9] Mas há adversários desta equivalência. A ginecologia de Pouchet possui implicações metafísicas e políticas. Ela se reveste de um caráter militante, nesse tempo em que se levanta o anticlericalismo. A descoberta da ovulação e a crença em seu caráter espontâneo realizam uma naturalização radical da mulher. A ciência parece triunfar sobre a religião. Ela contribui para emancipar o corpo feminino da influência do confessor. O alcance do debate vai muito além, portanto, da biologia.

---

9. MICHELET, J. *Journal*, 05/06/1857. A esse respeito, cf. tb., MOREAU, T. *Le sang de l'histoire* – Michelet, l'histoire et l'idée de la femme au XIXe siècle. Paris: Flammarion, 1982.
• BORIE, J. Une gynécologie passionée. In: ARON, J.-P. (org.). *Misérables et glorieuse, la femme du XIXe siècle*. Paris: Fayard, 1980.

De qualquer modo, a importância agora atribuída às "tormentas uterinas", esses ferimentos periódicos, revela-se considerável até o final desse século XIX que Michelet enxerga como "século das doenças da matriz". Essa convicção suscita imperativos culturais. Ela limita as competências da mulher, e a submete mais estritamente que outrora às eventualidades somáticas. Ela reduz a união sexual a um ato puramente fisiológico, como o são a micção e a defecação. Em revanche, essas mesmas certezas liberam o espírito da mulher de um corpo automático; a influência da civilização e da cultura moral que a define serão, precisamente, vencer as injunções da natureza.

Falta-nos mensurar a profundidade social da difusão destas convicções científicas. Como constatar a eventual estanqueidade ou, antes, como medir a desigual permeabilidade segundo essas categorias. Se considerarmos a leitura das obras eróticas de vulgarização, como o *Dictionnaire* publicado por Alfred Delveau em 1864[10], mostra a persistência de antigas convicções. O que dá o tom da obra é a imagem de uma união sexual governada pelo cio e pela excitação do homem ativo e potente que, por seu ritmo e pela abundância de seu sêmen, provoca automaticamente a emissão da semente da mulher. Cabe à mulher, para seu maior benefício, estimular-se e fazer com que aumente seu calor por meio da felação, da masturbação ou dos movimentos do ventre. Nessa literatura, compilação dos *topoi* de diversas épocas, os papéis sexuais são claramente estabelecidos, mas o eco das teorias médicas recentes é muito pouco perceptível. A *ars erotica* parece, aqui, perpetuar-se à margem das descobertas da biologia. Devemos dizer que a passividade sem inconveniente, o controle dos sinais da emoção feminina induzidos por observações recentes, sem contar a patologização das manifestações de prazer, não poderiam não contradizer o foco de excitação masculina que caracteriza a literatura erótica.

---

10. Há uma reedição recente: DELVEAU, A. *Dictionnaire Érotique Moderne*. Paris: Union Générale d'Éditions, 1997.

Os dicionários mais amplamente difundidos, resultado da reunião de todos os disparates, também muito dificilmente realizam a triagem entre as convicções científicas das diferentes épocas e das diversas escolas. Em resumo, a propósito da união sexual, nós encontramos essa sedimentação de convicções, atitudes e comportamentos que constitui a complexidade da história cultural. Esta, feita de inércia, de decalagem e de junção de opostos, não poderia reduzir-se à história das ciências. Aos próprios médicos, de quem Jacques Léonard mostrou as incertezas e o ecletismo, cabe adaptar-se. A tarefa do historiador, agora, passa a ser de não contentar-se com uma história das ideias mas tentar perceber como se realizam essas combinações de crenças e de convicções, muitas vezes intermitentes que, em última instância, determinam as práticas. Pensemos no leitor, mergulhado no mesmo dia no *Dictionnaire* de Delveau e em obras médicas. Como estimar o peso de modelos tão diferentes sobre seus comportamentos amorosos?

A fim de ajudar a responder a tal pergunta, nós nos reportaremos muitas vezes, nas páginas que seguem, ao *Grand dictionnaire universel du XIXe siècle*. Este constitui uma suma que nos permite entrever qual saber era acessível, ao maior número de leitores cultos, na alba da Terceira República. Esta compilação, cujo objetivo é reunir os conhecimentos adquiridos, apresenta um quadro diferente daquele que podemos encontrar nas obras de historiadores das ciências. Mas, repetimos, ela responde melhor do que estes últimos à nossa interrogação.

Entre os machos, garante o autor do artigo "Sexe", as forças vitais são mais desenvolvidas do que na mulher. O corpo, com uma "forma quadrada", tem densidade. Os ombros são mais largos, mais grossos e mais fortes. Os membros são mais musculosos. Os sistemas ósseo e piloso são mais desenvolvidos do que os da mulher. O homem tem "ossos mais compactos e mais robustos, pele mais rugosa e mais opaca, carne mais firme, tendões mais duros, peito mais largo, respiração forte [...] voz mais grave e mais vibrante, pulso grosso e mais lento [...], cérebro mais amplo e mais estendido. A espinha dorsal e a medula espinal são mais volumosas no macho do que na fêmea"¹¹. Por isso, "o sistema nervoso cérebro-espinal é mais ativo e mais vigoroso no homem", enquanto o sistema simpático domina na mulher.

A mulher possui formas arredondadas e graciosas¹². Seus quadris e sua bacia são largos, dilatados. Suas coxas são fortes e mais afastadas do que as do homem; o que prejudica o caminhar. Obviamente as mamas – fala-se, ainda, pouco dos "seios" nas obras de anatomia ou de fisiologia – são muito mais desenvolvidas e mais salientes do que o peito masculino. A pele da mulher é doce, lisa e branca; sua voz é mais suave. O sexo feminino – o sexo por excelência – dá mostras de uma sensibilidade que favorece a amizade, o predispõe às alegrias da família e, de modo geral, às "afeições morais do coração". Já o homem "é feito para as ações fortes"¹³, afirma Virey. Sua virilidade está ligada à secreção do esperma.

A lógica dessas duas constituições faz com que o macho e a fêmea sejam levados um na direção do outro por uma força irresistível. Os amantes, em sua busca, tendem a se neutralizar. A procura do "complemento indispensável" visa a restabelecer "em sua pureza primitiva o tipo alterado da espécie". Os gregos haviam entendido isso; e a referência à cultura antiga, a propósito, está onipresente. Ao lado das formas graciosas e carnosas da Vênus "de ancas largas" estão as formas "firmes e musculosas do Hércules Farnèse" de braços robustos. Uma e outro constituem "os tipos das belezas fecundas da matéria humana"¹⁴.

Vê-se que esse sistema de representações valoriza a união e o prazer dos sexos, no momento em que, por outro lado, a biologia se emprega em negar que o segundo seja indispensável à fecundação. A intensidade sem igual desse prazer, as mais das vezes denominado gozo ou volúpia, constitui o *leitmo-*

---

11. Artigo "Virilité", bem como a citação precedente e a seguinte.
12. Artigo "Sexe" para quanto segue.
13. Citado no artigo "Virilité".
14. Artigo "Célibataire", no que tange este conjunto de citações.

tiv que estrutura o pensamento desse período sobre o que chamamos de sexualidade. Esta força incomparável é reconhecida por todos: médicos, moralistas, membros do clero, polígrafos. O próprio Malthus a constitui como a base de sua reflexão. Todavia, um paradoxo é abundantemente apontado: o sofrimento causado pela não satisfação do instinto sexual está longe de se comparar com a intensidade do desejo. A privação, nesse domínio, provoca dores menos vivas do que as resultantes da fome ou da sede.

As metáforas abundam – raio, relâmpago, clarão [...] – para evocar a intensidade do gozo. Esta "alucinação de uma volúpia inefável"[15], que deixa "a alma ofegante", precede a diminuição da chama, depois a desilusão. O animal é triste após o coito. O vocabulário fala muito de embriaguez, êxtase, cegueira dos sentidos, morte. Esta se oculta no prazer extremo. A mulher, sobretudo, a tem por perto no excesso de gozo, agora inútil. O perigo é denunciado pelos médicos e constitui um tema literário recorrente, que se encontra, a título de exemplo, na obra de Barbey d'Aurevilly [*Le Rideau cramoisi* (A cortina carmesim)] como na dos irmãos Goncourt (*Germinie Lacerteux*).

O instinto que domina o corpo se manifesta na forma de uma necessidade periódica, uma "crise de aproximação", cuja intensidade e periodicidade variam segundo o clima, a estação e a posição social do indivíduo. A forma e a atividade dos órgãos genitais variam, além disso, segundo os temperamentos; esta convicção persiste até cerca de 1880, na França, pelo menos. As mulheres nervosas, principalmente, são excessivamente acometidas por essa necessidade. Pode acontecer que sejam "tomadas por um ou vários ataques sucessivos de histeria após um coito muito voluptuoso"[16]. O perigo é maior ainda porque o progresso da civilização favorece a multiplicação desse tipo de constituição. Os indivíduos sanguíneos "gozam igualmente de uma grande energia dos órgãos genitais", mas, neles, esta ação "mais permanente e mais

---

15. Artigo "Amor".
16. Artigo "Génital", para esta e para as citações seguintes.

regular" não comporta os mesmos riscos. Paradoxalmente, os atletas "têm os órgãos genitais proporcionalmente menores que o resto do corpo" e suas funções são menos ativas; uma observação decorrente da lógica daquelas "distrações racionais" que consideram o esporte um calmante para as pulsões sexuais.

Existe, diz-se, um temperamento propriamente genital. Os indivíduos que o possuem se caracterizam pela frequência e a vivacidade do apetite venério, pela coloração intensa da pele, dos olhos, da cabeleira, por um "odor de transpiração específica e particularmente exaltada". As mulheres desse temperamento são predispostas à ninfomania e os homens, à satiríase.

O ápice diz respeito aos imbecis. Estes são, geralmente, dotados de órgãos sexuais muito desenvolvidos. Possuem uma tendência irresistível à lascívia. Do lado totalmente oposto encontram-se os indivíduos de temperamento frio. Eles se caracterizam por um sexo de tamanho pequeno e flácido, por ereções raras e, de modo geral, pela indiferença com relação ao coito.

Dito isto, nem tudo depende do temperamento nesse assunto. O hábito exerce seu papel. A continência gera marcescência e atrofia das partes, ao passo que a masturbação acentua a frequência dos desejos e leva a um "volume considerável do membro, dos testículos ou do clitóris". O clima, também ele, exerce sua influência: os indivíduos que habitam as regiões meridionais são mais ardentes. As populações do Norte são mais indiferentes e frias; é que uma temperatura elevada favorece a ação dos órgãos sexuais. Apesar disso, a primavera constitui a estação mais favorável para a união dos corpos.

Sobra o gênero de vida, essencial nesse domínio. Cabanis voltou a examinar a concorrência estabelecida entre a mão e o cérebro, entre o trabalho do corpo e a atividade da mente. No campo que nos interessa, a lógica é um pouco diferente: a tensão cerebral, como também os trabalhos manuais que exigem uma força maior, com intenso desgaste muscular, diminuem a atividade das funções geradoras. Por isto, os homens de letras e de ciências, muitas vezes, são vítimas de uma "impotência prematura"[17]. O gênio, e mesmo o simples talento literário, costuma ser celibatário. Os homens mais inteligentes são submetidos a um dilema terrível: "livros ou filhos". Por outro lado, os ociosos, aqueles cujo espírito permanece inativo, bem como os idiotas e os imbecis, são sujeitos a "desejos desenfreados".

Esse conjunto de crenças, ou convicções científicas, repetimos, encontra-se condensado nas enciclopédias e nas obras de vulgarização, que ampliam sua difusão. Todas essas considerações são acompanhadas, muitas vezes, de reflexões sobre os mecanismos do prazer e as instâncias do desejo. A propósito disso, diz-se que o tato e o olfato cumprem um papel determinante na estimulação. A simples carícia da mão sobre os quadris, as costas, o pescoço, as coxas da mulher basta para fazer o homem sentir "impressões" que se concentram nas partes sexuais. Um calor suave aplicado sobre o dorso, a flagelação, facilitam a ereção. Com varas, tiras de couro, cordinhas, urtigas, "uma escova rude com a qual se bate suavemente"[18], cura-se a impotência e a frigidez. Os devassos e os libertinos de todas as idades e de todos os países o sabem muito bem. "A sensibilidade das mucosas genitais é tão exaltada no momento da ereção que o toque mais leve é melhor sentido nessas partes do que nos órgãos especiais mais delicados do sentido do tato"[19].

O olfato e o paladar, repitamos, também exercem uma ação direta sobre os órgãos genitais. Cabanis o mencionou. "O odor exalado pelas partes genitais, e particularmente o do esmegma da vulva e da glande, excita alguns indivíduos à lubricidade", lê-se ainda no austero *Grand dictionnaire universel du XIXe siècle* de Pierre Larousse. Os lábios se incham e tomam cor quando o desejo sobe; e os beijos apaixonados provocam ereção. A audição, comparada a esses três outros sentidos, parece não estar nem um pouco ativa. No má-

---

17. Artigo "Génital".
18. Artigo "Flagellation".
19. Artigo "Génital", como também as citações seguintes.

ximo, diga-se, encontramos alguns textos clínicos que mencionam os efeitos de uma conversa libidinosa ou da voz da parceira. Sabe-se, todavia, da atenção dada pelos agentes de polícia às manifestações auditivas do prazer quando ultrapassam a esfera do privado e chegam aos vizinhos e passantes.

Obviamente, médicos e moralistas apontam o efeito imediato sobre os órgãos genitais exercido pelas imagens da volúpia, do espetáculo da dança ou de cenas eróticas; o que leva a vigiar as filhas adolescentes e proibir-lhes esses prazeres visuais. Enfim, afirma o escritor do *Grand dictionnaire universel*: "A visão desses mesmos órgãos (genitais), num estado particular que denota a necessidade de relações sexuais [...] raramente não chega ao seu objetivo".

Todos esses autores estão convencidos dos riscos terríveis do excesso. Nunca se mencionará suficientemente essa obsessão que cresce com a ameaça de histeria e a diminuição da crença na necessidade do prazer. Ela nos impõe um esforço para adotarmos uma visão compreensiva.

O abuso da excitação, além do priapismo, a satiríase, a histeria e todas as formas de "neuroses genitais", crê-se então, pode levar à loucura. Cabanis afirmava que esta podia estar sediada nos órgãos da geração. Os vapores espreitam as mulheres, a clorose, as adolescentes. A fadiga sexual fica marcada no corpo. Ela "deixa as bochechas abatidas ou fundas, o olho dilatado ou avermelhado, os lábios moles ou torcidos, achata o nariz ou o inflama [...], depois o corpo inteiro cai de cansaço ou então treme e se agita, com febre e exasperação; o cérebro dança dentro da cabeça e o sangue congela nas veias!"[20] Não existe bicho mais degradado e mais odioso que um indivíduo abandonado à luxúria. Foi o excesso que fez afundar na lama o Império Romano e que "degenera" as raças efeminadas do Oriente.

O devasso constitui-se, assim, um tipo que se une a todos aqueles já construídos durante a primeira metade do século XIX, por meio da publica-

---

20. Artigo "Débauche".

ção das obras da literatura panorâmica e das fisiologias. A naturalização do vício conduz à animalização.

Uma segunda lógica ordena essa fenomenologia: é a economia espermática. Segundo uma antiga convicção, ligada à medicina humoral e que as descobertas médicas mais recentes não desfazem realmente antes do final do século, uma sutil troca acontece no âmbito dos testículos, que põe em ação os "vasos absorventes". Estes últimos fariam refluir para o sangue uma parte do esperma, dessa forma, beneficiado e elaborado. Este irriga as diversas partes do corpo e estimula o conjunto das funções fisiológicas. Dessa forma, qualquer desperdício excessivo de esperma enfraquece, ou mesmo suprime, esse "mecanismo de retorno". "A virilidade do homem, conclui o escritor do *Grand dictionnaire universel du XIXe siècle*, depende da secreção do esperma; quanto mais esse é desperdiçado com abundância, mais as faculdades viris se enfraquecem [...] ninguém ignora o abatimento que sobrevém após a copulação"[21]. Além do mais, "cada novo prazer" – desta vez tanto para o homem quanto para a mulher – "é uma nova sangria do sistema nervoso, e a extenuação não é menor do que a que decorre de uma forte hemorragia". Para o homem, tanto por seus sintomas quanto por seus efeitos, a ejaculação é comparável a uma convulsão, ou mesmo a uma crise de epilepsia.

Compreende-se, assim, a necessidade da moderação masculina; de modo que as capacidades de satisfação da mulher se revelam muito superiores às de seu parceiro. Ela o esgotaria, portanto, se ele não soubesse controlar seu entusiasmo. Assim, durante a noite de núpcias e as semanas seguintes, o jovem casado deve, ao mesmo tempo, resistir à perda excessiva e evitar que sua esposa tenha prazeres excessivamente violentos, e muito repetidos. Ele precisa moderá-la, por temor de solicitar as forças telúricas que ameaçam devastá-la quando ela se encontrar abandonada à satisfação total de seus desejos. A respeito disso, as mulheres em menopausa e, mais ainda, as mulhe-

---

21. Artigo "Virilité", como também a citação seguinte.

res estéreis, as quais nenhum temor de conceber controla, aparecem, nos tratados médicos, como parceiras particularmente temíveis. O pervertido e o onanista representam as figuras destruídas do desregramento da economia espermática. Acrescentemos que, numa perspectiva agostiniana, a criação do hábito leva ao drama, tanto a lembrança dos prazeres passados encontra-se exagerada pela imaginação.

O jovem homem, futuro esposo e futuro pai, deve mostrar-se cuidadoso em preservar a sua capacidade de geração. Ele precisa evitar os terríveis malefícios da prodigalidade e da dissipação do esperma que poderiam comprometer o próprio equilíbrio do lar com o qual ele sonha. Poupar esperma garante felicidade futura. Quanto à jovem mulher, além da necessidade moral de conservar a virgindade, ela deve ser informada dos riscos que a impregnação espermática pode representar.

Muitos permanecem, com efeito, convencidos até o final do século, mesmo que isso continue sendo objeto de discussões, de que a mulher continua impregnada com o esperma de seu primeiro parceiro. Por isto, as crianças concebidas com outros homens se parecerão com o amante inicial. O Professor Alfred Fournier cita, a propósito disso, o caso de uma mulher que pôs no mundo crianças negras porque seu primeiro coito havia acontecido com um homem de cor[22]. Philippe Hamon[23] demonstrou muito bem a repercussão dessa crença persistente na literatura romanesca. Ela se encontra nas obras de Germaine de Staël, de Goethe, de Mérimée, de Barbey d'Aurevilly, de Léon Bloy, de Catulle Mendès, de Zola sobretudo (cf. *Madeleine Férat*). Atenuada, esta impregnação pode se traduzir, acredita-se, por simples marcas sobre a pele da criança. De uma maneira mais geral, o ventre da mulher,

---

22. FOURNIER, A. *L'hérédité syphilitique*, 1891, p. 51. A respeito disso, CORBIN, A. *Le temps, le désir et l'horreur* – Essais sur le XIXe siècle. Paris: Aubier, 1991 [reeditado por Flammarion, Col. "Champs", 1998, p. 147ss.].

23. HAMON, P. *Imageries* – Littérature et image au XIXe siècle. Paris: José Corti, 2001, p. 212ss.

verdadeira placa sensível, guarda, desenvolve, duplica aquilo que o homem que a penetrou imprime em seu movimento, assim como o sol é capaz de marcar os corpos.

2. As imagens do desregramento: a masturbação e as perdas seminais

As palavras precedentes contribuem para explicar a obsessão inspirada pelo vício solitário desde a alba do século XVIII. Michel Foucault associa, um pouco abusivamente, a masturbação aos outros temas cuja confluência forma a onda discursiva que, aos poucos, constitui a sexualidade. Na verdade, a denúncia do prazer solitário precede de quase um século o abundante discurso consagrado aos outros objetos designados pelo filósofo[24]. *Onania or Heinous Crime of Self Pollution,* obra anônima, editada em 1707 ou 1708. Acrescentemos que a luta contra o vício de Onan não é resultado apenas da necessária economia espermática. Por que, nesse caso, se teria, com tal vigor, denunciado as práticas masturbatórias das jovens moças e dos rapazes adolescentes? Retomemos os elementos do debate. A pastoral tridentina, desde séculos, atacava o deleite da própria carne ao qual o indivíduo se entregava, com o cortejo de representações e modos de estimulação da imaginação induzidos. Gradualmente, o coito interrompido e a poluição voluntária tinham-se tornado os primeiros pecados a confessar. Aos olhos dos teólogos, o mal estava menos no ato em si que no pensamento vicioso, a "deleita-

---

24. A respeito disso, cf. LAQUEUR, T. "Onamism, sociability and the imagination". Conferência "Foucault and History", Universidade de Chicago, 23-26/10/1991, e os longos desenvolvimentos de Francisco Vazquez García e Andrés Moreno Mengibar: *Sexo y razón.* Op. cit., p. 49-131. Mais recentemente, CAROL, A. "Les médicins et la stigmatisation du vice solitaire (fin XVIIIe siècle – début XIXe siècle)". E, mais genericamente, além dos trabalhos de Jean-Louis Flandrin, de Michel Foucault, de Laurence Stone e de Philippe Ariès, o leitor reporte-se a: TARCZYLO, J. *Sexe et liberté au siècle des Lumières.* Paris: Presses de la Renaissance, 1993 [Col. "Histoire des Hommes"]. • "Prêtons la main à la nature. L'onanisme de Tissot" (*Dix-huitièmme siècle*, n. 12, 1980, p. 74-94); STENGERTS, Y. & VAN NECK, A. *Histoire d'une grande peur* – La masturbation. Paris: Synthélabo, 1998. • DUCHÉ, D.-J. *Histoire de l'onanisme.* Paris: PUF, 1994 [Col. "Que sais-je", n. 2.888]).

ção morosa", o comprazimento com relação à carne, no acordo entre as representações da alma e os movimentos do corpo levando ao orgasmo. Dito isto, a cruzada contra a poluição tinha superado, pouco a pouco, àquela que visava a *delectatio*; e os teólogos associavam a masturbação à sodomia e a bestialidade numa condenação global das práticas contra a natureza. Quanto à literatura médica clássica, esta era pouco loquaz sobre esse assunto.

Em 1760, a obra do médico suíço Samuel Auguste Tissot acentua o opróbrio e recompõe a diatribe; o vício solitário torna-se objeto de uma obsessão fóbica e é, agora, claramente diferenciado do coito interrompido. A medicina inventa seu próprio pecado. Ela estabelece a lista das sanções que atingem a prática. Ela se dedica, por conta própria, a uma verdadeira pregação que visa, ao mesmo tempo, denunciar o risco e espantá-lo.

Na lógica da economia espermática que mencionamos acima, a masturbação aparece como mais perigosa que o coito, embora, *a priori*, as duas ocasiões de ejaculação sejam fisiologicamente equivalentes. No caso da prática onanista, a emissão não é solicitada pela natureza, mas pela imaginação. Por isso, a perda é injustificada. Ela atenta contra a economia dos humores. Ela cansa o cérebro. A masturbação desregula a economia da energia nervosa. A frequente repetição de ações convulsivas provocada por uma atividade mental que não conhece limites cria o pior dos perigos. Em 1818, A.P. Buchan acentua que a principal ameaça decorre da ausência de objeto. A imaginação, intensamente solicitada, precisa fazer um esforço que conduz a um prazer decepcionante, ao qual a sociedade não pode impor freios. O gozo é, aqui, filho de uma quimera, de uma ilusão. É da ordem do artifício. Assemelha-se a uma máquina desgovernada que desintegra o espírito e o corpo. A busca carnal do prazer acontece sem nenhum parceiro para moderá-la. Ela se realiza em privado, sem barulho, no mais profundo segredo. O sexo é, dessa forma, des-socializado. A seu modo, o vício solitário se assemelha à leitura de um romance.

Também podem ocorrer perturbações somáticas, como foi observado a propósito dos leitores de *La nouvelle Héloïse*. O fato de *L'onanisme* de Tissot apresentar-se completamente sob forma epistolar e a obra ser estruturada sobre o modelo de um romance erótico vem ao encontro do interesse do leitor, implicitamente suspeito de masturbação. Em última instância, esta é uma doença da civilização, resultado do espírito inflamado por um mundo em que triunfa o artifício. Esse atentado contra a economia da energia nervosa explica a perda da memória, por vezes a paralisia ou as convulsões. Em suma, o discurso contra o vício solitário entra no processo da imaginação, da civilização e da literatura.

A leitura dos tratados dedicados à masturbação e ao vício solitário permite identificar outros elementos da diatribe, menores, estes. Em vez de constituir uma necessidade episódica, como aquela que leva à copulação, o vício solitário torna-se logo um hábito, sua frequência aumenta regularmente. Os órgãos genitais se esgotam. Cessam de funcionar corretamente. Perdas seminais aparecem em decorrência do relaxamento das partes que deixam escapar a preciosa semente. O masturbador, afirma-se, sem dúvida sem muitas provas, age geralmente de pé ou sentado[25]. Ele se cansa mais do que o amante deitado sobre sua parceira. Contrariamente ao que acontece na relação sexual, não ocorre troca de suor durante a masturbação. Ora, essa troca ainda será, por muito tempo, considerada como algo nutritivo e fortificante. Aquele que se entrega ao vício solitário ignora as alegrias, a exaltação, o êxtase reparador que os amantes conhecem. Enfim, a masturbação é logo acompanhada pelos "pesos de consciência". Em virtude dos laços que unem a alma e o corpo, esses envenenam – no sentido literal do termo – aquele que se entrega ao onanismo.

Depois de definir dessa forma o "crime" – Tissot não emprega o termo "pecado" – contra a natureza e contra a coletividade, os médicos estabelecem, com uma lógica implacável, a lista dos malefícios do vício solitário. A perda de esperma provoca, inicialmente, problemas na nutrição. O mastur-

---

25. Cf. CAROL, A. "Les médicins et la stigmatisation du vice solitaire (fin XVIIIe siècle – début XIXe siècle)", artigo citado.

bador devora, mas não assimila mais. Ele vai apodrecendo. É tomado de diarreias, de onde vem sua magreza. Em seguida, é afetada a respiração. O infeliz onanista fica rouco, tosse, asfixia-se. Aumenta a degradação do sistema nervoso, abalado pelas sucessivas convulsões. Em alguns casos aumenta levando à loucura, à epilepsia. Em outros, diminui, causando a estupidez, a imbecilidade. Obviamente, tudo isso acompanhado por um enfraquecimento prodigioso dos órgãos genitais. Durante o século XIX, o quadro não cessa de ampliar-se e ramificar-se. Claro, a convicção de um derramamento de esperma no sangue desaparece com o declínio da medicina humoral, mas a crença na natureza inflamatória das doenças, na metamorfose mórbida, na existência de simpatias entre os órgãos está de acordo com as lógicas anteriores. Sobretudo, o acento é colocado, agora, no aquecimento da imaginação, na tristeza, na extenuação resultante da frequência das perdas seminais. Em suma, permanece o quadro dramático do definhamento do masturbador.

Este quadro é pintado com traços que beiram a teratologia – extrema magreza, tez branca, pálida ou amarelada, olhos fundos, presença de bolhas, e, como acontecerá a partir de 1880, a heredossífilis. Desde então, o infeliz que se entrega ao vício solitário sente-se, pouco a pouco, assumindo a pele de um monstro; e tem pavor de ser reconhecido como tal. O museu de cera do Doutor Bertrand, instalado em Paris e em Marselha, apresenta aos olhos do visitante o retrato de um jovem homem levado à agonia pela masturbação e o de uma jovem moça que corria o mesmo risco, mas que "teve a sorte de corrigir-se pelo casamento"[26]. Uma das gravuras que ilustram a obra do Doutor Rozier[27] apresenta uma "pessoa jovem que precisa ser amarrada". Afirma-se que a visita ao museu de Bertrand revelou-se muito eficaz e que converteu vários onanistas.

---

26. Ibid.

27. ROZIER, D. *Des habitudes secrètes ou des maladies produites par l'onanisme chez les femmes*: [s.l.], [s.e.], 1825.

As táticas de evitamento – mãos sobre a mesa na escola e sobre as cobertas no dormitório – ou de contenção – cinturões antimasturbatórios, laços de diversos tipos – foram, muitas vezes, apresentadas. Não nos prolongaremos sobre essas formas de tratamento do corpo que se relacionam mais à ortopedia corretiva da época. Acrescentemos que os médicos defendem, se necessário, uma vasta gama de remédios: duchas, compressão da região do períneo, ligadura, cauterização, eletrização do pênis, sonda na uretra, absorção de sedativos como a beladona e o brometo. Educadores e higienistas aconselham, além disso, a iluminação e a inspeção nos dormitórios, e a prática de ginástica. Eles pedem que os pais exerçam um controle estrito do corpo, observem o que acontece no quarto dos jovens, de noite, revistem os objetos pessoais e fiquem de olho nas correspondências.

Falta-nos colocar a pergunta a respeito da frequência das práticas. Isso não é claro. A série de casos médicos apresentados, contudo, sugere uma angústia profunda. Ela não acomete apenas os masturbadores, mas também pesa sobre as vítimas de perdas seminais involuntárias e noturnas. Tais infelizes se acreditam, com efeito, sob risco dos mesmos desastres que aquele dos que se entregam ao vício solitário. Dessa forma, Amiel, não sendo capaz de conter suas ejaculações espontâneas, vê-se obrigado a dormir numa poltrona, com aplicações de compressas de vinagre.

E não pensemos que os trovões dos médicos e dos teólogos atinjam apenas as práticas do vício solitário. A mesma lógica leva uns e outros a esbravejar também contra as "fraudes conjugais" e a masturbação recíproca a que os esposos se entregam. Assim, a denúncia do onanismo serve para apoiar a luta contra o controle de natalidade e a erotização dos casais – coito interrompido, masturbação, felação, sodomia. O Doutor Bergeret, clínico-geral na pequena cidade de Arbois, fez-se o apóstolo na cruzada contra essa chaga. Pela leitura de seu livro, intitulado *Des fraudes dans l'accomplissement des fonctions génératrices* (Fraudes no cumprimento das funções geradoras) (1868), a maioria das patologias de seus pacientes resultam de refinamentos vergonhosos da devassidão – "hemorragias assustadoras", tumores, "hiperestesia uterina", esterilidade, sem esquecer o essencial: o desequilíbrio do sistema nervoso devido aos prazeres excessivos, repetidos sem juízo. No homem, que "o coito fraudulento deixa particularmente triste, os ignóbeis serviços que precipitam os movimentos do coração e lançam violentamente o sangue no cérebro podem provocar ataques de apoplexia"[28]; sem contar as consequências para os pulmões e os órgãos digestivos. Ora, garante o médico clínico-geral de Arbois, em sua clientela de província, o "coito bucal" está longe de ser raro". Quanto à penetração anal, ela existe mesmo entre companheiros". "A maioria das mulheres que eu vi se afundarem no adultério, afirma o Doutor Bergeret, tinham maridos fraudulentos". Tudo isso, conclui ele, conduz "nossa sociedade ao abismo". Ele denuncia as fraudes aprendidas na escola. A leitura do livro revela o assombro de um homem diante da constatação da frequência e da intensidade do prazer feminino. Sua obra contém 118 observações de mulheres "vítimas de espasmo venéreo". O que contradiz um estereótipo bastante enraizado. A todas as suas pacientes, a prescrição do doutor é a mesma: uma gravidez.

Num primeiro momento, a leitura do obra do Doutor Bergeret poderia suscitar o riso ou, ao menos, achar que se trate de um médico marginal e, sem dúvidas, exagerado. Ora, a obra foi abundantemente traduzida. Émile Zola tomou-a muito a sério. O livro é uma das principais fontes de seu *Evangile: Fécondité* (Evangelho: Fecundidade) (1899). Este romance denso, exaltado, é estruturado numa lógica natalista. Com exceção da heroína principal, Marianne, mãe de doze filhos, todas as mulheres mencionadas na obra estão imersas no drama de ter desejado evitar a maternidade, de terem-se entregado a "fraudes conjugais", portanto, a prazeres excessivos, mas incompletos, ou por terem-se submetido a uma ovariotomia.

Tudo que precede conduz à defesa de uma moral sexual baseada no justo meio, ordenada conforme a visão geradora e a moderação: domínio do jo-

---

28. DOCTEUR, L. & BERGERET, F. *Des fraudes dans l'accomplissement des fonctions génératrices*. Paris, J.-B. Baillière, 1868.

vem celibatário que poupa seu esperma, domínio da jovem adolescente que conserva sua virgindade, diversão moderada dos jovens esposos que evitam o excesso e os riscos da histeria, sexualidade sábia e expansiva dos esposos cujo desejo de procriar aviva o prazer. Para Zola, o gozo mais intenso é aquele que se abate sobre o homem viril e a mulher de formas generosas quando eles são atingidos pelo desejo de um filho, em harmonia com a fecundidade do ambiente natural.

Esta moderação, interrompida pelo êxtase simultâneo dos esposos em datas periódicas, tem, na verdade, suas raízes mergulhadas num longínquo passado. Ela se harmoniza com o longo e duradouro sucesso do bom e velho tratado de Nicolas Venette, constantemente reeditado. Esta obra, que data de 1687, instrui seu leitor a respeito da conformação dos órgãos genitais e sobre os sinais da virgindade. Indica afrodisíacos, prescreve remédios contra a impotência e a esterilidade. Fornece receitas de calipedia[29] – arte de fazer filhos bonitos e ter, conforme sua vontade, meninos ou meninas. Constitui um verdadeiro tratado sobre a concepção, a gravidez e o parto. Até o final do século toda espécie de manuais e de "Bíblia dos jovens esposos" aparecem repetindo os mesmos conselhos: que os homens abandonem ou diminuam os prazeres venéreos depois dos cinquenta anos, que as mulheres renunciem a eles quando entrarem na menopausa, que os esposos copulem de preferência pela manhã, que o esposo dê prazer à sua esposa e que a tome de joelhos se deseja que ela conceba. A posição dita do missionário, contudo, continua sendo a considerada como a mais voluptuosa, pois é a que põe em contato maior superfície dos corpos que se unem.

É bastante perceptível quanto o naturalismo, oriundo das Luzes, conduz à defesa de comportamentos que se harmonizam, enfim, de uma forma laicizada, com a longa história da teologia moral, tão precisamente estuda-

---

29. FISCHER, J.-L. "La callipédia ou l'art d'avoir des beaux enfants". *Dix-huitième siècle*, n. 23, 1991, p. 141-158. A propósito disso, FLANDRIN, J.-L. *L'église et le contrôle des naissances*. Paris: Flammarion, 1970.

da. A intensidade do prazer, mencionada pelos médicos, não podia ignorar a convicção agostiniana da força da sexualidade, que sempre ameaça o interior do coração humano, mesmo o mais devoto. A longa história da teologia moral, os meandros da casuística não tinham feito outra coisa senão modular até o infinito essa concepção do homem. A influência de Afonso de Ligório que, a título de exemplo, modera o rigorismo inicial de um pároco de Ars, continua sendo um processo histórico de primeiro plano no assunto que nos ocupa. Ela contribuiu para suavizar um pouco a atitude dos clérigos do século XIX sem, todavia, questionar sua hostilidade em relação ao "onanismo conjugal" e todas as práticas anticoncepcionais.

3. Erotismo e "lascívia"

Diante desse quadro, do qual nos esforçamos para apresentar a lógica, há um outro sistema imaginário que, então, age sobre as instâncias do desejo. Aludimos a tudo que ressalte o erotismo e a pornografia, tudo aquilo que pode ser entendido sob os termos de "depravação" e de "lascívia". Os homens dessa época, pelo menos aqueles que pertenciam à burguesia, estavam, com efeito, pendurados entre "as postulações angélicas e as proezas do bordel"[30]. Esta é a segunda vertente da sexualidade que precisamos expor agora.

Tentemos, inicialmente, definir o que poderiam representar, na época, o erotismo e a obscenidade, antes de traçarmos os limites de sua extensão social. Considerando a relativa pobreza da solicitação visual nesse domínio durante a primeira metade do século XIX – havia pouco teatro pornográfico, apenas alguma publicidade de mulheres que se vendiam[31], umas poucas apresentações em bordéis sobre as quais retornaremos –, o que temos que considerar será sobretudo o livro associado à gravura. Para isto, é necessário

---

30. Expressão utilizada por Jean Borie (*Le célibataire français*. Paris: Sagitaire, 1976).

31. A título de exemplo, PERNOUD, E. *Le bordel en peinture* – L'art contre le goût, Paris: Adam Biro, 2001, p. 16.

um breve retorno ao século XVIII que inventa, nesse domínio, modelos eróticos e pornográficos que inspiraram os autores das décadas seguintes.

Evocar tal assunto numa história do corpo justifica-se totalmente se atentarmos para os efeitos fisiológicos produzidos por este tipo de leitura. Eles pertencem plenamente à cultura somática. "O imaginário da pornografia, incluindo o voyerismo da satisfação mecânica, repousa sobre o corpo, suas posturas e seus acasalamentos, como também sobre uma crueza de palavras que contorna os tabus da linguagem[32]. No romance pornográfico, declara Jean-Marie Goulemot, tudo é corpo, em excesso"[33]. O leitor é colocado na posição de *voyeur* fascinado. A apresentação do gozo gestualizado, sonorizado, gera nele, fisicamente, um desejo irreprimível e produz uma "agitação estritamente corporal", mais intensa que a que poderia suscitar a descrição de uma cena de massacre ou de terror. Nesse caso, acontece uma intensa confusão entre a ficção e a realidade. A cena pornográfica não é propriedade do autor que a colocou no texto. Cada leitor pode apropriar-se dela. A situação fisiológica induzida está pronta para percorrer o escrito. A transgressão, por isso mesmo, está ligada à leitura, tanto quanto e mais até do que à escrita; algo que, como observa Jean-Marie Goulemot, inverte a hierarquia entre o gesto de escrever e o de ler.

Ora, o imaginário do sexo, do gozo, do proibido e, portanto, do obsceno não escapa da história, mas oscila, dependendo da elevação ou do abaixa-

---

32. PORRET, M. "Pornographie". *Équinoxe* – Revue de Sciences Humaines, n. 19, primavera/1998, p. 7.

33. Ibid., p. 19. Nós nos baseamos na entrevista que Jean-Marie Goulemot deu a Michel Porret e intitulou "Lumières et pornographie", p. 12-22. Do mesmo autor, melhor especialista sobre o assunto, cf. GOULEMOT, J.-M. *Ces livres qu'on ne lit que d'une main* – Lecture et lecteurs de livres pornographiques au XVIIIe siècle. Aix-en-Provence: Alinéa, 1991 [Paris: Minerve, 1994]. Cf. tb. HUNT, L. (org.). *The Invention of pornography* – Obscenity and the origins of Modernity, 1500-1800. Nova York: Zone Books, 1996. E sobre um assunto mais geral, porém, que engloba nosso propósito: DELON, M. *Le savoir-vivre libertin*. Paris: Hachette, 2000. Sem esquecer o belo prefácio de TROUSSON, R. (org.). In: *Romans libertins du XVIIIe siècle*. Paris: Robert Laffont, 1993 [Col. "Bouquins", 1993].

mento do limiar da tolerância coletiva e também conforme a percepção moral, seja daqueles que consomem a obscenidade, seja dos que a condenam. Não seria possível analisar esse imaginário independentemente do emaranhado de discursos sobre o sexo. É este confronto que aqui tentamos, uma vez tendo preparado nosso pano de fundo. O surgimento do relato obsceno no século XVIII acompanha a ascensão da alma sensível, a constituição do íntimo e do privado, o aumento das falas sobre onanismo, vapores, doenças de mulheres e seus "furores uterinos"[34], como também o reforço da primazia do visual. Jean-Marie Goulemot estima que "atribuindo aos corpos disponibilidade e possibilidade infinitas de atividade (a pornografia literária do século XVIII), participa, à sua maneira, de uma ideologia do progresso, de uma crença na perfectibilidade indefinida do ser humano"[35]. Mas, ao mesmo tempo, o obsceno contradiz a mística da utilidade; pois "o gozo, aqui, não é um agradável suplemento, mas a parte central. Evidentemente, a pornografia não pertence ao mundo da burguesia, responsável e virtuosa, mas ao da aristocracia dos excessos e desperdícios. Ela está relacionada antes de mais nada com o lúdico, e contradiz radicalmente as injunções da economia espermática, sua contemporânea. Ela toma impulso à medida que o lícito se retrai, que a expressão pública da sexualidade se reduz, seja que se trate de gestos, de olhares ou de palavras. Neste domínio da história cultural processos contraditórios estão acontecendo simultaneamente; o que desqualifica toda afirmação simplificadora.

A apresentação textual da obscenidade representa uma festa do eu. Ela leva o indivíduo para fora de si. E o excesso das sensações voluptuosas liberta da identidade social e "introduz ao grande mundo da natureza". A ejaculação, desde então, é simplesmente a variação sexual do movimento geral de exteriorização que toma conta das forças naturais. Ela se assemelha à erupção de um vulcão. O prazer é um tipo de choque. Ele se parece com uma des-

---

34. GOULEMOT, J.-M. "Fureurs utérines". *Dix-huitième siècle*, n. 12, 1980, p. 97-111.
35. "Lumières et pornographie", artigo citado, p. 18-19.

carga elétrica. Na obra de Sade – mas esta não é representativa do conjunto desta literatura – o prazer atinge seu máximo quando culmina a diferença de potencial entre o corpo ativo, condensador de energia, e o corpo vítima.

Nessa perspectiva, a cena essencial parece ser a do entremeio*, quando o corpo, envolvido pela frente e por trás, é ao mesmo tempo agente e paciente; quando se torna o espaço de uma convergência, de uma circulação, de um intercâmbio. Na literatura sadeana, o prazer obedece às leis da mecânica. Nasce da fricção, do movimento e da compressão do membro viril. Na posição de entremeio, é o corpo inteiro que, "friccionado, apertado, comprimido", encontra-se identificado com uma vara. Essa convergência dá espaço à ideia da circulação da semente entre os parceiros. "Mais que pelo jogo de penetrações, escreve Guy Poitry, a pequena comunidade fechada de amigos é unida com a solda dos bons procedimentos [...]. Estar no centro, portanto, é concentrar em si todas as energias que o cercam, absorvê-las, dando apenas para receber melhor, para atrair o outro a si"[36]; esta "imantação" coloca a pessoa fora de si; ela perde a distinção entre o interior e o exterior.

De tanto lembrar o discurso terrível dos médicos falando dos malefícios da masturbação, corre-se o risco de esquecer que, ao mesmo tempo, a literatura pornográfica – impregnada de epicurismo e do sensualismo, por tanto tempo dominante – defende essa prática e a considera como natural, sobretudo por parte das moças novas, adolescentes, para quem ela parece acalmar os ardentes desejos por um prazer iniciático, fácil e bastante intenso. Thérèse, a heroína de Boyer D'Argens, recebe lições de seu diretor de consciência: "Essas são necessidades do organismo, tão naturais quanto a fome e a sede, assegura-lhe ele [...], e não há inconveniente nenhum em você se servir de

---

* *Entre-deux*, entre duas coisas: aqui, entre dois corpos [N.T.].

36. POITRY, G. "Sade ou le plaisir de l'entre-deux". *Pornographie*. Op. cit., p. 75-76. Também nos baseamos numa conferência proferida por Michel Delon em nosso seminário em 1996 e dedicada ao corpo na obra de Sade.

sua mão, de seus dedos, para aliviar essa parte com a carícia de que ela precisa [...]. Este mesmo remédio ajudará para que logo você recupere sua saúde ainda instável e logo você estará no bom estado". Com efeito, confessa Thérèse, "eu, durante cerca de seis meses, nadei numa torrente de volúpia, sem que nada me acontecesse [...]. Minha saúde tinha se restabelecido completamente"[37]. O romance foi publicado em 1748, alguns anos antes da publicação da obra de Tissot, que inverterá o cenário. Em seguida às declarações feitas por Rousseau nas *Confissões*, a masturbação, concebida como "suplementar à natureza" e como terapêutica, foi objeto de um interminável debate que se prolongou ao longo de todo o século XIX[38]. Note-se, além disso, que Boyer d'Argens, como muitos outros autores libertinos da época, mantém-se muito distante das cenas de humilhação, dominação e, finalmente, de insatisfação que marcam a obra do Marquês de Sade.

Nós nos detivemos um pouco sobre essas informações porque sabemos que as elites cultas do século XIX eram apaixonadas por livros de segunda grandeza, herdados do século XVIII. Mas as obras mais antigas, principalmente o velho Aretino, tinham passado da moda. Ademais, antes mesmo que começasse a se delinear a protossexologia, a *ars erotica* da Índia, do mundo árabe e do Extremo Oriente, difunde-se entre as elites cultas, por uma série de interações culturais que seria longo demais expor aqui. O *Kama-Sutra*, os escritos do Xeique Nefzaoui, propagados pelos cuidados de Maupassant[39], constituem elementos de enriquecimento desse imaginário

---

37. BOYER D'ARGENS, J.-B. *Thérèse philosophe ou Mémoires pour servir à l'Histoire du P. Dirrag et de Mlle. Eradice*. Arles: Actes Sud [Col. "Babel", n. 37], "Les érotiques", 1992, p. 53, 55 e 56. A respeito do papel e da posição da jovem, "máquina sensual ou estátua sensível" (p. 292), manipulável, na literatura do século XVIII, cf. RICHARDOT, A. Lumières sur les jeunes filles: éloquence et artifices de la phisiologie. In: BRUIT, L. et al. *Le corps des jeunes filles de l'Antiquité à nos jours*. Paris: Perrin, 2001, p. 264-294.

38. A propósito disso, LEJEUNE, P. "Le dangereux suplément – Lecture d'un aveu de Rousseau". *Annales ESC*, vol. 29, 1974, p. 1.005-1.032.

39. Cf. *Le Jardin parfumé*. – Manuel d'érotologie arabe du cheikh Nefzaoui.

erótico, numa época que se proclama, muito rapidamente, como submetida ao controle dos impulsos[40]. Não se poderia entender a atração exercida pela nudez venal e a ostentação das aventuras de bordel sem considerar as estruturas do imaginário erótico dos clientes. Os esforços de um Parent-Duchâtelet e o zelo da polícia visando reduzir o conventilho a um simples "esgoto seminal", protegido de qualquer refinamento, explicam-se pela ameaça representada, nos bastidores, por este imaginário de obscenidade, reforçado pelo modelo da devassidão aristocrática do fim do Antigo Regime.

Ao longo de todo o século, trava-se uma luta, além disso, contra o escrito pornográfico e o objeto obsceno, dos quais Annie Lamarre descreveu, aliás, os múltiplos episódios[41]. Durante o último quarto do século, sobretudo, surgiram sociedades de moralidade em toda a Europa Ocidental, geralmente por iniciativa de protestantes. Os "empreendedores morais" foram ativos especialmente na Suíça e na Bélgica. Na França, o Senador Bérenger mostrou-se um infatigável combatente; e Émile Pourésy mais ainda, já que, em plena guerra mundial, esforçou-se, com suas conferências, para converter os soldados das trincheiras a uma moral sexual sadia. No Reino Unido, Josephine Butler multiplicou as campanhas que, aqui, podemos apenas mencionar. Na Itália, Rudolfo Bettazzi consagrou-se muito ativamente na mesma cruzada[42].

Existem outros textos, então mais acessíveis, que contribuem para estimular o desejo. A literatura romanesca do século XIX, sobretudo aquela da segunda metade, inventou um novo olhar, que transcende o corpo, ao mesmo tempo em que o envolve. Essa época, escreve Philippe Hamon, "descobre que

---

40. Cf. tb. o livro clássico de MARCUS, S. *The Other Victorians* – A Study of Sexuality and Pornography in Mid-Nineteenth Century England, Nova York: Basic Books, 1966.

41. LAMARRE, A. *L'enfer de la IIIe République Censeurs et pornographes (1881-1914)*. Paris: Imago, 1990.

42. WANROOIJ, B.P.F. *Storia del pudore* – La questione sessuale in Italia, 1860-1940. Veneza: Massilio, 1990. Sobre a luta contra a pornografia, cf. as páginas 39-59. No que diz respeito ao Reino Unido e à atividade de Josephine Butler: WALKOWITZ, J. *Prostitution and Victorian Society* – Women, Class and the State. Cambridge: Cambridge University Press, 1980.

a imagem, instalada na memória, filtra nosso acesso ao real em si, pois ela não é apenas um objeto exterior ao olhar do espectador, mas está dentro do sujeito que olha[43]. Ora, o romance suplanta, pouco a pouco, o teatro na descrição dos corpos, de suas posturas e de seus gestos, sobretudo depois que, em Paris, esgotou-se a pantomima que havia visto o triunfo de Dubureau.

A onipresença da "carne em texto" é, agora, surpreendente nos romances. O corpo, na abundância de suas manifestações, é tomado como "quadro por um terceiro *voyeur*". Os *Rougon-Macquart* ilustram tal profusão. Os homens reunidos na casa da Condessa Muffat (*Nana*) se interrogam sobre a eventual largura e a firmeza de suas coxas. O patrão Herbeau (*Germinal*), retornando ao seu escritório, é acometido pelo espetáculo ou pelo vulto dos corpos de seus empregados e suas empregadas reunidos numa bebedeira comum. Os romances naturalistas, especialmente, são igualmente "caixas-pretas com segredos íntimos"[44]. As cenas em quartos são abundantes em Zola. Claro, a censura impõe máscaras retóricas que impedem que o mistério seja totalmente desfeito. O efeito sobre o leitor não fica abolido, contudo. O ateliê do pintor constitui outro lugar privilegiado da cena romanesca da exibição dos corpos (*L'Oeuvre* de Zola, *Manette Salomon* dos irmãos Goncourt). Pois que ele é, tanto quanto o salão do bordel, um lugar de confronto de corpos nus com corpos vestidos, um local onde o corpo da mulher se exibe e se expõe em partes – cabeça, costas, mãos, ventre –, um lugar onde o *status* do personagem feminino e as posturas utilizadas se apresentam de forma tão complexa porque aí se misturam, conforme a necessidade, a artista, a modelo, a amante, a esposa. Para o leitor, como para o visitante do museu, a decriptação desses corpos nus ou despidos constitui um jogo sutil que não deixa de apelar à sua sensualidade.

Há outros procedimentos que estimulam sua imaginação. Philippe Hamon observa que a literatura do século XIX, comparando com o romance

---

43. HAMON, P. *Imageries*. Op. cit., p. 28.
44. Ibid., p. 50.

das Luzes, apresenta um corpo "mais imaginativo e neuronal que humoral"[45], um corpo socializado, feito espetáculo, formado de caixas anatômicas empilhadas – a casa, as vestes, a pele. Sobretudo, um corpo marcado por seu passado, salpicado de sinais e de indícios que traem a paixão, o prazer, o sofrimento. Isso vale particularmente para o corpo feminino cuja pele, por suas manchas, suas rugas, seus sulcos, por todo um jogo de palidez, rubores, arrepios, etc., representa a história do sentimento e conserva a impressão das volúpias passadas.

No mesmo período, o texto e a gravura deixam de ter o monopólio da obscenidade. O imaginário passa por uma revolução devido à profusão de imagens e pela fotografia. A respeito disso, convém distinguir a exposição pública e a circulação clandestina. Peter Gay, recentemente, fez referência ao papel da visita ao museu e da contemplação das obras de arte para o conhecimento do corpo, sobretudo, por parte das crianças e das meninas. O desejo sexual de muitos adolescentes dessa época foi estimulado inicialmente pela contemplação da imagem da nudez das diversas Vênus ou do busto expostos das mulheres representadas. Barbey d'Aurevilly, dessa forma, confessou suas primeiras emoções suscitadas pelos seios generosos de um retrato feminino colocado na sala de seus pais. A descoberta da nudez, mesmo que parcial, contradizia a severidade do encobrimento do corpo.

A escultura e a pintura não deixaram, até o final do século, de exercer esse papel de aprendizagem. A nudez exposta dos "ídolos da perversidade"[46] do fim do século, toda essa branquidão selvagem, estatelada, abjeta, enrolada sobre um leito de folhagem, entrelaçada de flores e plantas, unida a serpentes ou tigres, comparados a máquinas, estimulavam ao mais alto ponto esse apelo erótico. O fascínio exercido por aquelas mulheres-esfinges, pelas sereias de cabelos longos e ondulantes como as águas do mar, atraindo seus

---

45. Ibid., p. 184.

46. Cf. DISJKSTRA, B. *Les idoles de la perversité* – Figures de la femme fatale dans la culture fin de siècle. Paris: Du Seuil, 1992.

amantes para o mais profundo dos abismos aquáticos, ou então por aqueles corpos ruivos contidos em espaços fechados que, segundo Bram Disjkstra, sugeririam os mistérios do prazer solitário das mulheres, tudo isto determinou fantasias das quais não podemos medir, infelizmente, nem a intensidade nem a extensão social. De qualquer forma, a contemplação dessa nudez aprofundou o desejo dos corpos femininos luzentes de brancura, de palidez ou de rubor – pense-se nos pré-rafaelitas, nos modelos preferidos de Dante Gabriel Rossetti – que sabemos serem, então, particularmente aptos a estimular o desejo masculino.

Esta apresentação dos corpos permaneceu sujeita a códigos. A idealidade das formas, a harmonia plástica resultava de uma série de estratagemas. Esses corpos lisos, de certo modo gloriosos, eram cuidadosamente depilados. Os pelos abdominais eram escamoteados e a vulva cuidadosamente dissimulada. Até o fim do século, a substância diáfana do nu acadêmico, a plenitude escultural do corpo desnudado continuam sendo exigências. Um distanciamento temporal ou geográfico acentua a estranheza, ao mesmo tempo em que suscita o sonho. A mitologia, o exotismo da carne, as transposições que consistem, por exemplo, em representar cenas de bordel idealizadas sob o pretexto de pilhagens bárbaras ajudam à legitimação dessa nudez apetecível dos corpos.

Tais topografias asseptizadas não são mais que ficções, "entre outras alucinações possíveis [...]; simulacros corporais que exorcizam o inquietante desconhecimento do corpo substituindo-o com imagens, uma objetivação fictícia"[47]. Essa forma de colocar as coisas mantém a ilusão de que ele pode ser compreendido, dominado; uma maneira de abolir o corpo sensível, o corpo vivo.

A própria fotografia, quando não era clandestina, esforçava-se por responder aos mesmos imperativos. Os nus fotográficos dos meados do século, os de Eugène Durieu ou os de Auguste Belloc, por exemplo, geralmente es-

---

47. BAILLETTE, F. "À contre-corps". *Quasimodo*, n. 5 – Art à contre-corps, p. 8, inspirado em uma entrevista com CERTEAU, M.: "Histoire de corps". *Esprit*, n. 62 – Le corps entre illusions et savoir, fev./1982.

tão sujeitos a uma mesma idealização, à pregnância de modelos da Antiguidade ou do Orientalismo. A mulher é estendida, nua, "numa pose que valoriza as curvas dos seios e das coxas, os olhos fechados ou desviados, fingindo abandono ou sono"[48]. A languidez, a passividade se acham acentuadas pelo jogo de espelhos. A partir dos anos de 1870, o cenário torna-se pesado. A mulher, cujo corpo está, geralmente, disposto sobre as dobras de um rico tecido e carregada de joias, é representada em um lugar que lembra o *boudoir*. No final do século, expande-se a moda da pintura suave, do simbolismo dos nus envoltos em brumas. As fotografias de Guérin formam um bom exemplo dessa nova evanescência. Mas, ao mesmo tempo, como mostrou Vanessa Schwartz[49], acentua-se na sociedade parisiense a atração pelos efeitos de realidade. Precisamos considerar as raízes dessa nova exigência.

Primeiramente, convém evitar uma cilada e considerar que a fotografia obscena podia suscitar o desejo com uma força sem igual. Hoje se costuma depreciar a nudez acadêmica, e há um grande risco de minimizar a carga erótica desses corpos, obviamente, idealizados, mas nos quais era fácil reconhecer a sensualidade dos modelos da época. Em suma, nada prova, apesar do escândalo, que o *Olympia* de Manet ou que a nudez parcial do modelo de *L'atelier* de Courbet tenham excitado mais os homens daquela época do que a *Vênus* de Cabanel ou os nus de Bouguereau. Nosso propósito, aqui, não é de entrar na história da arte, mas de ampliar a reflexão de Peter Gay sobre o que constitui o museu e o salão como altos locais de elaboração do desejo e de formação de um imaginário do outro.

Permanece certo que a fotografia revolucionou bastante o olhar dirigido sobre a nudez dos corpos. O novo regime – *escópico**, a nova ordem visual, a

---

48. EWING, W.A. *Le corps* – Oeuvres photographiques sur la forme humaine. Paris: Assouline, 1998, p. 22.

49. SCHWARTZ, V. *Spetacular realities* – Early Mass Culture in Fin-de-Siècle. Paris: University of California Press, 1998.

* Refere-se ao termo grego *skopeúo,* que indica a ideia de ver, olhar, examinar (telescópio, caleidoscópio, etc.) [N.T.].

criação de um novo espectador nesse século decisivo da história do olhar foram o objeto de inúmeros trabalhos, principalmente, de dois da autoria de Jonathan Crary[50]. A ótica geométrica dos séculos XVII e XVIII dá lugar a uma ótica fisiológica centrada no objeto da percepção.

No que nos diz respeito, isto se traduz por um novo tipo de nudez, uma forma desencantada, des-sublimada, "de uma carne entregue ao excesso e ao desamparo de sua contingência"[51].Ora, a fotografia autoriza um "voyeurismo da exatidão". Ela situa o espectador numa posição frontal em um teatro de evidência. Eliminando toda possibilidade de recorrer à ilusão, ela desnuda secamente o espectador e o submete à "presença inevitável e insignificante" do corpo, à sua pureza, afirma Jean Baudrillard[52]. É conhecida a influência exercida por esse novo regime *escópico* sobre a pintura. Os historiadores da arte analisaram profundamente a crise do nu e dos modelos icônicos do corpo, cujos maiores modelos são o *Olympia* de Manet[53], o nu fendido de *La femme aus bas blancs* ou *L'origine du monde* de Courbet[54]; e esses artistas ousaram afastar-se do corpo sofisticado, disciplinado, idealizado, que nós acabamos de evocar, e impuseram uma nova relação entre a evidência da mulher nua e o espectador do quadro.

Em matéria de obscenidade, a fotografia autoriza um novo ritual exibicionista. Por sua intensidade, sua evidência espetacular, ela confere uma presença supervisível ao corpo desnudado, exposto em toda a sua verdade. Ela submete o espectador-*voyeur* do século XIX a uma nova fascinação. Assim,

---

50. CRARY, J. *L'art de l'observateur* – Vision et modernité au XIXe siècle. Nîmes: Jacqueline Chambon, 1994.

51. RIMANN, J.-P. "On a touché au corps". *Pornographie*. Op. cit., p. 26.

52. Apud MEYER, A. "Naturalisme, 'hardiesse' ou pornographie? Zola e Barbey – La chair en texte". *Pornographie*. Op. cit., p. 87.

53. A título de exemplo, CLARK, T.J. *The Painting of Modern Life*: Paris in the Art of Manet and his Followers. Nova York: Knopf, 1984.

54. Cf. PERNOUD, E. *Le bordel en peinture*. Op. cit. "Le nu fendu", p. 19-21.

"o sexo – que não pode ser dissimulado – é circunscrito à sua materialidade genital"[55], sobremaneira o sexo masculino cujo estado, não disfarçável, dá-se a ver, na ereção, sob efeito de um desejo e, inclusive, um prazer incontestáveis. A fotografia, desde então, ilustra as observações de Henri-Pierre Jeudy. A obscenidade, que surge da transgressão, une a repulsa mais profunda à força do desejo. O sentimento da obscenidade é um pudor revoltado e uma angústia diante do excesso de visibilidade do corpo; como se, em sua total exibição, este perdesse escandalosamente todo segredo, todo enigma. Mas se "o olhar é atraído pela face do monstro, é porque ele já espera sofrer os seus efeitos em seu próprio corpo"[56].

Tais observações dizem respeito a uma fotografia clandestina, atingida pelo interdito. Inicialmente, o clichê obsceno apresenta um caráter inocente, as cenas mais ousadas não passam, geralmente, de cenas marotas que sugerem uma "concupiscência maliciosa". "Os protagonistas, escreve Alan Humerose, posam com uma cumplicidade assumida e um prazer visível num ambiente decorado com lençóis voluptuosos e uma mobília mostrando tanta vida cotidiana quanto os sexos a nudez". As "mulheres nuas agachadas ou deitadas com as pernas totalmente abertas, (são) apresentadas como coelhinhas num *boudoir*, recebem tapinhas nas nádegas durante uma sessão de aulas domésticas", elas praticam uma "felação furtiva no escritório do tabelião, ou então, num ambiente exterior bucólico [...]. Os rostos dos atores não apenas sempre aparecem, como também, na verdade, expressam muita simpatia"[57]. Os personagens dão piscadelas de olhos ao espectador. O ambiente é bem-iluminado. O enquadramento permanece amplamente aberto e o ato sexual não ocupa mais que uma parte pequenina da superfície da fotografia. "Há sempre algo de teatral entre os protagonistas".

---

55. ROMANN, J.-P. "On a touché au corps", artigo citado, p. 35.
56. JEUDY, H.-P. *Le corps comme objet d'art*. Paris: Armand Colin, 1998, p. 101.
57. HUMEROSE, A. "L'entonnoir: l'artifice pornographique dénude". *Pornographie*. Op. cit., p. 41-42.

Esse tipo de clichê aparece por volta de 1843. Na França, torna-se banal a partir de 1850. As primeiras cenas eróticas, criadas através de poses, às vezes eram pintadas a mão para tornar a aparência da carne mais apelativa. Nesta época, geralmente, os atores ficam anônimos. A clientela, limitada, é formada de homens ricos. Quanto aos modelos, normalmente são jovens, moças e rapazes, às vezes, não adolescentes. Por volta de 1850, a estereoscopia acentua o fascínio pela obscenidade. Os clichês e os aparelhos são vendidos nas óticas ou nos bordéis de luxo. Eles nunca são expostos em vitrines. A partir de 1865, as fotografias se encontram disponíveis nas lojas de impressão de fotografias e papelarias; mas era proibido expedi-las pelo correio.

Pouco a pouco, a obscenidade se integra a uma cultura de massa. Esse mercado se torna enorme e as tiragens são espetaculares. Elas atingem até 100 mil exemplares – um relatório do Departamento de Polícia de Paris, que cataloga as imagens confiscadas, atesta, já no Segundo Império, a intensidade de tal comércio. Isso indica a liberdade com que circula o obsceno, cujo uso deixa de ser confidencial[58]. A partir de 1870, o uso da foto instantânea permite dar mais vida aos acasalamentos representados. Vinte anos mais tarde, a similigravura* permite a difusão da fotografia erótica por meio do cartão postal, do calendário e do livro. Nesta data formam-se redes internacionais de divulgação. Na Itália, os cartões obscenos passam a ser vendidos em série. O problema, então, parece estar estritamente ligado à escravização e exploração sexual de mulheres brancas e à prostituição de menores. Desde 1860, o novo Estado italiano, preocupado em fundar-se sobre uma ordem moral, dá uma importância particular à luta contra todas as formas de exploração comercial do corpo[59].

---

58. ROUILLÉ, A. & MARBOT, B. *Le corps et son image*. Paris: Contrejour, 1986, p. 73-75.

* Gravura sobre zinco ou cobre obtida por processos fotográficos e químicos, cuja principal característica é a interposição de uma retícula ou granido entre a objetiva e o écran a fim de se obterem tons modelados [N.T.].

59. WANROOIJ, B.P.F. *Storia del pudore*. Op. cit. p. 51ss.

Além disso, a revolução técnica e o advento de uma pornografia-mercadoria levam a uma extrapolação naturalista que impele aos limites do que se pode olhar. A fotografia banaliza a revelação da intimidade corporal. Ela apela à possibilidade de uma "certa felicidade indigente em um ambiente burguês"[60]. Nesse momento, mais do que no século XX, parece que sua contemplação está ligada ao prazer solitário; pois o pudor de eventuais parceiras femininas estaria um pouco ofuscado.

Note-se, todavia, que o encolhimento do enquadramento, a aproximação da epiderme, a passagem do desvelamento à demonstração, do amadorismo ao profissionalismo somente acontecem no século XX. Aí a imagem de um desejo satisfeito cederá à representação dos órgãos isolados e da carne penetrada em visão total.

Reconheçamos que o que foi dito há pouco se refere principalmente à estimulação do desejo masculino. Portanto, nós estamos diante de um mistério praticamente insondável do desejo e do prazer femininos, procurados nas profundezas da história. O pudor – e uma censura exterior – reduziu à raridade extrema os testemunhos diretos emanados das mulheres. Esse sentimento merece, contudo, que nos detenhamos um pouco sobre ele, já que pesou tanto sobre o comportamento feminino. A ambiguidade desse "tato da alma" (Joubert) foi muitas vezes apontada. O pudor subtrai a intimidade ao olhar alheio, "podendo seduzi-lo ainda mais". Num tempo em que a reserva pode ser um reconhecimento da vulnerabilidade e significar uma reticência atemorizada, a indefinição dos sinais convida à sutileza do jogo de atitudes. "Rubores, olhares que se cruzam e se evitam, tremores ou empalidecimentos são ansiosamente estudados e decifrados"[61]. O que justifica o temor de ruborizar, batizado, então de eurotofobia.

---

60. HUMEROSE, A. "L'entonnoir..." artigo citado, p. 45.

61. VINCENT-BUFFAULT, A. "La domestication des apparences". *Autrement*: La pudeur, la réserve et le trouble, n. 9, out./1992, p. 127 e 134. • JOUBERT, J. *Essais, 1779-1821*. Paris: Nizet, 1983.

Da mesma forma, a união conjugal – e mesmo a simples ligação – cria uma forte ruptura nos comportamentos cotidianos; algo que um homem ou uma mulher do terceiro milênio dificilmente consegue imaginar. A proximidade involuntária, a estranheza da falta de pudor profanam a aura da mulher. No fundo, é a percepção de si e do outro que se acha abalada. O preço pago pelo homem amoroso ao pudor feminino faz recair sobre a união conjugal o perigo do desgosto. Sob esse ponto de vista, a cena do desnudamento após o baile deve ser vista sob a ótica da cena da noite de núpcias.

Retornemos, contudo, às fontes do desejo e do prazer femininos. Os *Memoranda* de Louise Colet, que relatam diversas experiências sexuais e confidências de amigas, algumas cartas inflamadas de George Sand a Michel de Bourges, as confissões indiretas de Virginie Déjazet a seu amante, o ator Fechter, revelando as masturbações a que se entrega com a lembrança de suas diversões, imaginando – pois ele lhe disse – que seu amante, por sua vez, também se dê a essa prática, motivado pelas lembranças[62], são apenas alguns casos isolados, sem dúvida não representativos. A escritura feminina mantém-se muito cautelosa, mesmo quando se trata de ficção. Os romances de George Sand são castos, a menos que esta tenha participado da elaboração de *Gamiani*. No máximo, percebem-se em *Lélia* as confidências da heroína feitas à sua irmã, sobre os pavores de sua frigidez e sobre os ardores impotentes que a dominam nos braços de seu marido.

As jovenzinhas, em seus diários íntimos, ousam, quando muito, mencionar a descoberta de seu corpo, as fricções e as emoções do namoro. Em suma, somos obrigados a nos contentarmos, essencialmente, com o desejo e o prazer femininos tais como puderam ser observados ou supostos pelo homem, quer dizer, na tensão que se instaura entre a certeza de um prazer intenso, insaciável, sem limite, e um desejo mais raro, menos autêntico e mais facilmente resistível. Quadro que culmina no imaginário masculino do safismo*.

---

62. DELATTRE, S. *Un amour en coulisses* – La liaison de Virginie Déjazet et de Charles Fechter à travers leur correspondence, 1850-1854. Paris: Université Paris I, 1991 [Dissertação de Mestrado].

* Homossexualismo entre duas mulheres; amor lesbiano, tribadismo [N.T.].

O medo da mulher, que atormenta o homem dessa época, traduz-se no olhar fascinado dirigido à histeria, considerada especificamente feminina até a penúltima década do século. Esse mal[63], que pesa de forma tão dramática sobre as representações femininas do final do século XVIII até o triunfo das teorias freudianas, aparece essencialmente como uma retórica do corpo, "dominado por instintos e paixões". Bem antes do quadro das quatro fases demarcadas por Charcot e do estabelecimento do teatro da Salpêtrière que exibia os corpos vítimas da grande crise, a histeria é vista como convulsão, grito, contração, tosse, anestesia ou hiperestesia.

Naturalmente, desde o fim do século XVII, a antiga teoria que atribuía o mal aos movimentos de um útero considerado autônomo tinha se desfeito. Os progressos da dissecação, a observação dos ligamentos tinham tornado obsoleta essa etiologia. A teoria humoral também já não se explicava pelos vapores, resultado da corrupção de matérias seminais nem por seus efeitos sobre o cérebro. No que nos diz respeito, a história da histeria começa no início do período tratado neste volume. Em 1769, Cullen emprega o termo "neurose". Na perspectiva de Hoffmann ou de Sthal, os pesquisadores passam a considerar, então, a histeria como uma doença do sistema nervoso.

Entre 1800 e 1850, a escola anatomoclínica francesa domina o terreno. De acordo com sua concepção organicista, a origem da doença situa-se no interior do corpo. Alguns propõem a tese neurogenital. De acordo com Lou-

---

63. A bibliografia relacionada à histeria no século XIX é imensa. Para uma boa visão, remetemos à mais recente: EDELMAN, N. *Les métamorphoses de l'hystérique du début du XIXe siècle à la Grande Guerre*. Paris: La Découverte, 2003. • EDELMAN, N. "Répresentation de la maladie et construction de la différence des sexes. Des maladies de femmes aux maladies nerveuses, l'hystérie comme exemple". *Romantisme*, n. 110, 2000, p. 73-87. • DIDI-HUBERMAN, G. *L'invention de l'hystérie*. Paris: Macula, 1982. Sem esquecer de outra publicação recente: GARCÍA, F.V. & MENGIBAR, A.M. *Sexo y razón*. Op. cit., p. 412-426. No que diz respeito à preservação do papel do útero segundo muitos médicos até o século XX, cf. SHORTER, E. *From Paralysis to Fatigue* – A History of Psychosomatic Illness in the Modern Era. Nova York/Toronto: The Free Press, 1992, p. 48ss.

yer-Villermay – mas também Broussais levado por sua concepção da irritação –, o útero permanece o lugar originário do mal. Trousseau e Piorry consideram, inclusive, que o gozo feminino, convulsivo, seja sempre de natureza histérica. Ao longo de todo o século, médicos continuam a expressar tais convicções.

Segundo outros clínicos gerais, tratar-se-ia de uma doença neurocerebral cuja sede está no cérebro. Georget, desde 1821, Brachet (1837), seguidos de Briquet (1852), propõem esta tese, que faz entender a doença como moral e socialmente aceitável. O sucesso da teoria neurocerebral leva a acentuar a fragilidade da mulher, a considerar como patológicos uma série de comportamentos somáticos que, até então, pareciam normais, a dar conselhos relacionados à educação e a apresentar o casamento como uma terapia estabilizante. Todavia, segundo esta mesma teoria, a compressão do ovário, a titilação do clitóris, o orgasmo dessa forma provocado deixam de representar remédios adequados, já que o mal, segundo Briquet, está essencialmente ligado à impressionabilidade.

Nicole Edelman demonstrou bem a decalagem dessas convicções. Enquanto muitos cientistas inocentam, desse modo, a menina e a mulher histéricas, a literatura de ficção, sobretudo entre 1857 e 1880, associa mais do que nunca esse mal aos descontroles do sexo. Basta analisar os romances de Flaubert, dos irmãos Goncourt e de Zola. Ao mesmo tempo, historiadores e antropólogos associam o mesmo sistema de representações ao comportamento das multidões violentas. É assim que o qualificativo de histérico passa a revestir-se do significado de uma injúria.

Entre 1870 e 1880, a tônica, repetimos, é colocada sobre a violência espetacular de um mal que contorce o corpo e o desestabiliza; o que difunde amplamente uma representação do feminino, definido pelo exagero, o excesso, a desmedida. Logo se cria, assim, uma identificação entre histeria, perversão, fingimento.

Mas, já na Salpêtrière, encontra-se destacado o papel do choque inicial, associado a uma emoção intensa. Entre 1890 e 1914, a histeria – que não é mais especificamente feminina – deixa de pertencer ao objeto estudado neste livro. Ela se tornou uma doença psíquica ligada a um traumatismo e resultado da tensão entre o desejo insatisfeito e a pressão social.

Foi visto, muitas vezes, que essa profusão de discursos sobre a histeria era masculina e que os homens, por esse viés, ao exprimirem sua angústia diante das manifestações femininas do desejo e do prazer, tinham agido no intuito de conduzir a mulher à maternidade, à genitalidade, ao mesmo tempo em que se faziam os verdadeiros detentores do saber sobre a sexualidade.

O medo masculino alimenta-se de fantasias de devoramento e de submersão pela Eva tentadora, conhecedora de táticas de estimulação do desejo masculino, capaz de desencadear qualquer coisa pelo fato de ela identificar-se com a natureza e ameaçar revelar, assim, a qualquer momento, sua animalidade.

A descoberta da automaticidade da ovulação, o fascínio provocado pela observação do ciclo da menstruação e do funcionamento da matriz* não atenuaram os sintomas masculinos, ao menos no seio das elites; ou seja, a relativa frequência do fiasco, ridicularizado por Stendhal, Musset, Flaubert, como também os irmãos Goncourt. A inacessibilidade do corpo feminino, protegido por seus múltiplos envoltórios, explica a inibição que acomete ao parceiro e prejudica sua ereção quando, finalmente, se lhe desvela a mulher desejada, ofertada em sua nudez branca e polposa. A literatura romanesca examina essa experiência dolorosa, evocada em meias-palavras. É difícil ao leitor do século XXI compreender a especificidade dessa emoção – e da decepção – que caracteriza o amante longamente confrontado com essa inaces-

---

* Órgão musculoso feminino, oco, piriforme, onde se desenvolve o feto; útero [N.T.].

sibilidade e submetido, através de sua educação sentimental, a essa "disciplina do amor", que foi detalhadamente analisada por Gabrielle Houbre[64]. A "frequentação" à nudez dos bordéis, o outro polo da sexualidade masculina da época, longe de preparar para o contato com o corpo da amada, torna mais difícil ainda imaginar por qual surpreendente caminho o anjo desejado se transformará na fêmea pronta a todas as posições da volúpia estimuladas pelas lembranças da casa de tolerância. "Há alguns dias, eras uma deusa", escreve Baudelaire à Madame Sabatier depois de tê-la conquistado. "Eis-te, agora, uma mulher"[65].

Os romances de Jules e de Edmond de Goncourt, principalmente *Germinie Lacerteux*, *La Fille Élisa*, *Madame Gervaisais* e *Chérie*, como também seu diário, refletem com particular clareza esse imaginário masculino atemorizado pelo desejo e o prazer femininos. Mas não quer dizer que se encontrem muitas obras de ficção a esse respeito; é inútil encetar aqui um longo catálogo.

4. O retrato do "antifísico"

Esse quadro do imaginário da relação sexual, nas suas múltiplas lógicas que aqui nos empenhamos em expor, pode, em alguma medida, ajudar a interpretar o discurso utilizado para a união de corpos do mesmo sexo? Esse assunto foi tratado, há uns quinze anos, nos talentosos escritos de Michel Foucault, Jean-Paul Aron, Christian Bonello, Marie-Jo Bonnet, Michel Pollack [...] Depois, os trabalhos que lhe foram consagrados têm sido muito numerosos; testemunhas disso são os de Florence Tamagne, Didier Éribon e de todos os pesquisadores ligados ao movimento *Queer* (Monica Wittig, Ma-

---

64. HOUBRE, G. *La discipline de l'amour* – L'éducation sentimentale des filles et des garçons à l'âge du romantisme. Paris: Plon, 1997.

65. Cf. BAUDELAIRE, C. *Correspondence*. Tomo I. Paris: Gallimard, 1974, p. 425 [Col. "Bibliothèque de la Pléiade"].

rie-Hélène Bourcier), que buscam visualizar todos os processos de naturalização na história das sexualidades[66]. Todavia, parece-me que o essencial foi apresentado e dito ao longo dos anos de 1970, ao menos no que diz respeito à história do corpo no século XIX. À parte isto, no entanto, os autores daquela década parecem não ter prestado suficientemente atenção na especificidade da retórica da medicina legal, naquela época em vias de constituição, nem na ênfase exigida pelo discurso dos especialistas. Recentemente, Fédéric Chauvaud mostrou aquilo que dependia de uma arte ajustada à descrição e a narração dos sinais do atentado aos costumes. De onde podemos perceber que atribuir ao conjunto do corpo social a fenomenologia de um Ambroise Tardieu – tão utilizado por Jean-Paul Aron e Roger Kempf – pode colocar o historiador à mercê de uma fonte nociva[67].

66. A respeito desse objeto histórico, também, a bibliografia é inesgotável: ARON, J.-P. & KEMPF, R. *Le pénis et la démoralisation de l'Occident*. Paris: Grasset, 1978. • BONELLO, C. *Discours médical sur l'homosexualité en France à la fin du XIXe siècle* – Des années 1870 aus années 1900. Paris: Universidade Paris VII, 1979 [Tese de doutorado]. • HAHN, P. *Nos ancêtres les pervers*. Paris: Orban, 1979. • POLLACK, M. L'homosexualité. In: ARIÈS, P. & BÉJIN, A. (org.). "Sexualités occidentales". *Communications*, n. 35, 1982, p. 56ss. • BONNET, M.-J. *Un choix sans équivoque* – Recherches historiques sur les relations amoureuses entre les femmes, XVIe-XXe siècle. Paris: Denoël, 1981 [Col. "Femme"]. BONNET, M.-J. *Les relations amoureuses entre femmes (XVIe- XXe siècle)*. Paris: Odile Jacob, 1995. • JACQUES, J.-P. *Les malheurs de sapho*. Paris: Grasset, 1981. • TAMAGNE, F. *Histoire de l'homosexualité en Europe*: Berlin. Londres, Paris, 1919-1939. Paris: Du Seuil, 2000. • TAMAGNE, F. *Mauvais genre* – Une histoire des représentations de l'homosexualité. Paris: La Martinière, 2001. • ÉRIBON, D. *Réflexions sur la question gay*. Paris: Fayard, 1999. Sobre os movimentos contemporâneos há uma apresentação elucidativa em *Cahiers d'Histoire* – Revue d'histoire critique (n. 84, 2001: "Sexualités et dominations"), especialmente os artigos de Sylvie Chaperon ("Histoire contemporaine des sexualités: ébauche d'un bilan historique", p. 5-22) e intervenções de Marie-Hélène Bourcier, de Didier Éribon, de Michelle Perrot e outros na mesa-redonda "Sexualités et dominations" (p. 73-90). No que diz respeito à teoria *queer*, cf. *Différences*, vol. 3, n. 2, verão de 1991: "Queertheory, lesbian and gay sexualities". Sobre as figuras da homofobia nos séculos XIX e XX, TAMAGNE, F. "Genre et homosexualité – De l'influence des stéréotypes homophobes sur les représentations de l'homosexualité". *Vingtième Siècle*, n. 75, jul.-set./2002, p. 61-73.

67. CHAVAUD, F. *Les Experts du crime* – La médecine légale en France au XIX siècle. Paris: Aubier ["Collection historique", 2000].

De qualquer modo, nesta síntese, precisamos lembrar em algumas linhas o quadro que, em meados do século, a ciência especializada traça do pederasta ou do "antifísico", visto que convém evitarmos o anacronismo do vocabulário. Comecemos pela diatribe. Na medida em que ela se opõe à natureza e não responde ao objetivo da reprodução, a união de dois corpos masculinos, até nos dicionários mais comuns, é apresentada como monstruosa, como uma paixão "assustadora", uma "depravação desregrada" que causa repulsa. Mas é preciso, a respeito disso, dar vez ao necessário distanciamento que o escritor é obrigado a adotar aos olhos de seu leitor ao abordar um tal assunto.

Se dermos crédito a Ambroise Tardieu, o *expert* por excelência nos anos de 1850, a prática do amor antifísico deixa marcas no corpo. Ela define toda a aparência. "Os cabelos crespos, a pele pintada, o pescoço descoberto, as vestes apertadas de modo a fazer ressaltarem as formas, os dedos, as orelhas, o peito cheio de joias, a pessoa inteira exalando o cheiro de perfumes os mais penetrantes e, na mão, um lenço, flores ou algum trabalho feito com agulhas"[68]: o conjunto gera uma "fisionomia estranha, repulsiva", uma aparência cuidada que contrasta com uma "qualidade sórdida". O antifísico não apenas confunde a distinção sexual das aparências, mas tenta dissimular sua abjeção.

O quadro é ainda mais intenso quando o *expert* descobre a nudez. Tardieu, aqui, distingue cuidadosamente a "pederastia ativa" da "pederastia passiva". A primeira se traduz na conformação do membro, em geral muito franzino, mas excepcionalmente bem volumoso. "A forma, quando um membro é pequeno, lembra absolutamente a mesma do membro do cachorro. É grosso na base e vai se afinando até a extremidade, onde é bastante fino". Quando o pênis é muito volumoso, a extremidade da glande é "exageradamente alongada [...]", além disso o membro é torcido sobre si mesmo, ao longo da sua extensão"; isto se deve à forma do ânus, "sobre o qual (o mem-

---

68. Citado pelo *Grand dictionnaire universel du XIXe siècle* de Pierre Larousse e, portanto, com garantia de uma grande divulgação – artigo "Pédérastie", bem como as citações que seguem.

bro) se molda de certa forma". A torção é "produzida pela resistência do esfíncter anal que, sendo (o pênis) muito volumoso, não consegue penetrar senão com um movimento de parafuso ou de espiral".

A pederastia passiva, por sua vez, pode ser percebida pelo desenvolvimento excessivo das fezes, causada pela deformação do ânus, pelo relaxamento do esfíncter, pela dilatação extrema do orifício anal, pela incontinência, as ulcerações, as fístulas; sem esquecer as cicatrizes das feridas produzidas pelos corpos estranhos e os estigmas da blenorragia retal ou da sífilis.

Ambroise Tardieu afirma ainda que a prática da felação faz com que os "pederastas" tenham "a boca disforme, dentes muito curtos, lábios espessos, caídos, deformados". Por conta da frequência das relações e a intensidade dos prazeres, Thoinot vai ainda mais longe, afirmando que "o desgaste dos dentes, o caimento dos lábios devido ao onanismo bucal, parecem ir além de toda imaginação na medicina legal"[69].

A crueldade do quadro resulta, em parte, da extrema precisão imposta ao *expert*, mas já se falou, também, do peso de uma fenomenologia preexistente no espírito do observador. A medicina clínica se depara, aqui, com seus limites. Mais adiante retomaremos a análise dessa vontade de naturalização e de criação de uma espécie que dá seguimento à inquietude suscitada, no século XVIII, pela constituição de uma sociabilidade de "pederastas", de "infames", de "imoderados", – o termo "sodomitas" é pouco empregado, na época – considerada cada vez mais uma ameaça. Deixemos para mais tarde o exame da atitude dos médicos em relação ao que se tornaria a "homossexualidade" masculina e feminina. Notemos, apenas, que Michel Foucault, sem dúvidas, subestimou a importância do processo de especificação empreendido, marginalmente, durante o século XVIII e negligenciou a influência do Neoclassicismo nesse campo. O nascimento do desejo homossexual é atri-

---

69. TARDIEU & THOINOT apud BONELLO, C. *Discours médical sur l'homossexualité...* Op. cit., p. 79.

buído ora à sociedade e ao desgosto provocado pelo abuso das mulheres, ora à privação absoluta de relações femininas.

II. A difícil história das práticas de prazer

Sobre a base de representações que tentamos reconstruir em linhas gerais e que não perde sua credibilidade antes do final dos anos de 1860, podemos tentar desenhar um quadro das práticas. Mas, repitamos, é uma tentativa sem muitas esperanças. Nós dispomos, no máximo, de magras fontes relacionadas a textos pessoais – diários íntimos, correspondências, autobiografias; ora, esses escritos dizem respeito apenas à pequena elite formada por indivíduos capazes de deixar traços de sua existência íntima. A isto somam-se os arquivos judiciários que Anne-Marie Sohn, sobretudo, investigou durante uma pesquisa cujo alcance não tem comparação[70]. Infelizmente, o teor de declaração presente nas informações fornecidas, a dificuldade da confissão, o temor de uma sanção prejudicam a exposição de práticas que, de qualquer modo, são excepcionais, pois são reveladas por ocasião de um agravo.

A abundância de literatura médica consagrada à puberdade feminina, a seus mecanismos, seus riscos, às precauções que ela impõe – basta atentar ao enorme tratado do Professor Raciborski[71] – pelo menos às meninas solteiras que pertencem à elite, a recorrência desse tema nos romances naturalistas – por exemplo, Une page d'amour e La Joie de vivre de Émile Zola – harmonizam-se com o que consta nos diários íntimos femininos. Em seu conjunto, dão a entender que o olhar atento da menina jovem sobre o desabrochar de seu corpo se amplia, ajudado pela proliferação dos espelhos que permitem

---

[70]. SOHN, A.M. *Du premier baiser à l'alcôve* – La sexualité des Français au quotidien (1850-1950). Paris: Aubier ["Collection historique", 1996].

[71]. RACIBORSKI, M.A. *De la puberté et de l'âge critique chez la femme au point de vue physiologique, hygiénique et médical et de la ponte périodique chez la femme et les mammifères.* Paris: J.-B. Baillière, 1844, e inúmeras obras mencionadas por Jean-Claude Caron na obra citada na nota seguinte, p. 175, n. 21.

ver-se de pé. Jean-Claude Caron cita com razão esse fato que caracteriza a existência juvenil[72]. A leitura dos textos de Thérèse Moreau que tratam do sangue das mulheres leva à mesma hipótese[73].

Não se poderia compreender bem a sexualidade feminina dessa época sem tomar em consideração o valor atribuído à preservação do hímen na perspectiva da saúde e no sucesso matrimonial. O capital da honra assim preservado tem importância semelhante ao do capital biológico constituído pela boa saúde e à importância do patrimônio, formado pelo dote e por "esperanças"*. O corpo da mocinha, com suas qualidades de reprodução mais ou menos perceptíveis, é valorizado na medida em que está intacto, preservado de toda impureza, de todo risco de impregnação ou de contaminação e, sobretudo, da descoberta do prazer, que o esposo deve ser o primeiro a lhe revelar tornando-a, então, uma mulher realizada (cf. p. 196).

Durante as últimas décadas do século XIX, segundo Fabienne Casta-Rosaz, acontece a lenta difusão do *flirt*[74]; quer se trate de algo baseado nas práticas de masturbação recíproca construídas a partir do modelo da *maraîchinage* de Vendée[75], ou que tenha sofrido a influência permissiva das jovens americanas, passageiras dos transatlânticos e dadas a brincadeiras efêmeras, ou resulte do aumento da "frequentação" das estações termais e de todas as distrações que fazem parte dos passatempos das viagens, ou ainda tenha sido

---

72. CARON, J.-C. In: BRUIT, L. et al. (org.). *Le Corps des jeunes filles de l'Antiquité à nos jours*. Op. cit.

73. Cf. supra, n. 9.

* Termo antigo que significa os bens que se espera receber em herança [N.T.].

74. CASTA-ROSAZ, F. *Histoire du flirt* – Les enjeux de l'innocence et de la perversité. Paris: Grasset, 2000. • BASHKIRTSEFF, M. *Journal* [1887]. Paris: Mazarine, 1985. [O termo *flirt* é inglês, e significa namoro, o ato de namorar (N.T.)].

75. Cf. FLANDRIN, J.L. *Les Amours paysannes, XVIe-XIXe siècle*. Paris: Gallimard/Julliard, col. "Archives", 1975 [Uma prática conhecida como *bundling* ou *maraîchinage* significava que um rapaz podia cortejar uma moça à noite, num quarto à parte do resto da família, na cama, no escuro e seminus (N.T.)].

incentivado pela prática feminina do esporte, sobretudo da bicicleta, da equitação e do tênis, bem como pelas vestes mais leves que isso implica, o fato é o seguinte: os diários íntimos femininos, sem esquecer o testemunho do sexólogo Forel[76], mostram bem que a personagem da semivirgem proposto por Marcel Prévost não é personagem apenas da ficção. Os arrepios causados pelos insistentes olhares, pelos leves toques na pele, pelo envolvimento dos braços na valsa, pelos abraços, as carícias e o toque no sexo ensinam a mocinha, e mesmo a mulher casada, a deixar vibrar seu corpo, por vezes até ao orgasmo, sem, contudo, permitir-se a penetração. Com isso, as diversas maneiras pelas quais acontece a educação sentimental e sexual das jovens solteiras e das recém-casadas se encontram modificadas. Além disso, a prática crescente das viagens de núpcias a Veneza, à Argélia ou ao longo dos *fjords* (golfos) da Noruega colaboram para melhorar o caráter sensual da união conjugal, que a leitura dos romances psicológicos à maneira de Paul Bourget incita a apimentar.

Mas o essencial não está nisso. Frequentar as prostitutas era uma prática quase generalizada entre os homens no século XIX[77]. Era no interior do

---

76. FOREL, A. *La question sexuelle exposée aux adultes cultivés*. Paris: G. Steinheil, 1906.

77. Há imensa bibliografia sobre o assunto. CORBIN, A. *Les filles de noce* – Misère sexuelle et prostitution (XIXe siècle). Paris: Aubier, 1978 [Reed. Flammarion, col. "Champs", 1982. • Id., *Le temps, le désir et l'horreur* – Essais sur le XIXe siècle. Op. cit. • HARSIN, J. *Policing Prostitution in XIXth Century*. Paris: Princeton University Press, 1985. • BERLIÈRE, J.M. *La police des moeurs sous la IIIe République*. Paris: Éd. du Seuil, 1992. • ADLER, L. *La vie quotidienne dans les maison closes, 1830-1930*. Paris: Hachette, 1990. • SOLÉ, J. *L'âge d'or de la prostitution, de 1870 à nos jours*. Paris: Plon, 1993.
A título de exemplos, sobre a Inglaterra: WALKOWITZ, J. *Prostitution and Victorian Society*. Op. cit. • FINNEGAN, F. *Poverty and Prostitution*: A Study of Victorian Prostitutes in York. Cambridge, 1979.
Sobre Portugal: LIBERATO, I. *Sexo, ciência, poder e exclusão social* – A tolerância da prostituição em Portugal (1841-1926). Lisboa: Livros do Brasil, 2002.
Sobre a Espanha, cf., de Francisco Vazquez García e Andrés Moreno Mengibar, além da tese consagrada a Sevilha, a bela síntese em Sexo y razón. Op. cit., p. 20ss.
Na ordem das representações, BERNHEIMER, C. *Figures of Ill Repute*: Representing Prostitution in Nineteenth Century. Cambridge (Mass), 1989, bem como o conjunto das obras de Vern L. e Bonnie Bullough dedicadas ao assunto.

prostíbulo, no quarto da prostituta matriculada ou da clandestina, que o homem aprendia a conhecer o corpo feminino, e a usufruir dele. As mulheres nuas oferecidas no bordel, sabiamente organizadas conforme a cor de seus cabelos, as medidas das suas formas, o temperamento ou a origem geográfica para satisfazer os diversos gostos, atendia cada vez menos às exigências do esgoto seminal concebido por Parent-Duchâtelet. Não se tratava mais tanto de entregar à família ou à esposa um homem intacto, rapidamente aliviado. A esse propósito, todos os testemunhos da segunda metade do século XIX concordam: as prostitutas se dedicam mais voluntariamente do que outrora aos refinamentos eróticos. O mesmo acontece até nas casas do Oeste católico estudadas por Jacques Termeau[78]. No Château-Gontier, informa o Doutor Homo em 1872[79], os jovens clientes aprenderam os prazeres da felação, que eles passaram a exigir também de suas esposas. A erotização do quarto do casal pela influência da depravação impregna os escritos de testemunhas: médicos, publicitários, clientes das prostitutas. É às prostitutas que se atribui a difusão das técnicas do amor sem risco, da masturbação recíproca e da sodomia, em suma, de tudo aquilo que os moralistas qualificam como "serviços ignóbeis". Acredita-se que a elas se deva a difusão, que na França ficou limitada, dos preservativos e dos pessários (supositórios vaginais) preconizados pelos militantes neomalthusianos[80], sem esquecer o aprendizado da higiene íntima. Tudo isto participa da grande história da carícia no Ocidente que, infelizmente, está ainda por ser escrita.

Sobre todos esses pontos, contudo, é preciso avançar com prudência: a rapidez da evolução e o alcance da inovação poderiam ser exagerados pela crescente visibilidade das práticas. O afrouxamento das proibições da linguagem, o abaixamento dos limiares do pudor, a liberação e a laicização dos procedimentos da confissão distorcem, sem dúvida, a avaliação das mudan-

---

78. TERMEAU, J. *Maisons closes de province*. Le Mans: Éd. Cénomanes, 1986.

79. HOMO, H. *Étude sur la prostitution dans la ville de Château-Gontier*: [s.l.], [s.e.], 1872.

80. Cf. RONSIN, F. *La grève des ventres*. Paris: Aubier, 1979.

ças. De qualquer modo, tudo que foi dito, repitamos, refere-se a um conjunto de normas e de comportamentos que concerne às elites. Os trabalhos de Anne-Marie Sohn[81], que revelam as práticas populares, lançam outra luz sobre a sexualidade ao longo do final do século. Não parece, com efeito, que a literatura médica, tão investigada pelos historiadores, tenha exercido sua influência para além da clientela privada dos clínicos-gerais. Os arquivos judiciários revelam – mas, novamente, convém considerar a estrutura da amostragem – comportamentos mais simples que parecem indignos e brutais aos observadores esclarecidos.

No ambiente rural, não obstante, aquilo que os etnólogos descreveram como refinamentos da cortesania e vigilância exercida pelas comunidades juvenis, o corpo das jovens parece mais disponível do que na cidade. Aqui não há vergonha em deixar o rapaz desfrutar da parte de cima, isto é, acariciar os seios. A carícia na vulva e no clitóris parece menos indecente do que a penetração profunda; o que não deixa de surpreender o leitor do século XXI. Os rapazes não hesitam em exibir seu membro viril e pedir uma felação. Os locais da sedução e das uniões furtivas, fora do casamento, estão dispersos no espaço: os campos, a granja, a estrebaria, a meda do feno, a escada. Os arquivos judiciários permitem, aqui e ali, um inventário das posições. As relações ilícitas e furtivas repertoriadas por Anne-Marie Sohn se realizam de pé, sobre uma cadeira, sobre uma mesa, quando não estão, os amantes, apoiados de lado em um móvel. O proprietário de Moulin-la-Marche (Orne) gosta de tomar sua mulher em cima da ucha de pão [...] ou então na adega.

As práticas de bestialidade não parecem excepcionais, e uma camponesa se lamenta de que o marido faça mal a suas galinhas. Em 1916, ainda, Jean-Pierre Baylac Choulet, pastor do Vale de Campan, anota suas explorações em seu diário íntimo. No dia 9 de setembro ele escreve: "Dia de névoa. De

---

81. SOHN, A.-M. *Du premier baiser à l'alcôve*. Op. cit. Nós tomamos dessa obra as informações seguintes. O leitor pode também reportar-se a ADLER, L. *Secrets d'alcôve* – Histoire du couple, 1830-1930. Paris: Hachette, 1983.

manhã vou até as ovelhas de Cat de la Gouterre, vejo uma ovelha só. Eu a agarro, depois quero matá-la para ver seu útero"[82].

A pesquisa realizada por Anne-Marie Sohn leva a algumas conclusões sólidas: contrariamente ao que Michel Foucault dava a entender, os médicos, aqueles de província, pelo menos, permanecem em sua maioria muito prudentes nas suas consultas, quando tratam de algo relacionado à sexualidade. Muitos não ousam realizar o exame das partes sexuais de suas clientes, e a virgindade suscita infinitas precauções por parte deles.

Muito poucas mulheres têm coragem de despir-se e exibir-se totalmente nuas aos olhos de seus maridos ou de seus amantes. Isto evocaria muito nitidamente uma cena de bordel. A luz plena e a nudez total, conclui Anne-Marie Sohn, são incompatíveis com a relação sexual quando as mulheres se entregam em pleno dia, elas conservam suas roupas.

A proibição da relação durante as regras resiste até 1914 e o sexo grupal é objeto de rejeição quase geral. A resistência feminina à sodomia continua esquiva até essa data. Anne-Marie Sohn notou essa prática, no máximo, entre alguns operários das cidades grandes. As preliminares, que consistem essencialmente na carícia dos seios e das coxas, são admitidas, mas dentro do respeito aos papéis sexuais: os homens propõem, e as mulheres dispõem. Evidentemente, o receio de uma eventual gravidez inibe os impulsos e freia o prazer. Nos arquivos judiciários, principalmente no que concerne o campo, a homossexualidade aparece apenas em forma de pederastia. As "relações ignominiosas", as "abomináveis indecências" concernem, na maioria, aos dirigentes de escolas primárias ou aos membros do clero.

As maneiras de denominar os órgãos e os gestos parecem, às vezes, muito cruas e não revelam nenhuma inibição por parte das meninas e das mulheres, sem dúvida, acostumadas a ouvi-los e a tratar deles. As partes sexuais, geralmente, são designadas sob termos como "vara", "vagina" e todo tipo de

---

82. Apud SOULET, J.-F. *Les pyrénées au XIXe siècle*. Toulouse: Éché, 1987, tomo I, p. 403.

vocábulos que pertencem ao linguajar vernáculo. O uso da palavra "sexo" é bastante tardio. O emprego de "coito" continua reservado às elites cultas. Não se fala de orgasmo nos ambientes populares antes de 1940. O termo "cu" é grosseiro, mas não obsceno. Ao dirigir-se a um magistrado, diz-se que um homem "habita" uma mulher, que ele "a possui". A expressão "deitar com" emprega-se cada vez mais durante as últimas décadas do século e o termo "transar"* torna-se muito frequente após 1900, bem como a fórmula "satisfazer-se com uma mulher"**. Enquanto os homens familiarizados com a linguagem dos bordéis dizem que deram uma "trepada", "se aliviaram", que "satisfizeram" a parceira, as mulheres falam que "cederam", "se entregaram", ou "prestaram seus favores". O dimorfismo da linguagem corresponde ao dos papéis sexuais.

A revelação desse universo do sexo complementa com uma precisão até então desconhecida o que, graças aos etnólogos, nós sabemos dessa ou daquela prática local: *maraîchinage de Vendée*, já mencionado, relações pré-nupciais livres no interior dos "gabinetes" do Norte[83], casamento de experiência de Landes e da Córsega, "frequentação" noturna dos jovens do país Basco, a diversão dos Pyrénéens[84], no crepúsculo, ao longo dos percursos das montanhas ou, de noite, no fim das vigílias, liberdades deixadas aos namorados de Ouessant, os concursos de ereção realizados pelos garotos do Poitou [...] sem esquecer a falta de jeito das abordagens: pedradas, beliscões, tapas, torceduras nos braços e até murros pelos quais os rapazes do campo declaram sua paixão à menina desejada[85]. Tudo

---

* *Baiser* no original, que significa beijar, ou o beijo, mas também a *relação sexual* ou *fazer amor* [N.T.].

** *Jouir d'une femme* no original [N.T.].

83. Cf. HILAIRE, Y.-M. *Une chrétienté au XIXe siècle* – La vie religieuse des populations du diocese d'Arras, 1840-1914. Lille: Presses universitaires de Lille, 1977. • FLANDRIN, J.-L. *Les amours paysannes*. Op. cit.

84. SOULET, J.-F. *Les Pyrénées au XIXe siècle*. Op. cit., tomo I, p. 414-417.

85. Cf. SEGALEN, M. *Maris et femmes dans la société paysanne*. Paris: Flammarion, 1980, e "Le mariage, l'amour et les femmes dans les proverbes populaires français". *Ethnologie française*, vol. V, 1975, e vol. VI, 1976.

isso obviamente, variando de acordo com a posição social. As "herdeiras" dos *ostals* do Gévaudan se deixam abordar mais dificilmente do que as domésticas, principalmente quando essas últimas são jovens da assistência social, que os rapazes*, privados de herança, manifestam interesse de tomar, muitas vezes com brutalidade[86]. São as serviçais das fazendas que formam o grande contingente de infanticídios, pois é-lhes difícil resistir às investidas do seu patrão[87]. As pensionistas hospedadas nas casas para operários do Norte parecem ter contribuído para desfazer a harmonia dos casais de mineradores. Não terminaríamos a apresentação das variações nos comportamentos de acordo com as regiões e as posições sociais.

III. A revolução das últimas décadas

1. A emergência de uma ciência do sexo

As últimas décadas do século correspondem às primícias de uma revolução na ordem das representações da sexualidade, cuja coerência ainda não se tentou elucidar. Ora, esse é um objeto histórico revestido de muita importância, principalmente porque ele prepara a mutação das práticas, algo que vai se realizar lentamente ao longo de todo o século seguinte. É durante este curto período que precede a difusão das obras de Freud e a identificação do sujeito com seu corpo, que desabrocham uma psicologia experimental e uma terapêutica de gabinete, de que Pierre Janet é o maior representante, na França, e que os protossexólogos se empregam a definir e descrever as perversões.

Detenhamo-nos por um momento sobre a prática da auto-observação apregoada pelos defensores da psicologia patológica e pelos da psicologia-fi-

---

* *Cadets* no original, nome dado aos filhos que, por não serem primogênitos, não eram herdeiros legais [N.T.].

86. CLAVERIE, E. & LAMAISON, P. *L'impossible mariage* – Violence et parenté em Gévaudan, XVIIe, XVIIIe et XIXe siècles. Paris: Hachette, 1982.

87. A título de exemplo, TILLIER, A. *Des criminelles au village* – Femmes infanticides em Bretagne (1825-1865). Rennes: Presses Universitaires de Rennes, 2001.

siologia. Ela inverte os procedimentos da introspecção, agora objetivados por medidas, testes, pela experimentação e pela assistência de um terceiro. A prática da confissão fisiológica constitui um episódio importante da história do corpo. Nós nos contentaremos com um exemplo: o de Émile Zola, que revela suas inclinações e seu comportamento sexual ao Professor Édouard Toulouse, ao longo de uma série de testes e medidas. O médico conclui nesses termos: "O instinto da reprodução, no Sr. Zola, é um pouco anormal em sua atividade, mas nulamente em seu objeto". Embora ele tenha sido "sempre muito olfativo em suas simpatias sexuais", nem por isso é um pervertido e "ele desconhece o fetichismo no amor"[88].

Alguns anos antes, Zola havia se questionado, por ocasião da redação do esboço de um romance nunca escrito, quais eram os limites do observável e do dizível em matéria de prazer sexual. Era uma questão, para ele, de finalização da trajetória do escritor naturalista. Como descrever uma noite de amor "movimento por movimento"? (ele imagina que haja sete). Zola evoca seu gozo ou o de um personagem seu, não se sabe. "Prestar atenção nisso, escreve ele. Se eu analisar muito, não poderei sentir o gozo de verdade. Os primeiros movimentos sem análise. Somente mais tarde, quando eu estiver menos agitado, é que posso analisar. O outro homem que se tem em si e que olha"[89]; uma tentativa fascinante do autor que tenta traduzir o *crescendo* e o *decrescendo* do desejo masculino através da alternância entre a linguagem da ação e da introspecção, realizando uma passagem da primeira à terceira pessoa. Zola nos faz, aqui, lamentar o abandono desse romance e, mais amplamente, o de tal forma de autoescritura.

---

88. CARROY, J. Les confessions physiologiques d'Émile Zola. In: SACQUIN, M. (org.). *Zola*. Paris, 2002, p. 147 e 150 [Catálogo de exposição na Biblioteca Nacional da França – O autor cita o manuscrito autografado BNF, NAF 18896 folha 1].

89. Apud CARROY, J. Ibid. Zola aqui se situa, de certa maneira, na linha do erotismo epicureu do século XVIII para o qual o gozo impunha a exclusão da consciência e, portanto, a presença intensa do corpo.

Assim, no contexto dessa emergência de uma ciência do sexo, a literatura erótica busca renovar-se, como testemunhado pela publicação de *La Vénus à la fourrure* de Sacher-Masoch. Infelizmente, é-nos impossível, aqui, demorarmo-nos nesses dados bastante conhecidos. O mais interessante, no contexto do que estamos analisando, é tentar perceber a evolução dos modos de estimulação do desejo masculino, sem, todavia, podermos distinguir claramente, repitamos, entre aquilo que é produto da inovação daquilo que resulta da liberação da linguagem.

Um processo parece certo: o da transformação da atração da mulher que se vende. A exibição selvagem, de certo modo, a mistura indistinta dos corpos no interior do bordel atraem menos o cliente do que antes. A nudez oferecida, exposta, despojada, muitas vezes imóvel, cede espaço ao prestígio da mulher em movimentos, no jogo de sombras e luz do bulevar da cidade grande, e à atração da cantora de *caf-conçs**, de formas delineadas pela lâmpada a gás. O homem procura, pelo menos, um simulacro de sedução; e essa evolução das formas de seu desejo determina a mutação do mercado da sexualidade comercializada. As casas de encontros, com interior confortável, desenhado ao estilo do salão burguês, têm um grande sucesso. Aqui o artifício é levado ao seu auge, pois a prostituta é apresentada ao senhor, como se fosse um pouco ingênua, como uma mulher do mundo seduzida pelo adultério[90].

Outro refinamento desejado: a exposição de corpos femininos no interior desses templos de perversões que constituem os grandes bordéis de luxo da Bela Época. O que nos remete a comportamentos, muitas vezes antigos, que já estão catalogados e, de certo modo, codificados pelos protossexólogos. Só a *Psychopathia Sexualis* de Krafft-Ebing possui mais de seiscentas páginas. Vamos selecionar as mais evidentes e tentar identificar aquilo que, então, parece exacerbar particularmente o desejo masculino. Mais que à pele,

---

* Abreviação de *Cafés-Concertos*, estabelecimentos de consumo dessa bebida em que, ao mesmo tempo, os clientes podiam ouvir músicas e canções [N.T.].

90. Sobre todos esses pontos, CORBIN, A. *Les filles de noce*. Op. cit.

cujo poder já foi há muito tempo sublinhado – basta mencionar a Restif de la Bretonne –, devemos dar destaque à cabeleira da mulher, capaz de fazer desfalecer de prazer o parceiro masculino. A avassaladora cabeleira ruiva habita com frequência o pré-Rafaelismo e o Simbolismo. A cabeleira abundante, semelhante a ondas, se enlaça e se perde nas madeixas que envolvem as mulheres de Mucha. Maupassant dedica uma novela ao seu poder de incitar à masturbação. Nas grandes lojas – e em outros lugares –, cabeleireiros, munidos de tesouras, agem sub-repticiamente e carregam consigo as abundantes cabeleiras que serão suas delícias.

O linho provoca o mesmo tipo de emoção[91]. Já procuramos mostrar toda a carga erótica de que ele se revestia na época. A multiplicação das roupas de baixo, os obstáculos que apresentam ao despimento, as restrições que impedem a contemplação da nudez feminina, os cuidados exigidos no emaranhado de tecidos traçam uma conjuntura favorável à fixação das fantasias a respeito das roupas íntimas. Os sexólogos Binet, Krafft-Ebing e Moll mencionam, todos, sua eficácia em desencadear a excitação e o prazer. Eles dizem que certos homens não conseguem praticar a relação sexual sem que um tecido leve cubra, ao menos, parte da nudez da parceira. Para outros, então mais numerosos, a posse da roupa íntima da mulher desejada basta para causar a volúpia. Em toda a Europa são punidos ladrões de roupas íntimas femininas. O avental, que permite imaginar uma fácil intimidade, suscita um tipo particular de fetichismo, aquele que faz os sedutores agirem como bons garotos, tal como o Trublot imaginado por Émile Zola. Os ladrões de lenços são uma legião. O policial Macé descreveu as atitudes daqueles que atuam no meio da multidão das grandes lojas. O corpo da engomadeira também alimenta fantasias. Obrigada a despir parcialmente as costas no ambiente abafado das engomadorias, ela simboliza a carga erótica que emana das operárias dessas fábricas.

---

91. Cf. CORBIN, A. "Le grand siècle du linge". *Le temps, le désir et l'horreur* – Essais sur le XIXe siècle. Op. cit., p. 45-48.

A fotografia obscena, como vimos, ao revelar as curvas do corpo feminino, aviva o desejo de apalpar ou beliscar as nádegas das clientes no interior da loja. Na corte de Napoleão III, entretanto, a partir das medidas a veste feminina constrói um corpo fantasmático sobreposto ao corpo real. O decote profundo, que põe em evidência a nudez do peito, é praticamente exigido. A imperatriz, com efeito, exige essa ostentação. Flaubert, desde 1851, em uma carta a Louis Bouilhet, gosta de deleitar-se na satisfação inesgotável que lhe oferecem os seios das mulheres, dos quais ele detalha a variedade. A partir de meados desse século, como mostra um estudo recente[92], o valor erótico dessa parte do corpo da mulher se acentua; o que suscita um sentimento novo de indecência diante do peito descoberto da mãe que amamenta; como se o prazer feminino do aleitamento se revestisse de uma vergonha antes desconhecida. A *scientia sexualis* aponta, na verdade, a relativa analogia entre essa oferta do seio e o ato sexual. Havelock Ellis, por exemplo, considera que "o mamilo inchado corresponde ao pênis ereto, [que] a boca ávida e úmida da criança corresponde à vagina palpitante e úmida, [que] o leite representa o *sêmen*"[93]; eco de um espírito balzaquiano, pois já em 1842 o autor de *Mémoires de deux jeunes mariés* punha na boca de Renée de Lestorade, descrevendo os prazeres do aleitamento, o seguinte: "Eu não saberia te explicar uma sensação que do seio se irradia em mim até às fontes da vida". *Fécondité*, de Zola, retoma essa cena erótica e lhe confere um alcance cósmico. O leite de Marianne corre de seu seio descoberto, na relva, como um riacho d'água que fecunda os campos de seu esposo Mathieu.

2. O imaginário erótico colonial

A partir de meados do século XIX constrói-se o imaginário erótico colonial que ampliou consideravelmente a gama das fantasias. Aqui há um bom

---

92. BALDIN, D. *De la mamelle au sein* – Contribution à une histoire des représentations du corps et de la culture somatique, 1960-1914 [Tese de mestrado – Universidade Paris I, 2001].

93. Apud JODELET, D. "Le sein laitier: plaisir contre puder". *Communications*, n. 46; *Parure, pudeur, étiquette*, 1987, p. 236.

indicador para quem visa compreender a história das modalidades do desejo e da repulsa. "A importância que se atribui ao corpo do outro (estrangeiro), escreve Philippe Liotard, não se compreende senão em referência à nossa própria história e às nossas próprias (in)certezas identitárias". As ficções do corpo "organizam um mundo imaginário que põe em cena as angústias e os desejos de uma coletividade"[94]. O corpo colonial o demonstra muito bem.

Considerando o prestígio do orientalismo durante a primeira parte do século XIX e a precocidade da conquista da Argélia, a África do Norte e, mais amplamente, o Império Otomano constituem os territórios privilegiados nos quais se elaborou o erotismo colonial. Eles constituem os palcos mais reveladores das fantasias e dos desejos ocultos do branco ocidental.

As "mulheres do Maghreb", as "prostitutas do Maghreb" estão em toda parte nos relatos de viagens redigidos na virada do século. Trata-se de uma construção cujas etapas são reveladas por Christelle Taraud. Vamos segui-la em sua trajetória genealógica[95]. Em 1857 aparece *Un été dans le Sahara*, de Eugène Fromentin. O imaginário do deserto se encontra consideravelmente enriquecido pela obra, mas não é disso que queremos tratar. A descoberta das "mulheres compartilhadas", isto é, oferecidas como complemento à

---

94. LIOTARD, P. "Fictions de l'étranger: le corps soupçonné". *Quasimodo*, n. 6; *Fictions de l'étranger*, primavera de 2000, p. 61.

95. TARAUD, C. "La Prostituée indigène à l'époque coloniale". *Quasimodo*, n. 6; *Fictions de l'étranger*, primavera de 2000, p. 219ss. e *Prostitution et colonisation* – Algérie, Tunisie, Maroc, 1930-1860 [Tese, Universidade Paris I, 2002].
Sobre o harém, o erotismo e o imaginário colonial, cf. tb.: DAKHLIA, J. "L'historiographie du harém". *Clio Histoire*, n. 9; *Femmes et société*, 1999, p. 37-55. • ALLOULA, M. *Le harem colonial*: images d'um sous-érotisme. Paris/Genebra: Slatkine, 1981. • APTER, E. Visual seduction and the colonial gaze. In: COHEN, M. & PRENDERGAST, C. *Spetacles of Realism* – Gender – Body – Genre. University of Minnesota Press, 1995, p. 162-178. • HANOUM, L. *Le Harem impérial au XIXe siècle*. Paris: Complexe, 2000. • BOËTSCH, G. La Mauresque aux seins nus: l'imaginaire érotique dans la carte postale. In: BLANCHARD, P. & CHATELIER, A. *Images et colonies*. Paris: Syros, 1993. • D'ASTORG, B. *Noces orientales* – Essai sur quelques formes féminines dans l'imaginaire occidental. Paris: Éd. du Seuil, 1980. Sem deixar de mencionar o ensaio de Edward Said, mais engajado e de alcance mais geral, *L'orientalisme* – L'Oriente créé par l'Occident. Paris: Éd. du Seuil, 1997.

hospitalidade de algumas tribos, gera a imagem da parceira acessível que o europeu, espontaneamente, considera como equivalente a uma prostituta.

A onda do orientalismo constitui desde então o Império Otomano como território da busca de prazeres carnais. Istambul lembra, desde décadas – basta lembrar das *Odaliscas* de Ingres –, a profusão das mulheres em uma nudez voluptuosa; mulheres inacessíveis, reservadas, guardadas e todas à disposição do macho – o sultão – que é imaginado como mergulhado em luxúria. Essas múltiplas esposas, perpetuamente esperando pelo desejo do homem, preparadas para o comércio da carne, banhadas, perfumadas, oferecem a brancura de suas formas afáveis, docemente estendidas sobre almofadas e travesseiros. Elas provocam no espectador ou no leitor masculino uma identificação invejosa com relação ao indolente esposo. O harém sugere prazeres contrários àqueles que poderiam ser encontrados no sexo grupal, isto é, na orgia. Os prazeres do homem aí são ordenados pela sucessão. O esplendor do corpo das mulheres faz pensar que, dos espasmos que as libertam da expectativa, nascerão belos filhos, refletindo uma copulação em série. Seria abusivo, nesse sentido, comparar muito rapidamente o imaginário do harém com o do bordel. O primeiro associa a exuberância feminina à fantasia da ebriedade erótica acentuada pelo desejo da procriação; diferentemente da casa cheia de mulheres que se vendem, o harém se coaduna, à sua maneira, às normas que regem o comércio sexual.

Sabe-se também, aliás, da força do desejo suscitado em Flaubert, como em Maxime du Camp, pelas prostitutas do Egito, do Líbano e de Constantinopla. "Não há nada de mais belo, escreve o primeiro, a propósito do 'quarteirão das garças' de Keneh, do que essas mulheres chamando por você". Naquele dia, ele recusou. "Se eu tivesse ido para a cama com elas, acrescenta ele, uma outra imagem viria sobrepor-se à que eu tinha, e teria atenuado o seu esplendor"[96]. Aqui, parecem ter-se misturado as imagens do harém e a do bordel, a possessão da dançarina egípcia e a da prostituta.

---

[96]. FLAUBERT, G. *Correspondance*. Paris: Gallimard [Col. "Bibliothèque de la Pléiade", tomo I, 1973, p. 605. Carta de 13 de março de 1850 endereçada a Louis Bouilhet].

Na viagem ao Oriente, o abraço sedutor da mulher exótica, do corpo de odalisca, integra-se à festa dos sentidos. Ele se coaduna aos encantos – às vezes às decepções – que nascem dos esplendores da paisagem, do calor e da força dos odores ambientes. Pertence à busca de novas experiências táteis e de sensações cenestésicas. A união se realiza em lugares não habituais, em leitos de perfumes desconhecidos. "Ao retornar a Benisouef, escreve Flaubert no dia 13 de março de 1850, nós passamos rapidamente em uma cabana tão baixa que era preciso arrastar-se para entrar [...]. Fazia-se amor sobre uma esteira de palha, entre quatro paredes feitas de limo do Nilo sob um teto formado por feixes de ramagem, à luz de uma lâmpada apoiada em cima do muro"[97].

"Em Esneh", revela ele a Louis Bouilhet, "em um só dia eu transei cinco vezes e fiz três vezes sexo oral" sobre "seu leito feito de folhas de palmeira" – Kuchuk Hanem, "uma sodomita magnífica, peituda, carnuda, com o nariz esgarçado, olhos enormes, pernas magníficas e que, quando dançava, tinha montes de carne dobrada em seu ventre. Seu pescoço exalava um odor de terebintina adocicada [...] eu a chupei com vontade [...]. Quanto às transas, foram boas. A terceira, sobretudo, foi feroz, e a última sentimental. Nós nos dissemos muitas coisas afetuosas, e no final nos abraçamos de forma triste e amorosa"[98].

Esse testemunho, raro, sobre as experiências de bordel sugere o temor pela perda do desejo que sucede a série de orgasmos e, mais que isso, indica a necessidade de se vangloriar que explica a aritmética dos orgasmos. Em Beirute, o diretor dos correios ofereceu "garotas". Gustave proclama: "eu dei três trepadas e gozei quatro vezes". Ele especifica: "três antes do almoço e a quarta depois da sobremesa [...]. O jovem Du Camp só deu uma". Entre suas parceiras sexuais que, como lhe asseguram, pertencem à "Sociedade" e são, também, atraídas pela busca do prazer, Flaubert cita em particular uma

---

97. Ibid., p. 603. Carta citada acima.
98. Ibid., p. 606-607. Carta citada acima.

moça "de cabelos pretos encaracolados, que tinha um ramo de jasmim entre os cabelos e que me pareceu ter um cheiro tão bom (desses cheiros que levam ao coração) no momento em que eu ejaculava dentro dela"[99].

Na perspectiva do erotismo de bordel dos "homens", que reflete os *topoi* da pornografia vulgarizada alguns anos mais tarde por Alfred Delveau, a satisfação feminina não recebe maior descrição, como tampouco as eventuais carícias ou manobras sutis que visam levar a mulher ao prazer. O erotismo da parceira, em se tratando de uma prostituta, não tem necessidade de ser mencionado. Ele é subentendido, e o que conta é a morfologia, a energia, o desejo do homem e suas *performances*.

Os comportamentos de Flaubert e, mais claramente ainda, os de Maxime du Camp, seu jovem companheiro, que se faz masturbar por menininhas de onze anos ou que gosta de se sentir provocado por garotos, inauguram um turismo sexual que somente mais tarde será totalmente revelado ao público.

No fim do século XIX, e durante as décadas seguintes, uma ampla literatura popular e colonial, inúmeros cartões postais e fotos obscenas contribuem para "uma construção social do desejo e da nudez alheia, que destaca um primitivismo e uma visão orientalizante da carne"[100]. É quando são elaborados diversos tipos étnicos de mulheres, desnudadas – mas veladas, na realidade –, tais como a Morisca, a Berbere, a Moukhère. A tônica é colocada sobre a animalidade de sua sexualidade; cada mulher indígena sendo vista como uma prostituta potencial.

As imagens da África Negra e as do Extremo Oriente começam, ao mesmo tempo, a participar da fabricação do desejo do corpo colonial. A esse propósito, é preciso compreender bem o quadro de leitura, racista, que é o das sociedades africanas de então. Os ocidentais submetem o continente negro a um ordenamento antropométrico e estético. "Eles examinaram, então,

---

99. Ibid., p. 668. Carta de 20 de agosto de 1850 a Louis Bouilhet.
100. TARAUD, C. "La prostituée indigène à l'époque colonial". Art. cit., p. 221.

os corpos das populações presentes, analisando as *nuances* cromáticas – isso é o essencial – especificaram as formas de crânios, de nariz, mediram os ângulos faciais e realizaram diferentes exames bioquímicos"[101]. A partir dessa "topografia dos corpos" foram realizadas classificações. Uma hierarquia de raças se forma, organizando a estimulação do desejo sexual. "A história, a cultura, a singularidade, escreve David Le Breton, são neutralizadas, apagadas em benefício da criação mental de um corpo coletivo, subsumido pelo nome de raça"[102].

Seria interessante pôr esses procedimentos em referência aos que levaram à elaboração dos tipos nas sociedades do começo do século XIX, na medida em que Ségolène Le Men nos falou da importância do corpo nessa construção.

O imaginário das raças se fundamenta no mais profundo da população. Na França, o vulgarizador Louis Figuier publica, em 1880, *Les races humaines*. O geógrafo Élisée Reclus difunde as mesmas convicções e vários romances de Júlio Verne, alguns revistos por seu filho Michel, asseguram-nos a adesão comum a esta visão. Pode-se citar, além de *Cinq semaines en ballon*, *L'étrange aventure de la mission Barsac* e, melhor ainda, *Le village aérien*. Mas nisso não há erotismo em jogo.

Para deixarmos bem-delineado o nosso propósito, convém fazer mais uma excursão. Os ocidentais não se contentam em observar e classificar; eles fabricam arquiteturas corporais. No tocante ao continente negro, três grandes tipos se distinguem. Alguns povoados retratam o negro "ordinário": "nariz achatado, lábios volumosos, testa baixa, tipo braquicéfalo", silhueta rechonchuda, pernas curtas; o que implica uma "alma pesada, simples e pas-

---

101. BAILLETTE, F."Figures du corps, ethnicité et génocide au Rwanda", "L'imaginaire colonial: 'nègres blancs' et 'noirs ordinaires'". *Quasimodo*, n. 6; *Fictions de l'étranger*, primavera de 2000, p. 11-12.

102. LE BRETON, D. "Notes sur les imaginaires recistes du corps". *Quasimodo*, n. 6; *Fictions de l'étranger*, primavera de 2000, p. 53.

siva"¹⁰³. Abaixo, na escala dos seres, figuram os pigmeus e todas as populações pigmeias, de rosto considerado como quase simiesco, com sistema piloso muito desenvolvido. Esses dois conjuntos não suscitam o desejo.

Por outro lado, há os negros altos e delgados, de corpo bem proporcional e articulações sutis. Suas mãos são finas, como também seus lábios. Seu porte de cabeça, a forma do crânio, seu perfil, qualificado de aristocrático, sugerem nobreza. Eles são, de certo modo, como "Brancos enegrecidos", raças de contato. Eles são encontrados "em tons de cobre ou oliváceos, ou mesmo apenas bronzeados, mais que negros". Parecem, como os magrebinos, resultar de uma corrente branca. Suas mulheres são desejáveis, como o são as mulatas.

Antes mesmo do progresso da literatura colonial, a mulher negra é apresentada como desprovida de tabus, e dominada pelo poder dos instintos, "em sólida e animal busca do cio"¹⁰⁴, submetida a "paixões que não se veem em nenhum outro lugar", devido ao calor do clima, ao frescor das noites, à luxúria da natureza, mais que à sutileza do erotismo. As descrições insistem mais em seu corpo escultural que em seu rosto. Os autores dedicam-se com benevolência a falar de seus seios e suas nádegas. Os órgãos sexuais parecem estar superestimados. As colônias também permitem a liberação de fantasias de possessão de meninas muito jovens e de meninos pré-adolescentes.

Em 1881, Pierre Loti, após a aventura orientalista de *Aziyadé*, publica *Le roman d'um spahi*¹⁰⁵. O livro descreve a relação amorosa estabelecida entre um soldado francês e Fatou, uma jovem Wolof. O homem a desejou, embora

---

103. Ibid., como também o artigo citado de Frédéric Baillette para as citações e as indicações seguintes.

104. RUSCIO, A. *Le credo de l'homme blanc*: regards coloniaux français, XIXᵉ – XXᵉ siècle. Paris: Complexe [Col. "Bibliothèque Complexe", 2002, p. 188]. Do mesmo autor: *Amours coloniales*: aventures et fantasmes érotiques de Claire de Duras à Georges Simenon. Paris: Complexe [Col. "Bibliothèque Complexe", 1996].

105. A respeito de quanto segue, LE BRETON, D. "Notes sur les imaginaires..." Art. citado, p. 57-59.

a considerasse próxima do animal. Assim, Fatou não lhe poupa seus "requebros de sagui enamorado". Mas pode-se supor também que essa proximidade represente um atrativo. Em uma África povoada de animais ferozes, onde se perseguem as "grandes caças", a mulher negra, no imaginário masculino dessa época, pode parecer aparentar-se à pantera como também à macaca. De qualquer modo, o *spahi** tem consciência, garante-nos o autor, de que esta união constitui uma profanação de si mesmo. Quando a relação termina, ele tem a impressão de que reencontra "sua dignidade de homem branco contaminado por essa carne escura". O importante é que esta aventura e seu desenlace não tenham chocado sucessivas gerações de leitores; acontece é que Loti não fez mais que reproduzir as convicções ambientes. No princípio do século XX, a atração sexual exercida pelas mulheres Tutsi de Ruanda, comparada ao desdenho manifestado pelas Hutu, ilustra suficientemente a construção das hierarquias que lembrávamos. A interiorização dessa clivagem pelas populações negras levou, na ocasião, aos dramas que se conhecem.

Em suma, odaliscas, mouriscas, berberes, mulheres Wolof, Peul, Tutsi, sem esquecer as tonquinesas e as taitianas que também mereceriam um longo desenvolvimento, constituem igualmente metáforas dos erros dos ocidentais. O corpo das mulheres das colônias oferece um complemento ao desejo suscitado pelas europeias. Ele apresenta, facilmente, um exotismo carnal que renova profundamente as fantasias. Infelizmente, não se pode mensurar o número de ocidentais que tiveram relações desse tipo com essas mulheres. Mas era indispensável que mencionássemos aqui esse deslocamento sensual.

Acrescentemos que a influência da vida nas colônias sobre o corpo do europeu ultrapassa em muito a esfera do erotismo. E.M. Collingham[106] mostrou magistralmente a "indianização" do corpo dos ingleses instalados no subcon-

---

* Na África do Norte francesa: corpo da cavalaria composto em grande parte de indígenas armados e equipados segundo o uso do país [N.T.].

106. COLLINGHAM, E.M. *Imperial Bodies* – The Physical Experience of the Raj (1800-1947). Oxford: Polity Press, 2001.

tinente ou, antes, a constituição de um corpo anglo-indiano. As disciplinas somáticas, os cuidados e os prazeres do corpo foram assim transformados, até a dissolução desse modelo na véspera da Segunda Guerra Mundial.

3. Os personagens do invertido e da lésbica

Vimos que, desde o final do século XVIII até os anos de 1860, por meio de um discurso incansável dominado pela surpresa, a união sexual entre homens – que o húngaro Benkert batizaria de homossexualidade em 1869 –, e que, até então, era vista como um pecado, havia assumido, no imaginário, a imagem de um estranho mal que atingia uma espécie de indivíduos. A elaboração do tipo antifísico, em seu pitoresco "carnaval da aparência", respondia a esse desejo de destruição das confusões dos seres pelo aprimoramento da análise dos sinais, característica da pesquisa social do começo do século XIX. Também se integrava vagamente no processo de patologização da vida social que estava em andamento.

Durante a segunda parte do século XIX começa a impor-se o personagem do invertido. Este abandona a esfera de simples vício e da descrição somática. Passa a ser objeto de uma análise psicológica[107]; o que, segundo Michel Foucault, teria permitido a criação da homossexualidade; tese que, hoje, é objeto de debates, apresentados por Didier Éribon. Obviamente, como sempre acontece no campo da história cultural, não há uma ruptura nítida. O refinamento do retrato da espécie continua a ser perseguido. Em Thoinot e Féré, por exemplo, encontramos um eco da taxonomia anterior elaborada pelo policial Canler ou pelo Doutor Ambroise Tardieu. Mas o essencial está em outro lugar.

---

107. Francisco Vazquez García e Andrés Moreno Mengibar consideram Ambroise Tardieu como o precursor, pelo lugar que ele já dá à psicologia do antifísico. Cf. *Sexo y razón*. Op. cit., p. 238-240.

Em 1870, Westphal publica *L'inversion congénitale du sentiment sexuale avec conscience morbide du phénomène...* Ele inaugura o deslocamento do retrato físico para a análise psicológica. Agora, vai-se em busca do discurso dos homossexuais, quer-se saber o que eles dizem de seus sentimentos. Com efeito, se nenhum escritor do século XIX confessou ou reivindicou publicamente uma opção homossexual em um texto autobiográfico, inúmeras são as confissões patéticas obtidas pelos médicos a partir dos anos de 1860[108]. Esse recurso à confissão provocada acorda-se ou integra-se à prática mais ampla dos relatos de vida realizados por ordem dos especialistas da antropologia criminal. Os tratados dedicados à homossexualidade tomam, assim, a forma de montagens de extratos ordenados pelo questionamento do autor. Havelock Ellis será o primeiro, porém, mais tarde, a pesquisar sobre a "inversão" dentro de um ambiente social; no caso, a alta sociedade inglesa.

A homossexualidade se insere na classificação das perversões. Em 1844 Heinrich Kaan havia publicado sua *Psychopathia sexualis*; título retomado em 1868 por Krafft-Ebing, em sua obra-prima. Desde então, a influência cruzada dos discípulos de Galton, dos membros da escola clínica alemã, dos adeptos da antropologia criminal lombrosiana* e de leitores de Morel ou de Magnan, os protossexólogos designam tanto como sintomas de regressão atávica quanto degenerescências de condutas até então consideradas em si mesmas e simplesmente designadas, por exemplo, sob os termos de "sodomia", "tribadismo", "pederastia", "bestialidade". Aos olhos das elites, as "perversões", novamente codificadas, representam uma ameaça à sociedade. Entre os desvios, o crime e a loucura, as trocas se revelam constantes. O fetichista se transforma facilmente em ladrão; o "invertido", em assassino; o zoófilo em terror dos campos. Quanto ao amor entre parceiros masculinos,

---

108. Cf. LEJEUNE, P. "Autobiographie et homossexualité em France". *Romantisme*, n. 56, 1987, 2; *Images de soi, autobiographie et autoportrait au XIXe siècle*.

* Que se refere a Lombroso, criminalista italiano (1835-1909), ou às suas teorias. Diz-se do indivíduo que, segundo as teorias de Lombroso, representa um tipo antropológico distinto, com os estigmas físicos e mentais definidos do criminoso [N.T.].

este é visto como um prólogo a todas essas manifestações mórbidas. A propósito disso, uma distinção[109] acontece entre homossexualidade congênita e homossexualidade adquirida, a única inescusável, já que os invertidos natos não parecem dispor de um poder real sobre si mesmos. Charcot, Magnan, Féré, Hirschfeld reconhecem a origem hereditária do caso e os primeiros o associam à degenerescência. Certos episódios da vida intrauterina ou da sexualidade infantil são mencionados para explicar a origem desse mal.

O ser inteiro está assim marcado: a inteligência, a sensibilidade e a morfologia do corpo. O invertido tem a tez muito pálida, uma aparência doentia. Ele sofre de transtornos do sistema nervoso. Submetido a um desejo irresistível, muitas vezes, ele também é onanista. Invejoso, vingativo, sujeito às lágrimas, passional como se vê em suas correspondências, revela-se inconstante e volúvel. A homossexualidade pode associar-se a outras doenças mentais. Segundo Moreau de Tours, suas vítimas são candidatos à loucura. O exibicionismo, o fetichismo, o masoquismo, garantem os especialistas, são frequentes entre os invertidos. Neles, as perversões confluem. Hirschfeld, em seguida, afina a análise lançando sobre a homossexualidade um olhar de simpatia e tentando torná-la respeitada. Também ele considera que traços fisiológicos específicos constituem a base biológica de uma psicologia diferente da dos heterossexuais.

Embora esta protossexologia se mostre mais preocupada com a nosografia do que com a terapêutica, ela evoca, e até realiza, uma série de medidas. Podemos lembrar a hipnose, a interação com a prostituta-terapeuta, a ginástica, a vida ao ar livre [...] mas também a castração (Krafft-Ebing). Obviamente, o casamento entra na série de remédios, como em tudo o que diz respeito ao suposto desregramento do desejo sexual no século XIX. Alguns defendem a castidade, a redenção pela abstinência.

---

109. Sobre todos esses pontos, cf. LANTÉRI-LAURA, G. *Lecture des perversions* – Histoire de leur appropriation médicale. Paris: Masson, 1979. • BONELLO, C. *Discours médical sur l'homosexualité...* Op. cit. [Tese da qual extraímos as informações que seguem].

A reflexão sociológica vem somar-se, agora, à observação clínica e à análise psicológica. Geralmente, a homossexualidade é considerada como oriunda de algum outro lugar. Para os franceses, por exemplo, é considerada como um mal dos alemães ou dos britânicos; convicção que se acentua com o caso Oscar Wilde. Desde muito tempo, a sodomia é chamada "vício italiano". Chevalier e Riolan afirmam que a homossexualidade se encontra especialmente difusa entre os floristas, os modistas, os lavadores e engomadores de roupa, e os tapeceiros. Havelock Ellis tem-na por comum entre os cabeleireiros, os costureiros, os médicos, pintores, os homens do teatro.

No dizer dos práticos, a homossexualidade masculina parece, todavia, atingir sobretudo as classes elevadas: os membros da burguesia ociosa, os artistas, os letrados. Diz-se que é rara entre os camponeses que passam a vida ativamente, ao ar livre. A esse propósito, Thoinot, Moll, Mantegazza, na verdade, são menos categóricos. A longa pesquisa realizada por Anne-Marie Sohn, com efeito, questiona o quadro apresentado pelos médicos. A considerar o efetivo dos acusados, os operários, os domésticos, os caixeiros-viajantes e os soldados fornecem o mais significativo contingente de homossexuais – que raramente são descritos como efeminados; e os camponeses não estão ausentes nesse efetivo.

A distorção entre o discurso médico e as fontes judiciárias se explica: a homossexualidade parece pouco compatível com o modelo de virilidade segundo o qual se construiu então a imagem da classe operária. Como a prostituição, ela tem uma parte ligada à fuga social. Dessa forma, ela anula as fronteiras estabelecidas entre as classes e as raças. O homossexual causa aversão precisamente porque seu desejo o torna capaz de uma tal subversão. O mais são evidências: seu espaço geográfico é o das grandes cidades e suas aglomerações. A homossexualidade ameaça todos os ambientes em que reina um severo controle da mistura de pessoas de sexos diferentes: a escola, a caserna, o navio, a prisão, o hospício, o internato das congregações. Na introdução de sua monumental pesquisa dedicada ao estudo comparado da homossexualidade na Grã-Bretanha, na Alemanha e na França, Florence Tamagne dedica, a respeito disso, longos desenvolvimentos à cultura elaborada no seio das *public schools* inglesas[110].

Esta nova etapa da história das representações da homossexualidade não pode ser compreendida sem fazer referência ao contexto em que se constitui. O pavor da degenerescência e da regressão ligadas ao progresso da civilização, ao temor da diminuição do índice de natalidade, ao terror inspirado pelo perigo venéreo, à ideia de que o feminismo em ascensão levasse à multiplicação de ventres inúteis, à crise da identidade masculina, evidenciada por Anne-Lise Maugue[111], ao surgimento de um século no qual o homem não havia ainda sentido confiança em seu corpo, à necessidade de fortalecer, *a contrario*, o modelo da heterossexualidade, à convicção difusa de um enfraquecimento da ordem moral a partir de meados dos anos de 1890 e, no que concerne ao Hexágono, a crise alemã do pensamento francês que se segue à derrota, constituem um conjunto de dados que ressoam nos novos contornos da homossexualidade

O objeto de nosso estudo se limita exclusivamente à história do corpo. Portanto, não nos é possível, aqui, tratar globalmente da história da sexualidade. Mencionemos, apenas, que os homossexuais, envolvidos nessas representações sociais e culturais, pois o olhar dos sexólogos pesava sobre eles, começam a construir, naquele fim de século, uma identidade específica, desenvolta, seja em referência à cultura antiga, seja, como da parte de Magnus Hirschfelfd, pela reivindicação da pertença a um terceiro sexo; dito isto, é somente após o período estudado neste volume que esse processo identitário e a investigação das subjetividades homossexuais se desdobrarão com o alcance que se conhece.

Comparado ao que diz respeito ao "invertido", o discurso médico dedicado ao corpo da lésbica parece bastante menos expressivo. Todavia, ele

---

110. TAMAGNE, F. *Histoire de l'homosexualité em Europe*. Op. cit., passim.
111. MAUGUE, A.L. *L'Identité masculine em crise au tournant du siècle*. Marselha: Rivages, 1987.

ocupa o imaginário do fim do século. Os protossexólogos se empenham em descrever e, de certa maneira, em inventar a homossexual constituindo-a, também a ela, numa espécie psicopatológica construída sobre o modelo de uma heterossexualidade disfarçada, adicionada de uma hipersexualidade. Sobre essa "inversão", encontram-se os procedimentos taxionômicos que tratam da homossexualidade masculina. Estabelece-se uma hierarquia de acordo com o grau de transgressão das normas do gênero, entre as lésbicas ocasionais, as hermafroditas psíquicas e as verdadeiras homossexuais que derivam para uma viragonidade* e culminam na ginandria**. Entre os observadores se instaura uma tensão entre a tese biológica da disposição congênita e a de que esses caracteres sejam adquiridos com a iniciação, a sedução, portanto, a descoberta tardia dois prazeres lesbianos.

Desde sempre, repete-se, a lésbica procurou imitar o homem. Agora, ela busca usufruir de sua autonomia[112]. Enquanto menina, afirma Féré, a lésbica brinca de soldado e sobe em árvores. Ela gosta dos brinquedos dos meninos, declara Magnan. Já Chevalier menciona o gosto por esportes. Morel diz que ela gosta de fumar e vestir roupas masculinas. As lésbicas têm sonhos eróticos invertidos. Quando elas amam, escreve ainda Magnan, é com extrema violência e um furor insaciável. Riolan menciona a intensidade dos ciúmes delas. Segundo Krafft-Ebing, a homossexual se define de acordo com o seu grau de masculinidade. Havelock Ellis, por sua vez, distingue com uma insistência particular as verdadeiras lésbicas, masculinas, e as pseudolésbicas, cujas práticas são resultado da rejeição pelo homem ou da sedução. De qual-

---

* Derivado do termo latino *virago* (feminino de varão), que significa uma mulher muito forte e de maneiras varonis, o termo *viragonidade* expressa a presença de caracteres masculinos na mulher [N.T.].

** Derivado do grego *gino+andro+ia*, o termo significa um pseudo-hermafroditismo parcial da mulher, na qual as genitais externas simulam as do homem [N.T.].

112. Cf. BONELLO, C. *Discours medical sur l'homosexualité...* Op. cit., passim.

quer modo, a seus olhos, como também, mais ou menos implicitamente aos de seus colegas, o casal de lésbicas reproduz o casal heterossexual.

Dito isto, deixando de lado a hipertrofia do clitóris, o corpo dessas mulheres parece menos caracterizado do que o do homossexual. Embora suas relações sejam vistas pelos homens como agitadas, convulsivas, a energia de sua *performance*, a sexualidade intensa que as leva de orgasmo em orgasmo parece algo tranquilizador. Tudo isto é prova da insaciabilidade devida à ausência do sêmen masculino, único capaz de levar a mulher à saciedade. Com certeza, as relações das mulheres entre si provocam intensamente o imaginário masculino. Os homens citam com satisfação o excesso, o extravasamento "convulsivo", a *performance* bulímica que faz ressoar a lira inteira[113]. O *Gamiani* de Musset conduz ao ápice essa leitura desgrenhada dos prazeres entre mulheres. Baudelaire evoca a "fogosa Safo" [...] Mas, ao mesmo tempo – e isto não deixa de ser paradoxal – a lésbica conserva, no imaginário masculino, alguma coisa da grande eterna adolescente, a eterna colegial. Também suas atividades eróticas são representadas igualmente em forma de quadrinhos de corpos desejáveis. Os clientes, como o Duque de Morny, veem nisso uma ocasião de aprendizagem sensual de que o homem, mais tarde, pode tirar proveito. Que uma das parceiras tente fazer o papel do homem aparece como simples simulacro. Pois é consolador para o homem considerar que o prazer entre mulheres não constitui um fim em si mesmo. Além disso, a imagem dos prazeres lesbianos por si só convoca a da profusão feminina na ausência do homem, portanto, a do harém. Ao final das contas, o clitorismo ou o safismo – pois os médicos distinguem entre o hábito do friccionamento do clitóris e a troca de carícias orais – permitem às meninas sensuais conservarem de maneira tranquila

---

113. BONNET, M.-J. *Un choix sans equivoque*. Op. cit.

sua virgindade física. E o homem que dessa forma for enganado por sua mulher não se sentirá verdadeiramente cornudo.

Devemos, portanto, evitar pensar que a história das representações do amor entre mulheres e das convicções científicas que ele suscita seja a simples reprodução da história da relação entre os homens. Até o final do século XIX, o discurso sobre o safismo é masculino. Ele continua sem referências reais da experiência lesbiana. Alimenta-se dos fantasmas e das angústias dos homens. É uma exploração inquieta do insondável mistério do desejo e do prazer femininos. Ele reflete a fascinação exercida pela ideia de gozos inusitados e, sobretudo, ilimitados no tempo, que escapam ao *decrescendo* do desejo que o homem experimenta após o orgasmo. Esta figura do êxtase lesbiano incita, nele, a necessidade de imaginá-la e de expressá-la a fim de exorcizar seu mistério e, portanto, seu perigo. A lésbica, tenebrosa e fatal, tal como aparece nos textos masculinos do começo do século XIX, ilustra, ao mesmo tempo, a angústia suscitada pela sexualidade e a busca de uma beleza misteriosa[114].

Esta fascinação pelo caráter oculto do prazer da outra fundamenta o sucesso das cenas de masturbação feminina e da relação sáfica que adornam os romances eróticos dos séculos XVIII e XIX, como os filmes pornográficos de nossa época. Os homens têm, regularmente, oportunidade de observar o prazer que eles provocam em suas parceiras, mas apenas a contemplação secreta ou a leitura podem fazê-los entrever o prazer feminino em estado puro, de certo modo, ou seja, aquele que acontece sem eles.

Nesta perspectiva, o discurso masculino e científico sobre a homossexual afina-se com aquele construído sobre a mulher histérica; exceto pelo fato de que Charcot e seus colegas da Salpêtrière podiam fazer falar o corpo das mulheres e registrar seus delírios – que assume a forma de um desejo heterosse-

---

114. TAMAGNE, F. *Mauvais genre*. Op. cit., p. 76-86 [Sobre o que segue, cf. a intervenção de Marie-Hélène Bourcier no debate citado em *Cahiers d'histoire*. Op. cit.].

xual – enquanto os protossexólogos são obrigados a contentar-se com fragmentos de relatos de vida. Mas, em ambos os casos, os homens se sentem investidos da missão de explorar os mecanismos do desejo feminino e de transmitir esse conhecimento às mulheres. A semelhança que se destaca entre os discursos sobre a histérica e sobre a lésbica é ilustrado por um mesmo retrato da mulher com sexualidade exacerbada.

Assim, em 1806, Loyer-Villermay (em sua *Théorie utérine...*) considera como particularmente influenciada por seu sexo, portanto, perigosamente ameaçada de histeria, a jovem mulher de "temperamento uterino e sanguíneo, morena e com tez de cor, olhos escuros e vivos, boca grande e dentes brancos, com lábios vermelho-encarnado, cabelos abundantes, sistema piloso desenvolvido com cor de azeviche, regras abundantes"[115]. Nas cenas de aprendizagem do lesbianismo que proliferam na virada entre os dois séculos, as sedutoras, iniciadoras do *cunnilingus*, são, geralmente, apresentadas como morenas com aspecto masculino e suas vítimas como loiras até então inocentes.

As artes plásticas traduzem abundantemente a relativa indulgência masculina com relação aos casos entre mulheres; e, curiosamente, os riscos nosológicos que cercam a lésbica são denunciados com menos intensidade pelos clínicos gerais do que aqueles que pesam sobre a mulher entregue às "fraudes conjugais". Isto dito, também se viu como remédio a ressecção do clitóris, pois a "masturbação precoce" foi considerada como um lamentável prelúdio à inversão por parte da menina-moça. A má educação aparece como a principal causa do lesbianismo.

Desde o início do século XIX, o discurso masculino associava o safismo a grupos já marginalizados: prostitutas, prisioneiras, atrizes, mulheres da vida ou decadentes. Quanto ao quadro elaborado pelos escritores – pense-se

---

115. Apud EDELMAN, N. *Les métamorphoses de l'hystérique*. Op. cit., passim.

na publicação de *La fille aux yeux d'or* de Balzac em 1835 –, este tendia a fazer da "lésbica" uma mulher fatal e sedutora, contribuindo para a construção do mito da lésbica decadente, assemelhada à histérica e à neurótica. O desejo lesbiano "não era encarado senão negativamente, como um complexo de castração ou como inversão congênita"[116].

A pesquisa conduzida por Anne-Marie Sohn leva, mais uma vez, a revisar profundamente o quadro precedente, que constitui, antes de tudo, um testemunho sobre os desejos e as frustrações dos homens. Esta historiadora ressalta que os médicos calcam seu retrato da lésbica sobre o modelo do retrato da mulher emancipada, que alimenta a angústia deles. Dentro do efetivo estudado, as homossexuais não são travestidas e não aparecem sob traços de meninos castrados.

De qualquer forma, desde a criação da aristocrática seita das anandrinas no final do século XVIII, o safismo era experimentado como um espaço de liberdade, protegido das exigências do desejo masculino, no interior do qual a solidariedade feminina podia ser exercida. Mas é preciso esperar até depois da Primeira Guerra Mundial para que a identidade homossexual feminina tome realmente forma e cesse a invisibilidade social do desejo lesbiano.

4. Riscos e prejuízos da visibilidade do corpo

Tudo que precede nos mostrou que a história do corpo é indissociável da história do olhar que se lança sobre ele. Inúmeros pesquisadores anglo-saxãos se dedicam a esse objeto de múltiplas maneiras. Jonathan Crary, Christopher Prendergast, Jann Matlock, Emily Apter, Vanessa Schwartz, Ha-

---

116. TAMAGNE, F. "L'identité lesbienne: une construction differée et differenciée?" *Cahiers d'histoire*, n. 84, 2001, p. 48.

zel Hahn[117], para citar apenas alguns, escrutam, alguns, a evolução do estatuto do observador e os métodos de educação da vista, outros a retórica da visibilidade, quer dizer, o discurso consagrado aos efeitos, aos perigos da visão e aos limites do olhável, a tudo o que cadencia o debate entre a censura e a audácia do olho. Outros ainda estudam a história das emoções do espectador, ligada à crescente subjetividade. Em suma, se somarmos a isso o progresso das ciências e das técnicas da óptica, assim como a evolução dos modos de construção das aparências, esta história das novas maneiras de ver se revela de uma complexidade extrema.

Do conjunto desses trabalhos, no que nos diz respeito, uma aquisição se destaca: a enorme importância dada ao ato de olhar, sobretudo o corpo. Por outro lado, a certeza de que a vista encobre vários perigos, particularmente para as mulheres, percorre todo o século, da Revolução Francesa ao surgimento da psicanálise. A atenção se acentua entre 1847 e 1857, quando se definem essas novas maneiras de olhar e observar, denominadas pelo termo "realismo".

---

117. CRARY, J. *L'art de l'observateur*, op. cit., e *Suspensions of perception*: Attention, Spectacle and Modern Culture. Cambridge (Mass.): MIT Press, 1999. • MATLOCK, J. Voir aux limites du corps: fantasmagories et femmes invisibles dans les spectacles de Robertson. In: LE MEN, S. (org.). *Lanternes magiques* – Tableaux transparents. Paris: Réunion des musées nationaux, 1995. • MATLOCK, J. Censoring the Realist gaze. In: COHEN, M. & PRENDERGAST, C. (org.). *Spectacles of realism*: Body – Gender – Genre. University of Minnesota Press, 1995. Nós nos baseamos nesta obra sem esquecer, do mesmo autor, no tocante ao conjunto de nosso propósito: *Scenes of Seduction, Prostitution, Hysteria, and Reading Difference in Nineteenth Century France*. Nova York: Columbia University Press, 1993. • PRENDERGAST, C. *Paris in the Nineteenth Century*. Oxford/Cambridge: Blackwell, 1992. • DIAS, N. "La fiabilité de l'oeil" la vision objet de savoir et d'investigation au XIXe siècle". *Terrain*, n. 33, setembro de 1999, p. 17-30, e "Le Corpsen vitrine: éléments pour une recherche sur les collections médicales", *Terrain*, n. 18; *Le Corps em Morceaux*: [s.l.], [s.e.], 1992, p. 72-79. • SCHWARTZ, V. *Sectacular Realities*, op. cit. • MILNER, M. *On est prié de fermer les yeux* – Le regard interdit. Paris: Gallimard, 1991. • GARB, T. "The forbidden gaze". *Art in America*, n. 79-5, 1991, e, sobre o fetichismo do final do século, APTER, E. *Feminizing the fetish* – Psychoanalysis and Narrative Obsession in Turn-of-the-Century France. Cornell University Press, 1991.

A história do olhar é determinada por múltiplos fatores; e, antes de tudo, pelo progresso da óptica. Sob a monarquia censitária impõe-se, na França, a moda do *lornhom** e, depois, o uso da luneta de teatro e o do oftalmoscópio, até surgir a estereoscopia. Cada uma dessas invenções tem uma parte ligada à esfera erótica, ou obscena. Caleidoscópios, telescópios e outros instrumentos são, geralmente, vendidos nas *boates* em que o corpo feminino é exibido. A imagem pornográfica retoma o tema da mulher no ato de olhar por meio de um instrumento óptico, como se, para ela, se tratasse de inverter o dimorfismo sexual das táticas da visão furtiva.

A história do olhar também é indissociável da história da censura e, mais amplamente, da diatribe contínua que denuncia os perigos, inclusive, "o dano irremediável" da visibilidade e da representação. O medo de contaminar o olhar, o das mulheres, essencialmente, invade essa literatura. Traduz o temor de que estas possam contemplar aquilo que se considera dever ficar oculto a seus olhos. Revela, além disso, a fascinação masculina pela mulher no ato de olhar. É que, considerando sua natureza, ver acarreta, para ela, o risco de se envolver e de fazer o mesmo.

A exibição das diferenças do corpo de cada um dos sexos suscita um temor particular, sobretudo se for a ostentação de detalhes anatômicos. O mesmo vale, no âmbito literário, da pintura da cena da sedução que conduz a imaginação rumo aos prazeres do leito, mesmo que estes não sejam descritos. Aqui se reflete a força do imaginário do buraco da fechadura, então retomado pela caricatura.

Alguns lugares concentram, na verdade, alguma inquietação; as coleções de anatomia, primeiramente. Assim é no Museu Dupuytren, aberto em Paris em 1835, diante da Escola de Medicina, e logo enriquecido de milhares de peças. Enquanto isso, o museu de ceroplastia planejado por Bertrand Rival, que

---

* Luneta com cabo, usada especialmente por senhoras [N.T.].

entendia deixar as mulheres de fora, ficou apenas no projeto. Em 1856 abre-se o grande museu anatômico do Doutor Spitzner, antes de, em 1885, esta coleção sair às ruas, depois de um incêndio. O Museu Hartkopf do Professor Schwartz abre em 1865, no caminho da Ópera. No museu do Doutor Spitzner, um total de quarenta peças separáveis permite que o visitante masculino explore os órgãos íntimos da mulher. Ele inclui, além disso, objetos de cera que mostram a evolução da gestação, da concepção até o parto; sem contar diversas imagens da região pélvica. Já mencionamos o museu do Doutor Bertrand dedicado às monstruosidades causadas pela masturbação.

Até aproximadamente o final do século, inúmeras barracas de feira expõem ceras anatômicas daquilo que é secreto, "belezas, horrores e enfermidades humanas"[118]. Apenas os primeiros compartimentos são acessíveis às mulheres. Aqueles que revelam a nudez são reservados aos homens maiores de vinte anos interessados em completar sua informação sexual contemplando Vênus de todo tipo. Em 1875, o museu de anatomia do Doutor J. de Groningue exibe, no bulevar de Sébastopol, em Paris, "mulheres de raça circassiana*, desmontável em trinta e duas peças". Em 1888, na Feira de Neuilly, um expositor de jaleco branco explica a dissecação de uma Vênus anatômica em pedaços. Mais simplesmente, os visitantes masculinos podem ampliar seus conhecimentos pelo exame de fetos conservados em formol ou de pele humana curtida; sem esquecer a teratologia: os hermafroditas moldados, os irmãos siameses ou a Vênus com quatro mamas.

A partir de 1880, o sucesso das barracas que apresentam ceras anatômicas perde espaço nas feiras. Em 1905, a polícia decide suprimir "museus se-

---

118. Sobre o que vem a seguir, SAËZ-GUÉRIF, N. *Le Musée Grévin, 1882-2001* – Cire, histoire et loisir parisien, 2002 [Tese, Universidade Paris I]. • PY, C. & VIDART, C. "Les musées anatomiques sur les champs de foire". *Actes de la recherche em sciences sociales*, n. 60, novembro de 1985, p. 3-10.

* Relativo ou pertencente aos circassianos. Grupo de nações do Cáucaso ou da raça caucásica, mas não de língua indo-europeia, de estatura alta, face oval, olhos e cabelos castanhos [N.T.].

cretos acessíveis a categorias especiais de visitantes". Esse mercado perde seu papel pedagógico e as coleções anatômicas são vendidas em leilão.

A todos esses estabelecimentos, aqui e ali acrescentam-se museus que expõem as mais diversas coleções. O Museo Borbonico de Nápoles possui uma sala inacessível ao público até os anos de 1860. Essa sala contém as peças arqueológicas mais eróticas descobertas em Pompeia. O museu de pintura e de escultura, como vimos, desempenha, assim, um grande papel na ampliação dos limites do que pode ser visto. Isto não deixa de suscitar reações de defesa por parte das mulheres cujo pudor se encontra ofuscado. Baudelaire se mostra surpreso ao ver Louise Villedieu, que o acompanha ao Louvre, ficar vermelha, cobrir o rosto e indignar-se por terem ousado mostrar-lhe tanta obscenidade.

O teatro popular, o romance, participam, repetimos, da definição nova da esfera do olhável e do imaginável. Mas a censura está vigilante. Já em 1840, o processo de Madame Lafarge tinha sido o mesmo das *Mémoires du diable* de Frédéric Soulié[119]. Muitos, na verdade, estavam convencidos de que essa leitura havia pervertido a imaginação com um suposto envenenamento. Em 1847, Anthony Méray é processado pela publicação de *La part des femmes*, que comporta uma cena de sedução julgada contrária aos bons costumes. Judith Lyon-Caen mostrou a força da diatribe contra a literatura romanesca sob a Segunda República[120]. Em 1857 é a vez de Flaubert ser arrastado diante dos tribunais. A carne saciada de Bovary. No dia seguinte de suas núpcias, parece uma alusão muito explícita; e a cena de amor em uma carruagem, embora velada, parece intolerável; tudo isto aviva o escândalo suscitado pela extrema-unção administrada à heroína. Em todas essas ocorrências o que mais

---

119. MATLOCK, J. "Lire dangereusement. *Les* Mémoires du diable et ceux de madame Lafarge". *Romantisme*, n. 76-2, 1992, p. 3-21.

120. LYON-CAEN, J. *Lecture et usages du roman em France de 1830 à l'avènement du Second Empire*, 2002 [Tese, Universidade Paris I, sobretudo "Dans l'ombre de 1848", tomo II, p. 513-548].

choca são os detalhes lascivos. Pois na verdade, acredita-se, um simples adjetivo seja suficiente para pôr em marcha a imaginação feminina.

E o que houve com a evolução das atitudes? A tese mais frequentemente apresentada, a de Tamar Garb, por exemplo, afirma que, ao longo de todo o século XIX, as mulheres foram proibidas de contemplar o corpo em detalhes, e que elas foram deixadas à parte de "toda verdade excessiva"; o voyeurismo – em sentido amplo – manteve-se reservado a um círculo masculino, bastante restrito, ademais, se considerarmos o conjunto da sociedade francesa; da mesma forma, elas não tinham acesso a fotografias obscenas.

Jann Matlock traz informações um pouco diferentes. Ela aponta uma aprendizagem progressiva por parte das mulheres, uma lenta apropriação dos poderes decorrentes da possibilidade de olhar ou, se preferirmos, uma incontestável ampliação da experiência do olhar e, ao mesmo tempo, uma extensão do hábito de pensar apoiado na experiência visual. Lento acesso à visibilidade que, para ela, aumenta sob a III República graças a uma maior permissividade.

O dossiê de Jann Matlock se revela bastante convincente. Ao longo de todo o século, envolvidas numa avalanche de imagens, como mostrou Philippe Hamon, as mulheres não ficaram imunes ao olhar posto sobre as caricaturas da imprensa popular e de toda espécie de desenhos que circulavam; sem esquecer os quadros de anatomia presentes nas obras e brochuras destinados ao público popular. As mulheres frequentavam os museus, os salões de pintura, as exposições, e as parisienses assimilavam essa cultura do bulevar cuja pregnância foi mostrada por Hazel Hahn no fim do século. Depois que os objetos em cera mais sugestivos foram encobertos, o público feminino foi autorizado a visitar o Museu Dupuytren, proibido por muito tempo. Excluídas das aulas de anatomia da Escola de Belas Artes até 1897, as mulheres tampouco eram admitidas nas escolas privadas. A partir do Segundo Império elas tiveram acesso à faculdade de medicina.

Seria possível traçar ainda uma história do olhar masculino sobre o corpo das mulheres nesse mesmo século XIX. Conhece-se a onda do voyeurismo nos grandes bordéis parisienses do final do século e a frequência às cabinas de projeção nesses estabelecimentos. Também seria necessário dar um grande espaço, primeiramente, aos dois tipos de olhares sucessivos que escrutavam aos balés românticos: aquele que, com ajuda da luneta, contempla os corpos diáfanos, em total elã, em ascensão, graças ao novo uso das sapatilhas quando as dançarinas estão em cena, e o olhar sobre a carne que se oferece quando os homens já se introduziram na intimidade e no interior do lar. Essa história implicaria também destacar a importância de um corpo feminino desnudado, erotizado em uma postura muda, que é a da modelo à disposição do artista[121].

5. A nova tragédia

No fim do século, enquanto o discurso médico se expande, os olhares e os gestos se emancipam, o hedonismo aumenta, e uma sexualidade com base no erotismo tende pouco a pouco a se justapor ao amor físico e à procriação, a união dos corpos torna-se uma nova tragédia.

Nós analisamos longamente, em outra obra, a maneira pela qual o perigo venéreo se impõe, ao lado do alcoolismo e da tuberculose, como uma das três chagas que tendem a monopolizar uma ansiedade biológica, cada vez mais difundida[122]. Já não se encontra mais aquela relativa desenvoltura com que um Gustave Flaubert acolhia suas doenças venéreas. A partir da publicação dos estudos do cientista inglês Hutchinson, o surgimento da crença em uma sífilis herdada que, desde então, não se deixará de aumentar os pavores e a duração,

---

121. Cf. os projetos de pesquisa listados numa série de diplomas de estudo avançados na Universidade Paris I.

122. CORBIN, A. *Le temps, le désir et l'horreur* – Essais sur le XIXe siècle, op. cit., p. 141-171. • Id., "Le péril vénérien au début du siècle: prophylaxie sanitaire et prophylaxie morale". *Recherches*, n. 29; *L'Haleine des fabourgs* – Ville, habitat et santé au XIXe siècle, dezembro de 1977, p. 245-283. • Id., La grande peur de la syphilis. In: BARDET, J.-P. et al. *Peurs et terreurs face à la contagion*: choléra, tuberculose, syphilis, XIXe-XXe siècles. Paris: Fayard, 1988, p. 328-349.

faz pesar uma terrível ameaça sobre as relações sexuais. O prazer, agora, assume cores trágicas. Inicialmente, o corpo da vítima da herança venérea se vê, simplesmente, marcado por uma tríplice enfermidade: irite (inflamação da íris), dentes retorcidos, tíbia deformada. Mas a medicina não tardaria a tornar mais fantasmagórico o retrato do portador da heredossífilis.

Na França, o Professor Alfred Fournier, apelidado de papa da sifiligrafia, dedica sua carreira ao aprimoramento da descrição desse novo perfil. Desde que nascem, os heredossifilíticos possuem aparência de pequenos velhos. Esses "abortos", de aspecto simiesco, escreve ele em 1886, são magros, "eles têm um sistema muscular muito pouco desenvolvido. [...] sua tez é pálida, e até mais cinza que pálida. Sua pele tem uma coloração sombria, cinza, e um cinza sem brilho, quase terroso [...], eles cresceram lentamente [...] começaram a andar tardiamente"[123]. Têm dentição atrasada; pequenos, "de forma franzina", parece que "todo o seu ser é mesquinho". Seus testículos são "rudimentares", sua barba rara e tardia, sua virilidade "lenta para manifestar-se". Muitas vezes, eles parecem "encarquilhados, mirrados, atrofiados". Os seios das meninas não se desenvolvem. Além disso, os "heredossifilíticos" podem ser vítimas de toda espécie de distrofias. Às vezes, eles constituem assunto da teratologia. A partir da segunda geração, seus traços degenerados se tornam imutáveis. O defeito se torna plenamente integrado na natureza.

Esse terrível mal venéreo, que arruína os corpos, condena a descendência por duas, três, ou mesmo até sete gerações. Os sintomas do mal, afirma-se, às vezes, podem se manter ocultos até a idade avançada. Ninguém, portanto, pode se considerar isento da anomalia. O vício, oriundo da rua ou proveniente das domésticas, destrói o capital biológico das elites. Esse novo terror, que vem se somar ao temor da sífilis natural, traduz-se na literatura em que abundam as copulações mórbidas e cloacais. Provoca os pesadelos de Des Esseintes, o herói de *À rebours* de Huysmans. Inspira os quadros de

---

123. FOURNIER, A. *La syphilis héréditaire tardive*, 1886, p. 23, e citações seguintes p. 26 e 29.

Rops. A hereditariedade pesa sobre os *Fantasmas* de Ibsen. Brieux atribui o qualificativo de "avariado" para designar os sifilíticos e consegue um grande sucesso com uma cena parisiense. Pior ainda: a doença arruína Maupassant, Alphonse Daudet, Nietzsche. A tabe – terceiro estágio da sífilis – povoa algumas estações termais. Esse preço pago pelo prazer está presente no espírito das pessoas. Esta é uma página importante da história do corpo desejado.

O temor da herança mórbida é refletido, aqui, sem dúvida, em seu sentido mais completo, mas ele também acarreta outras ameaças. Desde a publicação dos trabalhos de Prosper Lucas e, mais ainda, do grande livro de Bénédict-Augustin Morel, *Traité des dégénérescences physiques, intellectuelles et morales de l'espèce humaine* (1857), o olhar voltado para os corpos se encontra, aos poucos, totalmente alterado. O sucesso do ciclo dos Rougon-Macquart contribuiu poderosamente para instalar a angústia; sobretudo pela ilustração da metamorfose dos efeitos terríveis da anomalia inicial da Tia Dide – alcoolismo, neuropatias, desgaste degenerativo [...]

Dois fantasmas antitéticos assombram, então, o imaginário da hereditariedade: o da degenerescência e o da regressão. Um e outro ameaçam enfraquecer, na perspectiva neodarwinista, a capacidade de adaptação do grupo e condená-lo à aniquilação. Isto tudo não é diretamente objeto de nosso estudo, mas era indispensável fazer essa menção, sob pena de não dar a compreender o olhar ora lançado sobre seu próprio corpo e sobre o corpo do outro.

Uma nova e insidiosa teratologia comanda a visão, constantemente sob a expectativa do estigma das anomalias. Enquanto Charcot monta o espetacular teatro da Salpêtrière, que retorce o corpo das mulheres sujeitas às fases convulsivas da grande histeria, o corpo de todas as Vênus hotentotes* ou circassianas que são expostas fascinam as massas de todo o Ocidente. O temor do enfraquecimento da raça incita a vigiar as atividades dos jovens, sobretudo dos recenseados para o serviço militar. O corpo da prostituta sim-

---

* Diz respeito aos hotentotes, povo da África Meridional. Indivíduo desse povo [N.T.].

boliza essa nova tragédia que se vive no mesmo momento em que, como vimos, desenvolve-se o erotismo do final do século. Geralmente com doenças venéreas, quase sempre alcoólica, acredita-se que seja particularmente vítima de tuberculose. Essa mulher, que inúmeros médicos apresentam como histérica e degenerada, parece concentrar em si todas as ameaças que pesam sobre o corpo[124].

É nesse período que o aborto se torna um problema social de primeiríssima ordem. Esse episódio da história do corpo da mulher impõe que nos detenhamos nele. Ele está estreitamente ligado, obviamente, à prática da contracepção. Na França, esta já era muito antiga. Diferentemente da Inglaterra, o preservativo não era, absolutamente, usado[125]. Era o coito interrompido que limitava os nascimentos, depois de atingido o número desejado de filhos. Nos campos, principalmente no Sudoeste, os homens, para retomar os termos dos provérbios recolhidos por Françoise Loux e Philippe Richard[126], "molhavam a grama" ou "desciam do trem andando". As fraudes conjugais e todos os "serviços ignóbeis" que já mencionamos, denunciados pelo clero e pelos médicos – dos quais temos testemunhos nos ataques fulminantes do Monsenhor Parisis, bispo de Arras, e dos pastores da Diocese de Belley – completavam o leque das práticas; por outro lado, o coito incompleto – copulação sem ejaculação – era tido como desonrado no Hexágono; e, ainda, a continência periódica, então pouco eficaz, baseada na observação do ciclo feminino.

Durante a segunda metade do século, o impulso do individualismo, a condensação dos sentimentos com relação à mulher e à criança, o aumento dos custos da educação, o efeito de um certo laxismo da teologia moral, como eco da difusão dos escritos de Afonso de Ligório, a ampliação de com-

---

124. Cf. CORBIN, A. *Les filles de noce*. Op. cit.

125. CORBIN, A. "Les prostitués du XIXe siècle et le vaste effort du néant". *Le temps, le désir et l'horreus* – Essais sur le XIXe siècle. Op. cit., p. 117-139.

126. LOUX, F. & RICHARD, P. *Sagesses du corps*: la santé et la maladie dans les proverbes français. Paris: Maisonneuve et Larose, 1978.

portamentos eróticos, sem esquecer o papel das teorias pasteurianas e das práticas de higiene induzidas que levam algumas mulheres a uma nova consciência de seu corpo, tudo isto concorre para intensificar a contracepção. É quando a propaganda neomalthusiana, defendendo a utilização de esponjas de segurança, pessários, supositórios de quinina considerados como espermicidas, de injeções vaginais, causam grande agitação. Mas, sua influência é frágil, como demonstrou Francis Ronsin[127].

O aborto, por outro lado, última linha de defesa contra a procriação, meio propriamente feminino de contracepção, torna-se uma prática em ascensão. Durante os dois primeiros terços do século, essa é uma prática essencialmente das prostitutas, de amantes sustentadas, de moças seduzidas e de viúvas preocupadas com sua reputação. O aborto fica restrito à esfera da "sexualidade reprovada", para retomarmos os termos emprestados de Parent-Duchâtelet.

Sucessivamente à vitória das teorias pasteurianas – que pode ser situada no final dos anos de 1880 –, a operação se torna menos arriscada. Desde então, o aborto passa a ser uma opção para as esposas que querem limitar o número de filhos. Nesse momento, sobretudo em ambientes operários, manifesta-se uma nova solidariedade entre as mulheres que trocam endereços de "médicos marrons" e de "fazedoras de anjos"[128]. Espontaneamente desenha-se um "feminismo doméstico" cuja eficácia contrasta com a timidez demonstrada, sobre esse assunto, pelas vedetes do feminismo declarado. Mas devemos ser prudentes. Nessa virada de século, adversários e defensores do aborto tinham interesse em exagerar o volume do número de intervenções. Os especialistas em demografia histórica, no tocante à França, são mais inclinados a considerar que 150.000 abortos, no máximo, eram praticados

---

127. RONSIN, F. *La grève des ventres*. Op. cit., passim.
128. Cf. MAC LAREN, A. *Sexuality and Social Order*. Nova York: Holmes and Meier, 1983, cap. 9, p. 136. • FINE, A. "Savoirs sur le corps et procédés abortifs ao XIXe siècle". *Communications*, n. 44; *Dénatalité, l'antériorité française, 1880-1914*, 1986, p. 107-136.

anualmente em todo o território nacional. Quanto à ovariotomia, efetuada sem outro objetivo que o prazer sem risco, apesar das terríveis referências a essa operação na *Fécondité* de Zola, é razoável lhe atribuir um alcance bastante limitado.

No momento em que Pierre Janet começa a praticar uma nova psiquiatria clínica e que Freud elabora uma obra que seria conhecida na França apenas às vésperas da Primeira Guerra Mundial, uma tensão extrema se instaura entre a questão do prazer e as representações aterradoras do risco mórbido corrido por aquele que a ele se entrega. Nasce uma nova relação que guiará o comportamento para com o corpo desejado. A transgressão deixa de ser apenas uma proibição moral. O prazer carrega em si a morte.

2
DORES, SOFRIMENTOS E MISÉRIAS DO CORPO

Alain Corbin

I. O corpo massacrado

Embora derivado de uma palavra árabe que significa abatedouro, o termo "massacre" está ligado, inicialmente, à caçada*. Significa a morte de, simultaneamente, todo um conjunto de vítimas sem defesa, por ação de grupos de caçadores como um ritual de uma cerimônia de caráter dionisíaco[1]. O termo "carniça"** está subjacente aqui. Transpondo ao homem, o massacre se opõe ao suplício e à execução, que decorrem de uma decisão de justiça; distingue-se ainda do fuzilamento, que exclui, geralmente, a participação alegre da multidão na realização da matança coletiva.

---

* Caçada: *Vénerie*, no original francês, é um termo originário do latino *venatione*; em português temos *veação*: era uma caçada a pé, com auxílio de cachorros ou a cavalo, em que se capturavam animais bravios [N.T.].

1. O leitor que desejar se aprofundar no assunto é convidado a consultar obras de referência como o *Dicionário Robert* e o *Trésor de la langue française*, citados pelo autor [N.T.].

** Carniça: *Curée*, no original, é a porção do animal morto destinada aos cães de caça, e que seria a acepção original de carniça [N.T.].

Na ordem animal, o massacre difere profundamente do abate que não é mais do que reificação, transformação em carne do corpo da vítima, sem que antes se realize uma caçada, sem desdobramento de formas de sociabilidade lúdica, sem verdadeiras emoções coletivas. O corte do animal em partes, nesse caso, não representa mais um procedimento ritual, mas é uma simples técnica.

A compreensão da especificidade das práticas e das figuras do massacre humano no século XIX exige nos referirmos a uma reviravolta da cultura sensível, de natureza antropológica, que se enraíza, pelo menos, em meados do século XVIII e que determina, depois, o interminável debate sobre a crueldade relativa dos diversos episódios da Revolução. Obviamente, hoje é necessário evitar o *veredito* do historiador, a pesada comparação entre as ações de bons e maus, cuja função é, igualmente, desenhar campos antagonistas e compreender o passado.

A Revolução, ao mesmo tempo, voltou a executar a antiga prática do massacre – ao menos com a criação ou ativação de cadeias de vingança – e fez com que se redesenhassem os seus procedimentos. O verão de 1789, os meses de julho, agosto (nas províncias) e setembro (em Paris) de 1792, a primavera de 1793 (na Vendeia) constituem os principais momentos desse desencadeamento. Acontece, então, uma liberação de violência-espetáculo afinada, segundo certas características, com a teatralidade do suplício. Ela é o acontecimento de uma multidão que se entrega a uma representação sangrenta, que, por sua determinação, entende atestar a legitimidade de seus atos, usufruir de sua presumida eficiência e restabelecer, por meio da punição espontânea, um equilíbrio que ela julga ameaçado. Tais cenas dramáticas são entretidas pelo jogo da imitação e pelo sentimento de uma ameaça pesada que induz ao envolvimento coletivo no qual a responsabilidade se dilui. O massacre é liberação violenta que, às vezes, tem por objetivo inscrever na realidade da carne a existência de campos imaginários, definir fronteiras aos limites até então muito flexíveis e inaugurar deliberadamente ciclos vindicativos.

Esses massacres são objeto de diferentes leituras, quer se trate de estimar o peso do modelo da insurreição, avaliar o que esses dramas devem ao suplício e às forças facínoras, comparar suas semelhanças com as cenas carnavalescas. De qualquer modo, essas violências coletivas se definem por características específicas. Elas se desenvolvem em espaço público – a rua, a praça, o porto – à luz do dia, geralmente sob o sol do verão. Esta visibilidade combina com a frequência do alarme sonoro. O repique do sino está ligado ao massacre, por ele acionado. Em tais terríveis episódios, o som das badaladas confere ao rumor a densidade da realidade. Ele faz com que seja verdadeira a ameaça do complô[2].

O desencadeamento da violência se caracteriza também por uma aparente espontaneidade, inclusive por uma certa inventividade cênica, no domínio do gesto, como também no da linguagem. O júbilo, que essa criatividade traduz, assemelha o massacre à festa. Ela teria como função relançar a energia revolucionária pelo prazer obtido com o espetáculo do desmembramento e da eventração* do inimigo; em suma, pela demonstração da adequação do inimigo ao corpo metafórico do monstro, que permite que a Revolução seja percebida, pensada e expressada[3].

No desenrolar do massacre, nos primeiros anos da Revolução, encontram-se muitos elementos de cenas paroxísticas que cobriram de sangue o final do século XVI[4], exceto pelo fato de que o sentido de alguns gestos parece ter-se perdido, depois de uma complexa transferência de significações. Consideremos, a título de exemplos, pois há trabalhos recentes dedicados a isso,

---

2. A respeito disso, CORBIN, A. *Les cloches de la terre* – Paysage sonore et culture sensible dans les campagnes aux XIXe siècle. Paris: Albin Michel, 1994; Flammarion, 2000 [Col. "Champs"].

* Ferida no abdome dando saída a certa porção de vísceras [N.T.].

3. Cf. BAECQUE, A. de. *Le corps de l'histoire* – Les métaphores face à l'événement politique (1770-1800). Paris: Calmann-Lévy, 1993.

4. Cf. CROUZET, D. *La violence au temps des troubles de religion (vers 1525-vers 1610)*, 1988 [Tese, Universidade Paris IV].

os massacres de Machecoul e de La Rochelle (março de 1793)[5]. O drama, aqui, é obra de uma "multidão", de um "povaréu". O desencadeamento se dá no momento em que o grupo se torna multidão, quando a reunião de pessoas se transforma em ajuntamento; condição indispensável para passar ao ato. Em La Rochelle, é um ajuntamento de quatrocentas pessoas que participam ou assistem ao massacre, no dia 21 de março. Não se trata de uma quadrilha de criminosos, pessoas sem eira nem beira, "estrangeiros". Essa terrível multidão é composta de gente comum: artesãos, mulheres, em boa parte.

A ação de matar é teatralizada. Inicialmente, pelo anúncio verbal. Uma série de diálogos entrelaçados, um catálogo de maquinações, que lembram o coro de uma tragédia antiga, começa a transformar o massacre em espetáculo. A multidão parece ter necessidade deste tempo de preparação para a violência. O desafio, a escansão de "juramentos" não blasfematórios alimentam esse primeiro momento do drama. A frequência do uso da palavra *foutre** confirma as páginas que Antoine de Baecque dedica à transferência de *energie foutative*, do monarca impotente ao Hércules popular superpoderoso. A repetição das condenações por parte do coro ("um conjunto de vozes grita: "A morte"; um grupo: "Corte-lhe a cabeça" deixa intervalos para as gabarolices individuais (o marujo Bellouard: "Eu vou fazê-los em pedaços")[6], que preparam o comentário heroicizante que se seguirá ao massacre.

---

5. MARTIN, J.-C. "Histoire et polémique, les massacre de Machecoul". *Annales historiques de la Révolution Française*, n. 1, 1993, p. 33-60. • VALIN, C. *Autopsie d'un massacre* – Les journées des 21 et 22 mars 1793 à La Rochelle. Saint-Jean d'Angély: Bordessoules, 1992 [Abstemo-nos aqui de citar algumas referências que já se encontram em nosso livro *Le village des cannibales*. Paris: Aubier, 1990].

* Interjeição derivada do verbo *foutre* (que significa em primeiro lugar "possuir sexualmente"): nesse contexto, significa susto ou admiração perante o que é dito, e é também manifestação de um ímpeto que pode ser entendido como "vamos acabar com ele!" [N.T.].

6. VALIN, C. *Autopsie d'un massacre*. Op. cit., p. 100.

É no andamento das coisas – pense aqui nas barreiras macabras organizadas pelos setembristas na saída das salas de audiência[7] – que a decisão, propriamente dita, de matar, realmente acontece, o que leva facilmente ao uso ulterior da metáfora do caminho da cruz. As vítimas são agrupadas com a ajuda de cassetetes ou de tições – as mulheres usam preferencialmente pedaços de lenha. Para sangrá-los, usam-se facas, às vezes amarradas na ponta de um pedaço de pau, ou mesmo navalhas; em suma, um instrumento de uso doméstico corrente. Convém destacar: a morte é rápida. O massacre não implica aquela economia do sofrimento que ainda era a do suplício de Damiens. Nisso, ele corresponde bem ao modelo da caçada.

O essencial do ritual consiste no tratamento do cadáver, embora não se saiba se se trata de um simples rearranjo do massacre antigo ou de práticas derivadas das existentes na matança de animais. O gesto é sempre acompanhado pela palavra. Esta convida à imitação; ela reacende o fogo pelo desafio. Convém sublinhar o primado da degola, pois separar a cabeça do tronco não pertencia aos procedimentos essenciais do suplício. Durante os massacres, que aconteceram ao longo dos primeiros anos da Revolução, o principal era "cortar o pescoço". Esse gesto, geralmente, bastava. Se não, também convinha abrir o ventre da vítima e, se necessário – embora, mais raramente, parece –, extrair-lhe o coração. Que peso têm, aqui, as lembranças das guerras religiosas? Em que medida a perseguição da besta herética, oculta no interior do corpo da vítima, encontra-se, nesses casos, simplesmente transposta? É bastante difícil dizê-lo. Todavia, convém lembrar, a esse respeito, a intensidade do discurso que, agora, toma por alvo o monstro aristocrático.

A eventração, às vezes, soma-se a esse desmembramento, cujos gestos milenares foram, recentemente, estudados pelos historiadores[8]. Arranca-se

---

7. Cf. a obra, já clássica, de CARON, P. *Les massacres de septembre*. Paris: Maison du livre français, 1935.

8. MASSET, C. & SCHEID, J. "Une rencontre sur la découpe des cadavres". *L'Homme*, vol. XXVIII, n. 108, out.-dez./1988, p. 156ss., e *Anthropozoologia*, número especial, *La Découpe et le partage du corps à travers le temps et l'espace*. Paris, 1987. Cf. tb. "Divisione delle carni: dinamica sociale e organizzazione del cosmo". *L'Uomo*, vol. 9, n. 1-2, 1985.

uma mechaa de cabelos, cortam-se as orelhas, arrancam-se tiras de carne, extraem-se os órgãos genitais. "Darbelet abriu-lhes o ventre com sua navalha e cortou-lhes as bolas com uma faca"[9], relata uma testemunha local. Mais que uma vontade de profanar ou fazer uma exploração teratológica, esses gestos parecem indicar o desejo de ostentar troféus sangrentos. Esses são exibidos, ou, antes, mostrados na ponta de uma haste, um galho ou uma vara qualquer. É assim que procedem os setembristas parisienses de 1792. O troféu abre um cortejo que é, ao mesmo tempo, uma ostentação, uma passeata, uma cavalgada, uma festa selvagem. Aqui é evidente o vínculo com o carnaval. Em La Rochelle usam-se trajes característicos e máscaras para o massacre, e se atiram pedaços de carne. O tempo da crueldade (1789-1793) também é o tempo da persistência do rir e de sua politização, no interior da festa revolucionária[10].

Sobra a eventual degradação dos restos da vítima. Em La Rochelle, sabe-se que os corpos eram arrastados por charretes, mas nada nos afirma que tenham sido recolhidos ao monturo. Claudy Valin destaca, por sua vez, a onipresença do fantasma da devoração. Paolo Viola soube analisar magnificamente, na perspectiva da antropologia histórica, o sentido e o alcance dos gestos da incorporação, da manducação, real ou simbólica. Talvez essa conduta também seja simplesmente parte do desejo de representar o monstro dos contos. Menos estudados, mas igualmente importantes, revelam-se os procedimentos de conservar os membros (a cabeça, o coração, os órgãos genitais) em casa, nos espaços privados. Albert, o vendedor de vinho de La Rochelle, suspendeu duas cabeças de padres em sua chaminé, como se se tratasse de troféus de caça[11].

---

9. VALIN, C. *Autopsie d'un massacre*. Op. cit., p. 92.
10. BAECQUE, A. de. *Le corps de l'histoire*. Op. cit., 303-348.
11. VALIN, C. *Autopsie d'un massacre*. Op. cit., p. 45 [Cf. tb. os exemplos que constam em nossa obra citada *Le village des cannibales*].

No fim do dia, de acordo com os comentários existentes – isto ocorre, em 1870, na Vila de Hautefaye[12] –, os massacrantes têm consciência de terem cumprido seu dever.

É difícil distinguir os procedimentos utilizados pelos brancos e pelos azuis, o que, repetimos, não é o nosso propósito. Os massacres efetuados nos dias 11 e 12 de março de 1793, em Machecoul, invadida pelos insurgidos, revelam-se, quanto a seus procedimentos, muito próximos das cenas rochelenses dos dias 21 e 22 desse mesmo mês[13]. Seria conveniente, por outro lado, saber quantos massacres foram efetuados, ou não, nessa época, por meio de "conversas", de negociações com as autoridades ou de falsos processos da justiça, como foi o caso em Paris, em setembro de 1792.

O mais interessante, contudo, continua sendo a observação e a medida do sentimento de horror diante da cena sangrenta. Entendemos, por essa expressão, a revolta do ser que provoca um sentimento, mais ou menos fugitivo, de dessolidarização, e que transforma o massacre em espetáculo; a consciência e rejeição, estritamente ligadas, de uma proximidade com o animal e o monstro; a descoberta terrificante da virtualidade do ignóbil em si. Claude Valin se dedicou, nesse campo, a uma tentativa interessante de análise. Durante os massacres rochelenses de 21 e 22 de março de 1793, formam-se ilhotas de humanidade, alvéolos de horror junto às cenas sanguinárias. Muitos indivíduos experimentam a necessidade de se manter distantes do espetáculo, dos cheiros e dos gritos. O mais interessante é que não se trata, de modo algum, desta vez, de almas sensíveis que pertencem à elite; não se trata dos Chateaubriand, dos Roland, dos Pétion revoltados com a selvageria do povo de Paris, em 1789 ou em 1792. É uma moça assalariada, Marguerite Boursiquet, que é tomada de horror ao ver as cabeças com o cidadão Albert; são indivíduos pertencentes ao povo, Joseph Guyonnet e Madeleine Jaulin,

---

12. CORBIN, A. *Le village des cannibales*. Op. cit.
13. MARTIN, J.-C. "Histoire et polémique, les massacres de Machecoul". Art. cit., p. 41-42 [Note-se, todavia, que os massacres realizados no fim do mês de março e no começo de abril pelos patriotas parecem ter sido feitos sobretudo com auxílio de fuzis (p. 46)].

que manifestam seu sentimento "de horror à vista dos quatro cadáveres despedaçados a machado e mortos a pancadas"[14].

Certamente, essa retórica da sensibilidade é a retórica do testemunho. Portanto, ela corresponde a uma estratégia de desculpação. Além disso, o procedimento do interrogatório individual impõe a elaboração de um relato do drama vivido e a evidenciação de uma retrospectiva do sujeito. Em suma, a ação judiciária suscita a dessolidarização em relação ao grupo e a individualização de comportamentos que, talvez, não tenham sido vividos dessa forma. De qualquer forma, as testemunhas falam de suas fortes impressões e descrevem, dessa maneira, uma escala retórica de reações, detalhando e diferenciando os tremores das lágrimas, o pasmo, o desmaio, o vômito, a incapacidade de manter-se de pé. Em La Rochelle, o Senhor Choparmaillot, em estado de choque, teve que se deitar e uma mulher grávida abortou devido ao horror.

Também seria interessante analisar o jogo das influências que se desenha, nesse assunto, entre Paris e as províncias. Os massacres de 1789 têm como principal teatro a capital e, em segundo lugar, a Île-de-France. Os de julho e agosto de 1792 dizem respeito, primeiramente, às pequenas cidades e aos burgos. Eles influenciam ou, ao menos, sugerem os massacres parisienses de setembro. Por sua vez, o exemplo da capital pesa sobre os dramas rochelenses que acabamos de evocar.

Depois que o massacre, propriamente dito, tinha quase desaparecido, entre o verão de 1793 e a queda do Império, o Terror branco – agora estamos em pleno século XIX (1815) – se define, diz-se, por sua reiteração[15]. Para fa-

---

14. VALIN, C. *Autopsie d'un massacre*. Op. cit., p. 45 e 95.

15. A propósito do Terror branco: RESNICK, D. *The White Terror and the Political Reaction after Waterloo*. Harvard: Harvard University Press, 1966. • LUCAS, C. "Themes in Southern violence after 9 Thermidor". *Beyond the Terror... 1794-1815*. Cambridge: Cambridge University Press, 1983. • GWYNN, L. "La Terreur blanche et l'application dela loi Decazes dans le département du Gard,1815-1817"., *Annales historiques de la Révolution Française*, n. 175, jan.-mar./1964 [Sem esquecer os livros antigos de HOUSSAYE, H. *1815*. Paris: Perrin, 1893, e de PONTEIL, F. *La chute de Napoléon Ier et la crise française de 1814-1815*. Paris: Aubier, 1943.

lar a verdade, a semelhança é menos evidente do que possa parecer. Devemos evitar ser enganados pela linguagem fácil. Claro, o Terror branco se caracteriza, aqui como lá, pela retomada de ciclos de vingança. Colin Lucas o demonstrou perfeitamente. Nesse sentido, ele se forma nos primeiros anos da Revolução. Veem-se ressurgir elementos do antigo ritual: a degradação do corpo do Marechal Brune em Avignon, ou o desmembramento do corpo do General Ramel em Toulouse; corpos vivos, desta vez, o que vincula o episódio às práticas do suplício monárquico, anteriores à Revolução. Mas os excessos do Terror branco – e isto o distancia da referência ao terror, propriamente dito, são, essencialmente, o fato de bandos pré-constituídos, conduzidos por chefes sanguinários (Trestaillon, Quatre-taillons...) que lembram a figura dos bandidos. É que, nesse espaço de tempo, a guerra civil revestiu-se dessa forma. Os autores da violência do Terror branco utilizam o fogo, como outrora os "bandidos" do Diretório. Às vezes eles queimam suas vítimas dentro de granjas. Empregam o fuzil. Em suma, aqui já estamos longe do massacre mencionado inicialmente.

O século XIX francês é um período de incessante reiteração da guerra civil. Esta recorrência fascina os historiadores anglo-saxões. Mas esse tempo se caracteriza, com não menor evidência, pelo quase desaparecimento do massacre, quer dizer, da morte gratuita, brutal, coletiva, executada em pleno dia, no espaço público, por uma multidão jubilosa. Em uma palavra, a história da violência está sujeita à eficácia do horror.

Os poucos episódios que evocam, então, o massacre antigo mostram, de fato, as profundas diferenças existentes lá. Eles dizem respeito a vítimas isoladas geralmente identificadas e anteriormente amaldiçoadas pelos matadores. A função simbólica daquilo que conviria chamar, então, de linchamento[16], e não mais de massacre, por sua vez, também evoluiu. Claro que, como antes, a multidão, pela violência, descarrega sua angústia, exorciza a ameaça

---

16. Mas convém evitar o anacronismo, pois o termo "linchamento", derivado do nome de um juiz da Virginia (Charles Lynch), é posterior.

de um complô ou de uma agressão previsível. Mas ela reúne sua cólera e se enfurece com um indivíduo único, que ela constitui em bode expiatório – e depois ataca seu cadáver. Seu corpo é coberto de pancadas. Todos esses atores se esforçam para participar de sua morte. Depois disso, o ritual geralmente se interrompe. Os atos de profanação e de degradação se esfumam, depois desaparecem. É isso que acontece com o assassinato de passantes em Paris, na época do cólera de 1832, do "assassinato" do menino Chambert em Buzançais, em 1847, do gendarme Bidan em Clamecy, em 1851, ou de Alain de Moneys em Hautefaye[17], em 1870. Esse último episódio, por sua polissemia, parece, de fato, reunir em feixes os atos de diferentes épocas.

Na realidade, pequenas porções de massacre se traçam, aqui e ali, no âmbito de enfrentamentos mais amplos. Mas esta recorrência da violência popular no coração da guerra civil se diferencia, devido ao seu contexto militar, das práticas do final do século XVIII. Veja-se, por exemplo, o fuzilamento dos religiosos, na Rua Haxo, em 1871; embora esse acontecimento evoque os massacres dos membros do clero que ensanguentaram os primeiros anos da Revolução.

Contudo, convém sermos prudentes. O primado de uma história das representações, quer seja heroicizante, quer se aplique a suscitar o horror, prejudicou – e voltaremos a isso adiante – nosso conhecimento das práticas violentas que se desdobraram durante as guerras civis parisienses do século XIX. Assim, nós ignoramos muitas cenas trágicas que, sem dúvida, ocorreram ao abrigo das barricadas.

---

17. Sobre todos esses episódios, cf. VIGIER, P. *La vie quotidienne à Paris et em Province durant les journées de 1848*. Paris: Hachette, 1982. • BIONNIER, Y. *Les Jacqueries de 1847 en bas Berry*, 1979 [Trabalho de conclusão de curso, Universidade de Tours]. • CORBIN, A. *Le village des cannibales*. Op. cit., passim. E sobre o que vem a seguir: VIGIER, P. "Les Paris des barricades, 1830-1968". *L'Histoire*, n. 113, 1988. • CHAUVAUD, F. *De Pierre Rivière à Landru, la violence aprivoisée ao XIXe siècle*. Turnhout: Brepols, 1991, p. 115-145. • CORBIN, A. & MAYEUR, J.-M. (org.). *La barricade*. Paris: Publications de la Sorbonne, 1997.

De qualquer modo, muitos dados concorrem a tornar compreensível esse enfraquecimento das antigas modalidades coletivas de execução. Consideremos, inicialmente, a evolução das técnicas de manutenção da ordem. O massacre antigo implicava o isolamento de um grupo de vítimas potenciais, sua acessibilidade na vacuidade de um espaço público suficientemente vasto para permitir a teatralidade da cena. No século XIX, a presença das forças da ordem – embora convenha não exagerar sua densidade antes do Segundo Império – torna essa ocorrência menos frequente, ao menos durante os períodos de transição do poder.

As técnicas de confronto evoluem. Ao longo das décadas, o combate à distância, nessas guerras de rua em que se transformaram as guerras civis, encaminha-se para um corpo a corpo e o manuseio da arma branca. Além disso, a técnica desses confrontos vai-se refinando aos poucos, antes mesmo que o urbanismo haussmaniano tornasse o canhão mais eficaz.

O que precede poderia fazer crer que tentamos desenhar uma imagem abrandada desse século sangrento. Mas não é nada disso. As revoluções parisienses desse tempo fizeram milhares de vítimas. O que quer que tenham pensado os atores – sobretudo os vencedores –, tratou-se, na verdade, de guerras civis. Mas essas matanças são específicas. Repitamos: elas têm como único teatro a cidade grande e, praticamente, só a capital. Elas não têm, portanto, absolutamente nada a ver com as práticas e com o imaginário das insurreições de camponeses contra a nobreza. Não se trata de uma dispersão de massacres esporádicos, debulhados no tempo, mas de terríveis hecatombes que cobrem de sangue quarteirões precisos da capital, durante eventos violentos que se transformam, mais ou menos depressa, em revoluções (28-30 de julho de 1830, 22-25 de fevereiro de 1848), ou que se reduzem ao simples *status* de insurreições, depois de sua derrota (junho de 1832, abril de 1834, junho de 1848, dezembro de 1851, março-maio de 1871).

Esses acessos, portanto, são periódicos. Frédéric Chauvaud vê neles a reiteração de um procedimento de dizimação. Outros historiadores percebem aí a retomada esporádica de um mesmo processo revolucionário. Eu já apresentei, anteriormente, o papel fundador desses dramas, pois todos os regimes do século XIX tiveram necessidade de um banho de sangue parisiense, no dia seguinte à sua instauração, ela própria violenta, antes de encontrar sua base e de se instalar duravelmente (junho de 1832 a julho de 1835, quanto à Monarquia de Julho; junho de 1848, no que diz respeito à II República; dezembro de 1851, para o Segundo Império; março-maio de 1871, para a III República).

Todos esses episódios violentos, na realidade, estão militarizados e assumem forma de verdadeiras guerras urbanas. O massacre reveste-se, desse modo, de uma nova acepção. O dos habitantes de um imóvel da Rua Transnonain pelos soldados, em 14 de abril de 1834, pode ser visto, nesse sentido, como um verdadeiro arquétipo. O massacre do século XIX tende a configurar-se como execução sumária, um procedimento fundamental dessa guerra das ruas. A tensão semântica que caracteriza tal expressão é evidente. Esses dois termos associados implicam, ao mesmo tempo, o desdobramento de uma ação judiciária, em seu caráter expeditivo e a imediatez da execução da sentença.

Nesse novo quadro das formas de violência coletiva, a barricada se destaca. Compreende-se, agora, por que a Revolução ocupa tão pouco espaço na genealogia desse monumento de guerras civis europeias, no século XIX. Este tem suas raízes nos combates de rua do limiar dos "tempos modernos": combates da Liga no século XVI, da *Fronda*, no século XVII. Por outro lado, o modo como se desdobra a guerra civil urbana é radicalmente diferente, em seu comportamento, da jornada revolucionária do final do século XVIII, com a qual se assemelha, no entanto, pelo seu modo de desencadear-se, seus alvos privilegiados (as Tulherias, o Hotel de Ville...) e os dias que se seguem ao seu triunfo. A utilização do vocábulo de *Trois glorieuses* (Três gloriosas) – subentendendo-se "jornadas" – para designar a Revolução de julho de 1830 não deve extrapolar e induzir o sentimento de uma falaciosa semelhança.

A barricada ordena as práticas e as representações do massacre durante mais de três quartos do século XIX. No centro do espaço urbano, ela coloca claramente o enfrentamento. No campo do imaginário, ela é, para uns, a fronteira que delimita um espaço de liberdade e de fraternidade; que cria um ar de sublimidade, que se desloca geralmente para o âmbito do sacrifício. A barricada, movida pela promessa do futuro, é uma construção efêmera; ela se transforma logo em uma tumba, em um espaço fora do tempo, em que parece se realizar uma cerimônia fúnebre. Depois se torna a estela imaginária sobre a qual será inscrito o martirológio e o monumento de memória que mantém a lembrança da epopeia. Para outros, a barricada simboliza a orgia e a saturnal, que concentra a selvageria; ela suscita a tentação da autodestruição. Com relação a nenhum outro espaço fúnebre se pode perceber melhor a tensão que se instaura, então, entre a experiência trágica e o pânico da morte coletiva, previsível antes de se revelar inevitável, e o esquecimento da realidade ou, se preferirmos, a deriva ulterior rumo ao imaginário induzido pela violência do anátema ou pelo prestígio da heroicidade. A estratégia do matador, que consiste em apelar ao soberano ou à opinião pública tanto quanto e até mais do que causar a morte coletiva, bem como a instrumentalização desses dramas pelo poder local são, igualmente, elementos novos. O mesmo se pode dizer do alcance ambíguo de alguns desses massacres, os quais são estimados de acordo com o valor atribuído à ideologia de referência e não segundo a amplidão do sofrimento causado. Desde então, o sangue das vítimas não é mais do que a tinta com a qual se escrevem as mensagens. O monstro Fieschi não encontrou ninguém que o defendesse, mas o terrível Orsini provocou piedade e, até mesmo, a simpatia, inclusive no coração do soberano, que era sua vítima. Por isso, os mortos de 1835 foram heroicizados e os de 1858 caíram no esquecimento. Assim é que no último século elaborou-se uma atitude que nos é familiar, acostumados que estamos a ver as almas midiaticamente sensíveis preferirem se comover com a balbúrdia causada pelos matadores que reclamam para si a observação dos valores comuns, ao invés de derramarem lágrimas pelo destino trágico das vítimas, evidentemente, insignificantes.

A topografia da guerra civil parisiense e o primado da barricada sistematizam os procedimentos no massacre – na nova acepção do termo – levado a cabo pelas forças da ordem. As práticas do terror, a experiência das cortes prebostais da Restauração entram, em parte, na genealogia das matanças do final da insurreição. Então termina a violência-espetáculo, o que, além do mais, modifica a textura do testemunho recolhido durante a instrução ou a audiência. Assim se complica o trabalho do historiador. Os assassinatos, agora, passam a ocorrer no crepúsculo ou de noite; a menos que se escolha a madrugada para se realizar uma eliminação em série. Esta, que perdeu sua teatralidade, geralmente parece ser determinada por uma seleção preparatória. Ela acontece quase sempre acompanhada de um cuidado evidente em apagar os traços, o que aumenta a dificuldade da reconstrução histórica. À barricada correspondem novos locais de assassinato: são os cemitérios (o Père-Lachaise, em 1871), os caminhos (os da Amérique, no mesmo ano), os pátios de caserna (o da caserna Lobau), os terrenos baldios e diante dos muros, o local que se tornaria um dos dois maiores símbolos da insurreição (o Muro dos Federados).

Robert Tombs[18], que defende de maneira convincente a tese da seleção preparatória efetuada por ocasião da repressão da Comuna de Paris, lembra as maneiras de agir de Galliffet e as dos agentes do Monsieur Claude. Estes vieram preparar, ou antes farejar, os "fanáticos" que é conveniente eliminar; ou seja, os revoltosos, os estrangeiros, os alcoólatras, as concubinas, os jovens de menos de dezenove anos, sem esquecer os de "fisionomia revoltante" que a fisiognomonia e a frenologia, embora declinantes, incitam a perseguir.

Enquanto isso, o procedimento das execuções se simplificou ou, antes, se unificou: no século XIX, o costume é fuzilar. Também a maneira de tratar e eliminar os cadáveres se sistematizou. O desejo de profanar e de degradar desapareceu. Tornou-se anacrônico. Agora, o assassinato em massa repre-

---

18. TOMBS, R. *La guerre contre Paris*. Paris: Aubier, 1996.

senta, antes de tudo, um problema sanitário para os responsáveis da higiene do espaço público. Em 1830, Parent-Duchâtelet – instruído pelos dias que sucederam a batalha de 30 de março de 1814 – recebe a incumbência de administrar os cadáveres, que são enterrados no próprio local ou são largados ao longo do Sena, uma vez colocados numa espécie de canoa cobertos de cal. Durante a semana sangrenta surge – parece, ao menos, pois essa história das modalidades de execução permanece bastante obscura – a prática que consiste em cavar antes – ou a fazer com que as próprias vítimas cavem – uma trincheira, na qual vão cair os corpos dos fuzilados. Tal maneira de agir, do qual se pode avaliar o caráter premonitório, é totalmente diferente, por seus objetivos e pela sistematicidade que ela demonstra, do enterro de corpos vivos, praticado, ao que tudo indica, pelos insurgidos da Vendeia, no século precedente. Em 1871, o suplício visa menos infligir um lento sofrimento físico do que aterrorizar pelo frio enfrentamento da morte inevitável[19].

Essa observação, finalmente, leva-me a mencionar os vínculos que unem a maneira de massacrar com a de fazer história; em suma, a detectar o peso da contemplação da violência sobre a lógica da estruturação do acontecimento.

Globalmente, os historiadores têm silenciado[20] sobre o tratamento dos corpos durante as revoluções parisienses do século XIX. Tudo acontece como se, à maneira dos espectadores, eles também tivessem sido tomados, por assim dizer, pelo horror. É uma curiosa rejeição, um estranho pudor que parece dizer que a análise dos modos de massacrar ou de eliminar implicaria, de algum modo, por parte do historiador, uma participação da violência, ou mesmo um prazer. Pode-se dizer o mesmo, a propósito, da história da transgressão sexual e da infâmia. Ora, o pesquisador, devido a essa cegueira imposta pelo sentimento de horror, priva-se da análise daquilo que é dito em

---

19. Citamos, todavia, os episódios isolados que contradizem essa afirmação: cf. SERMAN, W. *La Commune de Paris*. Paris: Fayard, 1986, p. 521.

20. A propósito da Revolução, ao contrário, há exceções, de Taine a Pierre Caron e Paolo Viola.

um paroxismo e daquilo que não é dito, ou não pode ser dito, em um outro momento.

Em suma, a maioria dos historiadores retrocedeu diante da obscenidade. Sofreram uma revolta de sensibilidade que prejudica a ótica da compreensão. Essa rejeição do confronto com o indizível, essa dificuldade de tratar do assunto – o mesmo vale em matérias de orgias – induziram a uma história universitária edulcorada, refugiada na heroicização ou resumida a alguns episódios simbólicos.

Assim se explica a tendência de priorizar a aritmética das mortes, a ater-se a essa "aritmética eloquente", citada por Robert Tombs. A simplicidade do cálculo exorciza, paradoxalmente, o horror[21]. Este enfoque no número harmoniza-se com o primado dos objetivos da análise sociológica que, por tanto tempo, tem comandado os estudos voltados para as revoluções do século XIX, especialmente, dos pesquisadores anglo-saxões.

Para muitos historiadores – de todos os lugares – o silêncio se justifica pela inocência decretada que induz à indulgência e leva à heroicização de uma fração dos atores. A história heroificante se transforma, espontaneamente, em martirológio. Entregando-se a essa maneira de atuar, muitos pesquisadores imitam os dirigentes de sucessivos regimes que, por sua vez, também se empenharam cuidadosamente em administrar o sangue dos massacres que os fundaram.

De qualquer forma, comparados com as práticas do final do século XVIII, os acontecimentos e as figuras dos massacres ocorridos, na França, no centro das guerras civis do século XIX, revelam-se específicos. O caso francês se reveste, a esse propósito, de um alcance europeu – continental, ao menos. A importância da barricada, as modalidades da guerra de rua a que ela induzia, os procedimentos de seleção e de eliminação se encontram em muitos outros territórios.

---

21. Hoje se constata isso na maneira como nossa sociedade trata o massacre automobilístico.

II. O corpo supliciado

Durante o último terço do século XVIII, começa-se a criticar o tratamento penal do corpo. Em 1788, a tortura – a "questão prévia" – é abolida na França. Beccaria, hostil à prerrogativa do rei no direito sobre a vida e a morte, pronuncia-se em favor da supressão da pena capital. Mas ele está longe de ser ouvido no conjunto dos países europeus. Os próprios filósofos também não se colocam todos do lado desse ponto de vista. Todavia, alguns déspotas esclarecidos se conformam à nova sensibilidade. A pena de morte é abolida na Suécia de Gustavo III, na Rússia de Catarina II e na Prússia de Frederico II. "O código penal austríaco de 1782, promulgado por José II, suprime o último suplício"; que, no entanto, será restabelecido, em etapas, no Império entre 1796 e 1803[22].

Em outros países, as execuções tornam-se menos frequentes, sinal de uma suavização penal. Na Inglaterra, contam-se vinte enforcamentos por ano no fim do século XVIII. Esse número era de cento e quarenta no final do reinado de Elisabete. Desde 1780, as sentenças capitais pronunciadas pelo parlamento de Paris são mais raras. Em Genebra, o número de enforcamentos se reduz a partir de 1755. "As elites eclesiásticas e judiciárias, escreve Michel Porret, manifestam uma crescente repugnância diante da pena de morte"[23].

Não obstante esse feixe de dados, que demonstram a nova sensibilidade, a sanção suprema continua a ser "a pedra basilar do sistema penal da Europa pré-industrial". O corpo supliciado e sua desonra permanecem, portanto, no centro do regime penal monopolizado pelo Estado. Na França e na Inglaterra, o suplício é realizado em público. O de Damiens, em 1757, constitui o exemplo mais espetacular dessa cerimônia pela qual é exibida a natureza atroz do crime. O teatro penal coloca em cena, de certo modo, a delinquência inscrita sobre o corpo do culpado. Ele garante, como escreve Michel

---

22. Cf. PORRET, M. "Mourir sur l'échafaud à Genève au XVIII siècle". *Déviance et société*, vol. 15, n. 4, 1991, p. 381-405 [A citação figura na página 383].

23. Ibid., p. 405. No que diz respeito à França, cf. GARNOT, B. *Justice et société en France aux XVI*ᵉ*-XVIII*ᵉ *siècles*. Paris: Ophrys, 2000, p. 186. Na Borgonha, a diminuição é bem nítida, cf. GARNOT, B. *Crime et justice aux XVII*ᵉ *et XVIII*ᵉ *siècles*. Paris: Imago, 2000, p. 126.

Foucault, o restabelecimento da soberania lesada. Constitui o lugar central da liturgia do poder. O suplício atesta a sacralidade do direito. Na França, principalmente, ele é a manifestação explícita da força e da superioridade enfurecida do rei, que o crime ofende em seu corpo[24].

Tudo isto provoca o espetáculo da dor, "o choque visual voluntário" que constitui o corpo exposto, visto em seu atroz sofrimento. Bem-entendido, o suplício faz parte de uma pedagogia do terror. Em 1814, Joseph de Maistre a menciona nesses termos: O carrasco "agarra (o criminoso), estende-o, amarra-o sobre uma cruz horizontal, ergue o braço: então se faz um silêncio terrível e não se ouve mais que o som dos ossos que se partem sob a barra, e os urros da vítima. Ele o desamarra e o coloca sobre uma roda: os membros destroçados se enlaçam nos raios; a cabeça pende; os cabelos se embaraçam e a boca, aberta como uma fornalha, não emite mais que algumas poucas palavras intervaladas e sangrentas, que apelam a morte"[25]. A visibilidade imediata da dor acentua a exemplaridade e concorre para a prevenção do crime.

Durante o suplício, o tempo da execução é abreviado ou dilatado pelo algoz, detentor de um *know-how* muito aperfeiçoado. Michel Foucault destacou a importância dessa intensificação diferenciada dos sofrimentos infligidos. Os "tormentos" constituem uma sábia "gramática da dor corporal", modulada segundo a gravidade do crime. É assim que o regicida é esquartejado, o assaltante da estrada real sofre o suplício da roda, o parricida tem os dedos cortados. A ressecção do nariz ou das orelhas, a perfuração da língua com ferro em brasa fazem parte desse desmembramento anatomizante que transforma, pouco a pouco, o corpo do supliciado em um cadáver privado de humanidade. Às vezes, a cabeça, ou outra parte do corpo, no final, são ex-

---

24. FOUCAULT, M. *Surveiller et punir* – Naissance de la prison. Paris: Gallimard, 1975 (*Vigiar e punir*. Petrópolis: Vozes). Cf. o comentário de Frédéric Gros, "Pouvoir et corps", em *Surveiller et punir*. *Sociétés & Représentations*, n. 2; *Le Corps à l'Épreuve*, abr./1996, p. 231-232.

25. Apud PORRET, M. "Corps flétri-corps soigné. L'attouchement du bourreau au XVIIIe siècle". *Le corps violenté: du geste à la parole*. Genebra: Droz, 1998 [Col. "Travaux d'histoire éthico-politique", n. 57, p. 115]. • Id. "Le corps supplicié...", *Campus*, n. 28, mai.-jun./1995, p. 14.

postas. Na Inglaterra, nos séculos XVI e XVII, esta gramática da dor era particularmente refinada. Naquele reino, o cadáver do supliciado era levado para a câmara de anatomia. Até 1832, os juízes ordenavam a dissecação, considerada um complemento à pena capital. Assim, era legalizada a degradação dos corpos que, em outras circunstâncias, concluía o massacre.

Em referência ao bom ladrão que, na mesma tarde da morte de Cristo, entrou no paraíso, o suplício oferece ao criminoso a ocasião de se salvar. A confissão pública do crime, o ritual do pedido público de perdão, toda uma economia da vergonha e da humilhação produzem e atestam o arrependimento. Em Genebra, o condenado, de pés descalços ajoelhado sucessivamente nas encruzilhadas da cidade, com a corda ao pescoço, uma tocha acesa na mão, ganha a estima de seus semelhantes antes de merecer a salvação pela expressão de seu arrependimento[26]. O suplício fornece a chance de exibir a transformação do criminoso em mártir. Ele ajuda a pôr em evidência o caminho da graça.

Uma lógica semelhante da infâmia e da eventual contrição ordena a *cicatriz penal*. A marca sobre a pele visa fazer desta o espelho da alma perversa[27]. Ela é a representação visível do crime, sinal indelével da identidade criminal. Trata-se de gravar sobre o corpo uma memória dos malefícios que nunca poderá se apagar; e esta marca da infâmia, como a simples fustigação – particularmente em Genebra – é infligida em público, de acordo com uma encenação que imita a do suplício. Na França, além da inscrição de uma flor de lis, o ladrão (*voleur*) tem impressa sobre sua pele a letra V, que é repetida (VV) em caso de reincidência. A letra G estigmatiza o galeriano* que, de certa forma, carrega sobre o corpo seu próprio registro criminal.

---

26. PORRET, M. "Corps flétri-corps soigné..." Art. cit., p. 104.

27. Ibid., p. 109, e PORRET, M. "Le corps supplicié..." Art. cit., p. 14.

* O galeriano era um condenado a remar nas galés, antigas embarcações de baixo bordo, de vela e remos, cujo trabalho era muito penoso. Posteriormente, essa pena é substituída pela condenação a trabalhos forçados executados com correntes nos pés [N.T.].

A interpretação do suplício, da forma que acabamos de mencionar, foi objeto de uma abundante literatura. Thomas Laqueur a julga errônea no que concerne à Inglaterra e, parcialmente, à Itália[28]. Ele discorda que, no Além-Mancha, a pena capital possa ser considerada, principalmente, como um teatro de Estado. É que, para grande espanto dos visitantes estrangeiros, sobretudo dos que vinham da Alemanha, aqui não existe um solene aparelhamento para o suplício. O Estado parece não dar a mínima atenção a isso. O ritual da execução não é tão estritamente controlado e o comportamento do condenado é amplamente autônomo. A localização das execuções não demonstra aquela vontade de exaltação, ou, até, de manifestação do poder. Nas províncias, os teatros do suplício dependem mais de uma ruralidade bucólica do que da majestade da lei.

Aqui, o ator principal não é o Estado, nem o condenado, mas a multidão carnavalesca. A execução oferece à multidão uma ocasião de júbilo. A expulsão da sujeira para fora da comunidade constitui uma festa. Thomas Laqueur lembra que Nietzsche já havia destacado: toda punição suscita um prazer; ora, por ocasião do suplício, o pequeno pode assistir a morte vergonhosa do grande.

Na Inglaterra, os espectadores da execução formam uma multidão estrondosa. A bebedeira e o desejo sexual vêm somar-se à festança. Alguns médicos, inclusive, recomendam assistir ao suplício como um remédio para a impotência. A estrada que conduz ao patíbulo se transforma numa enorme feira que mistura as idades e os sexos. As crianças se juntam à festa, em companhia dos cachorros. O espetáculo parece mais ridículo do que solene. A execução do culpado se torna uma comédia. Como o carnaval, ela permite a inversão dos papéis e a exibição do corpo grotesco do povo. Às vezes, a multidão rosna de raiva, quando desaprova o andamento do espetáculo. Note-se que, no Reino Unido, a publicidade das execuções foi suprimida em 1868 e

---

28. LAQUEUR, T. "Crowds, carnival and the state in English executions, 1604-1868". *The First Modern Society* – Essays in English History (Honour of Lawrence Stone).Cambridge: Cambridge University Press, 1989.

que o período da Revolução Francesa não representou, nesse sentido, uma ruptura decisiva como foi no continente.

No dia 25 de abril de 1792 foi inaugurada a guilhotina. A máquina modifica radicalmente o suplício e o tratamento penal do corpo[29]. Claro que ela se insere numa tradição secular que fazia do médico um técnico do corpo supliciado e do cadafalso o prelúdio da dissecação. Por sua capacidade de matar em série, ela permite evitar o massacre. Ela poupa o povo de ser "canibal". Ela cria, por outro lado, uma nova relação entre o andamento do suplício e o olhar que se coloca sobre ele. Agora, a morte é infligida em um piscar de olhos. A guilhotina, por isso, anula o papel do supliciado e o despersonaliza. Este deixa de representar a figura do moribundo do qual se acompanha a agonia. Ele passa a ser apenas um vivo que se transforma, bruscamente, em cadáver. A guilhotina valoriza o instante. Ela exige a atenção máxima. Desqualifica, portanto, o *know-how* do carrasco.

Graças à máquina do doutor, o teatro do sofrimento foi abolido. "O indivíduo a ser corrigido fica dissociado da experiência traumatizante da infâmia corporal, pois a pena é considerada indolor"[30]. À sua maneira, a guilhotina, filha das Luzes, responde às exigências das almas sensíveis. Ela marca o grau zero dos sofrimentos do corpo. Põe fim ao barulho dos suplícios e instaura uma teatralidade inédita, um tempo que lhe é próprio, conferindo um sentido novo à execução da pena capital.

Ao mesmo tempo, a máquina dessacraliza a cerimônia. O teatro que ela institui não guarda mais lugar para a exibição da vergonha e o arrependimento. A guilhotina não permite mais a redenção da falta pela aceitação dos sofrimentos. O modelo da paixão de Cristo e do bom ladrão perde seu valor.

---

29. Cf., a respeito disso, a obra fundamental de ARASSE, D. *La guillotinne et l'imaginaire de la terreur*. Paris: Flammarion, 1987. • VOVELLE, M. "La guillotine ou l'instrument de la terreur". *Histoires figurales*. Paris: Usher, 1989, p. 155-163.

30. PORRET, M. "Corps flétri-corps soigné..." Art. cit., p. 133.

A guilhotina decapita. O cerimonial se concentra, assim, na cabeça, que fascina como a Medusa. Nesse sentido, a máquina é infernal. É uma grande produtora de monstros. Além do mais, ela introduz uma situação experimental única, que é a da separação instantânea da alma e do corpo. O cadafalso se transforma na mesa de dissecção que leva a se perguntar, com maior acuidade, pela sede da alma. A cabeça, assim cortada, não deixou de obcecar o século seguinte.

Em outra perspectiva, a da nossa modernidade, a guilhotina, máquina por excelência, permite a repetitividade da morte infligida em série. Ela introduz o número e, portanto, a banalidade, na cena do patíbulo. Ela contradiz, nisso, a ascensão do sentimento do eu, que caracteriza o momento de sua utilização. A intensidade do terror é duplicada. Obviamente, a guilhotina satisfaz o desejo de igualdade. Ela leva à uniformidade das práticas penais sobre todo o território nacional.

No espírito de seus promotores, aos pés da guilhotina pode se desenhar uma nova imagem do povo reunido. A máquina, produtora, mas também destruidora de monstros, passa uma mensagem pedagógica; e o carrasco representa o modelo do cidadão jacobino que expulsa a sujeira do corpo social sangrando-o.

Compreende-se a força que a máquina assumiu no imaginário do século XIX. Simbolizava uma nova espécie de catástrofe. Aos olhos dos partidários do rei, o teatro do cadafalso revolucionário, que fazia parte do sublime, tinha produzido mártires e, portanto, havia imposto a expiação.

A guilhotina se mantém no século XIX – e no século XX até 1981. Mas, desde então, não se deixa de refletir no modo como ela pode se adequar aos novos sentimentos e às novas intolerâncias. Não devemos nos deixar enganar pela semelhança do vocabulário. As representações da pena capital se modificaram totalmente. O que se visa não é mais a realização da pena, mas a captura da alma. "À antiga cultura jurídica da infâmia marginalizante corresponde a da reabilitação individual, separada da dor corporal"[31].

---

31. Ibid.

Claro que novas "penas obscuras" marcam os corpos. Tudo o que se relaciona com o cárcere e com a privação da liberdade é parte de nosso objeto de estudo. Jacques-Guy Petit analisou longamente as torturas da prisão no século XIX[32]: a frieza penitenciária, o isolamento em celas solitárias, que leva ao suicídio, ou o excesso de trabalho realizado em silêncio que incita à revolta, o enquadrilhamento das horas, a comida infectada fornecida escassamente pelos responsáveis, o pavor da promiscuidade e os odores intoleráveis, os calabouços e todos os sofrimentos impostos por uma pesada disciplina e, para coroar, a intensa mortandade no interior das centrais.

De qualquer modo, as elites sociais já não aceitam mais a exibição dos corpos; e os suplícios públicos levam à sua abstração. A dor ostensiva deve ser apenas uma experiência íntima. Através da exposição da execução, o que se procura é "mostrar a vitória da alma do condenado sobre a perversidade de seu corpo"[33]. Os sinais da dor corporal inspiram, agora, o desgosto. O fato de o condenado ter os olhos esgazeados em seu caminho rumo ao suplício, ou sua tez e seus traços exprimirem a angústia, provam que ele não conseguiu, com a força de sua alma, abstrair-se de seu corpo.

As reformas que registram a nova sensibilidade variam de acordo com os países. Na Inglaterra, as instituições e os procedimentos não sofrem modificações profundas antes da supressão da publicidade do suplício, em 1868. Note-se, todavia, a abolição da *Anatomy Act* decidida em 1832, algo que passou a ser considerado como contrário à dignidade humana.

Na França, a pena capital, suprimida em 26 de outubro de 1795, foi restabelecida em 12 de fevereiro de 1810. Naquele ano, o Código Penal reinsere o uso da guilhotina e a noção de pena pública exemplar, portanto, infamante. Os condenados a trabalhos forçados ou à reclusão voltam a usar a golilha.

---

32. PETIT, J.G. *Ces peines obscures*: la prison pénale en France, 1780-1875. Fayard, 1990.

33. GUIGNARD, L. "Les suplices publics au XIXe siècle. L'abstraction du corps". *Le corps violenté*. Op. cit., p. 179, bem como com relação às especificações que seguem sobre as penas infamantes na França.

Em Paris, eles são conduzidos, entre as onze horas e o meio-dia, amarrados de quatro em quatro atrás de uma charrete até um poste – chamado pelourinho – posicionados na praça do Palácio de Justiça. Até 1832, são colocados sobre um estrado presos por uma coleira de ferro a uma corrente com dois braceletes que também prendem seus punhos. Um letreiro fixado acima de sua cabeça informa seu nome, domicílio, profissão, a causa de sua condenação e a pena à qual foram condenados. Constitui-se então o teatro da infâmia. Alguns desses infelizes mostram seu arrependimento com abundantes lágrimas; outros desprezam a autoridade e assumem o cadafalso. Sorriem aos espectadores, brincam com a multidão e demonstram sua insubmissão "aos objetivos da pena".

O artigo 20 do Código Penal de 1810 restabelece a marca com o ferro em brasa, infligida após a exposição no pelourinho, no ombro direito da vítima. A letra T é inscrita na pele dos condenados aos trabalhos forçados por um certo tempo. As duas letras, TP, aplicam-se quando o tempo da pena é perpétuo. Acrescenta-se a letra F se o culpado identificado é um falsário, e a letra R se é reincidente. Até 1820, também era comum inscrever o número da corte que havia pronunciado a condenação. Os parricidas eram conduzidos de camisa ao local da execução, com os pés descalços, a cabeça coberta com um pano preto. Depois de expostos sobre o cadafalso, tinham o pulso direito cortado e, em seguida, eram mortos – artigo 13. Para falar a verdade, até 1832, houve apenas treze execuções de parricidas; quatro deles foram beneficiados com a isenção do corte do pulso. Além disso, com base nas *Mémoires* de Sanson, o carrasco utilizava um aparelho que, ao prender o pulso da vítima, comprimia a circulação do sangue para diminuir a sensibilidade; a degolação acontecia antes mesmo que essa se restabelecesse[34].

---

34. LAPALUS, S. *Pierre Rivière et les autres* – De la violence familiale au crime – Le parricide en France au XIXe siècle (1825-1974). Nanterre, 2002 [Tese, Universidade Paris X].

Em 1825[35], a lei sobre o sacrilégio previa a execução de quem fosse achado culpado do roubo de vasos sagrados contendo hóstias. Em caso de profanação da Eucaristia, o infeliz devia ter, também, seu pulso cortado. Na realidade, essa pena nunca chegou a ser aplicada dessa forma.

A Monarquia de Julho, em seus primórdios, reformou profundamente todas essas práticas e distanciou-se da tradição do suplício. A lei de 28 de abril de 1832 aboliu a pena que condenava especificamente os parricidas. Apenas a vestimenta que lhes era imposta foi conservada. A exposição pública substituiu o pelourinho e a marca com o ferro em brasa. Trata-se de uma pena facultativa, infligida aos indivíduos de dezoito a setenta anos. Não recorre mais a golpes no corpo. No interior, os condenados são expostos, nos dias de mercado, dentro de uma gaiola de vime. Em Paris, são exibidos na Praça do Palácio com os braços amarrados com uma correia de couro. Em seguida, são amarrados com uma correia ao pelourinho.

Em 1832, a guilhotina é retirada da Praça de Grève e colocada na barreira de Saint-Jacques. Anteriormente, ela era usada ao meio-dia, diante do Hôtel de Ville. Uma charrete conduzia os condenados da prisão do Palácio da Justiça. Agora, a execução acontece ao amanhecer. Um carro de polícia transporta os infelizes da prisão de Bicêtre até a barreira de Saint-Jacques. Dessa forma inaugura-se um outro regime de visibilidade dos corpos. Os carros de polícia constituem o novo meio de transporte das prostitutas até a delegacia de polícia, como também dos cadáveres dos matadouros. Em 1836, é posto um fim ao teatro da cadeia que acontecia desde a corte de Bicêtre, onde os condenados eram colocados em ferros, até as penitenciárias de Toulon, de Brest e de Rochefort. Até então, a passagem deles, os sinais de sua infâmia, as zombarias e as maldições sobre eles, os insultos trocados com a multidão constituíam um espetáculo grotesco, que já começava a ser considerado indigno.

---

35. LAMOUR, E. *Le débat sur le sacrilège, 1825* [Trabalho de conclusão (*maîtrise*), Universidade Paris I, 1988].

Em abril de 1848, a exposição pública, considerada uma prática que degrada a humanidade, também foi abolida. A partir de 1851, a guilhotina funciona na Praça da Roquette, próxima à prisão para onde passaram a ser levados os prisioneiros temporários de Bicêtre. No campo, as execuções começam a ser feitas de madrugada. O decreto de 25 de novembro de 1870 suprime o cadafalso, a antiga tribuna do suplício[36]. A guilhotina, apoiada diretamente no chão, perde bastante de sua visibilidade. O detento, enquanto esperava a morte, não era mais obrigado a usar permanentemente a camisa de força que impedia seus movimentos. Em Paris, a partir de 1878, as execuções são realizadas perto do muro que cerca a prisão de Santé; e a multidão era mantida à distância da cerimônia.

No campo, a guilhotina é instalada, cada vez mais, às portas da prisão. Dito isto, ao longo de todo o século, a quantidade das execuções é enorme em todo o território nacional. Maxime Du Camp relatou, com precisão, a execução a que assistira. Na capital, trata-se de um espetáculo que junta o povo, que acorda cedo, aos noctâmbulos do bulevar, que assim terminam sua noite[37]. Em novembro de 1871, estima-se em 2.000 pessoas a multidão que viera assistir a uma execução ocorrida no Mans. Em julho de 1872, dez mil espectadores comprimem-se diante da guilhotina, em Toulouse[38].

A retirada da dor infligida, os sucessivos lugares da pena capital não constituem as únicas manifestações da nova economia do suplício. Também a toalete do corpo do condenado, que precede a execução, passa a fazer parte dela, e visa, a um só tempo, adequar-se às novas normas higiênicas, evitar

---

36. LAPRAY, X. *L'éxécution publique de la peine capitale à Paris entre 1870 et 1914* [Trabalho de conclusão, Universidade Paris I, 1991].

37. DELATTRE, S. *Les douze heures noires* – La nuit à Paris au XIXe siècle. Paris: Albin Michel, 2000, p. 520-543.

38. M'SILI, M. Une mise en scene de la violence légitime: les exécutions capitales dans la presse, 1870-1939. In: BERTRAND, R. & CAROL, A. (orgs.). *L'éxécution capitale*: une mort donnée en spectacle: XVIe-XXe siècle. Aix-en-Provence: Publications de l'Université de Provence, 2003.

que o condenado possa se pôr em cena, e esconder a identidade que o corpo poderia revelar. Alguns instantes antes de sua execução, o condenado é atado pelos pés e pelos punhos. Seus braços são fortemente puxados para trás, o que o obriga a baixar a cabeça. Seus cabelos, que poderiam proteger a nuca, são cortados. Joga-se uma veste sobre suas costas, no momento da partida, a fim de encobrir-lhe as algemas[39].

Durante os primeiros momentos, os espectadores sondam intensamente o corpo do condenado. A execução se desenrola num silêncio profundo. Acabou-se a retórica das últimas palavras. Os espectadores avaliam a firmeza dos passos, espreitam os tremores, analisam a cor do rosto. Pois o corpo deve deixar transparecer a interioridade do arrependimento moral[40]. Já em 1836, a atitude de Lacenaire diante da guilhotina foi objeto de um caloroso debate[41]. Esperava-se que, em seus últimos instantes, se revelasse a verdadeira natureza do monstro duplo que havia causado fascínio desde a abertura de seu processo.

A guilhotina fornece aos médicos uma mesa de dissecação e de experimentações singular, totalmente nova. Como aponta Vincent Barras[42]: "Uma cabeça separada de modo instantâneo e absolutamente clara do tronco constitui a situação perfeita, nos termos da época, para analisar experimentalmente a relação da alma e do corpo, permitindo de alguma forma que se isole, ao menos durante alguns instantes, de um lado o corpo e, de outro, a alma". O interesse excepcional imediato sobre o guilhotinado provém, ademais, do fato de se tratar de um ser, geralmente, jovem, em boa saúde, e de

---

39. Cf. GUIGNARD, L. "Les suplices publics au XIXe siècle..." Art. cit., p. 171.

40. Ibid., p. 172-173.

41. DEMARTINI, A.-E. L'affaire Lacenaire. Paris: Aubier, 2000; cap. VIII, "La mort du monstre", p. 258-288.

42. BARRAS, V. Le laboratoire de la décapitation. In: BERTRAND, R. & CAROL, A. (orgs.). L'éxecution capitale. Op. cit., p. 64.

um cadáver totalmente fresco que, para retomar a expressão de Dujardin-Beaumetz, "entrou vivo na morte". Infelizmente, privada de seu órgão, a cabeça não pode expressar-se pela voz; senão, declara convicto Samuel Thomas Soemmering, em 1795, ela falaria. Além disso, os médicos experimentadores precisam agir rapidamente, pois os restos do supliciado – a cabeça caída no cesto e o tronco, retirado rapidamente do patíbulo –, são lavados a galope para serem enterrados, em Paris, nos "campos dos refugos" onde eles vão se juntar aos cadáveres que vêm do necrotério, dos hospitais e dos anfiteatros de dissecação.

Inicialmente, os cientistas se dividem em dois campos[43]. Uns são partidários de uma *persistência do eu*, ou seja, da subsistência de uma forma de consciência. Para eles, a cabeça conserva sua "força vital"; o que se verifica nas tremuras das pálpebras, nas "horríveis convulsões", nas manifestações de indignação, como as que se pôde observar na cabeça de Charlotte Corday. Ao mesmo tempo, esses médicos – entre os quais Gelsner, Jean-Joseph Sue, Soemmering – estimam que a cabeça experimenta uma dor terrível, "a mais violenta, a mais sensível, a mais cruel que se possa experimentar", ainda mais que, devido à resistência dos ossos, a guilhotina, na verdade, não corta, mas quebra, parte o pescoço. "Que situação horrível é esta", escreve Jean-Joseph Sue – o pai dos romancistas –, "de ter a percepção de sua execução e, em seguida, a sensação de seu suplício"[44] (1797). Sem considerarmos essas convicções, seria difícil avaliarmos o pavor retrospectivo experimentado pelas famílias das vítimas do terror.

---

43. A respeito desse debate, Anne Carol, La question de la douleur et les expériences médicales sur les suppliciés au XIXᵉ siècle. IN: BERTRAND, R. & BERTRAND, A. (orgs.). *L'éxecution capitale*. Op. cit. Cf. tb. o ponto de vista de um filósofo, Yannick Beaubatie, *Les paradoxes de l'échafaud* – Médicine, morale et politique au siècle des Lumières. Périgueux: Fanlac, 2002.

44. Apud CAROL, A. "La question de la douleur..." Art. cit.

De outro lado, temos os partidários da morte instantânea, entre os quais Cabanis[45] e Marc-Antoine Petit. Segundo essas sumidades médicas da época, a hemorragia provocada no cérebro é brutal demais para permitir a permanência da consciência. Considerando as diversas formas de vitalidade, as reações observadas são apenas movimentos animais, fenômenos de irritabilidade devidos à "elasticidade das fibras". De qualquer modo, que o indivíduo possa ter o pensamento de que sua morte ocorreu, é algo que parece inimaginável[46].

À aurora do século XIX, as experiências de eletrocussão conduzem a um novo exame dos dados. Luigi Galvani pretende que o princípio nervoso e de natureza elétrica, e que uma corrente se transmita do cérebro até a medula, e, depois, até os músculos. Em 1802, Aldini liga duas cabeças de supliciados, de modo que as duas secções do pescoço estejam em comunicação. Em seguida, ele põe uma pilha sobre a orelha direita de uma e sobre a orelha esquerda de outra. Obtém caretas horríveis. Experiências desse tipo são realizadas ao longo de todo o século – de Bichat a Virchow. Alguns ficaram fascinados com tudo aquilo que produz a ilusão do retorno à vida. Em 1818, as experiências realizadas no assassino Matthew Chysdale, em Glasgow, fazem os curiosos sair correndo. Um deles desmaiou. É que obtiveram, da vítima, as mais estranhas caretas que expressam a diversidade dos sentimentos humanos: raiva, horror, angústia, desespero, sorriso atroz. O romance de Mary Shelley, *Frankenstein*, transporta para a ficção essa crença fascinante na criação de uma vida, ou do retorno à vida, do cadáver violentamente eletrizado. O corpo do monstro herda sentimentos dos criminosos sobre os quais se fizeram estas experiências.

---

45. CABANIS, P.-J. *Note sur l'opinion de MM. Oelsner, Soemmering et du citoyen Sue touchant le supplice de la guilhotine*, 28 do brumário do ano IV, recentemente reeditado por Yannick Beaubatie, *Les paradoxes de l'échafaud*. Op. cit.

46. No que se refere às informações seguintes, CAROL, A. "La question de la douleur..." Art. cit. • BARRAS, V. "Le laboratoire de la décapitation". Art. cit. • BEAUBATIE, Y. *Les paradoxes de l'échafaud*. Op. cit. Cf. tb. MILANESI, C. *Mort apparente, mort imparfaite* – Médicine et mentalités au XVIIIe siècle. Paris: Payot, 1991 [1. ed., 1989].

A história das convicções e dos debates científicos relacionados a esta figura do morto-vivo e sua eventual dor foi descrita com precisão por Anne Carol. Entre 1800 e 1820, apesar da multiplicidade das experiências, os otimistas, isto é, aqueles que consideravam a morte instantânea e total conseguem se impor sobre os seus adversários. Após a intervenção de Julia de Fontenelle diante da Academia de Medicina (1833), a dúvida e a inquietação ressurgem. A reviravolta ocorreu devido a uma incerteza com relação à definição clínica da morte. Surge, então, a crença em um estágio temporal intermediário entre a vida e o nada.

De 1850 a 1900, quando a fisiologia se torna autônoma e triunfa a medicina experimental, os cientistas, mais intensamente fascinados do que nunca, multiplicam tentativas e se empenham em conseguir cadáveres os mais frescos possíveis. "Raramente, as experiências são feitas aos pés do cadafalso", escreve Anne Carol, mas, geralmente, "em carros velozes, sob a luz de velas em laboratórios improvisados, próximos aos cemitérios", podendo se tratar de uma simples autópsia, de uma tentativa de galvanização, da medição da persistência da excitabilidade e da contractilidade ou da observação da digestão.

A experiência considerada decisiva consiste em tentar fazer reviverem partes separadas. Em 1851, Brown-Séquard, aluno de Claude Bernard, injeta 250g de seu próprio sangue no antebraço de um guilhotinado. Em 1866, Alfred Vulpian propõe tentar a experiência na cabeça decepada; o que é realizado pelo Doutor Laborde em 1880. Este obtém, no máximo, a recoloração do rosto do supliciado. A partir de 1884, o mesmo médico, como também seus discípulos, multiplicam as tentativas de "revivificação". Paul Bert se insurge, em nome da deontologia médica. Laborde, pelo contrário, enxerga uma utilidade social em sua pesquisa: em caso de êxito, não se poderia dialogar com a cabeça decapitada e obter confissões? Havia tanto tempo que os médicos tentavam conseguir se comunicar com vítimas da guilhotina. No dia 25 de junho de 1864, Velpeau e Couty de la Pommerais se haviam entendido com um condenado à morte por duplo assassinato: este se comprometera a piscar três vezes o olho se ele ainda estivesse consciente. A experiência não deu em nada.

A questão da morte súbita ou retardada do guilhotinado não fica limitada ao círculo dos médicos. Também interessa ao público da grande imprensa. Em 17 de janeiro de 1870, dois dias antes da execução de Troppmann, que fez o barulho que se conhece, o *Le Gaulois* coloca a questão aos seus leitores, perguntando se a guilhotina não constitui uma tortura moral, mais ainda do que física[47]. O interesse despertado por esses assuntos macabros não pode ser colocado em dúvida. A multidão, que continua a assistir em grande número às decapitações, comprime-se no Museu Grévin a fim de contemplar cenas de execução e ver a exposição de instrumentos do suplício em uso por todo o mundo. Aí estão visíveis os sacrifícios humanos do Dahomey, próximos da guilhotina, da forca e do garrote.[48]

III. O lugar do cadáver

A história do corpo engloba, naturalmente, a história do cadáver. Esse macabro objeto diz respeito à medicina[49] e à justiça. Assim, Bruno Bertherat soube retratar, com a mais clara descrição, a genealogia do necrotério parisiense, um aparelho para identificar, conservar, estudar os cadáveres e também um laboratório privilegiado da medicina legal[50]. Mas o corpo do defunto, a maneira como é considerado e tratado, bem como o esforço por conser-

---

47. CAROL, A. "La question de la douleur..." Art. cit., p. 78.

48. SAËZ-GUÉRIF, N. *Le Musée Grévin, 1882-2001* – Cire, histoire et loisir parisien, 2002, p. 474ss. [Tese, Universidade Paris I].

49. Cf. supra, p. 17ss., e a obra de RICHARDSON, R. *Death, dissection and the destitute*. Londres: Penguin Books, 1989.

50. BERTHERAT, B. *La morgue de Paris au XIXe siècle (1804-1907)* – Les origines de l'Institut Médico-légal ou les métamorphoses de la machine, 2002, 3 vol. [Tese, Universidade Paris I].
• Ibid. "La Morgue de Paris", *Sociétés & Représentations*, n. 6; *Violences*, jun./1998, p. 273-293.

var seus traços, relacionam-se, principalmente, com a história da sensibilidade. O cadáver do rei, dos grandes homens, do herói ou do mártir pertencem, estes, à história política.

O novo valor e a nova dignidade conferidos ao corpo defunto resultam da crescente emoção suscitada pela morte individual. A progressiva constituição, desde meados do século XVIII, e a difusão social de um culto celebrado em torno dos restos do ser amado ou admirado foram demonstrados por Philippe Ariès, por Michel Vovelle e alguns outros historiadores de primeira linha[51]. A partir do Diretório, a questão preocupa o instituto. Motivado por um concurso lançado pelo ministro do Interior em 1800, o decreto de 23 do prairial do ano XII sanciona a evolução das sensibilidades[52]. Ele codifica, até nos mínimos detalhes, como deve ser o tratamento do cadáver e as modalidades de inumação.

Ao longo de algumas décadas decisivas, que correspondem à primeira metade do período contemplado neste volume, acontecem diversos processos que, ao mesmo tempo, atestam e acentuam a emoção nascida com o espetáculo do cadáver. O limiar de tolerância à putrefação eleva-se no fim do Século das Luzes. O emprego de cloratos, sobretudo aquele produzido pelo farmacêutico Labarraque, permite, daí em diante, reduzir o enjoo olfativo causado pela tanatomorfose; o que não evita o aumento da resistência à exibição do corpo em decomposição, e mesmo a simples ostentação da macabra nudez; e

---

51. Entre a abundante bibliografia: ARIÈS, P. *L'homme devant la mort*. Paris: Du Seuil, 1977. • VOVELLE, M. *La Mort et l'Ocident de 1300 à nos jours*. Paris: Gallimard, 1983. No que tange a sensibilidade no século XVIII: FAVRE, R. *La mort dans la littérature et la pensée française au siècle des Lumières*. Paris: PUL, 1978. Sobre o cemitério no século XIX, uma bela obra recente: FERRER, J.-M. & GRANDCOING, P. *Des funérailles de porcelaine* – De l'art de la plaque funéraire en porcelaine de Limoges au XIXe siècle. Limoges: Culture et Patrimoine en Limousin, 2000.

52. Cf. HINTERMEYER, P. *Politiques de la mort tirées du concours de l'Institut* – Germinal na VIII-Vendémiaire na IX. Paris: Payot, 1981.

os anfiteatros de dissecação disseminados nas pequenas ruas do Quartier Latin preocupam vivamente os higienistas da monarquia censitária[53].

Ao mesmo tempo, intensifica-se o sentimento de horror com relação a toda forma de profanação[54]. Afirma-se a vontade de esconder os corpos dos defuntos. A lembrança dos enterros realizados às pressas, as covas improvisadas, as exumações de restos mortais de reis, para não falar dos corpos abandonados nos monturos ou dos restos atirados nos esgotos, tudo isto apavora as mentes à época da Restauração. Aviva-se a preocupação pela preservação e pela celebração. Em Paris, generaliza-se o uso dos ataúdes com tampas. Não é mais comum transportar o defunto com o rosto descoberto. Acabaram-se os giros pela cidade destinados a ostentar o cadáver. "A atenção dada aos lençóis mortuários, ao fechamento e às formas do caixão" testemunham o novo desejo de salvaguardar a intimidade.

As autoridades do século XIX pretendem abolir a morte anônima. No necrotério[55] os cadáveres são preparados, se necessário maquiados, e expostos aos olhos da multidão de visitantes, na expectativa de serem identificados. O corpo de um desconhecido passa a ser considerado da mesma forma que o de um indivíduo estimado. Dentro do estabelecimento, evita-se amontoar indistintamente os cadáveres. Em toda a sociedade aumenta a rejeição pela fossa comum, rejeição esta que é oficializada pelo decreto do ano XII. Enquanto os adeptos da medicina anatomoclínica procuram descobrir, através da dissecação, a verdade das doenças nas profundezas dos cadáveres,

---

53. CORBIN, A. *Le miasme et la Jonquille* – L'odorat et l'imaginaire social, XVIIIe-XIXe siècle. Paris: Aubier, 1982; reed. Flammarion [Col. "Champs", 1988]; e a introdução a PARENT-DUCHÂTELET, A. *La prostitution à Paris au XIXe siècle*. Paris: Du Seuil, 1981 [Col. "L'Univers Historique"].

54. Sobre quanto segue, devemos muito a FUREIX, E. *Les mises en scène politiques de la mort à Paris entre 1814 et 1835* [Tese, Universidade Paris I – Nós tomamos dessa obra, a ser publicada, as citações que seguem].

55. Cf. BERTHERAT, B. *La morgue de Paris au XIXe siècle*. Op. cit.

uma resistência paradoxal se impõe, no seio do povo de Paris, pelo menos, contra toda experiência realizada sobre o corpo no interior dos hospitais.

A intensidade do "fantasma da conservação", que se elabora desde o final do século XVIII, descreve melhor que tudo a nova dignidade do cadáver. O crescimento do desejo de eternidade acompanha a nova sedução da morte romântica, concebida como um sono em que a suavidade, associada à presença do anjo, torna-se insidiosamente uma promessa de sobrevida. A escultura e todo o conjunto da decoração funerária traduzem a esperança implícita e derivam, às vezes, para um erotismo macabro. O embalsamamento, facilitado pelo progresso das técnicas, responde à crescente preocupação com a preservação dos preciosos restos da decomposição. Como, em vida, pensar uma representação de si que, agora, só existe como carne morta? Como apresentar aos outros sua própria decomposição? São questões particularmente importantes para as elites da época. A convicção do irrepresentável da morte, ou seja, a putrefação, convida à estetização do cadáver, imagem de uma vida passada, à representação da beleza da morte. A conservação do corpo de Madame Necker em um mezanino de mármore preto no interior do mausoléu familiar constitui um bom exemplo das novas práticas[56]. O embalsamamento e a mumificação tornaram-se tão frequentes, sob a Monarquia de Julho, que uma legislação, datada de 1839, codifica suas modalidades.

Nessa época também se desenvolve a moda das relíquias sentimentais. Claro, não é mais a moda da extração das vísceras. Os rituais de separação dos órgãos declinam desde a primeira parte do século XIX, apesar da força das imagens de corpos em pedaços no campo da estética e da espiritualidade. O essencial, no âmbito da intimidade, passa a ser a retirada de mechas de cabelos. Esta prática, primeiramente difusa no seio da aristocracia, ganha,

---

56. Sobre todos esses pontos, uma obra essencial é: BAECQUE, A. de. *La gloire et l'effroi* – Sept morts sous la Terreur. Paris: Grasset, 1997 [no que diz respeito a "Madame Necker, ou a poesia do cadáver", cf. p. 217-251]. OUTRAM, D. *The Body and the French revolution*: Sex, Clas and Political Culture. New Haven: Yale University Press, 1989.

agora, a burguesia. O desejo de criar uma relíquia imputrescível, que seja um auxílio à lembrança, incita, no mesmo movimento, à conservação de pedaços de vestes ou de objetos diversos, familiares, do falecido. Nisso, a piedade em relação ao morto se coaduna com algumas coleções eróticas que os protossexólogos do final do século qualificariam de fetichistas.

Da mesma inquietação brota a moda das máscaras e, depois, das fotografias mortuárias. Com razão, foram postas em relação a emergência dessa relíquia e a prática da guilhotina, máquina de tirar retratos, segundo Daniel Arasse. "Modelar no gesso a bela morte romântica, semelhante ao sono", escreve, por sua vez, Emmanuel Fureix, "é imortalizar o instante fugaz da grande passagem"[57]. A realização do último retrato[58], visto com um espelho da alma, corresponde à estética romântica do espírito, como demonstra a rápida difusão das máscaras mortuárias de Schiller e de Beethoven. Esse uso reflete ainda o sucesso da frenologia. A impressão do rosto do morto permite, ao menos acredita-se, a exploração íntima de seu ser e o comentário dos cientistas. Por antecipação, o impenetrável Lacenaire autoriza Dumontier a modelar, ainda em vida, mas na véspera de sua execução, as formas atormentadas de sua cabeça[59], e também a dissecá-la após sua morte. Na Rue de l'École-de-Médicine, a Societé Phrénologique de Paris apresenta uma exposição de crânios; outra forma de utilização científica dos fragmentos dos corpos.

Um episódio de importância maior, que pesou muitíssimo sobre as representações do cadáver, veio, ao mesmo tempo, aliviar e modificar os processos em andamento. Entre a primeira decapitação pela guilhotina (abril de 1792) e o termidor do ano II (julho de 1794), o corpo tornou-se lugar políti-

---

57. FUREIX, E. *Les mises en scène politiques de la mort...* Op. cit.

58. HÉRAN, E. "Le dernier portrait ou la belle mort". *Le Dernier Portrait*. Paris: Réunion des musées nationaux, 2002, p. 16-24.

59. DEMARTINI, A.-E. *L'affaire Lacenaire*. Op. cit., "L'atelier du portrait posthume", p. 290-300.

co[60]. Em 21 de janeiro de 1793, o regicida inverte o cerimonial da morte do rei. Nesse dia, os patriotas, enfeitiçados, têm a alegria de contemplar a cabeça do monstro e de ver escorrer o seu sangue, regenerador da República. Por outro lado, os amigos do rei se precipitam para molhar seus lenços nesse líquido redentor cujo derramamento confere a Luís XVI a figura crística do mártir. Nesse momento, o sacrifício supremo recria a imagem do monarca bem como a dos seus algozes.

O dia 21 de janeiro de 1793 situa-se no coração do breve período durante o qual o código do sublime comanda o teatro da homenagem fúnebre. Em Paris, o pintor David modela "a estética terrorista do pavor", inaugurada em 20 de janeiro, por ocasião do funeral de Lepelletier. O apogeu desta cenografia se situa nos dias do funeral de Marat, em 16 de julho de 1793. A exposição dos cadáveres, então, traduz o triunfo de um expressionismo macabro. A alegoria dá espaço à ostentação do "corpo massacrado dos mártires". Este acusa. Designa um complô e aponta a identidade dos culpados. A exibição das feridas se torna uma mensagem política. A estratégia emocional que aposta no aspecto lívido do corpo esverdeado de Marat, no apelo da chaga aberta e no odor de putrefação que assalta os espectadores mais próximos, está em sintonia, repitamos, com a mobilidade do sagrado. A presença do cadáver assassinado permite "visualizar o terrível", ou seja, o complô aristocrático. Diante da cena, o espectador fica sem ar e sua alma, ferida, como que arrancada de dentro dele, encontra-se dilatada pelo desejo de vingança; esse "paroxismo do sensualismo político"[61], visa, com efeito, a levar ao sacrifício.

---

60. Abundante bibliografia a esse propósito. Sobretudo: ARASSE, D. *La guillotine...* Op. cit. • BAECQUE, A. de. *Le corps de l'histoire*. Op. cit. • Ibid. *La gloire et l'effroi*. Op. cit. • DUPRAT, A. *Le roi décapité*; essai sur les imaginaires politiques. Paris: Cerf, 1992. • LANGLOIS, C. *Les sept morts du roi*. Paris: Economica-Anthropos, 1993. • BONNET, J.-C. (org.). *La mort de Marat*. Paris: Flammarion, 1986, especialmente GUILHAUMOU, J. "La mort de Marat à Paris (13 juillet-16 juillet 1793)", p. 39-80. • KELLY, G.A. *Mortal Politics in 18th Century France*, Waterloo, Waterloo University Press, 1986; HUNT, L. *Le roman familial de la Révolution Française*. Paris: Albin Michel, 1995. E, obviamente, OZOUF, M. *La fête révolutionnaire, 1789-1799*. Paris: Gallimard, 1976 [Col. "Bibliothèque d'Histoires"], bem como a tese de FUREIX, E. *Les mises en scène politique de la mort...* Op. cit.

61. Ibid., bem como todas as citações seguintes.

A convenção termidoriana abandona essa estratégia da morbidez, mas a sua lembrança não será perdida. Tais encenações, na verdade, mais espontâneas, iriam ressurgir em 1830 e, sobretudo, em 1848. Quando desencadeia a Revolução de Fevereiro, os cadáveres das vítimas do fuzilamento do bulevar dos capuchinhos são exibidos, à luz de tochas, em cima de uma charrete rangendo e são levados à Paris noturna que começa a encher-se de barricadas.

A história do tratamento dos despojos do grande homem, do herói e do mártir político, não se interrompe com a queda de Robespierre. Os regimes que se sucederam no século XIX tiveram que definir sua política com relação ao cadáver desses defuntos de elite, que se encontravam, ao mesmo tempo, "despossuídos de seu corpo privado". Sob o Império, todos os grandes dignitários – e não apenas os heróis, como o Marechal Lannes, ou os poetas, como Delille – têm direito à panteonização depois de um embalsamamento parcial de seu corpo, previsto por decreto (1806). O coração de diversos oficiais de alto escalão, mortos nos campos de batalha, é repatriado. A Restauração, segundo uma sábia estratégia de expiação, que se pode considerar obsessiva, exuma, honra, celebra seus mártires, vítimas da Revolução. Em 1820, o corpo do Duque de Berry, anteriormente embalsamado, é objeto de uma inumação tripartida. As vísceras são levadas a Lille. A duquesa exige o coração de seu esposo, e os restos repousam em Saint-Denis. Em 1824, os restos de Luís XVIII, desodorizados por Labarraque, são colocados no centro de um cerimonial que retoma o antigo ritual dos funerais reais[62].

Não obstante a sensibilidade em relação à profanação, mas de acordo com o sucesso inicial da medicina anatomoclínica, o público do início do século XIX tolera a publicação dos resultados da autópsia dos grandes homens; quer se trate do ator Talma, do General Foy ou de Casimir Perier. Seu

---

62. SIMONETTI, P. "Mourir comme um Bourbon: Louis XVIII, 1824". *Revue d'Histoire Moderne et Contemporaine*, jan.-mar./1995, p. 91-106.

corpo aberto torna-se, de certo modo, objeto de uma apropriação coletiva. Imagina-se que a operação realizada com fins de observação científica seja, também, um meio de identificar as qualidades morais e intelectuais do defunto. De qualquer modo, tal uso, que nos parece um arcaísmo, não basta para contradizer essa nova sensibilidade para com o cadáver, que está de acordo com o conjunto de afetos que nós destacamos quando tratamos do massacre, do suplício e da cena operatória.

IV. O corpo violentado

Os trabalhos dedicados à violação, ou o estupro, nos dão a oportunidade de discernir bem todas as precauções requeridas para uma história do corpo por parte de quem pretende evitar o anacronismo psicológico. A maneira como uma sociedade avalia a gravidade dos atos e o prejuízo causado está sujeita a uma série de dados que possuem, eles próprios, sua história. Não se pode interpretar as atitudes com relação ao corpo violentado sem situá-las no universo da violência circunstante. A recorrência do massacre e suas modalidades, a eventual representação do espetáculo da dor, a frequência das violações de guerra, as demonstrações da brutalidade, o imaginário que identifica a mulher com espólio, em referência à literatura antiga, compõem um regime de sensibilidade que é preciso levar em conta ao tentarmos adotar uma ótica abrangente.

Da mesma maneira, a história da violação do corpo é tributária da história das representações e das práticas da união sexual. O modo de constranger, o grau de força do imaginário da presa, o modo como se desenrola a noite das núpcias orientam a interpretação e, mais ainda, os esquemas interiorizados pela mulher: ou seja, a necessidade de oferecer uma resistência diante dos ataques do homem, ou pelo menos esboçá-la, a impressão de ser "presa" passiva num intercâmbio com a energia masculina, a necessidade de adotar posturas lânguidas e pudicas próprias das representações da mulher sonolenta e receptiva. Pode-se ouvir, a propósito, o eco da novela de Kleist, *La Marquise d'O*, no início do século XIX.

Tudo isto, porém, é apenas o preâmbulo. Uma história da violação corporal requer que se meçam os limiares de tolerância à violência sexual e se analise sua evolução. E, com isso, acabamos percebendo bem, principalmente, a natureza das relações de autoridade no seio da família, relações que submetem a filha ou a mulher ao pai, ao tutor, ao marido, sem ignorar o lugar destinado à criança e a densidade de todos os sentimentos presentes no interior da esfera privada. A esse respeito, também são importantes a sociabilidade da vizinhança e, mais amplamente, todos os contextos de promiscuidade. Eles determinam, como veremos, muitas condutas violentas.

Não menos necessária se revela a análise do sentimento da honra e das exigências que o respeito a ela impõe a cada um e cada uma, de acordo com o *status* e a posição social. Isto contribui para explicar a composição do número das vítimas.

Obviamente, também entra nessas considerações a evolução dos cuidados e dos saberes. A ascensão da medicina legal, durante o período que nos ocupa, também não deixou de influenciar enormemente a história da violação, pelo refinamento da análise dos traços que a caracterizam e pela elaboração de um discurso especializado. O mesmo se pode dizer da constituição de uma psiquiatria e de uma sexologia. Elas trouxeram grande evolução para a identificação das lógicas da agressão e a avaliação de suas sequelas.

Tudo isto diz respeito a toda a sociedade em questão. Se focarmos a atenção sobre a vítima do atentado, a lista das preocupações que devem ser consideradas se estende ainda mais. O historiador dos atos de violação tem o dever de discernir a flexibilidade das normas do pudor e das atitudes prescritas para a mulher e também a intensidade com que essas atitudes são interiorizadas. O sentimento de vergonha, de desonra, de culpa ou mesmo de difamação, estritamente ligado à necessária virgindade pré-nupcial, contribui fortemente para clarear as atitudes. Por isso, a história da violação se cruza com a da teologia moral e da ponderação que esta faz quanto à gravidade do pecado de luxúria. Ela é escrita em referência às representações da Eva tentadora, ao imaginário das provocações femininas e também às capacidades de resistência da mulher. Com o tempo, o mesmo gesto muda de sentido, dentro das opiniões. A própria suspeita do consentimento da vítima possui sua história. Com tudo isto, somos remetidos a um dos elementos do objeto que aqui tentamos cercar: a evolução das formas do sofrimento e da angústia. O que introduz em processos maiores que caracterizam o século (1770-1892) estudado neste livro: a evolução da consciência de autonomia do indivíduo, a historicidade da apropriação dos riscos de contaminação e de impregnação física ou espiritual.

Em suma, a história da violação, particularmente candente, exige uma gama de conhecimentos que se afasta da simplicidade das indignações retrospectivas. À luz do que precede, tentemos redesenhar suas grandes linhas, entre a revolução e o nascimento da psicanálise. Neste domínio, o século XIX é o século dos "deslocamentos silenciosos", diz, com razão, Georges Vigarello[63]. Além disso, a justaposição de diferentes sistemas de representação e de comportamentos prejudica a síntese. O Código Penal de 1791 dá início a uma mudança de significação do ato violento. Segundo o espírito da lei, o estupro deixa de pertencer à esfera do pecado de luxúria. Não se faz mais referência ao insulto à divindade nem ao risco que o atentado acarreta para a salvação da vítima, mas, sim, passa-se a considerar a ameaça social que ele representa. Por outro lado, a declaração do princípio da autonomia do indivíduo confere à mulher violentada o estatuto de sujeito. O prejuízo se concentra, agora, sobre sua privacidade. O dolo sofrido pelo pai, o tutor ou o marido, pela família ou pelos parentes, fica oculto. Essa passagem do universo do impudico ao da violência não voltará a ser questionada. O Código

---

63. Obra fundamental sobre esse assunto, na qual nos baseamos bastante aqui: VIGARELLO, G. *Histoire du viol, XVIᵉ-XXᵉ siècles*. Paris: Du Seuil, 1998 [Col. "L'Univers Historique"] e CORBIN, A. (org.). *Mentalités*, n. 3, *Violence sexuelle*. Ed. Imago, 1989.

Penal de 1810, sua revisão em 1832, a lei de 18 de abril de 1863 não farão mais que reafirmá-la.

Mas tudo isto depende da lei, cujos efeitos se revelaram muito lentos. Nesse assunto, particularmente, não se deve confundir a norma com a prática.

Até por volta de 1880, vai-se desdobrando o tempo das "emergências sutis" (Georges Vigarello). Este período se caracteriza, a um só tempo, por uma lenta reavaliação da gravidade dos atos, por um acrescimento de exigências, pelo questionamento sobre a relação estabelecida entre as intenções e os fatos e pelo aprofundamento da análise dos comportamentos. É quando emergem as noções de brutalidade intrínseca, de abuso de autoridade ou de situação, de chantagem exercida pelo chefe, de crime de influência.

Mais importante, ainda, revela-se, nesse assunto, a elaboração de uma psicopatologia, seja que se trate, por exemplo, de erectomania definida em 1838 por Esquirol ou do furor genital, descrito por Marc em 1840. Insensivelmente, cresce a convicção de que existem ideias fixas e pulsões irrefreáveis. Ao mesmo tempo, a influência dos psiquiatras aumenta no interior dos tribunais, em um ritmo que varia conforme as regiões.

Por fim, tudo isto transparece nos escritos dos juristas, dos médicos, dos policiais. E o que se pode dizer da evolução das práticas de agressão e da consideração da gravidade por parte dos jurados e, mais amplamente, pela opinião pública? Sobre isso, a principal fonte está nos relatórios especializados redigidos pelos médicos-legistas[64]. O período que nos ocupa é a época, repitamos, da elaboração desse discurso, quer se trate da descrição dos indícios ou da narração dos fatos. O quadro associado ao relato das brutalidades se transforma num verdadeiro gênero literário, dominado pela investigação dos sinais. Para o médico, trata-se de fazer falarem as violências corporais,

---

64. CHAUVAUD, F. *Les experts du crime* – La médicine légale en France au XIXe siècle. Paris: Aubier, 2000 ["Collection Historique"].

através do próprio relato de sua ocorrência e do modo como aconteceram. Isto se traduz, ao mesmo tempo, pela extensão e a clareza da narração somadas à curiosidade e às explorações, feitas com uma intensa acuidade visual aplicada na identificação dos indícios. A atenção continua a depositar-se, antes de tudo, sobre o hímen e sobre a configuração de seu rompimento, uma vez que a defloração constitui o ultraje essencial. Laurent Ferron faz menção a isso ao término de um minucioso estudo das violações perpetradas nas regiões de Mayenne e de Maine-et-Loire[65]. Sobre a vítima, uma vez que já perdeu sua virgindade, recai a suspeita de que assuma mais naturalmente um papel provocador. De qualquer modo, nesses casos, é mais difícil provar que houve violência. E também permanece, por muito tempo, no meio médico, a convicção de que uma mulher não pode ser violentada por um indivíduo isolado, sobretudo num lugar habitado. Em 1909, o Professor Brouardel ainda afirma: "Um homem sozinho não consegue violentar uma mulher que faça movimentos enérgicos com a bacia. Consequentemente, se o ato pôde ser cometido, é porque a mulher não se defendeu[66]. Acrescentemos que os médicos, em seguimento a Orfila (1823), são obcecados pela eventualidade da queixa não fundamentada, sobretudo a partir dos anos de 1880, quando surgem as figuras ameaçadoras da mitomaníaca e da histérica acusadora. Isto explica, também, a atenção dada pelos especialistas a todas as marcas e contusões que permitam medir o grau de resistência oposta pela mulher e perceber com nitidez a insistente questão do consentimento, mesmo que tardio. Quanto ao resto, as manchas de esperma, a cor, o cheiro, o odor dos líquidos são cada vez mais levados em consideração. O relato do especialista fundamen-

---

65. FERRON, L. "Déconstruction des discours des manuels de médicine légale sur les femmes violées". *Cahiers d'histoire* – Sexualités et dominations, número citado, p. 23-32; como também Le témoignage des femmes victimes de viol au XIXe siècle. In: BARD, C. et al. (orgs.). *Femmes et justice pénale, XIXe-XXe siècle*. Rennes, 2002. • CORDIER, A. *Viols et attentats à la pudeur d'après les comptes rendus des présidents d'assises de six cours royales entre 1821 et 1826* [Trabalho de conclusão, Universidade Paris I, 1992].

66. Apud FERRON, L. "Déconstruction des discours..." Art. cit., p. 24.

ta-se numa retórica do pavor, utilizando todos os recursos da descrição e da narração em vista do impacto causado sobre os jurados.

Contudo, em matéria de atentado ao pudor, os especialistas decepcionam os magistrados. Eles tendem a se posicionar segundo os sistemas de normas em vigor em sua região e a estimar a gravidade segundo hierarquias sociais que determinam seu ambiente. Daí, as intermináveis lamentações dos primeiros presidentes de corte na hora dos relatórios que eles apresentam ao ministro da Justiça ao final da sessão. No Gévaudan, estudado por Élisabeth Claverie e Pierre Lamaison[67], o atentado contra meninas da Assistência Social, praticado pelos filhos mais novos dos *ostals* não parece constituir uma infração grave, já que a família autoritária reserva o domínio ao herdeiro – apesar do Código Civil – e deixa, geralmente, o filho mais novo sem esperança de fundar um lar. Na Mayenne e no Maine-et-Loire, 42% dos casos de atentados ao pudor acabam em forma de absolvição[68]. Os acusados são contados conforme o *status*, a posição social, a situação dentro da família e o grau de miséria sexual. Trata-se desses jovens que não têm direitos a herança, que acabamos de mencionar, dos criados, dos trabalhadores diaristas, dos pastores, dos mendicantes.

Nas vítimas, a vergonha de terem sido violentadas, avivada pela necessidade de contar a cena e comparecer à audiência, permanece por muito tempo – bem mais do que o período que abordamos. A título de exemplo, Gemma Gagnon mostrou claramente, no contexto de seu estudo de antropologia histórica, dedicado ao distrito de Seine-Inférieure, a importância decisiva da preservação da honra no seio da sociedade rural[69].

---

67. CLAVERIE, E. "De la difficulté de faire um citoyen. Les 'acquittements scandaleux' du jury dans la France provinciale du début du XIXe siècle". *Études rurales*, n. 95-96, jan/-jun./ 1984, p. 143-167.

68. FERRON, L. "Le témoignage des femmes victimes de viol au XIXe siècle". Art. cit.

69. GAGNON, G. *La criminalité en France*: le phénomène homicide dans la Seine-Infèrieure de 1811 à 1900 [Tese, EHESS, 1996].

A composição do efetivo das vítimas resulta de uma dupla lógica. As meninas abusadas – Anne-Marie Sohn o demonstra de modo claro[70] – o são, na sua grande maioria, por membros de sua família ou por vizinhos próximos. É o tio, por exemplo, ou o companheiro no qual se tem toda confiança que se revelam os culpados. As outras vítimas são, majoritariamente, serviçais, domésticas, pastoras, mulheres que recolhem as espigas restantes dos campos, que cortam capim nos bosques, jovens que se encontravam momentaneamente sozinhas, em casa, na hora do drama. As viúvas representam outra parcela não negligenciável desse efetivo, já que são consideradas desamparadas e sem autoridade. Elas são vistas, mais do que todas as outras, como vítimas da suspeita de terem consentido. O magnífico estudo realizado por Annick Tillier, dedicado ao infanticídio na Bretanha, dá a entender que muitas criadas foram violentadas pelo seu chefe, sem poderem se arriscar a recorrer à justiça[71].

De todo modo, na França Central e Sudoeste, onde reinavam as famílias autoritárias, esta não intervém senão em última instância, no âmbito dos conflitos familiares mais amplos, após o fracasso de uma tentativa de acordo. A vingança da honra ultrajada das moças pode seguir caminhos bem diferentes do que os do tribunal: injúrias, burburinhos, rixas entre filhos mais novos, incêndios de celeiros e granjas, sem esquecer o que se refere à vingança com a mesma moeda, o que inclui o assassinato e o estupro da mulher do outro.

As últimas décadas do século constituem, nesse ponto, uma ruptura decisiva. Georges Vigarello o demonstrou em sua brilhante síntese. Laurent Ferron o confirma, na escala regional. Efetua-se, então, uma profunda reviravolta dos imaginários. Uma nova maneira de ver as violências sexuais vai

---

70. SOHN, A.-M. Les attentats à la pudeur sur les fillettes et la sexualité quotidienne en France, 1870-1940. In: CORBIN, A. (org.). *Mentalités*, n. 3, *Violence sexuelle*, n. 3, 1989.

71. TILLIER, A. *Des criminelles au village* – Femmes infanticides en Bretagne (1825-1865). Rennes: Presses Universitaires de Rennes, 2001.

se impondo por influência de uma série de fatores. A teoria da degenerescência, que já mencionamos, a convicção da naturalidade da tara levam a uma nova medida da responsabilidade; pense-se nos acalorados debates que dividem, então, a antropologia criminal e que põem em confronto os partidários e os adversários de Cesare Lombroso. Os relatos biográficos expostos com veemência por Francis Lacassagne tomam parte dessa discussão[72]. O catálogo das perversões escrito pelos sexólogos permite reconhecer melhor todos os malefícios que resultam de um impulso incontrolável. O hedonismo do final do século e a literatura que prega o direito, ou até o dever da voluptuosidade, ou que, ao menos, pleiteia a maior legitimidade do prazer, levam à corrosão da moral sexual. Principalmente, as novas modalidades da construção social do discurso sobre o crime, a onipresença deste na grande imprensa, a relação estabelecida entre a tinta e o sangue fazem com que as violências sexuais, mesmo as mais inauditas, sejam expostas sem cessar diante dos leitores[73]. Eles provocam um *frisson* teratológico, o mesmo que inspira o horrível Vacher, criminoso sexual em série, ou mesmo Jack, o Estripador. O grande teatro de fantoches, que triunfa em Paris, incita esse mórbido voyeurismo. Compreende-se que, nesse contexto, "o violador ganha visibilidade" (Georges Vigarello). Judith Walkowitz pôs em grande evidência a maneira pela qual o terror inspirado pelo estripador londrino foi socialmente construído e instrumentalizado com vista a diminuir a livre circulação das mulheres no *East End*[74].

É então que se começa a falar do lento trabalho realizado pela violação na consciência do sujeito; o que relega ao segundo plano o discurso sobre o atentado ao pudor. A análise da violação, a partir do final desse século, é re-

---

72. ARTIÈRES, P. *Le livre des vies coupables, 1896-1909*. Paris: Albin Michel, 2000.

73. KALIFA, D. *L'encre et le sang* – Récits du crime et société à la Belle Époque. Paris: Fayard, 1995.

74. WALKOWITZ, D. "Jack l'Éventreur et les mythes de la violence masculine". *Mentalités*, n. 3, *Violence sexuelle*, 1989, p. 135-165.

sultado do maior espaço cedido à psiquiatria. Agora se fala, de maneira cada vez mais forte, do dano interior, da destruição íntima, da integridade injuriada, da identidade arruinada. A violação tornou-se um acontecimento traumático, um atentado à autorrealização.

Convém, entretanto, sermos prudentes. Tais noções, por enquanto, dizem respeito a, apenas, uma camada, sem dúvida relativamente restrita, da população. Seria um equívoco imaginarmos, segundo um percurso genealógico abusivo, que a sensibilidade dominante no final do século XIX fosse a mesma de nossa época, intransigente com relação ao toque e ao assédio. Um episódio dramático poderia, a propósito disso, servir de transição. Stéphane Audoin-Rouzeau conseguiu analisar com precisão e interpretar com fineza o embaraço ético suscitado pelo nascimento do filho do inimigo, durante a Primeira Guerra Mundial[75]. Esse drama revela o peso das violações de guerra sobre o imaginário. Na época, as moças e as mulheres foram inocentadas pela opinião pública e a culpa se depositou, de certa forma, aos olhos de muitos, sobre os infelizes gerados por essas uniões brutais.

A violência sexual, obviamente, não é a única que é cometida sobre o corpo. Annick Tillier detalhou com a mais clara nitidez a maneira pela qual, na Bretanha, a mãe infanticida sufoca, estrangula, esmaga, despedaça seu recém-nascido. Sylvie Lapalus, em uma obra de alcance maior, que aborda todo o território nacional, analisou bastante o comportamento do parricida no século XIX e o modo como esse trata o corpo de sua vítima[76].

Infalivelmente, a parte visada é a cabeça. Os relatos desses atos falam de crânios "quebrados, fraturados, esmagados, afundados", até fazer escorrer "os miolos". Desfigurar o pai é privá-lo de sua identidade, de seu poder. Em seguida, o criminoso ataca, freneticamente, o corpo com uma faca, uma foi-

---

75. AUDOIN-ROUZEAU, S. *L'enfant de l'ennemi (1914-1918)* – Viol, avortement, infanticide pendant la Grande Guerre. Paris: Aubier, 1995 ["Collection Historique"].

76. LAPALUS, S. *Pierre Rivière et les autres* – De la violence familiale au crime [Tese citada da qual tomamos emprestadas as informações que seguem].

ce, como se quisesse aniquilar todos os traços da vítima, "fazer como se ela nunca tivesse existido". "Não é a morte de um ser humano, e menos ainda de um parente, mas sim de uma coisa maléfica que é necessário reduzir a nada"[77]. O parricídio implica um contato físico próximo. O instrumento da morte, raramente, é uma arma de fogo – 16,9% dos casos. Trata-se de uma pedra ou de um instrumento de trabalho que cai nas mãos: enxadas, machados ou machadinhas, foices, picaretas, pás, barras de ferro, martelos.

Para conseguir a confissão, as autoridades contam muito com o confronto do suposto parricida com o corpo de sua vítima. Geralmente, eles têm êxito, de tanto que essa cena macabra causa medo. Se as confissões tardam a aparecer, passa-se a investigar ininterruptamente o corpo do suspeito. Em sua cela são espionados noite e dia os "suspiros de sua respiração", as "rugas que agitam sua fisionomia". São registrados os gritos desarticulados que escapam de seu sono. Contam-se os seus batimentos cardíacos, analisam-se seu apetite e seu humor.

Durante o processo, a macabra exposição de peças usadas como evidências satisfaz a ávida curiosidade do público. "A arma do crime manchada de sangue, o crânio partido da vítima, suas costelas ou suas tripas guardadas num pote"[78] são observados com a maior atenção. A atração exercida pelos efeitos da realidade seduz sobretudo as multidões parisienses do final do século, que se comprimem em frente ao necrotério e, no dia seguinte do incêndio do Bazar de la Charité, na exposição dos restos calcinados das vítimas. Vanessa Schwartz relacionou, com grande talento, as múltiplas condutas que testemunham esse desejo, que contrasta com a desrealização da violência realizada pela literatura criminal[79].

---

77. Ibid., p. 366ss.

78. Ibid., p. 465.

79. SCHWARTZ, V. *Spetacular realities* – Early Mass Culture in Fin-de-siècle. Paris: University of California Press, 1998. Sobre a atração dos restos calcinados no dia seguinte ao incêncio do Bazar de la Charité: FREMIGACCI, I. *L'incendie du Bazar de la Charité (mai 1897)*, 1989 [Trabalho de conclusão, Universidade Paris I].

V. O corpo gasto e assassinado do trabalhador no século da industrialização

1. *O desgaste do corpo do operário*

De uma maneira geral, escreve Caroline Moriceau, "a agressividade com relação ao corpo é uma característica do trabalho, que se traduz pelo desconforto, a dor, a intoxicação, o acidente, a deformação ou a sobrecarga"[80]. Portanto, o historiador deve atentar ao dolorismo excessivo induzido pelas fontes que ele utiliza. O corpo do operário, no século XIX, não escapa ao percurso do imaginário social e ao processo de construção dos tipos descritos acima por Ségolène Le Men. Os textos e as imagens que o demonstram resultam do olhar que dele têm as elites; um olhar submetido a uma longa tradição retórica e a um conjunto de convicções científicas. Assim, as relação do físico e do mental no homem, como definidas por Cabanis, determinam uma série de traços. Os temores inspirados pelas classes trabalhadoras, já há muito descritos por Louis Chevalier[81], a admiração que, ao contrário, os trabalhadores manuais suscitam silenciosamente, o desejo de lhes atribuir uma posição, de revesti-los de certos comportamentos, tudo isto contribui para dar traços a esse tipo. Falar, aqui, do corpo do trabalhador, já é uma maneira de inscrever-se num certo modo de ler a sociedade.

Uma série de *topoi* define, assim, esse tipo. Primeiramente, o corpo do operário manifesta a força física atribuída aos indivíduos que pertencem ao povo; o que, no âmbito simbólico, exprime, no começo da Revolução, a pregnância da figura de Hércules; corpo forte, mas dotado de sentimentos rudimentares. O operário é visto como pouco acessível à fineza das mensagens sensoriais e ao desconforto que essas podem provocar. O trabalho com

---

80. MORICEAU, C. *Les douleurs de l'industrie* – L'hygiénisme industriel en France, 1860-1914 [Tese, EHESS, 2002, p. 441].

81. CHEVALIER, L. *Classes laborieuses et classes dangereuses à Paris pendant la première moitié du XIXᵉ siècle*. Paris: Plon, 1958.

as mãos desenvolveu nele o tato, em detrimento dos sentidos intelectuais que são a visão e a audição. O corpo do operário sofre excessivamente com a atividade intelectual e dificulta o progresso do espírito[82]. O mesmo postulado leva a destacar a primazia do instinto. É o que provoca a fascinação exercida pelo corpo da mulher do povo, de quem se espera, dentro das elites masculinas, uma compensação da perda do vigor causada pelo abandono do trabalho físico.

Ora, esse corpo potente, geralmente, revela-se minado, gasto pela fadiga, pela duração, a insalubridade do trabalho e por uma grande vulnerabilidade biológica. A propósito da segunda metade do século, também David Barnes[83] afirma, não sem razão, que a luta travada pelas ligas filantrópicas contra a tuberculose, o alcoolismo e as doenças venéreas, ou seja, contra as doenças logo qualificadas de populares, acabava, apesar da dedicação dos agentes, contribuindo para associar o corpo do operário a males dos quais não se tinha prova de que assolassem com menor dureza as elites.

Enfim, esse corpo se apresenta modelado por um trabalho específico de aparências, de posturas privilegiadas e de gestos, de um saber determinado. A postura da blusa ou do avental, do boné ou do tamanco, a quantidade de tatuagens, sem esquecer, no fim do século, a vulnerabilidade às marcas da degenerescência, entram no desenho. Como foi mostrado por André Rouillé[84], a fotografia – até vir o cartão postal apaixonado pelas "pequenas funções" susceptíveis de despertar a nostalgia – traduz a persistência desse modelo.

---

82. A respeito disso, CORBIN, A. "Histoire et anthropologie sensorielle". *Le temps, le désir et l'horreur* – Essais sur le XIXe siècle. Paris: Aubier, 1991; reed., Flammarion, 1998, p. 227-241 [Col. "Champs"].

83. BARNES, D. *The Making of a Social Disease* – Tuberculosis in Nineteenth Century France. Berkeley: University of California Press, 1995.

84. ROUILLÉ, A. "Les images photographiques du monde du travail sous le second Empire". *Actes de la recherche en sciences sociales*, n. 54, set./1984.

Considerando a raridade da fala operária, todavia, é difícil percebermos como é recebida a imagem elaborada desta forma e avaliarmos sua influência nos comportamentos. Ao longo de todo o século, triunfa nesse meio a exibição da força e a confiança que ela suscita. A ostentação dos músculos, os desafios, as disputas, o gosto por formas de violência dessa natureza se manifestam nas ruas, nas feiras, bem como nas fábricas, entre companheiros, trabalhadores migrantes, lutadores de savate*, dos quais nos fala Georges Vigarello ou, bem mais tarde, entre os apaches**. Neste sentido, o corpo do operário é, geralmente, um corpo trabalhado. Da mesma maneira, a demonstração de habilidade manual se coaduna ao orgulho do *know-how*. O estudo dos utensílios e dos gestos daquele que os manuseia demonstra a riqueza de uma cultura somática ancorada na tradição dos ofícios, associada a uma linguagem específica, cuja riqueza nos foi mostrada por William H. Sewell[85]. A vontade de provar a rigidez do corpo se relaciona com uma atitude demonstrativa.

Sobre essa base, ou antes, sobre tal jogo de representações esboçado em linhas gerais, erguem-se, então, dois dados ligados à industrialização: as novas formas de desgaste dos corpos e a violência provocada pela brutalidade das máquinas a vapor. A respeito disso, como recomenda Alain Cottereau, convém levar em conta os mecanismos de negação do desgaste no trabalho como acontecem nos ambientes acadêmicos do século XIX[86], sem esquecer que a deterioração física não é a única forma de sofrimento experimentada pelo trabalhador. O otimismo suscitado pelo desejo de não prejudicar a in-

---

* *Savate* é uma luta francesa a pontapés, segundo certas regras [N.T.].

** Apache é o homem de instintos sanguinários que ataca para roubar. Em Paris, é o indivíduo da ralé, cruel, sanguinário, explorador de mulheres, nos princípios do século XX [N.T.].

85. SEWELL, H.W. *Gens de métier et révolutions*: le language du travail de l'Ancien Régime à 1848. Paris: Aubier, 1983 ["Collection Historique"].

86. COTTEREAU, A. "Usure au travail: interrogations et refoulements", introduction à *L'usure au travail*, número especial do *Mouvement Social*, n. 124, jul.-set./1983, p. 5.

dustrialização leva os especialistas da monarquia censitária, cujos melhores exemplos está no médico Parent-Duchâtelet e no engenheiro d'Arcet, a denunciarem o exagero das queixas. A seus olhos, a maioria das fábricas onde há queixas de insalubridade, são consideradas no máximo como desconfortáveis, e o inconveniente diminui à medida que o operário vai se acostumando com aquilo que incomoda, sobretudo no que se refere ao olfato.

A atenção dada às condições físicas do trabalho possui sua história. Pode-se, embora simplificando, talvez, de maneira abusiva, distinguir três etapas. Até o limiar dos anos de 1840, os especialistas higienistas franceses se inscrevem na tradição inaugurada em 1700 por Ramazzini, cuja obra dedicada às doenças dos artesãos foi publicada novamente por Patissier em 1822, de forma ampliada. Na época em que se desenvolvem a indústria têxtil e o trabalho das minas, a atenção se focaliza sobre as atividades artesanais. O parecer dos peritos se fundamenta em critérios neo-hipocráticos. A qualidade do ar, da água, do aquecimento e da iluminação da fábrica, a natureza da matéria trabalhada, o efetivo dos operários segundo a idade e o sexo são suficientes para avaliar riscos e malefícios[87].

Entre o aparecimento do *Tableau de l'état physique et moral des ouvriers employés dans les manufactures de coton, de laine et de soie* (Painel do estado físico e moral dos operários empregados nas manufaturas de algodão, lã e seda) de Louis-René Villermé (1840) e a metade do século, a tradição ramazziniana se encontra questionada. Particularmente revelador, a esse propósito, é a nota de Thouvenin, intitulada *De l'influence que l'industrie exerce sur la santé des populations dans les grands centres manufacturiers* (Da influência que a indústria exerce sobre a saúde das populações nos grandes centros manufatureiros)[88]. Agora, a pesquisa visa também as condições de vida e não

---

87. LÉCUYER, B.-P. "Les maladies professionelles dans les Annales d'hygiène publique et de médicine légale ou une première approche de l'usure au travail". *Le Mouvement Social*, n. 124, jul.-set./1984, p. 45-69.

88. Ibid. *Annales d'hygiène publique et de médicine légale*, vol. 36, n. 1, 1846.

apenas as do trabalho. A qualidade do alojamento, da alimentação e das vestes, a eventual falta de cuidados, a fadiga, a duração do repouso e, mais ainda, os costumes do operário criam um contexto que estrutura a pesquisa.

Essa reorientação e essa ampliação do campo da visão não representam, no entanto, um nítido progresso da perícia. Elas facilitam a liberação dos fantasmas que comandam as representações sociais dentro das elites: despreocupação com o futuro, deboches, bebedeiras fundamentam, então, as críticas. De qualquer modo, o novo percurso revela a tomada em consideração da nova experiência como trabalho desmedido. Edward P. Thompson, há muito tempo, já chama a atenção para os efeitos da inédita intensidade das tarefas e da aceleração dos ritmos sobre o corpo, isto é, para uma fadiga e um desgaste considerados, agora, como algo normal; isto exige que o operário elabore desde muito cedo uma arte para administrar da melhor forma o curso que dará à sua vida de trabalho. Desde então, para cada profissão se estabelece "a reputação de uma determinada velocidade para o desgaste"[89].

Da metade do século até o desencadeamento da Primeira Guerra Mundial constitui-se a higiene industrial, isto é, um "saber a respeito do corpo em perigo"[90]. Um estilo higienista se afirma, formado por uma justaposição de opiniões, de conselhos, de estatísticas e de estudos de caso, muitas vezes, extraídos de enquetes orais e que fundam a moda das monografias. Esta higiene industrial, fiel à tradição ramazziniana reestruturada com a evolução pasteuriana, dá grande atenção ao ambiente do trabalho, à ventilação, à iluminação e ao aquecimento. Principalmente, ela se preocupa muito com a intoxicação, a ponto de se assemelhar a uma verdadeira toxicologia. Os riscos criados pelo manuseio ou a proximidade do chumbo, do mercúrio e do fósforo, sem esquecer o caráter patogênico da poeira, que favorece a propaga-

---

89. COTTEREAU, A. "L'usure au travail, destins masculins et destins féminins dans les cultures ouvrières en France au XIXe siècle". *Le Mouvement Social*, n. 124, jul.-set./1983, p. 79.

90. MORICEAU, C. *Les douleurs de l'industrie*. Op. cit., bem como as informações que seguem.

ção, sobretudo, da tuberculose, tudo isto chama permanentemente a atenção, paralelamente aos acidentes de trabalho, aos quais retornaremos mais adiante. Os especialistas da higiene industrial aprimoram cada vez mais suas enquetes, que são cada vez mais completas. Assim, em 1879, Émile-Léon Poincaré, ansioso por periciar os riscos aos quais estão expostos os operários que manuseiam a essência da terebintina, cria uma rede de informantes ao seu redor e se dedica à observação clínica. Ele passa a interrogar os atores e constrói séries estatísticas da idade dos falecidos e procede a algumas verificações em laboratório. No final do século, a nova disciplina cruza com a fisiologia do trabalho. Sob a influência do italiano Angelo Mosso[91] a medição dos efeitos dos gestos efetuados pelo operário permite o estudo experimental da fadiga industrial. Ao mesmo tempo, os progressos da microbiologia contribuem para que a pesquisa se desloque das fábricas para os laboratórios.

Paralelamente a essa evolução da investigação, a partir dos anos de 1860, Alain Cottereau constrói dois modelos de desgaste distintos segundo o sexo[92]. No que diz respeito aos homens, o desgaste é concebido como "contínuo e cumulativo", devido à exposição permanente e intensa no mercado de trabalho. A agressão ao corpo dos operários é intensa ao longo da juventude. Como foi demonstrado a respeito da Grã-Bretanha, os patrões apreciam particularmente a mão de obra das moças solteiras quando as tarefas não exigem uma grande qualificação. Em seguida, as mulheres dispõem, mais facilmente do que os homens, da possibilidade de se retirar do mercado de trabalho em algumas fases de sua existência. Além do fato de que o abandono da fábrica ou da usina por razões de saúde é mais tolerado para elas do que para os homens. Dito isto, o atraso francês em relação à proteção da operária grávida é evidente[93]. Na Prússia, a partir de 1860, as mulheres não po-

---

91. Cf. CORBIN, A. "La fatigue, le repos, la conquête du temps". *L'Avènement des loisirs, 1850-1960*. Paris: Aubier, 1995; reed. Paris: Flammarion, 2001, p. 275-299 [Col. "Champs"].

92. COTTEREAU, A. "L'usure au travail, destins masculins..." Art. cit.

93. MORICEAU, C. *Les douleurs de l'industrie*. Op. cit., p. 337ss.

dem trabalhar durante as quatro semanas seguintes ao parto. Elas só podem ser admitidas a retomar o trabalho durante os quinze dias seguintes mediante apresentação de um certificado médico. Na Suíça, as operárias não são autorizadas a voltar à fábrica senão seis semanas após o parto e depois de uma ausência mínima de dois meses. Medidas semelhantes protegem as mulheres austríacas. Na França, nada desse tipo é decidido antes da votação da lei de 17 de junho de 1913. Não esqueçamos, todavia, que "a história da consideração – ou do desprezo – do corpo no trabalho e da preservação de sua integridade física não se harmoniza com a cronologia sugerida pela sucessão das leis"[94].

Duas categorias de operários foram objeto de abundantes trabalhos de historiadores: trata-se dos mineiros e dos vidraceiros. Uns e outros submetidos a condições de trabalho particularmente desafiadoras. Desde 1848, os mineiros de Saint-Étienne e de Rive-de-Gier se queixam de seu excepcional esgotamento[95]. Eles afirmam que sua vida não passa, em média, dos trinta e oito ou quarenta anos e que há, entre eles, um grande número de inválidos. A queixa é reiterada até o fim do século. Em 1891, o deputado mineiro Basly denuncia à Câmara o esgotamento precoce de seus antigos companheiros. Esta viva consciência dos malefícios da mina sobre o corpo dos operários é reforçada pela atitude das companhias que não contratam operários com mais de trinta e cinco anos e que tentam se livrar dos mineiros que já atingiram os quarenta anos. Os cálculos a que se dedica Roland Trempé, com relação à longevidade desses operários, demonstram o quanto as queixas deles estão bem fundamentadas.

A respiração de gazes, o calor, a chuva, a umidade que destila das galerias, a poeira, a obscuridade, os acidentes e, acima de tudo, o duro trabalho de abatimento explicam o desgaste precoce. Os mineiros se lastimam de "reumatismos" crônicos. É notável, entre eles, a frequência de ancilose do joe-

---

94. Ibid., p. 342.

95. TREMPÉ, R. "Travail à la mine et vieillissement des mineurs au XIXe siècle". *Le Mouvement Social*, n. 124, jul.-set./1983, p. 131-153.

lho, de ciática, formação de uma bolsa serosa na altura dos cotovelos. Os tremeliques oculares são uma chaga, aqui. A anemia ligada à ancilostomíase, a silicose – que só será reconhecida como tal em 1915 – completam esse trágico quadro nosográfico.

Os vidraceiros, quanto a eles, também suportam grandes sofrimentos corporais[96]. Segundo um relatório que data de 1911, os vidraceiros de Baccarat trabalham, no verão, a uma temperatura de 41 graus quando se encontram a 3 metros da abertura. A 25 centímetros a temperatura é de 80 graus. Os para-ventos de madeira, utilizados contra o calor e as correntes de ar, protegem mal do calor. Inúmeros operários queimam as mãos e os braços. Os fragmentos de cristal provocam fleumões. O manuseio do chumbo e de seus compostos provoca cólicas, anemia, quando não uma encefalopatia mortal. Bronquites crônicas são abundantes nesse meio, bem como a deformação da mão "em gancho". A tísica faz estragos, sem esquecer as doenças venéreas propagadas pela troca dos mesmos instrumentos, o que leva o Professor Alfred Fournier a listar os vidraceiros ao lado das criadas e das esposas honestas na obra que dedicou, em 1885, à *Sífilis dos inocentes*. Joan W. Scott mostra, por sua vez, que entre 1866 e 1875, a idade média da morte dos vidraceiros de Carmaux é de trinta e cinco-quarenta anos. No fim do século é, ainda, de trinta e cinco anos e seis meses; o que corresponde à situação constatada em Baccarat.

Os aprendizes, geralmente, são vítimas de uma violência particular. Martin Nadaud, nas *Mémoires de Léonard*[97], descreveu precisamente a violên-

---

96. Sobre os vidraceiros: SCOTT, J.W. *Les verriers de carmaux*. Paris: Flammarion, 1982, e os capítulos consagrados aos vidraceiros de Baccarat apud MORICEAU, C. *Les douleurs de l'industrie*. Op. cit. [Nesta obra encontra-se uma abundante bibliografia internacional sobre a história da higiene industrial].

97. NADAUD, M. *Mémoires de Léonard ancien garçon maçon*. Paris Hachette, 1976 (1.ed., 1895). • PERROT, M. "A nineteenth century work experiences as related in a worker's autobiography: Norbert Truquin". *Representations, Meanings, Organization and Practices*. Ithaca/Londres: Cornell University Press, 1986.

cia à qual está submetido o jovem pedreiro, oriundo de Limousin. O aprendizado da arte de fazer vidro é, aliás, muito significativo[98]. Como mencionou Michelle Perrot, tudo acontece como se o mestre herdasse o direito paterno de punir. O jovem operário sofre uma violência ao mesmo tempo verbal e física. Durante o aprendizado do ofício, que também é o da resistência física e da dor, ele está à mercê do humor do mestre e de seus companheiros de trabalho. As atitudes deles impõem um verdadeiro rito de iniciação que pode ser considerado, como avalia Caroline Moriceau, um exorcismo coletivo dos perigos que vivem e do medo que eles suscitam.

Falta-nos explicar ou, ao menos, interpretar a atitude dos operários diante dessas agressões praticadas contra o corpo. Sobre isso, as palavras são raras, durante todo o século XIX, a menos que elas sejam formalmente exigidas[99]. A vontade de subjugar completamente o corpo e o medo requer silenciar tanto sobre os sofrimentos quanto sobre os riscos conhecidos do trabalho realizado"[100]. Em 1879, o higienista Poincaré realiza, como vimos, pesquisas sobre os efeitos dos vapores da essência da terebintina. "A maioria dos operários, escreve ele, têm certo orgulho em dizer que não sentem nada", sobretudo quando são interrogados diante de seus companheiros. "Há os que hesitam, porque pensam que se trata de uma pesquisa administrativa que pode trazer dificuldades para a liberdade de sua profissão. Outros temem comprometer-se à vista do contramestre ou do patrão"[101]. O desejo de ser bem-visto, a recusa de sofrer gozações dos companheiros, o respeito humano incitam à fanfarronice.

---

98. Cf. tb. PIGENET, M. *Les ouvriers du cher (fin XVIIIe siècle – 1914)* – Travail, espace et conscience sociale. Montreuil: ICGTHS-CCEES, 1990.

99. Cf. COTTEREAU, A. "Prévoyance des uns, imprévoyances des autres. Questions sur les cultures ouvrières face aux principes de l'assistance mutuelle au XIXe siècle". *Prévenir*, IX, mai./1984, p. 57-69. A respeito da dificuldade da palavra em outro meio, o dos vagabundos, cf. WAGNIART, J.-F. *Le vagabond à la fin du XIXe siècle*. Paris: Belin, 1999.

100. MORICEAU, C. *Les Douleurs de l'industrie*. Op. cit., p. 441.

101. Apud MORICEAU, C. Ibid., p. 97.

A partir da expressão dessas poucas observações, os historiadores se interrogaram bastante sobre essa subestimação do desgaste e dos sofrimentos. A ignorância, o desprezo dessas "pequenas dorzinhas", a resistência adquirida a duras penas, a negligência interiorizada com relação ao corpo, tudo isso foi alegado. Outros sentimentos parecem estar em jogo, sobretudo o da grandeza do ofício justificado pela brevidade de uma carreira intensa[102]. Caroline Moriceau, por sua vez, menciona o orgulho de exercer uma profissão perigosa. Muitos acreditam que são as qualidades pessoais que fazem com que essa tarefa penosa seja confiada a um operário, por que eles seriam considerados como mais adestrados ou mais robustos do que outros. Nessa perspectiva, a visita médica é considerada vexatória. De qualquer modo, parece estar interiorizada a convicção de que "o trabalho industrial é acompanhado, fatalmente, de males e sofrimentos"[103]. "À ideia da extenuação que acontece com o tempo, opõe-se a ideia, frequentemente presente, de que com o costume o trabalho se torna mais leve"[104]. Lamentar-se poderia significar a ruptura do equilíbrio coletivo instituído no seio da comunidade de trabalho e afetar a relação estabelecida entre o operário e o ofício. Além do mais, para atenuar um pouco o mal-estar, há uma série de "truques", de malícias, de gestos técnicos personalizados, que atestam o conhecimento da arte e mantêm a autoconfiança.

A palavra operária, sobre todos esses assuntos, emerge verdadeiramente apenas durante os anos de 1890, de uma forma coletiva, codificada e, ao fim das contas, pouco veemente, pela voz dos sindicatos[105]. Quanto ao operário isolado, ele fala muito pouco de seu corpo. É difícil avaliar como, no foro interno, elabora-se a maneira de enfrentar sua dura condição. Sem dúvida, de-

---

102. Yves Lequin, em todas as suas obras, falou sobre esse sentimento.

103. MORICEAU, C. *Les Douleurs de l'industrie.* Op. cit., p. 412ss.

104. Ibid., p. 401.

105. REBÉRIOUX, M. "Mouvement syndical et santé en France, 1880-1914". *Prévenir,* 1° semestre de 1989, p. 15-30.

vemos supor, com Caroline Moriceau, que haja um relativo equilíbrio entre a sensibilidade ao desconforto e aos sofrimentos, a representação dos riscos, a busca do máximo aproveitamento, da rapidez de execução e do menor esforço.

2. Os acidentes de trabalho

O acidente industrial, que filantropos e pesquisadores sociais começam a perceber, durante os anos de 1839 e 1840, como um acidente de trabalho, violenta o corpo com uma intensidade particular durante os últimos sessenta anos do século XIX. Claro que o trabalho efetuado em casa ou na fábrica, geralmente no contexto da pluriatividade que caracteriza a protoindustrialização, possui maior relevância em relação ao labor realizado nas manufaturas e nas usinas. Não deixa de ser verdade que esses lugares, todavia, sejam locais de catástrofes inéditas. A primeira revolução industrial, a do carvão e do vapor, gera máquinas suscetíveis de causar ferimentos atrozes. Na ordem da ficção, esses corpos devorados, engolidos, expelidos, agitados por espasmos, resfolegantes em meio aos estrondos das máquinas, submetidos a crises e condenados a uma morte trágica, pululam o ciclo dos *Rougon-Macquart*[106]. A realidade, muitas vezes, ultrapassa esses pesadelos. A segunda revolução industrial, que corresponde à substituição progressiva da máquina a vapor pelo motor a explosão, e, depois, pelo motor elétrico, permitirá, como sugere Zola em seus *Evangelhos*, uma suavização das relações travadas entre o homem e a máquina e um encolhimento do trágico da subserviência anterior.

Em seu livro dedicado à cidade de Lille sob o Segundo Império, Pierre Pierrard descreveu com grande precisão os acidentes acontecidos no interior das fábricas da indústria têxtil[107]. As estatísticas indicam a frequência das

---

106. NOIRAY, J. "Zola, images et mythe de la machine". In: SACQUIN, M. (org.). *Zola*. Paris, 2002 [Catálogo de exposição da Biblioteca Nacional da França].

107. PIERRARD, P. *La vie ouvrière à Lille sous le Second Empire*. Paris: Bloud et gay, 1965, sobretudo "Les accidents dans les manufactures", p. 150-161.

mutilações, do desmembramento e do esmagamento do corpo dos trabalhadores. Entre 1847 e 1852, 377 indivíduos foram vítimas de graves acidentes ocorridos em cento e vinte fábricas de Lille; sem contar os feridos de que os patrões mandam tratar no domicílio para dissimular a amplidão das catástrofes. Desse total, vinte e dois operários morreram na hora, doze sucumbiram rapidamente em decorrência de seus ferimentos, trinta e nove tiveram que ser amputados ou ficaram estropiados para o resto da vida.

Na maioria, as vítimas são jovens; muitas vezes, trata-se de crianças ou adolescentes colocados para cuidar das máquinas. vinte e sete acidentados têm menos de dez anos, e duzentos e dezessete, menos de vinte anos. A chacina é resultado de diversas causas: as engrenagens, os eixos e as correias raramente são protegidos; quando é o caso, alguns contramestres, com vista a facilitar o trabalho, ordenam retirar a proteção. A maioria dos acidentes acontece durante a limpeza, a reparação ou a lubrificação dos equipamentos. Para não interromper as atividades, essas operações são efetuadas sem que as máquinas sejam paradas. A exiguidade dos locais, o atravancamento, as algazarras aumentam os riscos.

"Nas fábricas, monstruosas florestas de correias e eixos de transmissão sacudidos pelo barulho ensurdecedor dos trabalhos e pelos movimentos bruscos das bombas, cada metro quadrado era contado, como cada segundo.[...] Um gesto, um passo, um impulso, uma corrente de ar que levantasse uma blusa, uma negligência qualquer e tinha-se um drama, quase sempre atroz"[108]. Quando, num pavimento, uma mão, um braço ou uma perna fica espremido numa engrenagem, preso em um eixo ou enrolado numa correia, é preciso tempo para ordenar a parada da máquina, instalada no andar de baixo, e às vezes, inclusive, no fundo do subsolo. O barulho impede de ouvir as ordens e os gritos.

A maioria dos traumatismos se refere a membros arrancados e quebrados. De quatrocentos e seis feridos conduzidos ao Hospital Saint-Sauveur

---

108. Ibid., p. 153.

entre 1846 e 1852, duzentos e oitenta e nove foram agarrados por engrenagens, vinte e oito por correias, treze por rodas, vinte e um foram vítimas de máquinas cardadoras ou de manivelas.

Uma das piores catástrofes é a que resulta da explosão de uma caldeira. Em agosto de 1846, um acidente desses causou a morte de quarenta operários e feriu outros doze em Fourchambault. Em 24 de novembro de 1856, às cinco horas e meia da manhã, uma explosão desse tipo ocorreu em Lille, no interior de uma fábrica de fiação de algodão de Verstraete. Entre os mortos está o chegador* cujo corpo, despedaçado, foi encontrado sobre o teto de uma casa de cinco andares, a mais de cem metros de distância. Em 1882, a explosão de uma máquina a vapor matou quinze operários e feriu quarenta e cinco numa usina de Bordeaux[109].

Pierre Pierrard faz com que o leitor sinta as carnificinas no interior das manufaturas têxteis. "Prinquette, quarenta e sete anos, engraxa uma rodagem; preso pela correia, ele tem o crânio esmagado no eixo da engrenagem onde seu cadáver fica preso. [...] Vanthuyne, quarenta anos, passava perto de um eixo de transmissão, levando uma meda de feno. Este, sugado, enrola-se como uma roca puxando o infeliz cujo pé, separado da perna, é atirado a dez passos; quando o eixo parou, Vanthuyne estava morto sufocado pelo feno. [...] Cornil, trinta anos, é lustrador em Pourrez; tendo-se apoiado sobre um eixo, foi preso pela cintura; não se ouviram seus gritos. Depois de dez minutos, ele estava com o baixo-ventre rasgado"[110]. Em 1856, Appoladore Daussy, treze anos, enrolador de bobinas, com medo de receber uma bronca, decide passar sozinho uma correia por uma polia fixa, na ausência dos operários. Agarrado, ele foi esmagado contra a parede. Em 9 de agosto do mesmo ano, o jovem Hochard sobe numa bancada e segura uma correia

---

* Indivíduo que põe lenha ou carvão em fornalhas [N.T.].

109. DELUMEAU, J. & LEQUIN, Y. *Les malheurs des temps* – Histoire des fléaux et des calamités en France. Paris: Larousse, 1987, p. 480.

110. PIERRARD, P. *La vie ouvrière à Lille...* Op. cit., p. 157, bem como as citações que seguem.

na mão; esta é engolida com avidez e arrebata seu corpo. Não é possível prevenir o chegador para que pare a máquina, situada no subsolo. Quando, enfim, esta é desligada, "é um boneco desconjuntado que se esborracha no chão [...] a camisa apertada em volta do pescoço tinha estrangulado o menino. Girando a cento e vinte voltas por minuto, o corpo tinha partido o crânio com os pés"[111]. O patrão não foi perturbado.

O catálogo desses corpos puxados, agarrados, esmagados é interminável, como se pode ler nos depósitos de arquivos e nas anotações das pesquisas. O acidente é, então, imputado à negligência ou à imprudência dos operários, quando não são acusados de embriaguez. Os costumes, os hábitos de trabalho, a ostentação do saber-fazer, incitam ao não respeito pelos regulamentos da fábrica, mal expostos e pouco legíveis. Os feridos não têm o benefício de nenhum seguro. Quando enfermos, eles ficam a cargo da família. É preciso esperar até 9 de abril de 1898 para que a lei sobre os acidentes de trabalho reconheça o risco profissional.

A busca da especificidade da violência sofrida pelos corpos durante o século XIX exigiria estudarmos a violência cometida em tempos de guerra. A pobreza de estudos consagrados aos massacres que acontecem, então, nos campos de batalha, comparada com a riqueza dos trabalhos dedicados à Primeira Guerra Mundial, leva, contudo, a reservar esse aspecto do horror ao terceiro volume desta série.

Seja qual for o temor do acidente e a consciência do desgaste do corpo, é necessário constatar, às vésperas da Primeira Guerra Mundial, a precariedade da higiene industrial, ao menos na França da Terceira República. Nesse domínio, a lei de 12 de junho de 1893 permanece sem grande efeito. Os operários não utilizam nunca os banheiros e os lavabos. Eles se negam, inclusive, a se dirigir às novas latrinas. E, sobretudo, recusam os trajes de proteção. O essencial continua sendo, a seus olhos, a justa adaptação do equipamento

---

111. Ibid.

ao corpo, a possibilidade de executar da melhor forma e o mais rapidamente possível os gestos que eles consideram necessários para a profissão. Tudo o que parece incômodo, tudo aquilo que "não é prático", é descartado, quer se trate do uso de máscaras, ou de óculos, ou de luvas. Em definitivo, na hora de colocar em prática uma biopolítica, o corpo do operário continua a ser o lugar de exercício de um poder sobre si mesmo. A defesa do gesto profissional aparece, da mesma forma que o controle do tempo de trabalho, uma manifestação de autonomia.

VI. A dor e o sofrimento

Tentar escrever uma história da dor, ou do prazer, equivale a fazer a história do corpo, propriamente dito. Esse é um objeto histórico que se define no fim do século XVIII e permite que emerjam, com o processo de desenvolvimento e expansão da alma sensível, os relatos dos sofrimentos pessoais, a análise da idiossincrasia e da cenestesia. A relação íntima com seu próprio corpo desvelada por Montaigne, no final do século XVI, permanecera uma experiência isolada. Nos *Ensaios*, com efeito, "o corpo não é mais simples prisão da alma; ele não é transfigurado pela imitação de Jesus Cristo, nem engrandecido pela beleza que revela. Ele é assumido na realidade de suas sensações"[112]. Demonstrar a historicidade de tal objeto constitui o meu propósito. E não é algo novo. Como observa Roselyne Rey, o corpo emergiu lentamente, como objeto, a partir de trabalhos dedicados às parturientes, aos agonizantes, ao desgaste do trabalho, aos sofrimentos e às fadigas da guerra, mas apenas como sinal, como apêndice que visava responder a outras curiosidades.

Trata-se, para nós, de discutir a dor ou o sofrimento? Para Paul Ricoeur haveria "um consenso quanto a reservar-se o termo dor aos afetos sentidos como algo localizado nos órgãos particulares do corpo ou no corpo inteiro, e o termo sofrimento aos afetos que se abrem à reflexividade, à linguagem, à

---

112. REY, R. *Histoire de la douleur*. Paris: La Découverte, 1993.

relação consigo mesmo, com os outros, com os sentidos e o questionamento[113]. Marie-Jeanne Lavilatte não está muito distante dessa distinção quando, no começo de uma análise de uma imensa quantidade de textos médicos, ela escreve: "a dor é, mais, algo espacial [...] (ela é) mais dócil à reificação", "o sofrimento é uma dor [...] suscetível de ser vista e olhada"[114]. Dessa forma podemos avaliar a resistência, a tolerância, a resignação demonstrada pelo paciente. Marie-Jeanne Lavilatte chama a atenção para o jogo de ocultação e desvelamento. De qualquer forma, nós não podemos nos ater nas definições estreitas da dor propriamente física. "O homem nunca sofre apenas em seu corpo, ele sofre com todo o seu ser".

Nosso objeto se decompõe em diversos elementos: os modos de designação, de denominação da dor, sua linguagem, suas funções, o sentido que lhe é dado. Cada um desses elementos possui sua história. A história da dor se revela mais complexa do que a do prazer. A função essencial deste se manifestava, então, com uma evidência tal que provocava pouco debate. Apenas o excesso de volúpia podia representar um perigo.

A dor constitui uma perturbação do sistema sensitivo. Mas ela também é uma construção social, psicocultural, formalizada desde a mais tenra idade. É isto que fundamenta os ritos de passagem. "As tradições estruturam o ser social pela prova do corpo"[115]. O sentido atribuído à dor é anterior à sensação. A leitura dos sintomas, em si, é "elaborada por uma experiência individual, social, profissional, tecida de valores culturais e de prejulgamentos". A Igreja, a medicina, a instituição hospitalar, o ambiente de trabalho, a comunidade no seio da qual o indivíduo se encontra envolvido propõem e, muitas

---

113. Citado na Introdução ao colóquio *La souffrance sociale*. Lyon, dez./1999.

114. LAVILATTE, M.-J. *Le privilège de la puissance*: l'anesthésie au service de la chirurgie française (1846-1896), 3 vol. [Universidade Paris I, 1999 (datilografado)].

115. LE BRETON, D. *Anthropologie de la douleur*. Paris: Métailié, 1995, de quem tomamos emprestadas as considerações seguintes.

vezes, impõem, significações para a dor e induzem comportamentos a quem a experimenta. O sofrimento se torna, então, sinal "de poder e de submissão" conforme é infligido ou sofrido.

Os modos de expressar a dor, sua linguagem particular influenciam fortemente a experiência e a situação do paciente. Aqui se apresenta a questão de saber se esta experiência – como também a do prazer – é comunicável ou pertence à esfera do indizível. Sua presença no corpo é muito marcante, considera David Le Breton, para que possamos verbalizá-la e, quando existe a linguagem, ela é metafórica[116]. De qualquer maneira, os sinais que tentam revelá-la – mutismo, lamentos, soluços ou gemidos, gestos, mímicas, caretas – não permitem medir a experiência dolorosa. A verdade da dor reside naquele que a sofre. A história, portanto, está condenada a trabalhar com ajuda de indícios evanescentes, vestígios de uma experiência quase indescritível. É por isso que essas poucas páginas de síntese refletem mais a análise dos discursos sobre a dor do que a análise dos testemunhos que existem dela.

A dor é uma experiência subjetiva, um "evento psicológico", que se inscreve no corpo e modela a memória. As práticas da dor pessoal, as maneiras de escutá-la, o modo como é acolhida e exprimida formam, aos poucos, a identidade. Através dela, lê-se a história do indivíduo. A dor crônica chega, inclusive, a estruturar a vida. Ela pode paralisar o pensamento e modificar a relação com os outros[117]. É possível que o paciente tire vantagens de uma carga dolorosa quando sabe adotar um código de expressão do lamento suscetível de produzir a compaixão[118]. Por outro lado, pode acontecer que a manifestação do sofrimento inferiorize; consciente de que não há resposta à sua dor, o indivíduo é incitado a não manifestá-la. Em suma, a enunciação e

---

116. Ibid., passim.

117. Ibid.

118. WILLER, J.-C. "La prise en charge contemporaine de la souffrance" [intervenção durante a jornada *Dire la souffrance*. École Normal Supérieure, 10/06/1995].

a recepção da dor, observa Arlette Farge[119], constituem um dispositivo completo. Se, a isso, acrescentarmos que a crueldade infligida pelo outro pode se transformar em prazer, podemos ter ideia da complexidade desse objeto histórico. Não esqueçamos, a esse propósito, que a primeira versão da *Vénus à la fourrure*, de Sacher-Masoch, data de 1862 e que o termo "masoquismo", para azar do autor, foi criado por Krafft-Ebing, em 1886.

O papel decisivo na elaboração da memória do corpo exige que tentemos traçar a história da dor observada e da dor sentida, embora esta seja, geralmente, descrita *a posteriori*. Da Antiguidade até o final do século XVIII, os médicos se esforçaram por distinguir as diversas formas da dor; o que levou a afundá-las "numa linguagem médica que fala apenas para si mesma"[120]. Esta "obsessão descritiva" atrasou a pesquisa de seus mecanismos. A tipologia estabelecida por Galeno – século II d.C. – continua em vigor até a época moderna. O médico grego distinguia a dor pulsativa, resultante da inflamação; a dor gravativa, da sensação de peso dos órgãos internos; a dor tensiva, que resulta da distensão dos tecidos; e a dor pungitiva, semelhante à produzida pela picada da agulha penetrando no corpo. Segundo Descartes, a dor é uma percepção da alma; e não concerne ao animal-máquina. Malebranche não receava dar pontapés na barriga de sua gata prenha. No final do século XVII, Sydenham introduz o esquema do *homem interior*. Este trabalha o pensamento médico até a elaboração do conceito de cenestesia, na aurora do século XIX (1805), da noção de "sentido interno", presente em Cabanis, ou de "sensibilidade orgânica", utilizada por Bichat.

Durante o século XVIII, o estudo das sensações e a análise das propriedades das fibras vivas ocupavam todos os esforços do conhecimento. Era o

---

119. FARGE, A. "Les mots de la souffrance: um défi pour l'historien" [comunicação durante a jornada *Dire la souffrance*. École Normal Supérieure, 10/06/1995].

120. PETER, Jean-Pierre, "Pour une histoire sociale et médicale de la douleur: um itinéraire de la connaissance et de la méconnaissance" [comunicação durante a jornada *Dire la souffrance*. École Normal Supérieure, 10/06/1995].

tempo da descoberta do sistema nervoso. A sensibilidade esteve, então, "no centro das funções que governavam a vida". Ela se define por "um regime permanente de estímulos e de respostas, cujas instâncias sensoriais são os captadores, e cujo sistema nervoso é a rede de transmissão e de efetivação"[121]. "A vida (acredita-se) não é mantida senão por essas solicitações e pelos influxos que lhes respondem. [...] Viver, portanto, equivale a sentir".

O princípio nervoso, a partir disso, liga estreitamente o corpo e o espírito. Ele rege seu desgaste recíproco. Inúmeros estudos, sobretudo os dos Ideólogos – Cabanis, Maine de Biran, Virey – são consagrados à relação entre corpo e espírito. Os nervos, agora, encontram-se "no centro de toda análise médica". O que embasa a importância dada à dor, à interrogação do doente e ao relato de seus sofrimentos. A história da literatura e da medicina caminham, a partir daqui, num mesmo passo. O relato dos sofrimentos do *inválido*, que enche o seu diário de tratamentos, é uma forma de autodescrição no estilo das confissões e dos desabafos do homem de letras.

O vitalismo, principalmente, transforma "o corpo vivo em um espaço dinamizado, onde múltiplas vias de comunicação e caminhos se cruzam e se encontram"[122]. Daí vêm os benefícios do choque, da estimulação, da perturbação quando se trata de reanimar as forças vitais. A dor, se necessário, entra nessa terapêutica, pois ela permite despertar a energia. Transformar uma dor crônica em uma dor aguda, geradora de uma crise, pode levar à cura. Mas, ao mesmo tempo, a alma sensível sente a necessidade de aliviar a dor com humanidade[123].

---

121. PETER, J.-P. *De la douleur* – Observation sur les attitudes de la médicine prémoderne envers la douleur. Paris: Quai Voltaire, 1993, p. 32 e 33, bem como as citações que seguem.

122. REY, R. *Histoire de la douleur*. Op. cit., p. 148. Igualmente, da mesma obra, as especificações seguintes.

123. LAQUEUR, T.W. Bodies, details, and the humanitarian narrative. In: HUNT, L. *The New Cultural History*. Berkeley, University of Califórnia Press, 1989, p. 176-204.

Nesse âmbito, o século XIX é um tempo de grandes descobertas. Os "localizadores" das primeiras décadas se aplicam ao estudo dos centros receptores e das vias de transmissão. Entre os estudos dos frenologistas e os de Broca, as localizações cerebrais são, aos poucos, reconhecidas com precisão. A descoberta dos corpúsculos táteis, a revelação do cruzamento de sensações na medula espinhal, a elaboração da categoria nosológica das neuralgias fazem parte deste progresso. Os anos de 1880 são marcados pelas pesquisas sobre a arquitetura do cérebro. Uma estratigrafia substitui a cartografia elaborada anteriormente. A dor deixa de ser entendida como uma simples sensação. Agora é vista como um *estado emocional* que se traduz, sobretudo, por um aumento da secreção de adrenalina e por uma série de outras reações do sistema simpático.

Esta é uma das pedras da base sobre a qual se fundamenta a história da dor entre 1770 e o final do século XIX. Mas, então, é dentro de uma outra lógica que se aprecia o sofrimento. Jean-Pierre Peter analisou detalhadamente a especificidade da parceria que une a dor à cultura do Ocidente desde a Antiguidade e sublinha a valorização da extrema resistência, testemunhada pelo estoicismo e o epicurismo. A mensagem cristã se insere com força nessa tradição. Depois de ter lutado longamente, durante sua juventude, contra o dualismo dos discípulos de Mani, Agostinho, torturado pelo problema do mal, refere-se ao dogma do pecado original para explicar a presença da dor sobre a terra. É impossível dissociar o mal do pecado, porque Deus é justo. Em sua bondade, dessa forma ele concebeu o sofrimento – e antes de tudo o sofrimento de seu filho – para o bem da humanidade. O sofrimento leva mais rapidamente a Deus. Ele prepara a salvação. Mostra o caminho da graça. A visão agostiniana embasa "a exterioridade mútua do corpo e da alma". Consequentemente, "para afirmar o triunfo do espírito, é preciso colocar em evidência e demonstrar os defeitos da carne"[124]. O sofrimento pos-

---

124. ALBERT, P. "Le corps défait, de quelques manières pieuses de se couper en morceaux". *Terrain*, 18/03/1992, p. 33-45 (mais especificamente a p. 34), como também as citações seguintes.

sui um valor salvífico; é expiação e resgate. O ascetismo e, bem-entendido, o martírio, portanto, a degradação física, constituem as vias privilegiadas do progresso moral e da salvação. *La légende dorée* (A lenda dourada) e todos os relatos de vida de santos são "repletos de descrições enfáticas dos tormentos da carne". Ora, eles formam uma abundante literatura piedosa ao longo de todo o século XIX. A negação do corpo, o desejo de submetê-lo à alma, à espera da ressurreição, a rejeição do prazer e todas as condutas ascéticas que introduzem em uma "destruição minuciosa e prolongada do corpo mortificado levam a depositar sobre ele e sobre seu sofrimento a aquisição de um mérito santificante".

A paixão de Cristo impõe um modelo. Desde a Idade Média, medita-se sobre os sofrimentos do corpo do Redentor. Essa anatomia do sofrimento exerce uma forte influência sobre a alma piedosa do século XIX. Não se deve esperar uma rápida laicização das representações da dor. Em algumas regiões do Ocidente, a Reforma católica, paradoxalmente, seu auge, no imediato pós-Revolução. Os exercícios espirituais, a leitura da *Imitação*, a instauração da prática da *via-sacra*, a recitação do rosário, a meditação dos mistérios dolorosos, o culto do Sagrado Coração de Jesus, cujas representações são, pouco a pouco, estilizadas atestam a pregnância das concepções cristãs da dor.

O badalar dos sinos lembra aos fiéis os episódios dolorosos da vida de Cristo[125]. A imagem piedosa, onipresente, volta-se para os mistérios dolorosos e leva ao ascetismo[126]. A educação cristã convida os jovens aos mesmos sacrifícios diários. As normas dos conventos, e mesmo dos colégios confessionais, promovem um olvido do corpo[127]. Quantos padres rigoristas, à imagem do

---

125. CORBIN, A. *Les cloches de la terre*. Op. cit.

126. A esse respeito, todos os trabalhos de Dominique Lerch e a tese de Claude Savart, *Le livre catholique témoin de la conscience religieuse en France au XIXe siècle*, 1981 [Tese, Universidade Paris-Sorbonne].

127. Cf. ARNOLD, O. *Le corps et l'âme* – La vie des religieuses au XIXe siècle. Paris: Du Seuil, 1984 [Col "L'Univers Historique"].

Cura d'Ars, também inculcaram essas concepções nos doentes ou nas proximidades dos presbitérios, sobretudo no interior do círculo das filhas piedosas! Tudo isto é bastante conhecido, mas se encontra, geralmente, restrito às obras de história religiosa, mas são representações que impregnam profundamente amplas camadas da sociedade, mesmo que de uma forma laicizada.

A *Imitação de Cristo* permite conferir à dor do fiel um significado redentor. A estigmatização "mimese dos sofrimentos do Salvador"[128], ao longo de uma prolongada agonia de seu servidor, manifesta esse valor em mais alto grau. Os estigmas, que reproduzem uma ou mais chagas de Cristo, sangram abundantemente. Eles surgem espontaneamente. Eles não infeccionam. Não cicatrizam nos prazos normais. Em sua fase inicial, eles parecem estar ligados ao êxtase místico. Mais do que um simples espetáculo, eles constituem focos localizados de sofrimento que caracterizam a eleição divina. O estigmatizado se torna vítima sacrificial.

Esse caso ocupa a medicina no século XIX. Os estigmatizados se sucedem. Em 1894, o Doutor Imbert Goubeyre reúne trezentos e vinte casos. O número foi, em seguida, revisto e diminuído. O exemplo mais belo é o de Anne-Catarina Emmerich, cujos sofrimentos visam a expiação dos sofrimentos da Igreja e de cada um de seus membros, após a Revolução. A pobre morreu em 1824. Assim que a belga Louise Lateau foi atingida pelos primeiros sintomas, em abril de 1868, os maiores especialistas da época se sucederam em sua cabeceira. A tese de histeria, acenada por Charcot e Gilles de la Tourette, hoje é considerada insuficiente e a referência ao psicossomatismo parece bastante fraca. Em uma palavra, os estigmas continuam inexplicáveis.

Compreende-se que a luta contra a dor não tenha podido desdobrar-se facilmente, em ritmo veloz. No século XIX, a teoria aristotélica segundo a qual o prazer e o sofrimento têm uma mesma finalidade, a nossa conserva-

---

128. ALBERT, P. "Le corps défait..." Art. cit., p. 38. Para os detalhes que seguem: BOSKO, K. "Un vivant crucifix dans un univers désaffecté. La stigmatisation et son lieu". *Le corps violenté*. Op. cit., p. 295-313.

ção, continua a habitar os espíritos. Em 1823, Jacques-Alexandre Salgues enxerga a dor como uma provação salutar. Inscrita na ordem da natureza, ela é, ao mesmo tempo, necessária e inevitável. Na perspectiva da medicina clínica, triunfante à época, ela constitui um sinal, um alarme e um estímulo. A dor incitativa, repitamos, "contém em si uma energia que pode provocar a cura". Ela oferece ao corpo o elã, o recurso. Esse "guia fraterno" "pertence ao esquema ideal da boa doença, aquela que trará cura"[129].

"Parece", escreve Jean-Pierre Peter, "que o sistema das representações médicas relacionadas aos mecanismos e às funções da dor, ao seu valor clínico e a suas classificações, levantou uma barreira conceitual suficiente para bloquear o deslocamento psíquico necessário a uma evolução concreta que, na verdade, a sensibilidade moral e o espírito filosófico da época pareciam esperar ou favorecer". O grande Dupuytren defende a firmeza e os cirurgiões, seus colegas, obrigados a adotar essa atitude, exercitam-se na insensibilidade.

A apologia do sofrimento ultrapassa o círculo dos médicos e do clero. A teoria dos efeitos benéficos da adversidade inunda, então, toda a sociedade. É a dor que constitui a força, que fundamenta a virilidade. A valorização da provação e do sofrimento agudo explica o olhar denunciador da moleza e da volúpia. Michel Foucault apontou a lista de práticas que constituem, a seus olhos, a "tecnologia da insensibilidade". Na escola, as punições corporais forjam o caráter. Jean-Claude Caron[130] analisou-as detalhadamente: os tapas, os golpes de régua, as ajoelhações, o castigo, quando não é o cárcere, constituem as "disciplinas do espírito na memória do corpo"[131]. Reina a ideia de que a boa dor não pode ser prejudicial e que ela é formativa.

---

129. PETER, J.-P. *De la douleur*. Op. cit., p. 14, 24 e 29.

130. CARON, J.-C. *À l'école de la violence* – Châtiments et sévices dans l'institution scolaire au XIXe siècle. Paris: Aubier, 1999 ["Collection Historique"].

131. PETER, J.-P. *De la douleur*. Op. cit., p. 49.

Dentro das casernas, mostra Odile Roynette[132], os soldados são endurecidos pelo exercício e pela disciplina corporal. No conjunto do corpo social, as estações são consideradas de acordo com valores morais. O inverno é visto como fortemente revelador[133]. A maneira de suportar o frio revela o valor dos indivíduos. Jacques Léonard mostrou a capacidade da população de resistência à dor[134]. O camponês e o operário trabalhadores suportam os ferimentos leves com grande estoicismo, sob pena de serem desvalorizados. O abundante discurso médico dedicado aos pusilânimes é símbolo desse sistema de avaliação vigente na época em que estão nascendo a analgesia, a antalgia e a anestesia.

Lógicas contrárias, na verdade, induzem a uma transformação do *status* da dor e um abaixamento dos níveis de tolerância. Desde o fim do século XVIII, a elaboração de uma tradição filantrópica e o surgimento da alma sensível, como vimos, tornam, aos poucos, intoleráveis o massacre e o antigo suplício. Em 1780, Ambroise Sassard publica um artigo que expressa a nova sensibilidade. A dor é apresentada como uma inimiga interior, opressora, devastadora. "Ela extingue todas as funções da alma e dos sentidos"[135]. Essa avaliação negativa se ampara na tradição hipocrática, segundo a qual a dor faz correr um risco mortal. Em 1847, Velpeau lembra que ela pode ser danosa à sobrevivência. Em 1850, Buisson fixa em quinze minutos o nível de resistência do indivíduo a um sofrimento intolerável; além desse ponto, a morte ocorre em 75% dos casos. Ele tem em mente, a título de exemplo, a dor causada por uma amputação. Em 1853, Yvonneau constata, por sua vez, que a dor, sozinha, pode levar à morte.

---

132. ROYNETTE, O. *"Bons pour le service"* – L'expérience de la caserne en France à la fin du XIXᵉ siécle. Paris: Belin, 2000.

133. LA SOUDIÈRE, M. de. *L'hiver* – À la recherche d'une morte saison. Lyon: La Manufacture, 1987.

134. LÉONARD, J. *Archives du corps* – La santé au XIXᵉ siécle. Rennes: Ouest-France, 1986, principalmente p. 282-311.

135. PETER, J.-P. *De la douleur*. Op. cit., p. 14.

O recuo do vitalismo facilita a difusão da convicção que afirma que a dor não é útil à cura e não constitui, verdadeiramente, uma força vital. Soma-se a isto o incômodo que ela ocasiona durante as operações. Compreende-se melhor, dessa forma, o novo vigor dessa luta, o progresso da analgesia, da antalgia e, sobretudo, a "revolução anestésica"[136].

Para captarmos corretamente o alcance desta revolução, consideremos a história das dores operatórias[137]. Juntamente com as dores das parturientes, as dores operatórias são consideradas as mais intensas. Diferentemente das que são causadas pela gota ou pelas neuralgias faciais – que, durante a segunda metade do século, acredita-se serem as mais terríveis dores suportadas pelo doente –, a dor operatória, resultante da mão humana, é intencional, previsível, tanto quanto a dor do suplício. Ela faz parte de uma cena operatória dramática. Ela demonstra, durante toda a primeira metade do século XIX, a persistência de um antigo regime da dor infligida, claro, em vista do bem. O que explica que, aos olhos do vulgo, o carrasco e o açougueiro se apresentem como metáforas do cirurgião.

A cena operatória é, naturalmente, um espetáculo da dor, reservado a um pequeno número de indivíduos; um espetáculo sonoro pontuado por gritos assustadores, urros que, no dizer dos próprios cirurgiões, não se pode controlar; um espetáculo visual alimentado pelas contorções, o desvario do paciente que não para de se debater e, mais que isso, pelo derramamento de jatos de sangue. É, também, um espetáculo de angústia e desespero, tendo em vista as terríveis taxas de mortalidade pós-operatória. A presença de auxiliares, cujo número pode chegar até a uma dúzia, a multiplicidade de tiras

---

136. JELK, S. "De la douleur à l'anesthésie, 1800-1850". *Équinoxe*, n. 8, outono de 1992, segundo a tese do autor: *Avec ou contre la douleur* – Évolutions des théories médicales de la douleur, de la fin du XVIIIe siècle à l'introduction de l'anesthésie à l'éther (1798-1848). Faculdade de Medicina de Genebra, 1992.

137. Para quanto segue, LAVILATTE, M.-J. *Le privilège de la puissance*. Op. cit. Cf., particularmente: "Description de la douleur opératoire" e "Spectacle de la douleur", p. 20-68 [Nesta obra encontram-se inúmeros desenvolvimentos sobre a dor das parturientes].

e ligas, a "luta selvagem", totalmente física, travada com o enfermo por um cirurgião devotado à aparente insensibilidade, à firmeza, à parcimônia de palavras e à virtuosidade, conferem à cena operatória um caráter dramático e condenam seus atores à celeridade.

Igualmente, o parto acontece num contexto trágico. De acordo com os médicos, no entanto, avaros de palavras sobre esses assuntos, as parturientes gritam como os operados. Para elas, os sangramentos são mais frequentes, os suores são mais abundantes e a angústia própria da sensação de morte iminente é mais claramente enunciada. Deve-se dizer que o *tempo* do parto não é tão acelerado quando o da operação.

Marie-Jeanne Lavilatte analisou minuciosamente o discurso que os médicos dedicam aos pavores da operação. Eles falam de *dores*, no plural, sugerindo assim a força das emoções suscitadas pelas muitas formas de sofrimento. O emprego do plural é acompanhado, quase sempre, de um adjetivo. Os médicos mencionam as "vivas dores", os "sofrimentos agudos", os "sofrimentos atrozes", "cruéis", "intoleráveis". A análise dos substantivos revela a frequência do termo "torturas", no plural. A tortura constituiria uma referência muito nítida ao vocabulário penal. As expressões "torturas cirúrgicas" ou "suplício operatório" constituiriam lugares comuns.

A resistência à dor evoluiu? Aqui nos encontramos diante de um enigma que o historiador não está, na verdade, em condições de resolver. Os discursos médicos sobre a pusilanimidade crescente parecem indicar uma nova sensibilidade, a mesma que suscitou a demanda da anestesia. Diversos testemunhos de cirurgiões dão mostras de um rebaixamento do nível de tolerância; mas, nesse assunto, o estatuto da prova permanece insuficiente. Tais textos permitem, pelo menos, colocar o problema e partir em busca de indícios.

Na época napoleônica, L. Ollier afirma em 1893, a título de exemplo, que "encontravam-se em toda parte homens a quem a dor não detinha, e que sabiam de tal maneira dominá-la que nem pareciam senti-la. Eu ainda tive a oportunidade de operar, no início de minha carreira, alguns sobreviventes dessa forte geração. Eles recusavam a eterização, que consideravam uma fraqueza, e permaneciam imóveis sob o bisturi e impassíveis diante do sangue que os banhava [...]. Estou convencido de que a bravura não se extinguiu de nosso meio [...] mas quando se vê o número de neuropatas e de neurostênicos que devemos operar, não podemos deixar de glorificar a eterização"[138]. A anestesia, com efeito, pacificou o ambiente operatório.

Uma série de fatores, no século XIX, concorrem em favor da analgesia, da antalgia e da anestesia. O desaparecimento da imagem dos massacres, o uso da guilhotina, o banimento dos matadouros para longe da visão do público, a supressão de todas as cenas de derramamento de sangue, a desaprovação da mortificação por parte de alguns teólogos criam um contexto de intolerância com relação à cena operatória. A ascensão dos direitos do indivíduo, a angústia suscitada pelas taxas de mortalidade cirúrgicas, agora mais conhecidas, o crescimento do consumo, o desenvolvimento do luxo, a transformação do *habitus* criado por exigências inéditas de conforto, um novo cuidado com o corpo[139], conferem uma nova legitimidade à luta contra a dor e promovem a necessidade da anestesia. A isto soma-se, depois que se interrompeu a atmosfera de expiação que havia marcado a Restauração, um relativo esboroamento do valor redentor da dor.

A anestesia propicia ao cirurgião um novo conforto. O silêncio, a imobilidade do paciente permitem a rapidez da intervenção. Por isso, a cena operatória se acha desobstruída e esvaziada dos instrumentos que lembravam a tortura. Os sangramentos são menos abundantes, a partir do fato de que as incisões podem ser calculadas mais tranquilamente e as ligaduras podem ser realizadas com mais precisão. Evidentemente, a anestesia também faz com que diminua a mortalidade pós-operatória.

---

138. Ibid.

139. Cf. RAUCH, A. *Le souci du corps*. Paris: PUF, 1981.

São bastante conhecidas as etapas da revolução anestésica[140]. Em 1800, Humphry Davy propõe o emprego de protóxido de azoto para as operações cirúrgicas e, cinco anos mais tarde, o Doutor John C. Warren se dedica às primeiras tentativas. Em 1818, Michael Faraday publica suas pesquisas sobre os vapores de éter e Henry Hill Hickman, utilizando o óxido de carbono, realiza uma série de experiências com animais. Em 1828, a Academia de Medicina de Paris, apadrinhada pelo Rei Charles X, recusa dar seguimento a suas experiências. A razão é que a anestesia causa medo.

Jean-Pierre Peter se esforçou para resolver o enigma constituído, a seus olhos, pelo meio século de evitamentos e esquivamentos mais do que por uma nítida resistência com relação à anestesia. Ele evoca a confiança demonstrada pelo cirurgião-virtuoso, capaz de operar com uma espantosa rapidez. Principalmente, ele se detém sobre os grandes médicos que, a exemplo de Magendie, consideram a perda da consciência algo degradante e falam da necessidade de conhecer as provas da vida com lucidez. Nessa perspectiva, não parece desejável reduzir o paciente, como numa espécie de ebriedade, ao estado de cadáver. A isto se soma a convicção de que suprimir o sofrimento se relaciona mais como conforto do doente do que com a ciência médica[141]. Por outro lado, como observou Patrick Verspieren, não seria exato atribuir uma influência direta às autoridades católicas. Entre 1800 e 1870, estas nunca convidaram os médicos a deixarem de se interessar pelo alívio da dor.

A inovação, por isso, vem dos Estados Unidos. Em 1819, Stockmann, de Nova York, estudara os efeitos do protóxido de azoto. Em janeiro de 1842, William E. Clarke administra os vapores de éter à Senhorita Hobbie, por ocasião de uma extração dentária efetuada pelo Doutor Elijah Pope. Esta foi a pri-

---

140. Cf. JELK, S. "De la douleur à l'anesthésie, 1800-1850". Art. cit. • LAVILATTE, M.-J. *Le privilège de la puissance.* Op. cit.

141. Intervenção de Jean-Pierre Peter durante a jornada *Dire la souffrance.* École Normale Supérieur, 10/06/1995.

meira intervenção cirúrgica acompanhada do recurso à eterização. Desde então, as experiências se multiplicam e, em 16 de outubro de 1846, Morton faz uma demonstração no Massachusetts General Hospital. Apesar de uma certa agitação do indivíduo ao final da intervenção, a reunião foi um sucesso.

A anestesia, assim, cruzou o Atlântico. Em 15 de dezembro do mesmo ano, Jobert de Lamballe a pratica. A primeira tentativa termina com um fracasso, mas o êxito vem logo em seguida. De qualquer modo, os contemporâneos atribuem a Malgaigne a primeira eterização coroada de sucesso que ocorreu em território francês.

Em três anos[142], a prática está instalada, não sem suscitar a reticência e um real embaraço ético. Diversos cirurgiões se perguntam se o sono das mulheres não poderia vir a ser ocasião para que alguns médicos abusassem delas. O peso de certos esquemas mentais incita à precaução. As ameaças de asfixia, de intoxicação, de morte súbita pairam sobre as primeiras anestesias. Um grave problema filosófico se coloca. Ele é apresentado, também, por Francisque Boullier, em 1865, em sua obra intitulada *Du plaisir et de la douleur*. Alguns filósofos, na linha de Aristóteles, não imaginam que a vida possa continuar na ausência de dor. Desde então, pergunta-se se a anestesia suprime, de fato, a dor, ou se ela apenas lhe rouba a lembrança. Enfim, alguns cirurgiões, que tinham conquistado notoriedade por sua virtuosidade e sua rapidez nas intervenções, veem-se despossuídos do prestígio conferido por um brilhante saber-fazer já que, agora, a agilidade não é mais tão necessária.

De qualquer forma, a anestesia se difunde, com rapidez, para além do Atlântico e na Europa inteira, reforçada pela descoberta da antissepsia (1875) e estimulada pelo avanço do aparelhamento. Paralelamente, progride a analgesia. O ópio e a morfina são utilizados – parcimoniosamente – desde 1806. Duchenne de Boulogne se aplica a aliviar a dor dos reumáticos atra-

---

142. LAVILATTE, M.-J. *L'anesthésie, un embarras éthique* – Contribution à une histoire mentale de l'anesthésie, 1840-1850 [Trabalho de conclusão de curso – Universidade de Tours, 1987].

vés da indução de estímulos com corrente elétrica. Mais tarde, é utilizada a hipnose, sem se ter ainda, todavia, grande domínio sobre ela. Em 1899, sobretudo – e esta data vem encerrar o período estudado nesse volume – a aspirina passa a ser comercializada na França.

O século XIX, portanto, corresponde, ao mesmo tempo, ao abaixamento dos níveis de tolerância, a uma transformação profunda do estatuto da dor, considerada agora como uma complexa elaboração emocional, e a uma luta eficaz travada contra ela pela analgesia, a antalgia e a anestesia. A isto acrescenta-se uma nova atenção voltada para a fadiga. Ao mesmo tempo, como vimos, o prazer e a volúpia deixam de ser considerados apenas na perspectiva da procriação e o hedonismo, assim, recebe uma nova legitimidade. No geral, portanto, impôs-se um novo regime de sensibilidade. Contudo, cenas atrozes continuarão a se desenrolar, por ocasião das guerras, dos massacres coloniais e dos acidentes de trabalho.

Parte III

O corpo corrigido, trabalhado, exercitado

Entre as práticas corporais, focalizaremos o olhar sobre o corpo trabalhado, exercitado; trabalho das aparências e da higiene do corpo, evolução da ginástica, gênese complexa das práticas esportivas, especialmente na Grã-Bretanha. O trabalho assim constituído não poderia, é claro, ser considerado sem recorrer às duas partes precedentes.

1
NOVA PERCEPÇÃO DO CORPO ENFERMO
Henri-Jacques Stiker

Dizer "corpo enfermo" tem só a aparência de uma expressão clara. Trata-se simplesmente do corpo que, na visibilidade, acha-se deformado, estragado, diminuído e, por isso, vulnerável, mais fraco que a maioria dos outros? O singular de nosso título levanta uma questão: fazemos a história de populações ligadas à enfermidade, ou fazemos a história do "corpo enfermo", ou seja, das representações da enfermidade? Tentaremos ligar o máximo possível os dois pontos de vista. Visto que o trabalho histórico não pode, pelo menos aqui, ser separado do olhar antropológico. Se, no empírico, há corpos contrafeitos, ou tornados "malfeitos", há sempre, ao mesmo tempo, uma maneira, segundo as épocas, de elaborá-los, no imaginário ou no racional.

Não escaparemos do "construído social". Por ser sem dúvida uma banalidade, esta observação toma uma importância considerável num domínio em que uma de suas originalidades é engendrar medos, fascinações ou rejeições particulares. O simbólico, no sentido de Marcel Mauss[1], é indissociável do empírico e do "tratamento social".

---

1. MAUSS, M. "Rapports réels et pratiques de la psychologie et de la sociologie". *Sociologie et anthropologie*. Paris: PUF, 1983, 8. ed. (p. 294 e 295, por exemplo) [Col. "Quadrige"]. Cf. a explicação de KARSENTI, B. *L'homme total* – Sociologie, anthropologie et philosophie chez Marcel Mauss. Paris: PUF, 1997, p. 747s.

A empresa se complexifica ainda porque, tanto no nível dos indivíduos atingidos como no das representações, a enfermidade mantém relações estreitas com fraquezas de outra ordem que as do *soma*, até se confunde com ela: a loucura, por um lado; a debilidade mental, por outro. Essas perturbações se traduzem no corpo ou, inversamente, uma aparência corporal é interpretada como um desvio mental e psíquico. A própria noção de corpo é vaga. O corpo enfermo não é apenas o corpo estropiado, é também o corpo que leva os estigmas de todas as espécies de ataques e de sofrimentos. Enfim, o corpo disforme ou enfraquecido se achou aproximado do corpo monstruoso ao ponto de ser identificado com ele. Perceber as distinções estabelecidas no século XIX convida a considerar um período que transcorre da década de 1780 até a de 1920: entre o momento em que a enfermidade, através das deficiências sensoriais, adquire uma primeira dignidade até o momento em que ela parece ser o estado de um corpo ferido a reparar.

I. O corpo inválido se torna educável

Do célebre quadro de Pierre Breughel l'Ancien, *A parábola dos cegos*, às descrições pouco conhecidas, mas igualmente espantosas de Lucien Descaves[2] no final do século XIX, poderia-se crer que o aspecto e a sorte dos cegos não se modificaram muito. Esses indivíduos ainda são objeto de zombaria, a menos que se façam emblemas da dissimulação, como no conto *O cego* de Maupassant[3]. É que todos os corpos enfermos ocasionam medos e fantas-

---

2. DESCAVES, L. *Les Emmurés*. Paris: 1984.

3. MAUPASSANT, G. de. *Contes et nouvelles*. Paris: Gallimard [Col. "Bibliothèque de la Pléiade", tomo I, p. 402]. Para tudo o que concerne a história da cegueira, doravante é preciso referir-se a WEYGAND, Z. *La cécité et les aveugles dans la société française représentations et institutions du Moyen Âge aux premières années du XIXe siècle*, 1998 [Tese de doutorado sob a direção de Alain Corbin, Universidade Paris I-Panthéon Sorbonne], au *Temps des fondateurs, 1784-1844*. Institut des jeunes aveugles, 1994, e à *Vivre sans voir*. Paris: Créaphis, 2003.

mas. A aparência embrutecida e babada dos "imbecis" faz pensar em Locke[4] de que se tratava, nesse caso, de uma espécie intermediária entre o animal e o homem, ao passo que Leibniz[5] hesitava antes de confiar nas "marcas interiores", e não na aparência, e afirmar sua pertença à humanidade. Victor de l'Aveyron levou muitos contemporâneos de Jean-Marc-Gaspard Itard a duvidar. Quanto ao surdo, dizia-se que era semelhante a um animal ou "ao homem sem palavra dos tempos pré-históricos, mais atrasado ainda, visto que não ouve [...] tudo o que é humano lhe é estranho"[6].

Esta longa história infortunada do corpo enfermo deve ser nuançada. De Santo Agostinho (para os surdos, sobretudo) a Bourneville (parar os retardados) e até às discussões sobre a incorporação das escolas de surdos-mudos e de cegos ao Ministério da Instrução Pública em 1910, na França, existe também uma corrente de valorização dos enfermos que vai além das aparências exteriores. Entretanto, e é por isso que acabamos de lembrar o debate do começo do século XX entre o Ministério do Interior e o Ministério da Instrução Pública, os enfermos fazem parte de populações impotentes que dependem somente da assistência e da beneficência, privada, no começo, e parcialmente pública, depois da Revolução. Robert Castel[7] fala de uma "handicapologia", categoria recorrente ao longo da história ocidental, constituída por

---

4. LOCKE, J. "Essai sur l'entendement humain". *Oeuvres philosophiques de Locke*. Paris: Bassange père [ed. revista por M. Thurot, 1832, tomo IV, livro IV, cap. IV, § 14s., p. 262s.]. Aliás, Locke teve uma atitude totalmente diferente em relação aos cegos.

5. LEIBNIZ, G.W. *Nouveaux essais sur l'entendement humain*, livro III, cap. VI.

6. REGNARD, E. *Contribution à l'histoire des sourds-muets*. Paris, 1902, p. 3, apud PRESNEAU, J.-R. Images du sourd ao XVIIIe siècle. In: STRIKER, H.-J; VIAL, M. & BARRAL, C. (org.). *Inadaptations et handicaps* – Fragments pour une histoire: notions et acteurs. Paris: Alter, 1996. Para a história dos surdos e da surdez no século XIX, cf. PRESNEAU, J.-R. *Signes et institutions des sourds, XVIIIe-XIXe siècle*. Paris: Champ Valon/PUF, 1998. • LANE, H. *Quand l'esprit entend* – Histoire des sourd-muets. Paris: Odile Jacob, 1991. • Ibid. *Le pouvoir des signes*. Institut National des Jeunes Sourdes de Paris, 1990.

7. CASTEL, R. *Les métamorphoses de la question sociale* – Une chronique du salariat. Paris: Fayard, 1995, p. 29-30.

aqueles que não podem prover às suas necessidades pelo trabalho, e que estão dispensados dele por direito, onde se encontram sistematicamente os enfermos. O laço entre pobreza e enfermidade permanece no fim do século XIX, e a enfermidade faz parte da questão social[8].

Assim o corpo enfermo, quer seja visto pela rua, pelos escritores ou pelos eruditos, ou até por aqueles que se ocupam com ele, continua a ser repugnante, miserável, fantasmado. No entanto, uma fratura histórica acaba de ser produzida no final do século XVIII. Os enfermos começam a ser educados, a ser olhados de modo diferente de refugos e a sair de uma visibilidade somente feia e pavorosa.

Diderot, em sua *Carta sobre os cegos para o uso daqueles que veem* (1749), afirmara a perfeita igualdade das faculdades entre os que veem e os cegos. A demonstração era ao mesmo tempo teórica, pelo recurso à origem dos conhecimentos segundo Condillac, e prática, pela prova das capacidades do matemático Saunderson e do cego de Puiseaux. Na adição à *Carta*, redigida muitos anos mais tarde, e que põe em cena Mélanie de Salignac, Diderot demonstra a possibilidade para um enfermo sensorial de atingir competências iguais ou superiores às dos outros, desde que os meios adequados lhe sejam oferecidos. Essa imensa abertura intelectual e pragmática ultrapassa a cegueira. Leva a se afastar dos preconceitos relativos à pretensa inferioridade da natureza dos enfermos. Sustentada pela grande ideia da igualdade inata entre os homens e pela reivindicação da autonomia – na qual Kant resumiu a contribuição das Luzes –, ela permitirá as iniciativas bem-conhecidas da educação dos jovens cegos por Valentin Haüy, precedidas pela educação dos jovens surdos pelo Padre de l'Épée, depois dos retardados por Jean-Marc-Gas-

---

8. GUESLIN, A. *Gens pauvres e pauvres gens dans la France du XIXe siècle*. Paris: Aubier, 1998, p. 54.

pard Itard⁹. Este último fracassará com Victor, mas teve sucessores eficazes na pessoa de Édouard Seguin[10] e de Désiré Magloire Bourneville[11].

Ao mesmo tempo, Philippe Pinel percebia a curabilidade dos loucos. Em cada caso, para esses "enfermos do sinal"[12], os pioneiros tentam acertar uma técnica apropriada: a escrita em relevo, substituída pelo Braille na década de 1820, a linguagem pelos sinais, sistematizada sob uma primeira forma pelo Padre de l'Épée (ao contrário da técnica de desmutização de Pereire), a psiquiatria e suas primeiras nosografias, um método pedagógico específico que, seguindo Eduard Seguin, Maria Montessori generalizou. Nessa perspectiva, o enfermo se torna essencialmente *educável*. Certamente, seu corpo é sempre considerado sob o aspecto de sua deficiência, porém alimenta a grande paixão pela educação, enraizada em Rousseau, Pestalozzi, Basedow, etc., que se persegue durante todo o século XIX. O corpo do enfermo, educado porque educável, participa da grande história do "corpo endireitado". Georges Vigarello indica assim que "Verdier cria em 1772 um estabelecimento que não parece ter antecedentes, onde são recebidas as crianças vítimas de alguma deformidade"[13].

---

9. Fazemos aqui, de novo, a história desses fundadores e de suas fundações, marcando apenas as clivagens que fazem mudar as representações do corpo. Remetemos às obras e teses citadas. Em termos de biografia, é preciso assinalar: HENRI, P. *La vie et l'oeuvre de Valentin Haüy*. Paris: PUF, 1984. • BÉZAGU-DELUY, M. *L'Abbé de l'Épée, instituteur gratuit des sourd et muets, 1712-1889*. Paris: Seghers, 1990.

10. Faz alguns anos, retrabalha-se a vida e a obra deste fundador da educação especial. Entre, outros, cf. PÉLICIER, Y. & THUILLIER, G. *Édouard Seguin, l'instituteur des idiots*. Paris: Economica, 1980. Cf. tb., dos mesmos autores, *Un pionnier de la psychiatrie de l'enfant, Édouard Seguin (1812-1880)*. Paris: Comitê d'Histoire de la Sécurité sociale, 1996.

11. GATEAUX-MENNECIER, J. *Bourneville et l'enfance aliénée*. Paris: Centurion, 1989.

12. SWAIN, G. *Dialogue avec l'insensé, precede de à la recherche d'une autre histoire de la folie, par Marcel Gauchet*. Paris: PUF, 1994. Cf. especialmente "Une logique de l'inclusion, les infirmes du signe", p. 110s.

13. VIGARELLO, G. *Le corps redressé*. Histoire d'un pouvoir pédagogique. Paris: Jean-Pierre Delarge, 1978, p. 90; cf. p. 87-107.

O século XIX se divide entre uma visão miserabilista e uma nova visão educativa. A questão dos surdos é típica do dilema que atravessa esse período. Se nos colocarmos em 1880, data do congresso internacional de Milão sobre a instrução dos surdos-mudos, onde triunfa o método oral contra a linguagem gestual (a qual não terá mais oficialmente curso e permanecerá relegada à clandestinidade durante um século), uma das questões determinantes foi de ordem antropológica. É fortemente reafirmada a ideia antiga de que a gesticulação não é digna do homem civilizado, sendo próprio dele a linguagem oral. O corpo não deve tomar o lugar do espírito; a mímica é uma regressão que manifesta o caráter insuportável da enfermidade. Ao fazer com que os surdos tenham acesso à oralidade, seria possível, ao contrário, normalizar a enfermidade. Normalização, aliás, no ar do tempo, visto que se desenvolve então uma abordagem dos fatos sociais e humanos pela referência aos "meios"[14]. Este caso permite entender os paradoxos nos quais o século se debate. O método gestual que o Padre de l'Épée tinha promovido a fim de educar os surdos fazia agora estes aparecerem como infra-humanos, estigmatizava-os. Em nome da paixão educativa se pregava um oralismo que ia deixar os que ouviam mal numa quase impossibilidade de ter acesso à cultura. Assim as contradições eram levadas ao cúmulo: a vista de um corpo falando em sinais corporais era intolerável para aqueles mesmos que visavam educá-lo. O dilema que se coloca durante todo o século é este: como conferir uma normalidade ao corpo enfermo e fazer desaparecer sua aparência chocante ao mesmo tempo em que sublinha a sua anormalidade?

Esta análise se confirma se considerarmos os lugares nos quais se encontravam reunidos os enfermos. As instituições de educação, que por definição só se destinavam aos mais jovens dentre eles, permaneceram pouco nu-

---

14. Cf. a exposição e a colocação em perspectiva do pensamento de Quetelet, por EWALD, F. *L'État providence*. Paris: Grasset, 1986, p. 147-161.

merosas durante o século. Em 1851[15], o Estado tinha fundado apenas duas instituições de surdos-mudos (Paris e Bordéus), trinta e sete outras eram privadas. Esses trinta e nove estabelecimentos dão instrução a mil seiscentos e setenta e cinco alunos. Existe apenas uma instituição pública (em Paris) destinada aos cegos. Tem duzentos e vinte alunos. Dez outras reúnem trezentos e sete. Ora, o número total de cegos na França situa-se entre trinta mil e trinta e sete mil, dos quais duas mil e duzentas crianças com idade que vai de cinco a quinze anos. O número dos surdos-mudos é estimado em trinta mil, dos quais cinco mil com menos de quinze anos. Está claro, portanto, que a maioria dos enfermos sensoriais estão então dispersos, seja em sua família, onde são mais ou menos bem tratados, seja nos hospícios ou nos hospitais, misturados com os idosos e com os insensatos, seja ainda (ou ao mesmo tempo) na rua, onde mendigam[16]. Em todos esses lugares de miséria os corpos enfermos são feios e dignos de piedade. Para frequentar os estabelecimentos de instrução é preciso receber o benefício de bolsas, senão as famílias devem pagar com seu próprio dinheiro; os mais pobres não têm essa possibilidade.

---

15. Estatística comparada dos cegos e dos surdos-mudos na França, censo de 1851, *Annales de la charité*, 1855, p. 172s. *Essai statistique sur les établissements de bienfaisance*, 2. ed. pelo Barão Ad. de Watteville. Paris: Guillaumin et Cie, 1947. Cf. tb.: WATTEVILLE, B. de. *Rapport à Son Excellence le ministre de l'Intérieur sur les sourds-muets, les aveugles et les établissements consacrés à leur éducation*. Paris: Imprimerie Impériale, 1861.
Não possuímos estatísticas relativas aos enfermos físicos. No entanto, estima-se, no final do século XVIII, em 15% de mendigos os que sofrem de doença e de enfermidade, e os mesmos pobres mendigos atingiam 15% da população geral (ROMON, C. "Le monde des pauvres à Paris au XVIIIe siècle". *Annales ESC*, 37. ed., n. 4, 1982, p. 750). Pelo que se refere ao século XIX, André Gueslin (*Gens pauvres et pauvres gens dans la France du XIXe siècle*. Op. cit., p. 83-89), após ter discutido os dados disponíveis, estima em 10% da população da França o número dos pobres, ou seja, 4 milhões. Se for contado de novo 10% de pobres doentes e enfermos, chegar-se-ia a 400.000.

16. Podemos ver isso seja através dos arquivos dos hospícios, seja, na ordem da ficção, através da literatura, por exemplo, *Les mystères de Paris* de Eugène Sue (episódios sobre Bicêtre ou o hospício), seja através dos testemunhos, por exemplo, durante uma sessão da Comissão do Ensino e das Belas Artes da Câmara dos Deputados, na boca de um certo Lavraud, de 09/11/1904. Os textos de Eugène Sue formigam de enfermos. A cegueira do mestre-escola, em *Les mystères de Paris*, constitui o castigo supremo; a cegueira é pior que a morte; a enfermidade anda junto com a malvadeza, como no jovem Tortillard, enquanto que a epilepsia do Senhor de Harville é a coisa mais repugnante e a infelicidade sem fundo.

Quanto aos enfermos físicos, aqueles cujo corpo está estropiado, mutilado ou disforme, eles não dispõem de instituição de educação especial[17]. Eles também erram entre suas famílias, na rua, no hospício ou no hospital. Alguns podem se beneficiar com tratamentos em clínicas ortopédicas, prolongadas às vezes em escolas profissionais, tais como da Rua Basse-Saint-Pierre no bairro de Chaillot, em Paris, como igualmente os primeiros estabelecimentos de Berck ou de Forges-les-Bains destinados aos escrofulosos ou ainda as inovadoras realizações escandinavas de Göteborg, de Helsinque ou de Estocolmo[18]. Essa paixão ortopédica, que apela para numerosas técnicas de correção – camas, sistema de polias, etc., em suma, os ancestrais de nossos meios de reeducação e de cineseoterapia –, espalha-se[19]. Essas reeducações, porém, custam caro; por conseguinte, os pobres estão excluídos delas. Enfim, é preciso colocar a questão dos lugares onde se reúnem os idiotas, os imbecis, os cretinos, os retardados, para adotar as palavras mais frequentemente utilizadas na época[20].

Até a votação da lei de abril de 1909 sobre as classes e os estabelecimentos de aperfeiçoamento, não houve, na França, nenhuma instituição pública destinada a essas populações, cujo corpo estava profundamente marcado. Édouard Seguin, pioneiro entre todos, teve o máximo de sucesso ao traba-

---

17. Os enfermos motores são os retardatários na educação dos deficientes, escreve P. Dague na obra de PETIT, J. *Les enfants et les adolescents inadaptés*. Paris: Armand Colin, 1966, p. 224, apud VIAL, M. Enfants handicapés, du XIXe au XXe siècle. In: BECCHI, E. & JULIA, D. (orgs.). *Histoire de l'enfance en Occident*, tomo II. Paris: Du Seuil, 1998.

18. O espaço disponível aqui não permite evocar essas instituições e seus tratamentos como conviria. Remetemos à nossa obra: STIKER, H.-S. *Corps infirmes et sociétés*. Paris: Aubier, 1982 [reed. Dunod, 1997 – Cf. em particular o capítulo "Os séculos clássicos, o sobressalto", p. 95-126 da nova edição].

19. Um testemunho entre outros, ainda que sem interesse científico particular: LAURAND, H. *Rééducation physique et psychique*. Paris: Bloud et Gay, 1909, onde são passados em revista os métodos físicos e psicológicos em vigor.

20. Cf. dois estudos de VIAL, M.: "Les enfants anormaux: note sur les nomenclatures au début du XXe siècle". *Cahiers du CTNERHI*, n. 50; *De l'infirmité au handicap*: jalons pour une histoire, abril-jun. 1990, e Enfants "anormaux": les mots à la fin du XIXe siècle et au début du XXe siècle. In: STIKER, H.-J., VIAL, M. & BARRAL, C. (orgs.). *Inadaptations et handicaps...* Op. cit., p. 35-77.

lhar no interior de Bicêtre, graças a Bourneville – esse serviço permaneceu a única iniciativa educativa dos retardados até 1909 –, e à abertura de uma escola independente em Paris, a qual não sobreviveu à sua partida para os Estados Unidos, que devem a ele numerosas realizações. Dito isto, a Suíça e a Inglaterra, bem como outros países europeus, tinham tomado iniciativas desde meados do século[21]. É preciso acrescentar que, na França, as crianças retardadas estavam no mais das vezes misturadas com os surdos-mudos e os cegos, nos estabelecimentos em princípio especializados, seja porque o retardamento acompanha de fato uma deficiência sensorial, seja porque não se foi muito estrito nessas instituições, confessionais em sua maioria, que funcionavam sobretudo sob o título da acolhida caridosa.

Em suma, o século XIX parece dividido; a paixão educativa e reeducativa só se desenvolve lentamente, e os enfermos penam para sair de uma fantasmagoria que os liga inevitavelmente à anormalidade radical. Para entender bem essa tensão, é preciso nos referir à história englobante dos monstros, antes de evocar a noção de degenerescência, que se exerce quando o corpo enfermo começa a ser objeto da solidariedade coletiva.

II. O corpo enfermo como monstruoso

Até o final do século XVIII, as discussões teóricas sobre o monstro são acerca do corpo cujas características são excessivas (repetições errôneas de certas partes, expansão desmedida, atrofia importante, etc.). Dito isso, é preciso sublinhar a indistinção entre realidades muito diferentes, que será ainda o quinhão do começo do século XIX. Em sua *Carta sobre os cegos para o uso daqueles que veem*, Diderot comunica a opinião recebida segundo a qual os cegos fazem parte da categoria dos monstros[22]. Isso, aliás, é coerente com essa outra opinião, contra a qual Diderot se bate, que liga a cegueira (como a surdez) a uma inteligência inferior. Joseph Boruwlaski, anão quase centenário

---

21. Cf. VIAL, M. "Enfants handicapés, du XIXe au XXe siècle". Art. cit., p. 348.
22. DIDEROT, D. *Oeuvres*. Paris: Gallimard, 1951, p. 841 [Col. "Bibliothèque de la Pléiade"].

(1739-1837) e cuja celebridade lhe valeu ilustrar o artigo com o mesmo nome na *Encyclopédie*, escreveu em sua autobiografia[23]: "Lamento dizer para honra de nossa espécie..." Aos olhos do próprio Boruwlaski, que tinha o apelido de Joujou [brinquedo] e que, no entanto, saiu de sua condição excepcional, pois o anão faz parte de uma espécie humana à parte. Em 1705, Aléxis Littré, médico anatomista, disseca uma menina morta bem nova e descobre que ela tem a vagina e o útero divididos em dois por uma parede[24]. Os eruditos, como Fontenelle, discutem sobre este caso como o da criança dupla (dois corpos unidos pela bacia) nascida em Vitry-sur-Seine em 1706 e numerosos outros. Poderiam ser apresentados muitos exemplos mostrando que no começo do século XIX o monstro ainda está maldefinido, podendo a categoria compreender fenômenos heterogêneos. Não se tinha ido muito além das visões de Ambroise Paré: o monstro é aquele que está "além do curso da natureza" cuja organização hierárquica ele perturba[25]; sendo o prodígio aquilo que se apresenta "contra a natureza". Monstro e prodígio eram muitas vezes percebidos numa perspectiva religiosa como sinais mais ou menos maléficos. A categoria da monstruosidade engloba o raro, o inabitual, o excepcional. Daí a sua capacidade de se relacionar tanto com o cego como com os siameses.

1. A representação erudita

Como Jacques Roger mostrou[26], um debate se encerra com a morte de Lémery em 1743 e o abandono por seu adversário, Winslow, da doutrina da

---

23. BORUWLASKI, J. *Mémoire du célèbre nain Joseph Boruwlaski, gentilhomme polonais*. Londres, 1788, p. 38 [Este texto representa uma fonte antropológica de grande interesse sobre o nanismo].

24. *Histoire de l'Académie des Sciences*, 1705, p. 48-49, apud ROGER, J. *Les sciences de la vie dans la pensée française du XVIIIe siècle*. Paris: Armand Colin, 1963 [reed. Paris: Albin Michel, 1993, p. 405 – Prefácio de Claire Salomon-Bayet].

25. PARÉ, A. *Des monstres et prodiges*. Paris/Genebra: Slatkine, 1996, p. 9.

26. ROGER, J. *Les sciences de la vie dans la pensée française du XVIIIe siècle*. Op. cit. [Citaremos aqui a reedição de 1993].

preexistência dos germes. A presença dos monstros humanos corre o risco de acabar no dilema de um Deus ignorante ou mau, ao passo que é preciso afirmar que Deus é sábio e bom. O debate é antes de tudo teológico, mesmo se no interior do criacionismo encontramos duas tendências. 1) Para uns, os monstros estão depositados como tais nos germes; e se deve ter a humildade de não pretender penetrar os insondáveis desígnios divinos (posição tanto de Arnaud como de Winslow). Os monstros só nos parecem ser tais porque tomamos o habitual pelo natural. Tal já é a advertência de Montaigne[27]. 2) Para os outros, os monstros se devem a acidentes e dependem seja do mecanismo cartesiano das leis da natureza, seja de um providencialismo que assume a complexidade do mundo.

Esta segunda corrente se abre sobre a racionalidade, portanto sobre a observação e a análise dos fatos. A isso se acrescenta, embora fora da problemática que acabamos de lembrar, a posição de Diderot e dos médicos de Montpellier ao afirmar um vitalismo e uma superabundância da vida, toda uma especificidade e autonomia da vida, contra qualquer resquício de cartesianismo. Trata-se, pois, mais da epigênese da ordem do que da epigênese da ordem inicial. Assim, Diderot "coloca a presença da exceção sobre a regra, e do patológico sobre o fisiológico"[28], visto que as formas mais habituais são apenas as possíveis entre outras. A dupla problemática da racionalidade das formas e da exuberância da vida habita todo o século XIX.

São os dois Geoffroy Saint-Hilaire que, então, fazem o pensamento progredir. Étienne[29] afirma de partida que os monstros nascidos de humanos pertencem à humanidade, do que alguns dos seus contemporâneos duvidavam. A observação prova, de fato, que um monstro não é totalmente monstro: tem regularidade de um lado e irregularidade do outro. É a mesma posi-

---

27. Montaigne, *Essais*, II, XXX.

28. IBRAHIM, A. "Le statut des anomalies dans la philosophie de Diderot". *Dix-huitième siècle*, n. 15, 1983, p. 318-319.

29. SAINT-HILAIRE, E.G. *Considérations générales sur les monstres, comprenant une théorie des phénomènes de la monstruosité*. Paris: Imprimerie Tastu, 1826.

ção que aquela adotada por Pinel a propósito da loucura. Com Étienne Geoffroy Saint-Hilaire a monstruosidade é ordenada; obedece a leis racionais que devem ser buscadas mantendo Deus à parte.

Esta atitude está clara desde as primeiras páginas do *Tratado de teratologia* do filho, Isidore Geoffroy Saint-Hilaire[30]. Este é o primeiro a dar uma definição unívoca da monstruosidade com base em critérios objetivos que, por conseguinte, limitam-na. "Todo desvio do tipo específico, ou, noutros termos, toda particularidade orgânica que um indivíduo apresenta *comparada com a grande maioria dos indivíduos de sua espécie, de sua idade, de seu sexo*, constitui o que se pode chamar de anomalia. A palavra monstruosidade foi muitas vezes empregada como sinônimo de anomalia [...] ao contrário outros autores não compreenderam sob o nome de monstruosidade senão as anomalias mais graves e mais aparentes, deram assim a esta palavra um sentido muito menos extenso. Seguirei nesta obra o exemplo destes últimos anatomistas, não somente porque partilho da repugnância que sentiram em chamar de monstros seres apenas diferentes do estado normal, mas também e, sobretudo, porque a repartição das anomalias em várias grandes seções me parece comandada pela própria natureza das relações anatômicas que existem entre os menos graves, e estas que são mais graves, ou as monstruosidades [...]. A divisão que adotei está baseada principalmente em três considerações: a natureza das anomalias, seu grau de complicação e de gravidade sob a relação anatômica, e a influência que exercem sobre as funções"[31].

A monstruosidade só começa com a redução à unidade lá onde deve haver dualidade, por exemplo, um só olho no lugar de dois; uma parte do cérebro no lugar do todo, etc.; ou, ao contrário, quando há dualidade lá onde não deveria haver senão um exemplar, todos os casos de duplos. Quando há apenas aumento ou diminuição aparente, a anomalia não constitui uma verdadeira monstruo-

---

30. SAINT-HILAIRE, I.G. *Histoire générale et particulière des anomalies de l'organisation chez l'homme et les animaux ou Traité de tératologie*, 2 vols. Bruxelas: Société belge de librairie/Hauman Cattoir et Cie, 1837.

31. Ibid., p. 30-31.

sidade. Quando há aumento ou diminuição numérica real, a anomalia constitui muitas vezes, mas nem sempre, uma monstruosidade. Enfim, há casos em que se encontra ao mesmo tempo uma reunião contra a natureza e, por conseguinte, a supressão aparente de um órgão, que coincide com a atrofia completa de outro órgão. Se estas duas anomalias estiverem ligadas entre elas, e, sobretudo, se uma pode ser considerada como a causa da outra, elas constituem então evidentemente uma anomalia complexa, uma verdadeira monstruosidade"[32].

Isidore Geoffroy Saint-Hilaire chega a se perguntar se é preciso conservar a categoria de monstruosidade, dada a sua concepção de uma escala contínua entre a normalidade e as mais graves anormalidades. São sempre as leis que comandam estas últimas e as reconduzem ao funcionamento ordinário, habitual.

Não se poderia tratar aqui de fazer a história das concepções da monstruosidade. O que parece decisivo para nosso propósito é que Isidore Geoffroy Saint-Hilaire separa definitivamente o corpo monstruoso da enfermidade em geral. Ele ilustra perfeitamente esta frase lapidar de Georges Canguilhem: "No século XIX, o louco está no asilo, onde serve para ensinar a razão, e o monstro está no frasco do embriologista, onde serve para ensinar a norma"[33]. A história do corpo enfermo como corpo monstruoso termina com Isidore Geoffroy Saint-Hilaire. No que se refere ao pensamento erudito, bem-entendido. A teratologia não depende mais da medicina, mas a delimitação precisa da monstruosidade que abre o caminho para a reeducação das anomalias.

Tomemos Jules Guérin[34] como testemunha. Seus relatórios técnicos[35] tratam menos da monstruosidade, no sentido que Isidore Geoffroy Saint-Hi-

---

32. Ibid., p. 68.
33. CANGUILHEM, G. *La connaissance de la vie*. Paris: Vrin, 1965 [ed. de bolso, 1992, p. 178].
34. Diretor do Instituto Ortopédico de la Muette, encarregado do serviço especial das deformidades no Hospital das Crianças Doentes de Paris, que escreveu uma série de relatórios sobre as deformidades entre 1838 e 1843, publicados no Bureau de la Gazette Médicale).
35. GUÉRIN, J. *Mémoires sur les difformités*. Bureau de la Gazette Médicale, 1843, p. 40-41,

laire dá a essa palavra, do que sobre as deformidades chamadas "anomalias" por este último. Jules Guérin é declarado o primeiro a fundar uma "clínica" das anomalias. Com ele é esboçada a linha da medicina reparadora e corretiva da qual já falamos. Ele tira a lógica dos trabalhos de Isidore Geoffroy Saint-Hilaire: há anomalias, que ele prefere chamar de deformidades (porque ele se ocupava principalmente com deformações do esqueleto), que se distinguem das monstruosidades, mesmo se as primeiras esclarecem as segundas e inversamente. O estudo e a terapêutica das deformidades se tornam uma "especialidade". Por analogia com a monstruosidade, a deformidade constitui uma família de fatos *sui generis*. "Vedes, senhores, que a única definição da deformidade, assim como a entendo, nos dá imediatamente uma anatomia, uma fisiologia, uma patologia e uma terapêutica especiais [...]"[36]

Essa "medicina das deformidades" – a apresentação de Jules Guérin está perto da apresentação de André Grossiord, que inaugura a cadeira de medicina física em Garches em 1948 – está inserida na mesma racionalidade que a medicina da ciência da normalidade. Jules Guérin é discípulo de Geoffroy Saint-Hilaire, mas com a diferença importante de que a distinção entre monstruosidade e anomalia lhe permite remedicalizar a segunda.

As etapas seguintes do pensamento científico da monstruosidade[37] só têm, atualmente, interesse na medida em que introduzem uma outra ca-

---

36. Ibid., p. 21.

37. DARESTE, C. *Recherche sur la production artificielle des monstruosités ou essais de tératogenèse expérimentale*. Paris, 1877, 1981. WARYNSKI, S. & FOL, H. *Recherches expérimentales sur la cause de quelques monstruosités simples et de divers processus embryogénétiques*. Recueil zoologique suisse, 1884. DELAGE, Y. *L'hérédité et les grands problèmes de la biologie générale*. Paris: Schleicher Frères, 1903. RABAUD, E. *La tératogenèse*. Paris: Doin, 1914. No século XX, Paul Ancel e Étienne Wolff prolongarão esta história da concepção e da "utilidade" da monstruosidade. O trabalho fundamental sobre a história da monstruosidade é o de FISCHER, J.-L. *De la genèse fabuleuse à la morphogenèse des monstres, Cahiers d'histoire et de philosophie des sciences*. Société Française d'Histoire des Sciences e des Techniques, n. 13, 1986. Cf. tb., do mesmo autor, o artigo "Tératologie", em Patrick Tort (org.). *Dictionnaire du darwinisme et de l'évolution*. Paris: PUF, 1996.

tegoria: a degenerescência, dominante no final do século. Camille Dareste (1822-1899), em sua obra várias vezes reeditada, apoiando-se sobre a concepção lamarckiana da transformação das espécies pela influência do meio, faz a distinção entre monstruosidade e degenerescência, mas seu transformismo o leva a considerar a monstruosidade como uma mutação na espécie, o que abre uma perspectiva totalmente diferente, que os teóricos, que pretendem se pronunciar sobre o caráter mais comum ou mais vantajoso das formas de vida, poderão explorar. O debate será então de outra ordem, que Delage considera como o das relações da raça e do indivíduo, remetendo ao social e ao psicológico[38]. Diante dessas precisões, e às vezes se servindo delas[39], o imaginário popular fazia sucesso durante o século XIX.

---

38. FISCHER, J.-L. *De la genèse fabuleuse à la morphogenèse des monstres*. Op. cit., p. 80.

39. É verdade que em meados do século XIX se viu eclodir uma profusão de tratados de teratologia, estando os monstros na moda, como se reencontrasse a preocupação pela Renascença italiana. Como escreve Jean Bollet ("La galerie des monstres", *Bizarre*, n. XVII-XVIII, fev./1961): *La Nature, Le Magasin pittoresque*, o suplemento ilustrado do *Petit Journal* e o demencial *Journal des Voyages* se cobriram de gravuras assustadoras onde Jojo, o homem-cão, mostrava encantos de odalisca, enquanto que Rosa-Josepha triunfava no teatro de variedades. As vitrinas da rua da Escola de Medicina se encheram de pesquisas sobre a produção artificial das monstruosidades de Camille Dareste, do *Atlas d'anatomie pathologique* de Lencereaux (1871), as *Recherches sur les difformités* de Jules Guérin (1880). L. Martin publicava no mesmo ano sua *Histoire des monstres depuis l'Antiquité jusqu'à nos jours*, Charcot e Richer, *Les diffformités et les malades dans l'art* (1890). Cordier, *Les monstres dans la légende et dans la nature* (1890), Guinard, seus *Préscis de tératologie*, Blanc, em 1893, *Les anomalies de l'homme et des mammifères*, etc. Era a loucura na moda, os monstros faziam furor" (p. 7 e 8).
Cf. tb. MONESTIER, M. *Les monstres le fabuleux univers des "oubliés de Dieu"*. Tchou, 1996. Obra na qual falta rigor científico, mas que apresenta bem a sede de exposição de humanos excepcionais no século XIX. A crônica parisiense relata vários espetáculos ambulantes nos Camps-Élysées, por exemplo, em 1855 um indivíduo raquítico e microcéfalo batizado "asteca", em 1873 duas irmãs siamesas, etc.

2. A representação popular

O século XIX está cheio de corpos disformes mostrados nas feiras e nas festas ambulantes[40]. A exposição de "monstros" é, certamente, tão velha quanto é falsa a etimologia que liga o monstro ao latim *monstrare*[41]. Ela acontece com a saída das famílias que, no domingo, vão a Bicêtre contemplar os loucos encadeados, berrando ou astênicos. A enumeração da variedade de deformidades exibidas e dos lugares de tais divertimentos sublinha apenas a importância quantitativa dessa prática. Mais significati-

---

40. Como diz de modo bonito Jean Richepin:

Deux lampions puants que le vent effiloche, pour orchestre un tambour qu'accompagne une cloche	Dois lampiões fedorentos que o vento desfia, tendo por orquestra um tambor que um sino acompanha
douloureuse musique et sinistre a giorno, dignes de ce qu'on voi derrière le panneau.	dolorosa música e sinistro brilho, dignos do que se vê atrás do quadro.
C'est l'avorton dont la caboche semble une outre,	É o aborto cuja cabeça parece um odre,
l'éléphantiasique avec sa jambe en poutre.	o elefantiasíaco com sua perna de trave.
Le centaure, crétin au mufle de jumard;	o centauro, cretino com focinho de jumento;
l'enfant ayant pour bras des pinces de homard,	a criança que tem por braço tenazes de lagosta,
quelque monstre enfin, vrai, faux; car on les imite.	monstro, enfim, verdadeiro, falso; são imitados.
Puisqu'une infirmité fait bouillir la marmite.	Pois uma enfermidade faz a panela ferver.
On entre. On sort. De là le nom: un entre-sort.	Entra-se. Sai-se. Daí o nome: um entra e sai.
Et chacun pour deux sous vient y bénir son sort.	E cada um por dois vinténs vem bendizer a sorte.
Car le plus laid se voit des formes trionphales, devant ces stropiats et ces hidrocéphales.	Pois o mais feio se vê de formas triunfais, diante desses estropiados e desses hidrocéfalos.

Les types de Paris, n. 5, poema "Types de fêtes foraines". Paris: Du Figaro/E. Plon/Nourrit e Cie, dessins de J.-F. Raffaëlli.

41. *Monstrum* vem de *monere*, "fazer pensar". O monstro adverte, é um prodígio no sentido religioso do termo.

va é a análise de Robert Bogdan[42], que separa o século em dois, segundo a data charneira de 1840, ou seja, a da fundação do Museu Americano por Phineas Taylor Barnum (1810-1891). A prática popular se torna indústria, indústria do espetáculo e indústria de produção de monstros. É verdade que, apesar de uma turnê do Circo Barnum pela Europa no começo do século XX, quase não foi copiado na França onde se devia sempre procurar a mulher mais gorda do mundo, as irmãs siamesas ou o homem-esqueleto, em certas festas ambulantes. Senão, o público ia todo para o Museu Spitzner[43] cujo catálogo incluía moldes que representavam muitas monstruosidades, ao lado de anomalias e de enfermidades diversas, como era o caso, um pouco antes, na câmara dos horrores do médico Curtius, fundador de uma exposição de quadros históricos (1776), a qual se tornará o fundamento do Museu Tussaud em Londres em 1835. Ainda se podia ir à faculdade de medicina, ao museu de cera anatômico criado pelo deão Orfila graças ao legado de Dupuytren. Na mesma época, o gosto pelo mórbido levava os ociosos do domingo ao necrotério.

---

42. BOGDAN, R. *Freak Show*. Presenting Human Oddities for Amusement and Profit. Chicago/Londres: The University of Chicago Press, 1988. "Significantly, once human exhibits became attached to organizations, distinct patterns of constructing and presenting freaks could be institutionalized, conventions that endure to this day. The freak show thus joined the burgeoning popular amusement industry, and the organizations that made up that industry, housing as they did an occupation with a special approach to the world, developed a particular way of life. That culture is crucial to an understanding of the manufacture of freaks" (p. 11).

43. Pierre Spitzner, que se fazia passar por médico, instalara seu museu anatômico no pavilhão da Ruche (Praça do Château-d'Eau, em Paris, que se tornou Praça da República), a partir da coleção Zeiler (1856), mas percorreu a Europa. Contam-se, aliás, de seis a oito atrações do mesmo gênero entre 1880 e 1885. O catálogo Spitzner foi reproduzido quando foi vendido em leilão a Drouot em 10/06/1985, pelo leiloeiro Henri Chayette.

O relato do Doutor Treves[44] dedicado a John Merrick, o homem-elefante, que se desenrola entre 1884 e 1890, portanto depois da criação de Barnum, reconstitui perfeitamente o clima e as práticas da segunda metade do século XIX na Europa. Sem dúvida será preciso a invenção do cinema para que essas mostras declinem, antes de desaparecer. A necessidade de espetáculos espantosos que estimulam o imaginário pode ser captada pelas primeiras realizações de Méliès. Mas não basta lembrar que a exposição pública desses casos monstruosos constituía um fato permanente para analisar, na sua totalidade, o olhar lançado pelo século XIX sobre os corpos enfermos. É instrutivo se voltar para a literatura.

Em 1869, Victor Hugo[45] cria o personagem de Gwynplaine, uma criança desfigurada por um *rictus* permanente e grotesco, tornada assim por traficantes, os *comprachicos*, que compram crianças, fazem uma cirurgia facial ou corporal, segundo a finalidade procurada ou pedida, e os revendem no mercado de monstros, ou seja, nas feiras. A intriga hugolina se situa no século XVII, mas Guy de Maupassant, por sua vez, ilustra o fato de que o tráfico de crianças voluntariamente disformes não era coisa rara no seu tempo[46]. Vários traços chamam a nossa atenção para o romance de Victor Hugo.

Gwynplaine nunca poderá abandonar esse papel de divertir na feira. Mesmo quando, tendo recuperado seu título de par da Inglaterra, pronuncia-

---

44. O texto do Doutor Treves (*The Elephant Man and Other Reminiscences*, Londres, Casell) só apareceu em 1923. Os quarenta anos que separam a experiência e o relato modificaram os acontecimentos assim como tinham se desenvolvido. Isso não impede que ele ateste que os monstros (humanos) eram objeto de lucro de miseráveis forasteiros que os escondiam em seus porões. O relato de Treves deu origem a um filme de David Lynch em 1980, *Elephant Man*, que acrescenta o personagem romanceado da vida de John Merrick, mas que contém uma polissemia que faz pensar sobre a monstruosidade no século XIX. Cf. HOWEL, M. & FORD, P. *Elephant Man* – La véritable histoire de John Merrick, l'homme-éléfant. France-Loisirs, 1980 e Paris: Belfond, 1981.

45. HUGO, V. *L'homme qui rit*. [s.l.]: [s.e.], 1869 [A edição da qual nos servimos é a das *Oeuvres completes* publicada por Flammarion em 1942].

46. Cf. o conto "La mère aux monstres", em *Contes et nouvelles*. Tomo I. Op. cit., p. 842s.

rá um discurso inflamado em favor dos pobres, permanecerá um saltimbanco, um bufão. Nunca será tomado por ele mesmo, salvo por parte daquela que não vê, Dea. Ele não é senão deformidade. Ignorava qual era o seu rosto. Sua figura estava no esmaecimento. Sobre ele se pusera um falso si-mesmo. Como face tinha um desaparecimento[47].

Os espectadores riem na tenda de Ursus, mas se trata de uma hilaridade angustiada, que termina no horror; Gwynplaine, como Dea, formam um espelho. No romance de Victor Hugo, o poder encontra na deformidade o seu avesso. O disforme, situado na outra extremidade do corpo social, valoriza os grandes deste mundo, mas, ao mesmo tempo, estes têm, com ele, uma certa afinidade. Na sua grandeza e no seu poder, eles são igualmente monstruosos. Eles também, diariamente, usam máscaras. O que Gwynplaine é no exterior, a duquesa (Josiane) é no interior. Ela sabe que é monstruosa, visto que é bastarda. O monstruoso externo lhe permite se comprazer nela mesma. Unir-se ao monstruoso é desfazer-se dele, numa relação de purificação; visto que Gwynplaine é, com Dea, a imagem da pureza absoluta num mundo viscoso. Josiane, na sua perversidade, não considera Gwynplaine como um outro verdadeiro. Por isso ele de repente não será mais nada para ela quando ela descobre que ele é par da Inglaterra, destinado a se tornar seu marido. Ela não tem nada a fazer com um esposo disforme. Gwynplaine só era revelador na transgressão. Victor Hugo, ao estabelecer uma ponte entre o bufão da Idade Média[48] e a curiosidade do século XIX, leva em conta a temática da monstruosidade "moral", da qual a monstruosidade física é imagem[49]. Ele anuncia a passagem da noção de monstruosidade do corpo físico para os

---

47. HUGO, V. *L'homme qui rit*. Op. cit., p. 299.

48. LEVER, M. *Le Sceptre e la Marotte*. Paris: Fayard, 1983.

49. DEMARTINI, A.-E. *Lacenaire, un monstre dans la société de la Monarchie de Juillet* [Tese sob a direção de Alain Corbin, Universidade Paris I-Panthéon Sorbonne, jan./1998, e *L'affaire Lacenaire*. Paris: Aubier, 2000].

protagonistas dos dramas de terror do século XX (guerra de 1914-1918, nazismo, totalitarismo soviético...), ou seu afastamento na ficção científica.

No momento em que o corpo monstruoso deixa o lugar para outras visões da monstruosidade, um sucedâneo aparece: o corpo degenerado.

III. O corpo e a degenerescência

A noção de degenerescência[50], num primeiro tempo, não tem relação com a noção de monstruosidade, porque nasce e se desenvolve no contexto da medicina alienista e não entre os biólogos. Ela pretende ser aplicada às doenças mentais e provir delas, mas o próprio tipo do degenerado é o cretino, o retardado ou o idiota. A principal elaboração da degenerescência se deve a Bénédict-Augustin Morel (1809-1873)[51]. Este foi comentado, criticado, às vezes esquecido na segunda parte do século XIX, mas Jean-Christophe Coffin[52] mostra bem que seu livro permanecerá a referência essencial sobre a teoria da degenerescência. Vários dados merecem ser retidos.

A existência dos degenerados é um postulado de base, nunca criticado. A partir daqueles que são chamados de cretinos, indivíduos deficientes no plano tiroidal e mais frequentemente escrofulosos[53], ou em casos de grande doença psíquica e de retardamento intelectual, Morel impôs a categoria de

---

50. Uma exposição muito boa da história da noção se encontra no artigo de Claude Bénichou, "Dégémératio, dégénérescence", em TORT, P. (org.). *Dictionnaire du darwinisme et de l'évolution*. Op. cit., p. 1.151-1.157.

51. MOREL, B.-E. *Traité des dégénérescences physiques, intellectuelles et morales de l'espèce humaine*. Paris: Baillière, 1857.

52. COFFIN, J.-C. *Le corps social en accusation*: le thème de la dégénérescence en France et en Italie, 1850-1900 [Tese para doutorado de história, sob a direção de Michelle Perrot, Universidade Denis-Diderot-Paris VII, 1993]; Id. *La transmission de la folie, 1850-1914*. Paris: L'Harmattan, 2003.

53. Para a definição e as conotações do termo, cf. KORPÈS, J.-L. Crétinisme. In: STIKER, H.-J., VIAL, M. & BARRAL, C. (orgs.). *Inadaptations et handicaps...* Op. cit., p. 138-145.

"degenerado" como uma categoria psiquiátrica genérica. Esta construção da categoria, muito aleatória, só tem sido possível porque tinha uma função mais geral do que elaborar a clínica. Convém notar a sua conivência com os temas novos da evolução das espécies e da hereditariedade. Se, de acordo com Morel, admitem-se as teorias criacionistas e se se refere a um "tipo primitivo" quase perfeito, chega-se à ideia de uma degenerescência possível *da espécie*: os degenerados são sinais perigosos disso; além disso, se tem tendência a pensar, o etnocentrismo obriga, que o tipo perfeito é o homem branco, e a procurar os tipos degenerados no resto da humanidade. Assim se faz a ligação entre degenerados e negros, por exemplo. A conclusão é mais ou menos a mesma se se admitir a evolução sem ideia criacionista. Aqui se trata de uma degenerescência *na espécie*; certos indivíduos ou grupos humanos a representam; o conluio entre certas raças e certas afecções ocorre igualmente. Aqui a hereditariedade desempenha um papel importante. A degenerescência na espécie implica que se busquem as suas raízes: a hereditariedade oferece a solução. Hereditariedade que é menos vista como ligada a um dado biológico (as ideias de Mendel não penetraram ainda verdadeiramente os meios científicos e menos ainda as mentalidades) do que como transmissão de taras resultantes de certas circunstâncias dos meios de vida. Meios físicos, certamente, mas também ambientes sociais. O alcoolismo é o tipo disso: nos ambientes pobres se bebe, se transmite a tara aos filhos, isso provoca degenerescências. Desta maneira se pode ver com bastante clareza o paralelismo entre esta concepção e o que se disse em outro lugar das "classes laboriosas, classes perigosas"[54]. A degenerescência permite assim pensar a criminalidade. Os bandidos e os criminosos saíram da categoria dos degenerados, assim como os degenerados são o viveiro da criminalidade. O degenerado é a concentração de todas as taras; e estas estão sempre inseridas no corpo.

---

54. VERDÈS-LEROUX, J. *Le travail social*. Paris: De Minuit, 1978.

O microcéfalo, o anão, o alcoólico confirmado, o idiota, o criptórquido (sem testículos), o cretino, o alporquento, o epiléptico, o escrofuloso confirmado, o tuberculoso, o raquítico[55] dependem da "afecção" degenerescência.

Quem diz doença diz intervenção médica, e os médicos alienistas são cada vez mais chamados como peritos nos tribunais. Assim cresce a influência do poder médico sobre os corpos degenerados, enquanto se generaliza a ideia de "doença social". Isso se vê melhor na obra de Lombroso, na Itália, que centra sua atenção na epilepsia, à qual pertencem tanto os gênios como os criminosos. Segundo Jean-Christophe Coffin, "a degenerescência acelerou a instalação de uma medicina social da qual resultaram as grades curriculares, as concepções culturais e os *leitmotiv* da época republicana. O alcoolismo continua sendo a mancha moral que se tornou durante o século e a hereditariedade é para a medicina o que a educação é para o ideal republicano: essencial e inevitável"[56]. Isto confirma o que o autor escreveu a propósito de Morel cujo livro "marca mais uma etapa na história cultural e sociológica da psiquiatria que na corrente sinuosa dos conhecimentos ligados ao mental"[57].

É claro que o sucesso da categoria de "degenerado" e da noção de degenerescência está ligado ao contexto ideológico. Isto explica a sua resistência, quando os médicos não os consideram mais como pertinentes, e seu desaparecimento, quando as representações sociais são modificadas.

"Não há verdadeiro fim da doutrina das degenerescências. Além disso, datar o desaparecimento de um conceito é um exercício indubitavelmente mais complexo que datar o fim de um acontecimento de tipo político, não existe verdadeira vontade de enterrar oficialmente o que foi, durante numerosos anos, um fenômeno mobilizador para as psiquiatrias francesa e italia-

---

55. Artigo "Dégénérescence", redigido por Eugène Dally (1833-1887) no *Dictionnaire des sciences médicales* de Amédée Dechambre.

56. COFFIN, J.-C. *Le corps social en accusation*. Op. cit., p. 449.

57. Ibid., p. 209.

na. De fato, encontram-se, neste século XX, em seu começo opositores, partidários, e outros ainda, que preferem fingir esquecer o papel e a influência dessa doutrina sobre seus espíritos e sua disciplina em geral, sem falar daqueles que buscam englobar todos os aspectos do passado de sua disciplina, sem olhar crítico"[58].

De fato, será preciso a influência da psicanálise, por um lado, e dos tratamentos psiquiátricos, por outro – estes, no entanto, pouco amenos para os pacientes (medicamentos, eletrochoque, etc.), – para que o olhar médico se oriente para outras direções.

A ideia de degenerescência pertence a uma concepção do homem, espécie ou indivíduo ameaçado pelo risco da decadência; pouco importa que se trate de decair de uma origem perfeita ou de decair de um tipo médio. Ora, aquele que decai não está isento de toda responsabilidade: se decai porque é doente, que ele se cuide e que se cuide dele, se decai porque cometeu falta (consanguinidade, alcoolismo, etc.), que seja restabelecido pela assistência ou que seja punido, se representa um grau da evolução humana parado (os "negros"), que seja submetido ao filão mais feliz da humanidade (os "brancos"). Essa antropologia que vimos em ação através da noção de degenerescência, comandada por uma defesa contra todo germe de imperfeição ou de desvio, que renova a separação dos bons e dos maus elementos da sociedade, que eleva o seu etnocentrismo à posição de universal, tem ecos íntimos com uma outra corrente: o darwinismo social.

A influência do pensamento de Darwin é um capítulo da história das ideias longo demais para ser corretamente evocado aqui. É claro, parece[59],

---

58. Ibid., p. 535.

59. PICHOT, A. *Histoire de la notion de vie*. Paris: Gallimard, 1993 [André Pichot cita textos de Darwin um pouco perturbadores (p. 772s.); entretanto, Patrick Tort tem razão em mostrar a solução de continuidade entre Darwin e o que se chama, de modo desastrado, de darwinismo social].

que o darwinismo social não pode ser justificado por seu livro *Da origem das espécies através da seleção natural*[60], embora o autor esteja longe de estar isento de toda ambiguidade, principalmente em textos posteriores à obra que o tornou tão célebre. O interessante, porém, é a maneira como se associou à tese uma ideologia social, de tipo racial[61]. Testemunha disso é o prefácio à primeira edição do livro de Darwin, escrito por Clémence Royer[62]: "assim se chega – escreve ela – a sacrificar o que é forte àquilo que é fraco [...] os seres bem-dotados de espírito e de corpo aos seres viciosos e doentios [...]. O que resulta dessa proteção não inteligente concedida exclusivamente aos fracos, aos enfermos, aos incuráveis..." As quarenta páginas de prefácio são dessa água. Ora, Clémence Royer é representante de uma verdadeira corrente de pensamento e de opinião eugenista, a qual se tornou plausível pelo tema da decadência orquestrada por Renan e Gobineau[63].

É fácil compreender como os corpos enfermos, quando forem vistos sob o olhar apenas eugenista e racial, acabarão nos fornos crematórios do nazismo. Mas o século XIX conservará a honra de ter também dado nascimento à ideia de reabilitação e de reintegração dos enfermos, considerados através do prisma de uma corporeidade ferida pela sociedade, de uma corporeidade reparável e da qual somos coletivamente devedores.

---

60. DARWIN, C. *L'origine des espèces*. Paris: GF/Flammarion, 1992.

61. Como escreveu André Pichot: "Desde o século XIX, as ideologias racistas são referidas ao darwinismo, o que se chamou, por conseguinte, de darwinismo social foi praticamente sempre associado à (e muitas vezes justificado pela) explicação darwiniana da evolução das espécies, apesar de todas as advertências periódicas dos biólogos" (*Histoire de la notion de vie*. Op. cit., p. 774).

62. DARWIN, C. *De l'origine des espèces par sélection naturelle, ou des lois de transformation des êtres organisés*, traduction de Mlle. Clémence Royer. Paris: Flammarion, 1918, mas a tradução datava de 1862 [cf. as páginas XXXIV-XXXV].

63. Julien Freund descreveu sob este ponto de vista o fim do século XIX em *La décadence*. Paris: Sirey, 1984.

IV. O cuidado do corpo acidentado

O final do século XIX descobre os efeitos destruidores, em termos de acidentes e, mais ainda, de risco da industrialização. A lei de 9 de abril de 1898 sobre os acidentes de trabalho constitui o ponto de condensação do debate em curso no seio de uma sociedade que evolui da beneficência para uma perspectiva securitária e solidária, de uma responsabilidade ligada à falta individual e moral para uma responsabilidade coletiva e social que insere de novo o mal nos desenvolvimentos de nosso contrato social. Os acidentes do trabalho se encontram no centro das mudanças das antigas para as novas maneiras que os homens têm de "se identificar, de gerir a causalidade de seus comportamentos, de pensar suas relações, seus conflitos e sua colaboração, de comprometer seu destino"[64]. A lei de 1898 marca o ponto de partida da segurança social na França: "A sociedade industrial, ao tomar consciência de seu poder [...] deu-se a possibilidade de fazer nascer obrigações a partir dela mesma e sem outra referência senão a ela mesma. Dispunha-se, com a noção de risco profissional, do princípio que abriria todo o futuro das obrigações sociais que se agrupariam meio século mais tarde sob o título de seguridade social"[65]. Avalia-se o avanço. O direito à vida se tornará um direito social.

Léon Mirman explica a ruptura que acaba de ocorrer e que romperá a antiga noção do inválido como objeto de assistência. "Quando um homem ou uma mulher se apresentarem a nós em situação manifesta de invalidez permanente e numa idade qualquer, quando, em consequência de seu estado físico, sua impotência de ganhar doravante por seu trabalho o salário necessário para suas necessidades elementares for reconhecida, pedir-lhes-emos simplesmente, e sem fazer investigação policial sobre sua existência passada, quais são os seus recursos presentes, qual é a sua situação atual, quais são suas necessidades evidentes e, porque são membros da grande família fran-

---

64. EWALD, F. *L'état providence*. Op. cit., p. 9.
65. Ibid., p. 362.

cesa, porque, assim, são duplamente nossos irmãos, porque são franceses e porque são infelizes, nós lhes daremos, não como esmola, mas como direito que, contra nossa má vontade de pagamento, eles poderão fazer valer, nós lhes daremos, sem lhes pedir nenhuma gratidão, tendo a consciência de cumprir simplesmente e muito pobremente nosso dever"[66]. Deixando de lado toda a retórica parlamentar, aparece aqui a ideia de uma solidariedade, possível num sistema de segurança, e de seguridade social, em escala de uma nação. A regra de repartição dos riscos entra assim não somente na mentalidade, mas também na juridicidade, na constitucionalidade, com sua dimensão tripla de prevenção, de repartição e, em breve, de compensação. Esta nova distribuição social se apoia, por um lado, num recurso necessário ao Estado, que se tornou "providência", quaisquer que sejam as formas de suas instituições, e, por outro lado, numa normalização fundada sobre uma definição de tipo estatístico e probabilista. A norma aí não é mais um ideal, mas a expressão de uma média que não indica nem um máximo nem um mínimo a atingir, mas se refere a um tipo social: "A teoria do homem médio anuncia a era em que a perfeição se identificará com a normalidade em que o grande imperativo da moral social será normalizar"[67]. É bem evidente que esta problemática transformou o olhar sobre a enfermidade e a anormalidade, as quais, aliás – através do risco profissional –, encontram-se no centro dos debates sociais.

Não se trata mais de uma identificação direta a um modelo ou a um contramodelo, mas de uma identificação relativa dos indivíduos uns com relação aos outros em função de uma norma social e de desvios aceitáveis e aceitos a essa norma, aceitabilidade variável em termos de cargo, de ameaça, de periculosidade, etc. Trata-se, aliás, menos de afirmar um princípio jurídico e teórico de igualdade dos direitos que tentar uma equalização de oportunidades, de pôr em funcionamento procedimentos, práticas discriminatórias de

---

66. *Annales de la Chambre des Députés*, 04/06/1901, p. 244.

67. Ibid., p. 161.

correção, de adaptação, de compensação, de desvios mais ou menos longos nesse caminho, e de volta à normalidade social.

Faltava-nos esta análise sobre a revolução tranquila que se produziu em torno da questão dos acidentes do trabalho para compreender quanto o corpo enfermo, pela mediação do acidentado do trabalho, mudaria de perspectiva: ele não era mais o resultado de um destino, de uma "catástrofe" natural, de uma falta, de um desvio da vida, tornava-se um corpo deteriorado pelos mecanismos sociais, pelo qual somos coletivamente responsáveis. *O corpo enfermo entrava na socialização.* Uma dignidade nova lhe era devolvida: poder-se-á exibir a prótese da perna perdida na guerra, como se poderá reivindicar brandindo o braço cortado por uma máquina. Todas as enfermidades se colocarão progressivamente sob essa bandeira do direito à igualdade de oportunidades e à participação social integral. O corpo acidentado pelo trabalho, depois pela guerra (de 1914-1918), não pode mais ser monstruoso, degenerado, querido por Deus, naturalmente inferior; *é acidentado,* mais frequentemente sob o efeito de circunstâncias sobre as quais não se tem nenhum controle individual. Um caso típico dessa nova situação e desse novo olhar será o dos tuberculosos[68]. Certamente, a tuberculose pertencia à categoria da doença e não à da enfermidade. No entanto, Léon Bourgeois proclama na Câmara que se tratava de um "flagelo social", e serão os tuberculosos principalmente que, na década seguinte à "Grande Guerra", tomarão as iniciativas mais espetaculares para a reintegração dos enfermos[69].

Durante as duas primeiras décadas do século XX a representação e o tratamento do corpo enfermo mudam muito profundamente. As repulsas e os fascínios turvos não cessam; o que Erving Goffman[70] chamará de estigmatização continuará a desvalorizar o corpo enfermo; testemunha disso é o extermínio

---

[68]. GUILLAUME, P. *Du désespoir au salut* – Les tuberculeux aux XIXᵉ et XXᵉ siècles. Paris: Aubier, 1986.

[69]. STIKER, H.-J. Op. cit., p. 146s.

[70]. GOFFMAN, E. *Stigmate* – Les usages sociaux des handicaps. Paris: De Minuit, 1975.

dos deficientes intelectuais e psíquicos pelo regime nazista. O medo inspirado por uma imagem possível de si mesmo, a ferida narcísica dos indivíduos em questão, permanecerá. Mas o que muda radicalmente é o cuidado público, direto ou indireto, da enfermidade, que anuncia a noção de incapacidade. Consequentemente, o corpo enfermo, através do prisma do corpo acidentado pelo trabalho ou pela guerra, quer dizer, por circunstâncias sociais, deixa as margens da miséria, do abandono ou da exploração para ser acolhido nas margens da dignidade, da readaptação, da participação social.

2
HIGIENE DO CORPO E TRABALHO DAS APARÊNCIAS

Georges Vigarello

O uso higiênico da água era uma prática trabalhosa no universo antigo: domínio custoso dos fluxos, representações inquietas do banho, numerosos obstáculos se opõem à regularidade de uma toalete "líquida". Circuitos difíceis num urbanismo atravancado, lavagens temidas num corpo julgado vulnerável, o recurso à banheira não é nada familiar; outros caminhos puderam aumentar o refinamento e a limpeza, entre eles a troca de roupa branca, as enxaguaduras, as esfregas. O contato banalizado com a água não é uma constante na história do Ocidente.

Tudo muda, porém, com o século XIX: lento domínio dos fluxos, novas imagens do corpo, visão mais construída e mais sensível do conjunto do tegumento. O advento da limpeza contemporânea supõe a conversão de várias representações. Ela supõe também aprendizagem, difusão, instrumentação.

I. A raridade do banho

O artigo "Banho" do dicionário enciclopédico de Courtin em 1826 revela a distância entre as práticas de ablução bem do começo do século XIX e as nossas: a água é evocada como um meio complexo, estranho, penetrante[1].

---

1. Artigo "Bain". In: COURTIN, E.M. (org.). *Encyclopédie moderne*, tomo IV. Paris, 1824.

Os efeitos do banho, sobretudo, são aí diferenciados segundo a temperatura e as misturas do líquido: várias categorias são distinguidas, seis ao todo, da mais fria à mais quente, todas apresentadas segundo sua eficácia médica, enquanto os temas da limpeza ou do bem-estar são pouco evocados aí, ou não são. O banho permaneceria ainda prática "especializada". Seus efeitos dependeriam ainda amplamente de um princípio mecânico, suscetível de provocar comoções, calma ou reforços segundo as temperaturas utilizadas. O banho frio, por exemplo, retardador da economia, "fortifica a constituição redobrando a energia dos órgãos"[2], enquanto o banho "muito quente", provocador de choques irritantes, permite o "tratamento de flegmasias cutâneas crônicas e dos reumatismos"[3]. Tantas opções quase terapêuticas, confirmadas pelos capítulos sobre o banho nos tratados de higiene do começo do século: a imersão parece depender aí mais do termalismo que da limpeza; o "peso da água", sua "absorção", seu "embebimento"[4] são às vezes mais levados em conta do que o asseio em si.

As consequências dessa visão tendem a limitar o banho morno aos seus efeitos de abalo: a influência envolvente sobre os órgãos e a pele. O pouco calor seria, antes de tudo, ambiente emoliente: enruga mais as fibras que as fortalece, extenua mais o corpo do que o limpa. Simon de Metz se demora, por exemplo, nesses "perigos" na sua "higiene da juventude", censurando o banho morno por "enfraquecer pouco a pouco ou, antes, tornar o jovem impressionável"[5]. Daí a necessidade de limitar a frequência desse banho concebido para a limpeza: "É preciso tomar um no máximo cada mês"[6]. Daí essa inquietação de Balzac após um trabalho obsessivo de várias semanas sobre *A mulher superior*, quando não se tinha lavado nem barbeado, trancado sozi-

---

2. ROSTAN, L.L. *Cours élémentaire d'hygiène*. Paris: [s.e.], 1828, tomo I, p. 513.
3. Ibid., p. 515.
4. FOY, F. *Manuel d'hygiène*. Paris: [s.e.], 1845, p. 517-518.
5. METZ, S. de. *Traité d'hygiène appliquée à l'éducation de la jeunesse*. Paris: [s.e.], 1827, p. 87.
6. Ibid., p. 87.

nho na casa dos Guidoboni-Visconti. O episódio não mereceria quase atenção se o próprio Balzac não comentasse sua volta a uma vida mais "normal": "Depois de vos ter escrito esta carta, tomarei meu primeiro banho, não sem pavor, pois tenho medo de distender as fibras subidas ao último grau, e é preciso recomeçar a fazer *César Birotteau*, que se torna ridículo à força de atraso"[7]. O exemplo de Balzac é tanto mais marcante porque o próprio autor da *Comédia humana* revela uma sensibilidade maior às abluções: ele mandara construir um quarto de banhos revestido de estuque branco, no prolongamento de seu quarto, para seu apartamento da Rua Cassini em 1828[8]. Ele soube fazer a banheira entrar no espaço privado, como alguns de seus contemporâneos também, mas não pôde servir-se dela regularmente e menos ainda diariamente.

A água permanece um meio maldominado, suscetível de abalar o organismo. Ela perturba, impressiona, até enfraquece quando, quente, toma insensivelmente suas partes. Duas imagens convergem: a do corpo, a do líquido para avivar essa inquietação turva que torna o banho tão pouco natural quanto pouco usual. Um corpo feito de fibras sensíveis aos efeitos do meio, modificáveis pelos ventos, pelos fluidos, pelos climas, uma água feita de força penetrante, insidiosa, invasiva, que se considera que age sobre o corpo como agente modificador. Os higienistas recorrem a estas imagens em seus textos do começo do século XIX: "Nos indivíduos que tomam banho sem outra necessidade que o capricho, ele relaxa as partes que não deviam ser relaxadas e faz com que percam a sua tonicidade"[9]. Transpiração e fraqueza são convergentes. Elas alarmam, ganham o próprio coração do corpo alterando-o: "Um número grande demais de banhos enerva, sobretudo quando os banhos são um pouco quentes"[10].

---

7. BALZAC, H. de. *Lettres à l'étrangère*. Paris, 1899, tomo I, p. 407.
8. Cf. WERDET, E. *Souvenirs de la vie littéraire* – Portraits intimes. Paris, 1879, p. 326.
9. MORIN, J. *Manuel théorique et pratique d'hygiène*. Paris: [s.e.], 1827, p. 190.
10. FOY, M. *Manuel d'hygiène*. Op. cit., p. 526.

Mais subterraneamente também, são os pudores que, numa grande parte do século XIX, reforçam as resistências insidiosas. Medo de "despertar o desejo sexual"[11] suscitado pela água quente. Medo do isolamento que a banheira permite. Certos médicos são tomados pela dúvida: a banheira é perigosa porque sugere pensamentos "maus". Ela pode perverter: "O banho é uma prática imoral. Revelações tristes ensinaram os perigos para os costumes de permanecer uma hora numa banheira"[12]. Riscos para os internatos em particular: abandono demasiado poderia extraviar esses corpos imersos. Calor morno e isolamento avivam um "mal" que os próprios textos hesitam em nomear: "Nas banheiras isoladas cada aluno não pode ter um supervisor [...] Ele pensa no mal no isolamento. É excitado pela influência da água quente. Os banhos quentes só são bons no colégio para os doentes que não se deixa por um instante"[13]. Em compensação, é a natação no verão que desempenha aqui o ofício de ablução geral. A imagem de colegiais conduzidos aos estabelecimentos do Sena durante os meses de junho ou julho se torna bastante banal no meio do século. E *Le Journal des enfants* sabe fazer disso um tema edificante: "Todas as quintas-feiras, quando faz calor, o mestre nos conduz aos banhos frios"[14].

Os banhos no Sena, que despertam vigores úteis, oporiam-se assim, ponto por ponto, ao banho dos espaços privados que favorece fraqueza e esgotamento. A diferença é tão importante, que se torna, para alguns, um desafio de civilização. Explicaria até, em parte, o fracasso dos romanos, enfraquecidos pelo refinamento de suas termas: "No período de moleza e de volúpia do Império Romano, o banho morno, pela propriedade que tem de amolecer a fibra animal, de relaxar agradavelmente os tecidos orgânicos, era o

---

11. LÉVY, M. *Traité d'hygiène publique et privée*. Paris: [s.e.], 1857, tomo II, p. 178 [1. ed., 1840].
12. Sessão do Conselho Geral de Higiene de Nantes em 1852, relatado por LÉONARD, J. *Les médecins de l'Ouest au XIXe siècle*. Lille: [s.e.], 1978, tomo III, p. 1.142.
13. COURTEILLE, C.P. de. *Hygiène des collèges et des maisons d'éducation*. Paris: [s.e.], 1827, p. 84.
14. COUCY, F. de. "La partie de la natation". *Le Journal des Enfants*. Paris, 1842, p. 55.

modificador por excelência da economia"¹⁵. Os efeitos da temperatura morna, noutras palavras, não concernem somente os indivíduos e sua força, referem-se aos coletivos e seu destino. Alguns projetos do começo do século XIX não esperaram da instalação de banhos frios no Sena uma renovação total da "fraca constituição de nossos parisienses"?¹⁶

II. As abluções parciais

Raros, de fato, são ainda os espaços de banho nas moradias do começo do século XIX, raras são as menções da prática nas memórias ou nos relatos. O uso permanece amplamente o de lavagens localizadas. Madame Celnart dedica duas linhas à maneira de perfumar os "banhos gerais" em sua *Arte da toalete* em 1827, ao passo que se estende bem mais longamente sobre as "lavagens parciais": esfregar "atrás das orelhas com um pedaço de cambraia ou pano de lã"¹⁷, a lavagem da boca, a conservação dos pés. Todas práticas locais que encarnam aos seus olhos o coração da limpeza. São elas que fazem o "frescor", a "pureza", com suas consequências sanitárias e estéticas, até encarnar às vezes "a alma da beleza"¹⁸.

Referências idênticas se encontram em George Sand que visita, sob a Restauração, sua antiga professora. Sand se diz impressionada com a limpeza dessa religiosa já idosa, retirada em seu convento de província. Ela examina o rosto da velha senhora, nota o frescor de sua roupa, reencontra perfumes esquecidos. É uma limpeza que exclui o banho, sem nenhuma dúvida, que Sand evoca ao descrever essa visita inesperada às personagens de sua infância: "Fiquei agradavelmente surpresa por encontrá-la com uma limpeza excelente e toda perfumada com o odor do jasmim que subia do pátio até sua

---

15. FOY, F. *Manuel d'hygiène*. Op. cit., p. 525.
16. MILLOT, J.-A. *L'art de perfectionner et d'améliorer les hommes*. Paris: [s.e.], 1801, tomo I, p. 92.
17. CELNART, E. *Manuel des dames ou l'art de la toilette*. Paris: [s.e.], 1827, p. 63.
18. Ibid., p. 62.

janela. A irmã também estava limpa: usava sua roupa de sarja violeta nova; seus pequenos objetos de toalete bem arrumados sobre uma mesa atestavam o cuidado que tinha com sua pessoa"[19]. Referências idênticas ainda para o *Vocabulário das crianças* em 1839 no qual Daumier representa um personagem molhando suas mãos numa bacia de um "gabinete de toalete", enquanto na soleira um doméstico ergue os ombros. O homem de avental, com um espanador ao lado, zomba dessa lavagem ainda que limitada, sinal evidente para ele de um excesso de refinamento e de limpeza.

O médico do começo do século confirma a importância quase exclusiva dessas lavagens parciais ao insistir na sua frequência e no seu objeto: "Essas abluções aplicadas cada dia sobre certas partes do corpo são feitas uma vez somente, de manhã ao se levantar; algumas, no entanto, sobretudo na mulher, renovam-se várias vezes por dia. [...] Contentamo-nos em fazer observar que tudo o que ultrapassa os limites de uma higiene sadia e necessária conduz insensivelmente a resultados deploráveis"[20]. O corpo seria feito de zonas escuras, espaços escondidos, sujeitos à transpiração, a odores, lugares mais ameaçados pelo sujo que outros. São esses lugares que as lavagens parciais visam com toda prioridade. São eles que os banheiros da burguesia do começo do século XIX tratam com suas bacias e seus bidês: sinais de progresso, sem dúvida alguma, com relação a outros tempos em que apenas a troca de roupa branca parecia prioritário na limpeza do corpo.

III. O aguçamento do sensível

No entanto, é impossível ignorar um aumento das exigências sanitárias em direção a meados do século XIX. O peso das referências eruditas, por exemplo, depois de 1830: o papel depurador dado à água temperada, o papel

---

19. SAND, G. *Histoire de ma vie*. Paris: Gallimard, 1970, tomo I, p. 969 [Col. "Bibliothèque de la Pléiade"].

20. FOY, F. *Manuel d'hygiène*. Op. cit., p. 526.

respiratório dado às trocas da pele. Uma imagem se transforma insensivelmente: a temperatura morna agiria menos sobre o amolecimento das fibras do que sobre a "respiração" dos tegumentos, a força do corpo tenderia menos à dureza dos tecidos que à qualidade de suas energias. Daí a importância da respiração, sublinhada com uma convicção nova: a quantidade de oxigênio absorvido estaria no centro das resistências e das firmezas.

Agora a pele "respira", o olhar sobre ela está transformado. Numerosas experiências mostram isso: as de Edwards, entre outras, sobre rãs semiestranguladas e colocadas num saco hermético. O saco que encerrava os corpos delas e só deixava emergir a cabeça não continha gás carbônico depois de algumas horas de sobrevida? Edwards em 1824, e alguns higienistas depois dele, quase não hesitam em transpor do batráquio para o homem[21]. Magendie, em 1816, também é claro acerca da respiração do tegumento: "A pele exala uma matéria oleosa e o ácido carbônico"[22]. Segue-se uma multidão de experiências sobre o sufocamento de animais cuja pele tinha sido previamente "obturada" por coberturas artificiais. Segue-se, sobretudo, uma multidão de preceitos sobre o papel respiratório do invólucro e a necessidade de sua conservação.

Não que esse papel seja definitivamente demonstrado ou mesmo que a troca seja claramente medida. A hora não é ainda para nuanças. É mais para o desenvolvimento da visão energética de um organismo tanto mais "forte" porque pode explorar o oxigênio e transformá-lo. É preciso insistir sobre essa vasta modificação das representações do corpo: a saúde supõe uma boa energia de combustão. Visão nova, à qual o "equivalente mecânico do calor"[23] descoberto por Carnot em 1824 dá uma aparente legitimidade: o princípio aplicado às máquinas de fogo poderia ser aplicado às "máquinas" orgânicas.

---

21. EDWARDS, W.E. *De l'influence des agents physiques sur la vie*. Paris: [s.e.], 1824, p. 12.
22. MAGENDIE, F. *Précis élémentaire de physiologie*. Paris: [s.e.], 1816, tomo II, p. 356.
23. CARNOT, S. *Réflexions sur la puissance motrice du feu*. Paris: [s.e.], 1824.

O calor explorado num caso poderia ser explorado no outro. A pele não é, no tocante a isso, senão um instrumento suplementar de eficácia: lubrificada pelo banho, ela consolidaria mais do que nunca os recursos de saúde. Uma ablução geral seria também tanto mais eficaz porque diria respeito a toda a extensão tegumentar. Agiria, definitivamente, mais profundamente sobre os recursos do corpo: "É incontestável que esta função [da pele] desempenha um papel importante no organismo"[24], insiste Becquerel no capítulo dedicado ao banho em seu *Tratado elementar de higiene* em 1851.

Além dessas certezas teóricas, há uma nova sensibilidade, um avivamento das percepções da pele, sobretudo uma atenção inédita, insistente, que promovem a prática da água na segunda terça parte do século XIX. O próprio Balzac se demora nas virtudes de uma água desabrochante, apesar das próprias reticências, já evocadas, sobre o risco da temperatura morna. A beleza da Condessa de Restaud, por exemplo, é transfigurada quando Rastignac a surpreende após o banho: "tornada por assim dizer abrandada, semblante mais voluptuoso", enquanto sua pele "embalsama" no seu "roupão de casimira branca"[25]. Assim como a Baronesa de Nucingen está totalmente "fresca e repousada"[26] quando se estende sobre sua conversadeira após o banho materializado pela espera de Rastignac num camarim adjacente. Enquanto Aquilina obtém do caixeiro Chastenier, pronto a se arruinar por ela, uma sala de banhos construída no seu apartamento, unicamente concebida para "que ela fosse melhor"[27]. A água é o objeto de comentários novos com o século: suas vantagens seriam as do conforto e da utilidade; sua ação seria tanto mais simplesmente eficaz como mais simplesmente provada.

---

24. BECQUEREL, A. *Traité élémentaire d'hygiène publique et privée*. Paris: [s.e.], 1877, p. 525 [1. ed., 1851].

25. BALZAC, H. de. *Le Père Goriot* [1834]. *La comédie humaine*. Paris: Gallimard, 1951, tomo II, p. 893 [Col. "Bibliothèque de la Pléiade"].

26. Ibid., p. 1.033.

27. BALZAC, H. de. *Melmoth reconcilie* [1835]. *La comédie humaine*. Op. cit. tomo IX, p. 281.

Banho de privilégio ainda, é preciso dizer, ele é descrito mais a partir dos anos de 1830. É detalhado, apreciado: melhor sugerido na sua regularidade, melhor precisado nos seus espaços, na sua profusão necessária. Eugène Sue, por exemplo, em 1844, demora-se nos faustos de Adrienne de Cardoville, ajudada por três banhistas antes de mergulhar numa banheira feita de prata cinzelada onde se misturam o "coral natural e conchas azuladas"[28]. O Conde Apponyi admira a engenhosa maquinaria do Duque de Devonshire feita para uma água sempre disponível e depurada: "Uma grande bacia de mármore branco: degraus da mesma pedra que descem até o fundo, uma água transparente e clara como o cristal se eleva e se abaixa à vontade, ela está sempre quente, porque dia e noite o fogo que a esquenta é mantido a fim de poder banhar-se a qualquer hora"[29]. Água luxuosa, certamente: os muito grandes hotéis particulares estão a partir dos anos de 1830-1840 quase todos dotados de gabinetes de banhos, o que não era o caso até então[30].

A verdadeira originalidade da segunda terça parte do século, no entanto, é a de um novo pensamento da água: sua previsão para o grande número em particular. Victor Considérant dá dela uma visão utópica em 1834: projeto de falanstério em que o calor seria tirado de um calorífero central que servia para alimentar as cozinhas, as estufas, os banhos[31]. A lavagem do corpo poderia e deveria ser aí cotidiana, servida por uma total reinvenção dos circuitos de água. Projeto tanto mais importante porque está no limiar do realizável: uma vasta rede de tubos é instalada do centro para a periferia difundindo e banalizando o fluido; fluxos de entrada e de saída atravessam as moradias. Os planos de Victor Considérant não se concretizam. A visão nova, em compensação, começou.

---

28. SUE, E. *Le juif errant*. Bruxelas: [s.e.], 1845, p. 119 [1. ed., 1844].
29. APPONYI, R. *Vingt-cinq ans à Paris*. Paris: [s.e.], 1913, tomo II, p. 292.
30. Cf. NORMAND, L. *Paris moderne*, 2 vols. Paris: [s.e.], 1.837-1.847.
31. CONSIDÉRANT, V. *Considérations sociales sur l'architecture*. Paris, 1834.

IV. Os itinerários da água

É o mesmo que dizer que a cidade se transforma no século XIX pela conversão de seus fluxos[32]. Paris é disso um exemplo marcante com a chegada dos canais, sua difusão instrumentada, seus refluxos pelos esgotos lentamente interligados, durante a segunda metade do século XIX.

Uma primeira fase para Paris chegou do Canal de Ourcq, terminado em 1837, cujo efeito se vê num aumento sensível dos estabelecimentos de banhos. Ainda não chega nenhuma água às casas, mas a alimentação do bairro melhora. Esses estabelecimentos de banho, em número de 16 em 1816, são 101 em 1839[33]. A isso se acrescenta o deslocamento de sua implantação, igualmente revelador: não se limitam mais só às margens do Sena, como no começo do século. Espalham-se com a melhoria do transporte da água; as zonas mais ricas são as mais servidas: oitenta e três estabelecimentos dos cento e um de Paris em 1839 estão nos bairros da margem direita, os mais ricos e elegantes[34].

O espaço da higiene burguesa, na metade do século, é, pois, notável: gabinete de toalete para as abluções locais, estabelecimentos públicos para o banho com, no caso dos privilegiados, o banho levado a domicílio por empresas recentemente criadas. Estas, que Paul de Kock descreve, por exemplo, em *A grande cidade*, com seus banheiros instalados algumas horas num salão, sobre tapetes sujos pelos "sapatos ferrados dos carregadores"[35]. Mas se trata sempre de uma água levada manualmente.

---

32. Cf. GOUBERT, J.P. Le confort dans l'histoire: um objet de culte. In: Idem CONSIDÉRANT, V. (org.). *Du luxe au confort*. Paris: Belin, 1988.

33. Cf. EMMELY, H.C. "Statistiques des eaux de la ville de Paris". *Annales des Ponts et Chaussées*. Paris, 1839.

34. Cf. BACKOUCHE, I. *La trace du fleuve* – La Seine et Paris (1750-1850). Paris: EHESS, 2000.

35. KOCK, P. "Bains à domicile". *La grande ville* – Nouveau tableau de Paris. Paris, 1842. tomo I, p. 19.

O corpo corrigido, trabalhado, exercitado

Uma segunda fase, a individualização do serviço, é um empreendimento original porque supera numerosos problemas mecânicos, e, sobretudo, porque obriga, mais do que nunca, a pensar os procedimentos de evacuação: às canalizações de chegada devem corresponder as canalizações de saída. É impossível manter os esgotos antigos e suas estagnações, por exemplo; impossível manter a rede incompleta da Paris de Balzac "dormindo nas exalações pútridas dos pátios, das ruas e das latrinas"[36]. Só a Paris de Haussmann se torna o quadro de tais modificações, depois que, em 1852, os ramais de entrada e de saída foram impostos às moradias novas dos grandes bairros e quando se desenvolve o crescimento do consumo: aquedutos que levam, depois de 1860, as fontes da Dhuis e da Vanne acima do Sena, reservatório de retenção em Montmartre e em Ménilmontant, suficientemente elevados, enfim, para que seja possível o acesso aos andares por simples inércia[37]. Depois de 1870, as quantidades distribuídas não têm relação com as de 1840: cento e quatorze litros per capita por dia em 1873, depois de acabada a rede de Belgrand, contra sete litros e meio em 1840[38].

É preciso insistir sobre a necessidade imperiosa de pensar aqui as entradas e as saídas. A distribuição implica a evacuação. Mas implica também um verdadeiro trabalho sobre o imaginário, um remanejamento das representações. Daí essas imagens e metáforas novas de uma cidade "animal" com suas alimentações e seus dejetos, ramificações invisíveis pulsando capilarizações e comunicações: "As galerias subterrâneas, órgãos da grande cidade, funcionariam como o corpo humano, sem se mostrar à luz; a água pura e fresca, a luz e o calor circulariam aí como fluidos diversos cujo movimento e conservação servem à vida"[39]. A cidade não pode mais ser imaginada como era an-

---

36. BALZAC, H. de. *La fille aux yeux d'or* [1835]. *La Comédie humaine*. Op. cit., tomo V, p. 266.

37. Cf. CARS, J. des & PINON, P. *Paris-Haussmann*. Paris: Picard, 1991.

38. FIGUIER, L. *Les mervelles de l'industrie*. Paris: [s.e.], 1875, tomo IV, p. 351.

39. MAYER, A. "La canalisation souterraine de Paris". *Paris Guide*. Paris, 1967, tomo II, p. 1614.

tes: o espaço é agora drenado, crivado, com uma rede subterrânea na qual os fluxos se aceleram, se multiplicam[40]. Uma vida invisível, feita de dinâmicas mecanizadas e de labirintos enterrados.

É essa vaga líquida que dissemina suas entradas, que ajuda também na instalação da sala de banhos nas casas privilegiadas. Alguns exemplos são notáveis nos recenseamentos de Daly, em torno de 1860[41]: os grandes hotéis privados, os da Rua do Roule ou de Saint-Germain, para Paris, começam a dispor de um gabinete de banhos no primeiro andar, enquanto um tal gabinete, quando existia, estava situado no andar térreo. Mas é sobretudo depois de 1880 que os imóveis de renda, com seus apartamentos idênticos e superpostos, são insensivelmente dotados de salas de banhos. O dispositivo se torna, no começo do século XX, um sinal explícito de "conforto moderno". Todos os imóveis notáveis recenseados por Bonnier entre 1905 e 1914 o adotaram[42]. E os estabelecimentos Porcher dizem, em 1907, que venderam oitenta e dois mil aquecedores de banho por ano[43]. Precisar-se-ia, pois, como sugere Giedon, dispor de uma projeção animada "para explicar o encaminhamento da água através do organismo da cidade, seu acesso para níveis mais elevados, sua distribuição na cozinha e, para terminar, na sala de banhos"[44].

O dispositivo é ainda mais importante porque possui tanto uma espessura espacial como uma espessura psicológica. Como conquista espacial, primeiro, essa sala de banhos aparece em alguns imóveis em andares em 1880. Ela "dilata" o apartamento para se fixar, depois de diversas tentativas de localização, no prolongamento do quarto de dormir. Comodidade nova, conforto novo. Conquista psicológica também, a intimidade do lugar se impõe com uma insistência até então desigual: tudo deve ser concebido para

---

40. Cf. tb. GOUBERT, J.-P. *La conquête de l'eau*. Paris: Robert Laffont, 1986.

41. DALY, C. *Architecture privée au XIXe siècle*. Paris: [s.e.], 1864.

42. BONNIER, L. *Maisons les plus remarquables construites à Paris de 1905 à 1914*. Paris, 1920.

43. Établissements Porcher. *Catalogue*. Paris: [s.e.], 1908.

44. GIEDON, S. *La mécanisation au pouvoir*. Centre Pompidou: [s.e.], 1980, p. 556 [1. ed., Nova York, 1948].

evitar a presença de um terceiro. Enuncia-se uma proibição sem ambiguidade e com rigor: quando, particularmente, a mulher entra aí, esse lugar se torna "um santuário cuja soleira ninguém, nem mesmo o esposo amado, sobretudo o esposo amado, pode transpor"[45]. Espaço rigorosamente privado, onde cada um entra sozinho. Distanciamento dos contatos indiscretos: certas gavetas são colocadas fora do alcance dos domésticos. Recusa dos olhares: "Não se entra aí em sociedade"[46]. Um novo tempo "para si". A história da limpeza prossegue aqui a construção do indivíduo. A profusão da água serve tanto ao "foro íntimo" como ao "retiro*".

V. A água "popular"

A água dos privilegiados não poderia, no entanto, pertencer só a eles. Uma dinâmica insensível de equalização faz dela um objeto melhor dividido no século XIX. Uma crescente vontade de educação popular também a torna um instrumento de pedagogia: a limpeza seria tanto edificadora como protetora. Manuais e conselhos às populações se multiplicam desde os anos de 1830: "Trata-se de iniciar as mães e as jovens nos usos higiênicos da água"[47]. Projetos e planos se multiplicam também com vista a atender os espaços públicos. Uma longa correspondência entre o Doutor Demeaux e o Ministério da Instrução Pública e dos Cultos prepara, por exemplo, novos dispositivos após a revolução de 1848: "Até o dia de hoje, os estabelecimentos destinados à instrução pública não possuem salas de banhos destinadas ao que se desig-

---

45. STAFFE, B. *Le cabinet de toilette*. Paris: [s.e.], 1982, p. 4.

46. D'ALQ, L. *Les secrets du cabinet de toilette*. Paris: [s.e.], 1882, p. 1.

* Em francês se faz um jogo de palavras. *Retrait* (que significa reivindicação, retirada), que foi aportuguesada como "retrete". Algo semelhante ao que aconteceu com nossa palavra *privada* [N.T.].

47. CSERGO, J. *Liberté, égalité, propreté* – La morale de l'hygiène au XIXe siècle. Paris: Albin Michel, 1988, p. 107.

na geralmente pelo nome de banho de saúde, ou melhor, banho de limpeza"[48]. Demeaux propõe a criação de salas de duchas em cada estabelecimento: ele calcula os espaços, as despesas, as quantidades de água. Na verdade, só alguns estabelecimentos, entre os quais o Liceu Lakanal, em Sceaux, têm esses locais. O projeto não vinga.

O tema dos banhos públicos, em compensação, inspirado em experiências inglesas, é concretizado de outro modo. Um primeiro estabelecimento de banhos públicos a preços reduzidos é fundado em Liverpool em 1842. Uma lei inglesa, adotada em 1847, permite que as paróquias façam empréstimos para criar banhos públicos. Uma lei francesa, adotada em 1851, concede um "crédito extraordinário de seiscentos mil francos para encorajar, nas comunas que fizerem o pedido, a criação de estabelecimentos modelos para banhos e lavatórios públicos gratuitos ou a preços reduzidos"[49]. O imperador manda anunciar ruidosamente em 1852 que participa pessoalmente de tais empresas ao tirar "de seu cofre"[50] para pagar as despesas necessárias para a criação de três estabelecimentos nos bairros pobres de Paris.

Com ascensão lenta certamente, a água "popular" permanece por muito tempo uma água rara, inclusive durante o século XIX[51]. Os habitantes do planalto, em Montfermeil, devem, em 1860, atravessar a aldeia antes de tirar a água das lagoas à beira do bosque[52]. As casas de aluguel parisienses visitadas por Du Mesnil ou Martin Nadaud em 1883 são objeto de uma constatação mordaz: "Falta de caixas de esgoto ou de latrinas", presença "de matérias fecais sobre as bordas das janelas ou nos patamares"[53]. As moradias de Saint-

---

48. Apud CSERGO, J. Ibid., p. 12.

49. *Loi relative à la création d'établissements modeles de bains et lavoirs publics*, 03/02/1851, art. 1.

50. BOURGEOIS, D'ORVANNE, A. *Lavoirs et bains publics et à prix réduits*. Paris: [s.e.], 1854, p. 9.

51. Cf. MURAD, L. & ZYLBERMAN, P. *L'hygiène publique dans la Republique* – La santé publique en France, ou l'utopie contrariée, 1870-1918. Paris: Fayard, 1996.

52. HUGO, V. *Les misérables*. Paris: Garnier/Flammarion, 1980, tomo I, p. 407 [1. ed., 1862].

53. MESNIL, O. du. *L'hygiène à Paris* – L'habitation du pauvre. Paris: [s.e.], 1890, p. 55.

Nazaire são objeto de uma constatação igualmente séria em 1908: "Há muito tempo essa infeliz cidade está tão mal-abastecida de água que se pode dizer que não há uma parte sequer da população que ouse servir-se dela"[54]. No universo do outro lado do Atlântico, o testemunho de Nell Kimball opõe as rápidas aspersões "enxugadas com os panos de camisa"[55] dos camponeses do Missouri bem no começo do século XX aos banhos "confortáveis" dos burgueses e mesmo de algumas prostitutas de Saint-Louis.

Ascensão lenta, todavia sensível, que os higienistas revelam no seu paciente levantamento dos estabelecimentos, descrição dos custos, de seus serviços, de sua frequência: quinhentos banheiros públicos em Paris em 1816, mais de cinco mil em meados do século[56]. Cifras mais importantes, certamente, no começo do século XX com quinhentos banhos tomados por hora num único estabelecimento da Rua da Condamine, apresentado como modelo por Will Darvillé[57], ou as trinta e sete mil duchas tomadas por ano no 144° da fila[58], ou os vinte mil banhos "de limpeza" tomados num ano pelos alunos das escolas primárias na piscina do Château-Landon[59]. Levantamento minucioso, sem dúvida nenhuma, que trai uma forte característica da higiene do começo do século XX: o banho popular continua impensável fora de uma organização coletiva, mesmo que seja de "grandes piscinas que exigem um material mais simples"[60]. Isso confirma também o livro escolar de higiene da década de 1920, que ilustra com gravuras de banhos de ducha, e não das banheiras privadas, seu artigo sobre o banho[61].

---

54. Apud MURARD, L. & ZYLBERMAN, P. *L'hygiène publique dans la République.* Op. cit., p. 264.

55. KIMBALL, N. *Mémoires.* Paris Lattès, 1978, p. 50 e 85 [1. ed. americana, 1970].

56. Cf. TARDIEU, A. *Dictionnaire d'hygiène publique et de salubrité.* Paris, 1862, artigo "Bains".

57. DARVILLÉ, W. *L'eau à la ville, à la campagne.* Paris: [s.e.], 1910, p. 574.

58. Ibid., p. 548.

59. ARNOULD, J. *Nouveaux éléments d'hygiène.* Paris: [s.e.], 1895, p. 692.

60. LACASSAGNE, A. *Précis d'hygiène privée et sociale.* Paris: [s.e.], 1885, p. 551.

61. Cf. *Notions d'anatomie et de physiologie humaines, notions de microbiologie, hygiène* – Classe de troisième. Paris: [s.e.], 1927, p. 361.

VI. A limpeza "invisível"

É preciso a descoberta microbiana para que mude ainda, na virada do século, a importância dada à limpeza, como a dada à imagem do corpo: invólucro cercado por algum agressor imperceptível, transformação do portador infeccioso em ameaça que se torna coletiva. As insistências mudam com os riscos de contaminação: "Não se pode prever até onde irão, em higiene, as aplicações da teoria dos germes?"[62] Banhos e abluções combatem, pela primeira vez, os inimigos invisíveis: a "pele acetinada das elegantes"[63] pode esconder perigos temíveis, uma multidão de colônias de micróbios, sobretudo, poderia se instalar no conjunto do tegumento. Um higienismo mais alarmado[64] transpõe seus cálculos sobre essas presenças totalmente ocultas: David qualifica de "inumeráveis, os micróbios que vivem na boca do homem sadio"[65], Remlinger calcula em um bilhão o número de micróbios deixados num banho por um soldado[66]. A limpeza aguça suas finalidades, considera-se que ela se torna "a base da higiene, visto que consiste em afastar de nós toda sujeira e, por conseguinte, todo micróbio"[67].

Essa limpeza deslocou também o olhar: ela apaga o que não se vê nem se sente. A negrura, o cheiro da pele, o incômodo físico não são mais os únicos sinais que impõem um asseio. A água mais transparente pode conter todos os vibriões, a pele mais branca pode ter todas as bactérias. A própria percepção não permite mais descobrir o "sujo". As referências se dissolvem e as

---

62. TYNDALL, J. *Les microbes*. Paris: [s.e.], 1882, p, III [1. ed. inglesa, 1880]. Sobre Pasteur, cf. DEBRÉ, P. *Louis Pasteur*. Paris: Flammarion, 1994.

63. FONVIELLE, W. de. *Le monde invisible*. Paris: [s.d.], p. 120.

64. Cf. NONNIS, S. Idéologie sanitaire et projet politique. Les Congrès Internationaux d'Hygiène de Bruxeles. Paris: Turin, 1876-1880. In: BOURDELAIS, P. (org.). *Les hygiénistes – Enjeux, modeles, pratiques*. Paris: Belin, 2001.

65. DAVID, T. *Les microbes de la bouche*. Paris: [s.e.], 1890, p. 1.

66. GALTIER-BOISSIÈRE. *L'hygiène moderne*. Paris: [s.e.], 1908, p. 208.

67. DAVID, T. *Les monstres invisibles*. Paris: [s.e.], 1897, p. 2.

exigências crescem. O higienista sugere, pela primeira vez, uma percepção sempre rejeitada. A suspeita se estende.

Os objetos de limpeza são, por outro lado, igualmente visados, transformando insensivelmente os locais, os espaços e os movimentos: traços melhor planejados, lavagens mais solicitadas. O conselho de higiene e de salubridade do Departamento de Sena decide, em 1904, que "o chão das cabines de banhos (nos estabelecimentos públicos) será impermeável, as paredes e o teto serão lisos, revestidos de material cerâmico ou cimentados. Os assentos e o mobiliário serão recobertos de pintura ou de uma camada que permita lavá-los facilmente"[68]. Materiais laváveis, tubulações, aparelhos distribuidores constituem um novo registro técnico para os construtores a partir de 1880. Aquilo que os arquitetos classificam de "encanamento d'água"[69]; ou o que alguns técnicos, com mais originalidade, qualificam de "engenharia sanitária"[70]. Substâncias mais estanques, mais lisas, transformam os cenários: na Inglaterra, primeiro, na França também, onde Jacob consegue envernizar e esmaltar as argilas de Pouilly-sur-Saône em 1886, antes que uma dezena de fabricantes difundam o produto em 1890[71]. Pedra e cerâmica substituem lentamente a fundição e a madeira nos móveis e receptáculos postos em contato com a água. Regulamentos e controles garantem as conformidades, revelando também quanto as prevenções aumentam, com o século, o território da higiene pública[72].

Pode-se dizer que essas marcas conservam ainda, no começo do século XX, um ostracismo bem particular, chegando à afirmação de alguns higie-

---

68. Cf. *Annales d'hygiène et de médicine légale*. Paris: [s.e.], 1904, vol. I, p. 91.

69. Cf. Plomberie d'eau et sanitaire. In: BARBEROT, E. *Traité des constructions civiles*. Paris: [s.e.], 1895, p. 501.

70. BARRÉ, L.-A. & BARRÉ, P. *Le génie sanitaire – La maison salubre*. Paris: [s.e.], 1898.

71. Cf. RICHARD, E. *Précis d'hygiène appliquée*. Paris: [s.e.], 1891, p. 140-141.

72. Cf. BALDWIN, P. *Contagion and the State in Europe, 1830-1930*. Londres: Cambridge University Press, 1999.

nistas pouco sensíveis às formas de desigualdade: "Há cinquenta vezes mais micróbios na casa do pobre do que no ar do esgoto mais infecto"[73]. Pode-se dizer também que o pasteurismo não se generaliza de partida, inclusive entre os mais "eruditos", como mostram as discussões no seio da secção de higiene e de medicina pública da Associação Francesa para o Progresso das Ciências, nos anos de 1880-1900[74], na qual numerosos interlocutores resistem às recentes descobertas da microbiologia. Corpo e limpeza estão, seja como for, comprometidos com novas representações, no final do século XIX, bem como com novas práticas: ao banho íntimo dos imóveis abastados corresponde a ducha mais instrumentalizada dos banhos de ducha populares onde domina um "funcionamento rápido e barato"[75].

As novas práticas do banho e da água no final do século supõem uma total conversão do imaginário das cidades, bem como uma total conversão do imaginário do corpo. Supõem uma profunda redistribuição do espaço também: uma nova maneira de fazer o corpo passar por fluxos que o mantêm, o "reconfortam", seja na intimidade das moradias da elite, seja na funcionalidade dos estabelecimentos para todos.

---

73. BROUARDEL, P. *De l'évacuation des vidanges*. Paris: [s.e.], 1882, p. 11.

74. RENNEVILLE, M. Politiques de l'hygiène à l'AFAS (1872-1914). In: BOURDELAIS, P. (org.). *Les hygiénistes*. Op. cit., p. 90.

75. COURMONT, J. *Précis d'hygiène*. Paris: [s.e.], 1914, p. 76.

3
O CORPO TRABALHADO
Ginastas e esportistas no século XIX

Georges Vigarello
*Richard Holt**

As festas revolucionárias instituíram exercícios e prêmios muito independentes das festas do calendário. Conservaram os desempenhos e os progressos. Oficializaram resultados, provocando até a existência de uma "Tabela das velocidades" no *Anuário da República Francesa* ano IX[1], proveniente de cronometragens tomadas de "corridas a pé". Registro ainda mais revelador porque é acompanhado de um comentário político: "Talvez se deva atribuir essa velocidade maior a esse espírito de emulação que basta imprimir nos franceses para que imediatamente se lancem para a perfeição"[2]. Pela primeira vez, desempenhos corporais figuraram em tabelas escalonadas. Pela primeira vez um programa podia nascer desses resultados, fixando "cifras" a atingir ou a ultrapassar.

---

* As seções I, II, IV e V deste capítulo são de Georges Vigarello. A seção III é de Richard Holt.

1. Cf. GUILLERME, J. "L'autonomie du moteur anime et les exigences de la mesure". *Travaux e Recherche en EPS*. Insep, 1980, n. 6.

2. "Extrait du rapport fait au Ministre de l'Intérieur sur la vitesse des courses...", *Décade philosophique, littéraire et politique*, 10 do termidor, ano VIII, p. 312.

É como dizer que essas competições não tiveram dia seguinte. Mais do que criar um programa, elas transpuseram os jogos tradicionais. Elas se aproximaram mais do universo da festa do que do universo do treinamento. O esporte, com suas competições sucessivas, hierárquicas, organizadas, com suas instituições centralizadas, seus adeptos filiados, não podia nascer delas. No entanto, numerosas mudanças intervêm desde esses anos e desde os anos seguintes, impondo insensivelmente regras novas às práticas do corpo: regulamento das violências, técnicas de ginástica, cálculo dos espaços e dos tempos. A exigência da medida, por exemplo, deixava um traço evidente. Um novo universo do gesto e do desempenho, uma nova influência vinda do trabalho também deviam se impor definitivamente; tanto um como o outro suscetíveis de fornecer ao esporte aparecido nas décadas seguintes normas corporais já amplamente revisadas. O exercício se tornava um trabalho corporal de novo tipo: uma atividade precisamente codificada cujos movimentos são geometrizados e cujos resultados são calculados. O corpo trabalhado pelo exercício do começo do século não é o do esporte. Parcialmente, porém, já o desenha.

I. Tradições renovadas?

Os jogos tradicionais certamente não desaparecem, longe disso. As apostas, as festas, o jogo da pela*, boliche ou a malha permanecem por lon-

---

* Seguem os nomes dos jogos em francês e a respectiva definição/descrição dada pelo *Petit Larousse*. Em seguida se dá a tradução portuguesa. Os jogos são: 1) *Paume*, "jogo em que se envia uma bola, com uma raquete ou um maço, num lugar disposto para esse fim (a *longue paume* é jogada em terreno aberto em todos os lados, a *courte paume*, num retângulo cercado de muros)"; é o chamado jogo da pela. 2) *Quilles*: "pedaços de madeira longos e cilíndricos, que se devem derrubar com a ajuda de uma bola"; é o nosso chamado bolão ou boliche. 3) *Palet*: "pedra ou peça de metal chata e redonda que se lança o mais perto possível de uma meta marcada"; é o jogo (inexatamente chamado) de malha. 4) *Boules*: jogo que se joga com bolas. 5) *Mail* (vem da palavra *malleus*): é "um pequeno martelo munido de um cabo longo flexível do qual se serve para lançar uma bola de madeira no jogo de malha". Equivale ao chinquilho, que é um jogo de malha com cinco paus. Outros jogos citados à frente, sem tradução, são regionais e não se encontram no dicionário [NT].

go tempo ainda no centro das práticas físicas do século XIX. As referências mais antigas, as da destreza, da força ou da brutalidade, compõem por longo tempo ainda as qualidades esperadas do movimento corporal. No início, as mudanças parecem limitadas: novos patamares de violência, atenção maior às técnicas dos gestos, novas instrumentações das cidades, novas divisões dos espaços e dos tempos. O exercício não é revolucionado de uma vez. O horizonte do gesto, em compensação, o de suas formas e de suas intensidades, é insensivelmente repensado. Códigos e exigências são deslocados. O que era possível não é mais.

1. Resistências

A petição dirigida por Paul-Louis Courier à Câmara dos Deputados em 1820 atesta a resistência das tradições dos jogos físicos na zona rural francesa do começo do século XIX. O homem da Revolução e do Império se queixa de um decreto do prefeito, um "firmã" diz ele, que proíbe "dançar no futuro nem jogar malha, bola ou boliche"[3] na Praça de Azai, sua aldeia de Touraine. Paul-Louis Courier rejeita a decisão, convencido de que "nossos pais [eram] mais devotos que vós"[4], convencido de que "a afluência e a alegria" estão ameaçadas, tornando deserta uma praça de aldeia que era "própria a todas as espécies de jogos e de exercícios"[5], amputando por sua ausência as assembleias, os prazeres, os mercados. As intenções do prefeito são bem diferentes, é claro, ligando as críticas feitas à "desordem e ao laxismo moral das festas", suspeitando que numerosas delas "encorajam a superstição e a devassidão pagã", como levam "as pessoas a gastar o tempo, a beber, a dançar em

---

3. COURIER, P.-L. *Pétition à la Chambre des Députés pour les villageois que l'on empêche de danser* [1820], em *Oeuvres*. Paris, 1866, p. 141.

4. Ibid., p. 147.

5. Ibid., p. 138.

vez de trabalhar"[6]. O prefeito reivindica a ordem para mudar as festas e os jogos físicos, Courier se atinha à tradição.

Isso não impede absolutamente, durante o século, os jogos mais tradicionais da péla, de boliche, de malha, de bolas ou chinquilho, associados às apostas e às sociabilidades locais: Agricol Perdiguier descreve, durante a década de 1830, os jogadores de chinquilho cruzados na campanha de Montpellier, "armados com seus pequenos maços de pau duro, com longo cabo flexível"[7]; assim como Pierre Charrié evoca também o jogo da pela praticado em Villeneuve-de-Berg ou em Saint-Andéol-de-Berg no baixo Vivarais até começo do século XX[8]. Jogos que sobreviviam com as terras, costumes preservados nas comunidades ainda mais tradicionais porque permaneceram isoladas.

É preciso voltar à proibição do prefeito de Tours a propósito dos jogos da Praça de Azai: o texto se impõe ainda mais inexoravelmente porque visa as violências. Não que desapareçam de uma vez os jogos violentos. Souvestre é testemunha em 1836 dos *soules* bretões, evocando seu culto da força, seus acidentes, seus derramamentos de sangue: "Todo aquele que sentir o braço bastante firme e a carne bastante dura no corpo se jogará na refrega"[9]. Croiset-Moiset descreve ainda em meados do século o lançamento de pedra ao ganso em Saint-Florentin no Yonne, jogo no qual o vencedor é o primeiro lançador que matar o animal peado. Ele recorda esses gestos misturados aos festejos de 14 de julho, com o próprio prefeito atuando como o primeiro a lançar, cingido com sua faixa e cercado do conselho municipal[10]. Exatamente como se pratica ainda o jogo dos *monihettes* nos saraus de Saintonge, com

---

6. WEBER, E. *La fin des terroirs*. Paris: Fayard, 1983, p. 544 [1. ed. americana, 1976].

7. PERDIGUIER, A. *Mémoires d'un compagnon*. Paris: Maspero, 1977, p. 147 [1. ed., 1852].

8. CHARRIÉ, P. *Le folklore en bas Varais*. Paris: [s.e.], 1966, p. 274.

9. SOUVESTRE, E. *Les derniers bretons*. Paris: [s.e.], 1843, p. 118 [1. ed., 1836].

10. CROISET-MOISET, M.-C. "Usages, croyances, traditions, superstitions". *Bulletin de la Société des Sciences* [...] *de l'Yonne*, 1888, p. 104-106.

seus empurrões, até seus golpes[11], ou o *baz toztu* no Finistère em torno de 1830, essa forma de *soule* jogada com bastões e bolas de madeira, jogo que Souvestre diz "ter sido transmitido aos bretões pelos celtas"[12].

A ofensiva das autoridades se acentua no século XIX, visando esses jogos mais violentos: a *soule*, os combates de aldeias, as brigas rituais por ocasião das procissões. Quatro brigadas de policiais são mobilizadas em 1851 em Bellou-en-Houlme no noroeste do Orne a fim de parar uma *soule* durante a terça-feira gorda, uma das últimas intervenções que levaram a acabar com esse "jogo anual (jogado com uma bola de couro recheada de farelo que pesava cerca de seis quilos) que envolvia várias centenas de participantes e perto de seis mil espectadores atraídos por sua reputação sangrenta"[13]. Uma supressão definitiva também é imposta depois de 1850 às tradicionais corridas de cavalos em Bourbonnais: as festas eram seguidas de brigas rituais há muito tempo temidas, se não proibidas, mas que se desenrolavam ainda nas primeiras décadas do século XIX, antes de deixar lugar apenas para a feira de cavalos[14]. O poder civil se impõe na segunda metade do século, quando mudam as manifestações de violência física: "Depois de 1850, a maioria das alusões a essas batalhas rituais atestam que as pessoas estão alegres pelo fato de as rixas sangrentas pertencerem agora ao passado"[15]. É, aliás, de maneira mais geral, a sensibilidade para com a violência que muda: o lançamento de pedra ao ganso imobilizado desapareceu na maioria das comunas do Yonne, fora de Saint-Florentin, em torno de 1830; o lançamento de pedra à cabra, praticado ainda em certas delas no século XVIII, desapareceu definitivamente. Aliás, os atos não são exatamente os mesmos de um século para o

---

11. DOUSSINET, R. *Les travaux et les jours de Saintonge*. [s.l.]: La Rochelle, 1967, p. 480.

12. SOUVESTRE, E. *Le finistère en 1836*. [s.l.]: Brest, 1836.

13. WEBER, E. *La fin des terroirs*. Op. cit., p. 550.

14. PEROT, F. *Le folklore bourbonnais*. Paris: [s.e.], 1908, p. 53. • WEBER, E. *La fin des terroirs*. Op. cit., p. 549, nota.

15. WEBER, E. Op. cit., p. 551.

outro. Hipótese abrupta sem dúvida, confirmada pelo universo das penalidades pelos números de Mogensen, que revelam na região do Auge, entre o começo e o fim do século XVIII, quatro vezes menos crimes violentos[16]; os números de Marie-Madeleine Muracciole também revelam, na Bretanha do presidial de Vannes, entre a primeira e a segunda metade do século XIX, uma passagem dos atentados contra as pessoas de 37% a 26% do total das infrações[17]; os números de Beattie também revelam, em Sussex e em Surrey, entre 1740-1780 e 1780-1801, uma passagem da taxa de acusação por homicídio de 2/100.000 para 0,9/100.000[18]. São sinais que asseveram o que Paul Johnson chama de *"the end of wilderness"*[19] com o começo do século XIX.

2. *"Prazeres vulgares"*[20]

Isso, evidentemente, não poderia significar o desaparecimento dos jogos brutais. Sua prática se torna apenas mais controlada, mais regrada. As rixas se deslocam, transitando dos espaços ao ar livre para os espaços escondidos, deixando os ambientes rurais e indo para as salas dos fundos dos cafés, para os recintos adaptados, os locais fechados. Os golpes são disciplinados, as aprendizagens são codificadas, as práticas de combate ensinadas; mestres se impõem com suas salas, suas concorrências, suas lições. A arte da *savate* ou do *chausson*, por exemplo, torna-se uma arte identificável a partir de 1820-1825

---

16. MOGENSEN, N.W. *Aspects de la société augeronne aux XVIIe et XVIIIe siècles*. Paris, 1971 [Tese citada por FOUCAULT, M. *Surveiller et punir* – Naissance de la prison. Paris: Gallimard, 1975, p. 91. – Tradução em língua portuguesa: *Vigiar e punir*. Petrópolis: Vozes].

17. MURACCIOLE, M.-M. "Quelques aperçus de la criminalité en haute Bretagne". *Annales de Bretagne*, vol. 88, n. 3; *Criminalité et répression*, 1981, p. 310.

18. BEATTIE, J.M. *Crime and the Courts in England, 1660-1800*. Londres: Oxford, 1986 [cf. tb. LAGRANGE, H. *La civilité à l'épreuve* – Crime et sentiment d'insécurité. Paris: PUF, 1995, p. 65].

19. JOHNSON, P. *The Birth of the Modern*. Nova York: Harper Collins, 1991, p. 165s.

20. O nome dado por Agricol Perdiguier aos seus exercícios de combates, de saltos ou de bastão: *Mémoires d'un compagnon*. Op. cit., p. 364.

em Paris, visível por seus lugares e seus praticantes, anotada nos relatórios e relatos, uma arte de combate corporal em que o punho e os golpes com o pé se encadeiam sucessivamente para melhor atingir o adversário. Eugène Sue põe isso em cena em *Os mistérios de Paris*, onde evoca um Rodolfo enganando seus assaltantes, multiplicando e diversificando os ataques, "passando sua perna [uma espécie de rasteira] com uma habilidade maravilhosa e derrubando duas vezes" um adversário de "constituição atlética e de primeira categoria numa espécie de pugilato chamado vulgarmente de savate"[21]. Martin Nadaud o ilustra mais ao descrever um contexto e um ambiente, o dos migrantes de Creuse dos anos de 1830, esses grupos de trabalhadores ocasionais, socialmente dominados, que buscavam na *savate* uma superioridade física sobre parisienses considerados por eles distantes, arrogantes, melhor instalados: "Nós nos dizíamos que era preciso castigar com a força do punho aqueles que tinham uma ideia tão pobre dos comedores de castanhas de Limoges e da Creuse"[22]. A aprendizagem mobiliza então um amargor, o de semimarginais reduzidos a viver em bandos numa cidade surdamente hostil. Revela, sobretudo, uma nova maneira de distribuir o tempo, o do repouso e do trabalho, o das solidariedades vagabundas, das hierarquias de fábrica, uma nova maneira de distribuir o espaço também com essas casas alugadas cheias demais, suas sociabilidades específicas, seu modo de proximidade. Daí essa novidade de ataques ensinados e organizados, seus comentários, suas comparações intermináveis, esse investimento sobre aprendizagens lentas feitas longe do trabalho: "Ele descobre meus lados fracos e tem muito trabalho para me aperfeiçoar"[23], diz Martin Nadaud de um de seus mestres no qual percebe estima e atenção.

---

21. SUE, E. *Les mystères de Paris*. Paris: [s.e.], 1843, tomo I, p. 3.
22. NADAUD, M. *Mémoires de Leonard ancien garçon maçon*. Op. cit., p. 147.
23. Ibid.

Disso resulta também uma nova maneira para esses meios populares descreverem as técnicas físicas. Agricol Perdiguier anota tão escrupulosamente os movimentos do combate que, evidentemente, tanto aprendeu como discutiu: "A cabeça dele chega até o meu peito. Eu a levanto vivamente com o braço esquerdo, que tinha à frente formando um ângulo reto, e com minha mão direita o atinjo no rosto"[24]. Perdiguier segue cada movimento do corpo, demorando-se nas atitudes, nos deslocamentos, nos detalhes: "Meu joelho esquerdo é colocado entre as duas coxas dele, meu braço esquerdo fortemente apoiado sobre os dois braços dele"[25]. Exigência mais precisa dos gestos, alusão mais constante aos músculos, tudo indica uma facilidade maior das descrições físicas: "Sois intrépido, tendes músculos de aço, embora magro e esbelto [...]"[26] Visão mais técnica do corpo, sem dúvida, nesse mundo urbano das primeiras décadas do século, sugestiva, embora permaneça limitada.

É preciso dizer que isso não significa um forte reconhecimento social dessas práticas de combate. O próprio Perdiguier as qualifica de "prazer vulgar"[27]. A propósito delas Nadaud evoca um sentimento de marginalidade, senão de rejeição: numerosos amigos seus o censuram por "frequentar as salas de *chausson* e de lutar para nada"[28]; seu próprio pai tenta convencer alguns mestres "a nunca aceitá-lo em sua sala"[29]. A isso se acrescente uma febrilidade particularmente mantida em torno dos ataques suscetíveis de degenerar em rixas gerais, como em Guillotière, perto de Lyon, em 1839, onde o delegado de polícia teve de fechar a sala do "sieur Exbrayat" depois

---

24. PERDIGUIER, A. *Mémoires d'un compagnon*. Op. cit., p. 346.
25. Ibid.
26. SUE, E. *Les mystères de Paris*. Op. cit., tomo I, p. 80.
27. PERDIGUIER, A. *Mémoires d'un compagnon*. Op. cit., p. 364.
28. NADAUD, M. *Mémoires de Léonard ancien garçon maçon*. Op. cit., p. 147.
29. Ibid.

de vários confrontos e trocas de golpes entre os espectadores[30]. A arte do combate perturba também por ocasião de reuniões populares clássicas, bailes, passeios ou representações teatrais: "Nós nos deslocamos aos bandos. Ao mínimo gesto, à menor palavra, entramos no tapa"[31]. Práticas mais controladas, violências mais furtivas, a *savate* e o *chausson* não garantem menos turbulências e tensões nas cidades do começo do século.

Uma prática mais distinta existe também, por volta de 1840, que Théophile Gautier explica pela proibição do porte de qualquer arma na sociedade do século XIX: "Agora que os homens não levam mais espada; a polícia proíbe ter armas consigo [...] Mas tendes vossos punhos e vossos pés, que não podem ser tomados, e punhos e pés exercitados são armas tão temíveis como o laço dos gaúchos brasileiros"[32]. O *chausson* praticado por esses mestres "de distinção perfeita" é uma arte que mobiliza pés e punhos para ofensivas devidamente estudadas: os golpes são rápidos, projetados em série segundo encadeamentos precisos, destacados "com um vigor raro no peito ou na cara"[33], inspirados em parte naqueles dos boxeadores ingleses. Uma clientela de "leões cabeludos" ou de "burgueses simples" pode frequentar essas salas ditas "de armas". Impõe-se um código de combate, que Théophile Gautier menciona em algumas palavras: reter os golpes sobre combatentes que não usam máscara nem proteção para o peito, ao contrário da espada, gritar "Touché bien touché" quando o golpe é bem dado. O sucesso dessa agilidade muito trabalhada é incontestável, mesmo se apenas as grandes cidades concretizem a sua prática: os membros do Jóquei Clube têm sua sala, o Duque de Orleães é iniciado por Michel Pisseux, o mestre mais conhecido de Paris.

---

30. Cf. ARNAUD, P. *Le militaire, l'écolier, le gymnaste* – Naissance de l'éducation physique en France (1869-1889). Lyon: PUL, 1991, p. 75.

31. NADAUD, M. *Mémoires de Léonard ancien garçon maçon.* Op. cit., p. 146.

32. GAUTIER, T. "Le maître de Chausson". *Les français peints par eux-mêmes.* Paris, 1842, tomo V, p. 266-267.

33. Ibid.

3. A cidade e a água

Banhos e escolas de natação são um testemunho totalmente diferente das práticas físicas urbanas renovadas nesse começo de século. Confirmam uma lenta instrumentação sanitária das cidades, bem como um lento desenvolvimento de exercícios que dividem melhor do que antes o lazer e o trabalho. A escavação de canais iniciada sob o Império para levar água a Paris transforma, com o tempo, sua distribuição, tornando possíveis novos locais de banho: vinte e dois estabelecimentos existentes em 1832 contra dez em 1808[34]. Crescimento quase idêntico também para uma cidade como Lyon para as mesmas datas registrado por Thierry Terret[35]. O rio ainda está organizado de maneira diferente, tornando igualmente importantes as diferenças no tempo: seis escolas de natação em 1836 contra duas em 1808[36], às quais se acrescentam uma quinzena de outras que, sem se intitular "escola de natação", são estabelecimentos de banhos frios onde o público pode nadar entre algumas pranchas grosseiramente dispostas ao longo das margens.

Além destes números, luxo e rusticidade dividem fortemente as práticas: não há nada de comum entre os banhos Deligny no cais de Orsay e a Escola Petit no cais de Béthune, por exemplo. A piscina Deligny, desde as primeiras décadas do século, combina com a excelência: espaço de água disposto no centro de barcos justapostos, fundo de madeira estabilizado sobre o rio, lambris, espelhos e verniz instalados sobre o barco atracado. Cabines são aí alugadas com apartamento, salões são "reservados aos príncipes", co-

---

34. Cf. GIRARD. "Sur les établissements de bains publics à Paris, depuis le VIe siècle jusqu'à nos jours". *Annales d'hygiène publique et de médecine légale*. Paris, 1852.
35. TERRET, T. *Naissance et diffusion de la natation sportive*. Paris: L'Harmattan, 1994, p. 25.
36. Cf. COURTIVRON, L.A. *Traité complet de natation*. Paris, 1836 [1. ed., 1823], p. 288s.

fres para joias são previstos para os objetos preciosos³⁷. A Escola Petit, bem como os "banhos a quatro vinténs" situa-se no outro polo do espectro social, "vastas cubas acessíveis a todas as bolsas"³⁸, "grandes gaiolas para patos"³⁹ desenhadas por Grandville, em 1829, com "a burlesca multidão dos amadores parisienses"⁴⁰, ou por Daumier, em 1839, com essas imagens de corpos entremeados que se considera que buscam "o frescor e a pureza da água"⁴¹.

Nada indica uma frequência maciça; em compensação, tudo indica uma frequência nova, uma atividade amplamente comentada, ilustrada, que integra insensivelmente a natação no horizonte das cidades⁴². Ainda falta medir a forte especificidade dessa prática em que o imaginário da água desempenha um papel decisivo, prolongando a visão dos higienistas do final do século XVIII. O exercício central é menos o movimento do corpo que a reação à água, menos a técnica física que a resistência ao frio: nadar é ir de encontro a um meio, lutar contra um elemento, enfrentar uma hostilidade. Nesse caso, a piscina permanece um estabelecimento termal, e o seu prestígio cresce com a sociedade burguesa do século XIX. Mas a prática não é nem uma ginástica de natação nem um exercício muscular. A água ainda fascina demasiado aqui para que triunfe o trabalho do músculo e seu cálculo. A imagem do corpo permanece prisioneira da imagem do elemento. Muito limitado, por exemplo, revela-se o sucesso da bacia construída nos anos de 1820 para utilizar as águas de condensação das bombas a vapor do Rio Sena. O univer-

---

37. Cf. BRIFFAULT, E. Paris dans l'eau. Paris: [s.e.], 1844.

38. FRIÈS, C. "Les écoles de natation". Le Prisme, encyclopédie moral du XIXe siècle. Paris, 1841, p. 308.

39. KARR, A. "Écoles de natation". Nouveau tableau de Paris. Paris, 1834, tomo I, p. 245.

40. GRANDVILLE, J.-J. Les métamorphoses du jour. Paris: [s.e.], 1849, p. 82 [1. ed., 1829].

41. DAUMIER, H. "Les baigneurs". Le Charivari, 26/06/1839.

42. O Nouveau tableau de Paris, em 1834; Le Prisme, encyclopédie morale du XIXe siècle, em 1841; Le diable à Paris, Paris et les parisiens, em 1846, as grandes obras com vocação pré-sociológica da primeira metade do século XIX deixaram, todas elas, um capítulo às "escolas de natação".

so aí é julgado demasiado sem brilho, sem calor, enfraquecedor: "Existe na frente de Chaillot, na margem esquerda do Sena, uma escola de natação com água quente: talvez ainda exista, mas francamente nunca levamos esse estabelecimento a sério, é uma banheira monstro"[43]. Ao nadador se dirige um desprezo discreto, pois se considera que só frequenta "a água sob a condição de que a temperatura se eleve a uma certa altura"[44]. O banho continua sendo, de fato, uma luta contra uma temperatura e um ambiente, menos um exercício para o vigor dos músculos.

4. Posturas burguesas

Vê-se como os exercícios não tiveram nada de revolucionário no começo do século XIX, como certas tradições foram mantidas. Vê-se também como novas vigilâncias sobre as técnicas ou novas supervisões sobre as violências modificaram os gestos e seu controle. De maneira mais ampla, o lugar feito como resultado se torna também diferente, o efeito do exercício sobre as formas do corpo, sensível sobretudo nos meios mais atentos que outros à encenação física. Práticas raras ainda, certamente, mas notáveis, que revelam sobretudo uma visão nova da postura física, um deslocamento do perfil, a maneira de levar o peito ou o ventre: influência do exercício pela primeira vez modulador, silhueta do corpo pela primeira vez longilínea. A postura do *dandy*, em torno de 1820, é o exemplo extremo dessas formas novas: o perfil do "cavaleiro florentino" de Ingres, pintado em 1823, exibe um porte moderado, um colete saliente e colorido[45]. O efeito do colete, acentuado pelas ombreiras, lembra a lenta tomada de consciência do novo papel dado à respiração. O peito alimenta a vida, modificando a riqueza do sangue.

---

43. BRIFFAULT, E. *Paris dans l'eau*. Op. cit., p. 78.
44. KARR, A. "Écoles de natation". Art. cit., p. 247.
45. INGRES, J.A.D. *Le cavalier florentin*, 1823 [Courtesy of the Fogg Art Museum, Harvard University].

As descrições fazem dele um sinal mais marcado de força e de saúde. É nele que Edgar Poe se detém ao arriscar a ficção de um homem-máquina, mecanismo cego e vazio que a civilização do ferro permitiria criar: "Seu peito era incontestavelmente o mais belo peito que me foi dado ver"[46]. O peito se destaca numa silhueta por muito tempo dominada pelo ventre, ele mesmo por muito tempo acentuado pelas linhas do antigo gibão. É toda a diferença entre as gravuras de Moreau, o Jovem, cerca de 1770, com seus hábitos de pano alargados abertos sobre o ventre[47], e as gravuras das *Modas francesas* em 1820 com seus hábitos cinturados[48].

O *dandy* tem uma dietética. Byron viaja à Itália em companhia de um médico que lhe prescreve exercícios e repouso. Ele perde vinte e quatro quilos em 1807, depois de ter multiplicado transpirações e restrições alimentares. As cartas de Byron definem o "bom estado" do corpo porque está magro: "Vós me pedis novidades sobre minha saúde. Estou com uma magreza tolerável, que obtenho pelo exercício e pela abstinência"[49]. Byron recorre à tradição dos vegetais, legumes verdes e biscoitos, à água gasosa, ao chá, ele nada também e faz equitação. Sonha com a magreza: "Nada lhe dá mais prazer do que ouvir dizer que emagreceu"[50]. Pela primeira vez, a dietética e o exercício distinguem muito explicitamente o projeto de manutenção e o projeto de aparência. O *dandy* substitui os valores de classe e de condição promovidos pela aristocracia tradicional por um valor corporal inteiramente físico e pessoal. A luta contra a decadência, a inquietação sobre a mistura das ordens

---

46. POE, E.A. *L'homme qui était refait* [1839], em *Contes, essais, poèmes*. Paris: Robert Laffont, 1989, p. 378.

47. Cf. JEUNE, J.-M.M. le. *Rendez-vous pour Marly*, c. 1770. B.N. Cabinet des Estampes.

48. Cf. "Jeune homme en habit et pantalon clair". *Modes françaises*, 1823. B.N. Cabinet des Estampes.

49. BYRON, G.G., Carta de 15/06/1811, apud MATZNEFF, G. *La diététique de Lord Byron*. Paris: La Table Ronde, 1984, p. 24.

50. BLESSINGTON, L., apud MATZNEFF, G. Ibid., p. 29.

sociais, no começo do século XIX, o culto de si que daí resulta são levados por um investimento na postura física e na saúde, estando as duas estreitamente misturadas. O dandismo consiste nesse gesto muito contemporâneo para nós de entregar o indivíduo apenas às exigências de sua afirmação pessoal: as qualidades de aparência e de corpo.

No entanto, existe um prestígio das formas maciças nessas primeiras décadas do século. A barriga não perdeu toda a dignidade na elite burguesa, pelo contrário; Balzac constata com insistência que o "notário longo e seco é uma exceção"[51], o que ele descreve está sempre envolvido de gordura untuosa; Briffault define a silhueta engomada do deputado eleito para a Câmara de 1831 como uma certeza de dignidade[52]; o próprio Vigny pode experimentar seu "tamanho delgado"[53] como um obstáculo ao sucesso literário. Uma magreza "demasiado" visível continua indício de pobreza, de indigência. Os miseráveis de Daumier ou de Henry Monnier são reconhecidos por seu perfil famélico, e a encenação de Monsieur Prudhomme em 1828, burguês "imponente, compassado, nada pretensioso"[54], confirma a força visível da forma redonda.

São tantos sinais que confirmam a discrição, quando não os limites, das renovações.

II. A invenção de uma mecânica

Uma ruptura com a tradição, no entanto, é inventada entre 1810 e 1820, marcante, profunda, que inicia práticas ainda pouco difundidas, que sugere

---

51. BALZAC, H. de. "Le notaire". *Les français peints par eux-mêmes*. Op. cit., tomo II, p. 105.

52. BRIFFAULT, E. "Le député". Ibid., tomo I, p. 185.

53. VIGNY, A. de. "Journal" (ano 1831). *Oeuvres completes*. Paris: Gallimard, 1960, tomo II, p. 937 [Col. "Bibliothèque de la Pléiade"].

54. MONNIER, H. *Les moeurs administratives* [1828], apud SEARLE, R., ROY, C. & BORNEMAN, B. *La caricature* – Art et manifeste du XVIe siècle à nos jours. Genebra: Skira, 1974, p. 145.

uma completa renovação da visão do exercício, bem como uma completa renovação da visão do corpo, a saber: o trabalho físico totalmente inédito proposto em alguns ginásios inaugurados em Londres, Paris, Berna ou Berlim; originalidade tanto maior porque os atos são aí objeto de resultados mensuráveis e calculados, produtores de forças previsíveis e postas em números; mais ainda porque esses números não têm relação com as cifras obtidas nas corridas e nas festas revolucionárias. O dispositivo subverte todos os modelos, mesmo se o começo é modesto, a difusão limitada, o reconhecimento medido. Não há nenhum entusiasmo particular, nenhum movimento de grande escala em torno desse nascimento, ao passo que seus efeitos transformam, com o tempo, as aprendizagens da escola e do exército.

1. Corpo produtivo, movimentos cifrados

A maneira como Clias, o diretor do ginásio de Berna, evoca, em 1815, os resultados realizados por um de seus alunos ilustram, em algumas palavras, a nova visão do corpo. O menino realiza desempenhos medidos e comparados no tempo: "A força de pressão de suas mãos duplicaram [em cinco meses]; por meio de seus braços, o menino se erguia três polegadas acima do chão, e ficava assim suspenso durante três segundos; saltava uma distância de três pés, percorria cento e sessenta e três passos num minuto e levava durante o mesmo espaço de tempo um peso de trinta e cinco libras nas costas", um ano depois "transpôs com um impulso uma distância de seis pés e percorreu quinhentos passos em dois minutos e meio"[55]. Constatações aparentemente sumárias, mas decisivas, que permitem pela primeira vez apreciar não mais apenas desempenhos, mas também capacidades corporais segundo unidades de medida universalmente comparáveis.

---

55. BUCHEZ, P. & TRÉLAT, U. *Précis élémentaire d'hygiène*. Paris: [s.e.], 1825, p. 306.

Apenas o instrumento do dinamômetro, inventado por Régnier no final do século XVIII, permite avaliar aqui, em quilogramas, as forças exercidas sobre ele: sua mola indeformável e graduada transpõe em números a potência dos músculos. Graças a ele, Péron já tinha elaborado quadros sugestivos durante sua viagem em redor do mundo em 1806: os homens do continente austral, por exemplo, mostravam-se inferiores aos homens vindos da Europa, os selvagens quase não atingiam cinquenta quilos de pressão das mãos no dinamômetro, enquanto os marinheiros ingleses ou franceses atingiam ou passavam os setenta quilos[56]. Na verdade, o resultado pouco importa. A novidade está na comparação de unidades transponíveis: essas medidas produzidas pelo trabalho muscular. Elas são ainda mais marcantes aqui porque não se limitam mais apenas às capacidades de carga como Désaguliers ou Bouffon já tinham podido, no século XVIII, calcular[57], ou apenas às velocidades das corridas como a tabela que o *Anuário da República* tinha elaborado[58]. Elas se estendem às categorias mais variadas de movimentos. São as evocadas por Amoros, o diretor do ginásio parisiense, numa lista tão diversa quanto multicolorida: pressão das mãos, força lombar, forças de tração, de impulsão, de sustentação[59]. Amoros multiplica as medidas e as comparações até registrar regularmente os "desempenhos" de cada um, transpondo o vigor em registros e em tabelas, distribuindo notas e avaliações. Daí suas conclusões após o aprendizado do Duque de Bordeaux, que frequenta o ginásio no começo do ano de 1830: "Esse progresso das forças é extraordinário: a soma total mais que dobrou, não obstante a interrupção dos exercícios, por causa do mau tempo, e porque sua alteza real tomou só quarenta e seis lições"[60].

---

56. PÉRON, F. *Voyage de découverte aux terres australes*. Paris: [s.e.], 1807, p. 449.

57. Cf. o tomo I da *História do corpo*, capítulo "Exercitar-se, jogar". Petrópolis, Vozes, 2008.

58. Cf. acima, no começo deste capítulo.

59. AMOROS, F. *Manuel d'éducation physique, gymnastique et morale*. Paris: [s.e.], 1834, tomo I, p. 70s. [1. ed., 1830].

60. Ibid. tomo I, p. 327.

Frase cortesã, certamente, mas recurso definitivo ao número: a força física deve poder ser calculada, seus progressos devem poder ser comparados.

O dinamômetro ganha prestígio, espalha-se além do ginásio no começo da década de 1830. Ele penetra nas feiras provinciais, os jogos de campanha, aventura-se nas tendas de circos itinerantes armadas no coração das cidades. Daumier o representa em *Os franceses pintados por eles mesmos*[61] enquanto La Bédollière comenta seu uso entre os saltimbancos da Monarquia de Julho: "Batei sobre este tampão em linhas verticais ou horizontais, apoiai a espinha dorsal contra essa almofada, podereis até ver surgir do dinamômetro um Hércules em madeira pintada ao qual podereis comparar-vos"[62]. Isto confirma quanto se populariza a visão de forças corporais melhor comparadas porque estão em números, essa expectativa nova de medidas sobre os recursos físicos que permaneceram por longo tempo empíricos ou embaralhados.

A isso se acrescente o começo de um imaginário energético: a comparação entre a quantidade de trabalho produzido, por exemplo, e o tipo de alimentação absorvida, a insistência sobre o volume das tarefas realizadas relacionado com o volume do regime composto de carne, em particular. Os cálculos do Barão Dupin, em 1826, retomado pelos primeiros ginastas: "Um operário inglês come mais de cento e setenta e oito quilos de carne por ano, ao passo que um francês não come mais de sessenta e um; os primeiros também trabalham mais"[63]. Uma imagem nova comanda aqui o recurso ao número: a de um corpo assimilado a um motor, órgãos que restituem mecanicamente uma energia recebida. A imagem que a economia rural começa a explorar ao evocar o motor animal: "A quantidade de trabalho que se pode tirar de um animal durante um ano, sem alterar o seu vigor e a sua saúde, de-

---

61. DAUMIER, H. "Les banquistes". *Les français peints par eux-mêmes* – Les provinces. Paris, 1841, tomo I, p. 130.

62. BÉDOLLIÈRE, E.G. de la. "Les banquistes". Ibid., p. 133.

63. AMOROS, F. *Manuel...* Op. cit., tomo I, p. 362.

pende principalmente de sua massa, de sua energia muscular e do regime que se faz com que siga"[64]. Imagem vaga ainda: as correspondências são tanto menos precisas porque a combustão alimentar é mais entrevista que analisada. Imagem imprecisa também porque o papel da respiração é mais sublinhado que explorado. As velhas experiências de Lavoisier não são aqui prosseguidas nem aprofundadas[65]; a troca do ar não é diretamente confrontada ao trabalho. Amoros sabe evocar a "força do fôlego" ou os "recursos pulmonares", mas julga suficiente a prática do canto para aumentar a resistência da respiração: "Não se poderia concluir de tudo isso que o exercício do canto é um verdadeiro meio de dar a força aos peitos delicados dos jovens cujos pulmões estão enfraquecidos?"[66] Por isso os exercícios realizados salmodiando hinos, as coletâneas de "cantos"[67] que acompanham inevitavelmente os repertórios do ginasta. Por isso essa certeza que dá também uma estranha eficácia às percussões realizadas sobre o peito para reforçar passivamente seus músculos. A alusão ao pulmão está presente, insistente mesmo, mas não a feita à sua função. A alusão ao trabalho também está presente, nova com suas unidades produzidas e suas unidades consumidas, mas não aquela feita ao seu mecanismo íntimo: a energética é mais pressentida que inventada.

2. Uma mecânica dos movimentos

Pode-se dizer que a verdadeira novidade nesse começo de século está na análise do movimento: o cálculo das forças produzidas, como se viu, mas também o das velocidades e dos tempos. Clias evoca o número de passos percorridos num minuto para distinguir melhor os desempenhos: "novecentos

---

64. *Encyclopédie rurale*, tomo IV, p. 432.
65. Cf. tomo I da *História do corpo*. Op. cit., capítulo "Exercitar-se, jogar".
66. AMOROS, F. *Manuel...* Op. cit., tomo I, p. 108.
67. AMOROS, F. *Recueil de cantiques*. Ibid.

passos num minuto e dois segundos"⁶⁸, por exemplo, para seu melhor aluno em 1818. Amoros organiza seus exercícios para aumentar sempre mais o número de atos realizados por unidade de tempo: "Serão feitos duzentos passos ou movimentos por minuto, para preparar assim para fazer quatro mil passos em vinte minutos, o que produzirá, a três pés por passo, quando se fizer a aplicação no terreno, uma légua de doze mil pés ou de posta em vinte minutos e conduzirá a poder fazer três léguas por hora"⁶⁹. O tema central é o de uma eficácia mensurável, aquela traduzida pelas forças musculares, aquela traduzida pelas velocidades e pelas regularidades. A ginástica é instrumentalizada para multiplicar os números, é organizada com muita precisão para transformá-los em desempenhos e para melhorar os índices: o corpo deve produzir resultados marcáveis, escalonados entre eles, numeráveis no rigor de um quadro. Daí essa possibilidade totalmente nova de transpor cada desempenho numa escala abstrata, a de iniciar a partir dela intermináveis comparações.

O tema da eficácia se aprofunda ainda mais porque mudam os conteúdos aprendidos: a ginástica não sugere apenas resultados, inventa gestos, recompõe exercícios e encadeamentos. Cria, em particular, hierarquias novas de movimentos: do mais simples ao mais complexo, do mais mecânico ao mais construído, reinventando de ponta a ponta progressões e séries. Multiplica os gestos quase abstratos reduzidos à sua expressão dinâmica mais simples, a de um deslocamento de alavanca, para recompô-los num conjunto sempre mais extenso: "Os movimentos elementares são para a ginástica o que a arte de soletrar é para a leitura"⁷⁰. Noutras palavras, essa ginástica nova do século XIX explora o "movimento parcial", aquele cuja mobilidade se limita a uma só articulação óssea: extensão da perna ou do braço, circundução dos ombros ou dos quadris, inclinação da cabeça ou do tronco. O que os

---

68. Desempenho de 1818, apud CLIAS, P.H. *Callisthénie ou somascétique naturelle appropriée à l'éducation physique des jeunes filles*. Paris: [s.e.], 1843, p. 74.

69. AMOROS, F. *Manuel...* Op. cit., tomo I, p. 144.

70. Ibid., tomo I, p. 127.

novos manuais traduzem em séries numeradas de exercícios localizados. O ato não age mais diretamente sobre os objetos, não visa mais, antes de tudo, uma transformação das coisas, ambiciona uma primeira e exclusiva transformação do corpo, é ele mesmo que aperfeiçoa o músculo antes de ser o que aperfeiçoa o gesto. Daí esse objetivo focalizado sobre o efeito especificamente orgânico e menos sobre o efeito espacial, essa maneira de orquestrar deslocamentos abstratos de membros corporais antes de orquestrar atos. "Movimentos simples"[71] em Pestalozzi, "movimentos preparatórios"[72] em Clias, "movimentos elementares"[73] em Amoros constituem de repente um interminável programa de aprendizagens sequenciais que impõem uma nova disciplina no universo pedagógico. Daí também essas técnicas novas de aprendizagem, além até das ginásticas, as dos dançarinos, por exemplo: "Se eu fosse formar uma escola de dança, comporia uma espécie de alfabeto de linhas retas, que compreendem todas as posições dos membros ao dançar, e daria até a cada linha e às suas combinações os nomes que têm em geometria"[74].

É preciso ainda aproximar estas mudanças de outras mais vastas que podem esclarecê-las. As mudanças supõem uma lenta inflexão da cultura do corpo que só o contexto social ou econômico permite compreender melhor. Uma subversão insensível, porém profunda, da imagem do trabalho, em particular a vontade mais marcada, entre o fim do século XVIII e o começo do século seguinte, de calcular as capacidades para melhor torná-las rentáveis, de medir os gestos para melhor economizá-los. Dispositivos industriais embrionários impõem já uma supervisão estrita dos movimentos e dos custos: a incansável repetição de atos especializados e precisos para realizar os objetos "fabricados" de que fala o Barão Dupin em 1826, na sua "mecânica

---

71. JULLIEN, M.-A. *Esprit de la méthode de Pestalozzi*. Milão: [s.e.], 1812, p. 275.
72. CLIAS, P.H. *Callisthénie...* Op. cit., p. 53.
73. AMOROS, F. *Manuel...* Op. cit., tomo I, p. 127.
74. BLASIS, C. *Manuel complet de la danse*. Paris, 1830, p. 103.

das artes e ofícios"⁷⁵. Esses trabalhos reduzidos, mais que antes, "a um pequeno número de movimentos"⁷⁶ dos quais fala a *Enciclopédia moderna* em 1823. Tais projetos visam evidentemente a uma organização de conjunto das oficinas. O movimento humano decomposto faz sua mecânica concorrer com uma mecânica mais ampla, o esforço é destacado rapidamente para ser submetido a muitas outras expectativas: "Essa vantagem pode ser levada muito mais longe nos grandes estabelecimentos [...] onde é preciso pôr a atenção mais escrupulosa em calcular a duração de cada gênero de obra, para proporcioná-las ao número particular de operários que se dedicam a elas. Por esse meio, ninguém fica nunca ocioso, e o conjunto atinge o máximo de rapidez"⁷⁷. A ginástica concorre para esse projeto explícito ao desenvolver a "comodidade" por uma "justa disposição de forças"⁷⁸. Foi o que Pestalozzi tinha percebido bem no começo do século ao propor a aprendizagem de "movimentos simples" para favorecer "a aptidão para o trabalho"⁷⁹ e mesmo pensar até em "mil exercícios diferentes para os braços"⁸⁰. É o que impõem também as comparações sempre mais frequentes feitas entre a eficácia dos movimentos orgânicos e a dos movimentos das máquinas: o paralelismo e a hierarquia feitos entre a eficácia do serrador de troncos para tábuas, por exemplo, e a eficácia da serra mecânica⁸¹. As gravuras das enciclopédias, sua recomposição em algumas décadas de distância, ilustram essas renovações.

---

75. DUPIN, C. *Géométrie et mécanique des arts et métiers e des beaux-arts*. Paris: [s.e.], 1826, tomo III, p. 125.

76. Artigo "Manufacture". In: COURTIN, E.M. *Encyclopédie moderne*. Paris: [s.e.], 1823, tomo XXIII, p. 28.

77. DUPIN, C. *Géométrie et mécanique des arts et métiers e des beaux-arts*. Paris: [s.e.], 1826, tomo III, p. 128-129.

78. CLIAS, P.H. *Callisthénie...* Op. cit., p. XIV.

79. Apud SOËTARD, M. *Pestalozzi*. Lausanne: Coeckelberghs, 1987, p. 70.

80. LATY, D. *Histoire de la gymnastique en Europe*. Paris: PUF, p. 209.

81. Artigo "Sciages, scieries". *Dictionnaire de l'industrie manufacturière, commerciale et agricole*. Paris: [s.e.], 1843, tomo X, p. 101.

As mãos do operário ou do artesão, amplamente presentes nas pranchas da *Enciclopédia* de Diderot, em meados do século XVIII, esses dedos ágeis que ocupam uma parte do quadro para sublinhar a habilidade dos gestos, apagam-se na *Enciclopédia moderna* de Courtin em 1832[82]. O trabalho mecânico começa a triunfar sobre o trabalho hábil. A física triunfa sobre a destreza; a medida sobre o tato. O conjunto dos registros corporais oscila, favorecendo movimentos geométricos, claramente orquestrados, rigorosamente medidos e precisos.

O programa de ginástica dos anos de 1820 comporta, aliás, paralelamente aos conteúdos militares ou médicos, uma "ginástica civil e industrial"[83].

3. A invenção de uma pedagogia

O programa comporta ainda uma "ginástica ortopédica" igualmente reveladora: conjunto de movimentos suficientemente precisos, mobilização de músculos suficientemente individualizados para pretender corrigir as más curvaturas do corpo. Isso confirma uma descoberta, a de um espaço corporal totalmente atravessado por lógicas mecânicas, a de atos musculares totalmente pensados segundo seu efeito localizado: "Está claro que sendo a maioria das deformidades o resultado seja do enfraquecimento geral do sujeito, seja da repartição desigual das ações musculares, deve-se certamente curá-los, por um lado, aumentando a energia orgânica; por outro, destruindo por exercícios apropriados os maus efeitos que os hábitos anteriores produziram"[84]. O movimento é bem despojado, os músculos são bem divididos ao ponto de se criar uma ortopedia, que engendra ginásios, máquinas, instituições. Estabelecimentos de cuidado são constituídos em Paris, Lyon, Mar-

---

82. COURTIN, E.M. *Encyclopédie moderne.* Op. cit., tomos de pranchas.

83. AMOROS, F. *Manuel...* Op. cit., tomo I, p. X.

84. FOURNIER-PESCAY, F. & BEGIN, L. "Orthopédie". *Dictionnaire des sciences médicales* (Panckoucke). Paris: [s.e.], [s.d.], tomo XII, p. 121.

seille ou Bordeaux, nos anos de 1820-1830, sugerindo a possibilidade de corrigir a aparência daqueles cujas formas a natureza desfavoreceu[85].

É característica também a máquina inventada por Pravaz em 1827, o "balanço ortopédico"; o aparelho compreende uma série de polias diferentemente orientadas, puxadas por um sujeito instalado sobre um plano inclinável, dispositivo totalmente artificial certamente, mas exclusivamente pensado para selecionar e ativar cada músculo segundo o defeito de curvatura vertebral a combater. A forma dos movimentos moderados, o sentido dado ao caminho das polias, a inclinação imposta à posição dos pés, à linha dos quadris, à postura dos braços se modificam para melhor parar e diferenciar os exercícios úteis. A ortopedia dispõe bruscamente de teorias: ela se torna uma disciplina. Empresa modesta, sem dúvida, ela mostra melhor que outras a total revisão possível na organização dos exercícios e dos movimentos do corpo.

Mais amplamente, a ginástica nova sugere a reviravolta possível das aprendizagens escolares, adaptada como nunca ao espaço e ao tempo da classe, favorecendo como nunca também os dispositivos de grupo e os exercícios coletivos. Seus princípios de fragmentação orientam e orquestram uma pedagogia: "É indispensável estabelecer uma disciplina e comandos militares a fim de poder fazer executar ao mesmo tempo a maioria dos exercícios elementares"[86]. As ordens dadas aos alunos são ainda mais regradas porque os movimentos são limitados e precisos, os programas são tanto melhor definidos porque as progressões se transformam em séries. A classe se torna um dispositivo geometrizado cuja exploração nova os pedagogos de meados do século medem: "Os exercícios simultâneos não têm apenas a vantagem de exigir dos alunos o maior silêncio, mas também de fazer com

---

85. Cf., entre outros, PRAVAZ, C.G.P. *Établissement orthopédique et gymnastique de M. de Dr. Pravaz, à Paris.* Paris: [s.e.], 1830.

86. CLIAS, P.H. *Gymnastique élémentaire ou Cours analytique gradue d'exercices propres à développer et à fortifier l'organisation humaine par M. Clias [...] Précédé du rapport fait à la Société de Médecine de Paris, par M. Bailly [...] et de considérations générales par M.D. Baillot*, p. 44.

que contraiam o hábito de uma atenção constante e de uma pronta obediência, hábito que em pouco tempo eles conservam nas classes"[87]. Não que a escola adote de imediato a prática, pelo menos está claramente informada dela durante a década de 1830. O manual de Maeder faz disso uma menção destacada em 1833[88] como faz o *Curso normal* de Gérando em 1832, cuidando de não esquecer "os passos de marcha regulados" ou "os exercícios de conjunto e num perfeito acorde as evoluções diversas"[89].

4. Uma lenta difusão

Sem dúvida, um impacto social dessa primeira ginástica ocorreu além dos projetos escolares ou das ligações com o exército ou a indústria. Pareceres lisonjeiros acompanham as primeiras experiências de Amoros, assinaturas de autoridades médicas, militares ou políticas lhe garantem uma legitimidade: "Todos os votos se reúnem para ver [o ginásio] levado a seu estado de perfeição, segundo as visões e os planos de M. Amoros, e todos aplaudiram as primeiras disposições do governo em favor de uma instituição que honra tanto seus protetores como os que a fundaram"[90]. Algumas personalidades frequentam o estabelecimento amorosiano: Balzac, entre outros, que evoca "a agilidade, a força [...] pintadas na porta do Ginásio Amoros"[91] ou descreve, em *Uma casa de moços*, heróis com força espantosa, alguns jovens

---

87. DOCX, G. *Guide pour l'enseignement de la gymnastique des garçons*. Paris: [s.e.], 1875, p. 177.

88. MAEDER, A. *Manuel de l'instituteur primaire*. Paris: [s.e.], 1833, p. 117.

89. GÉRANDO, J.-M. de. *Cours normal des instituteurs primaires*. Paris: [s.e.], 1832, p. 43.

90. "Extrait du procès-verbal de la séance générale qui eut lieu au gymnase normal, militaire et civil le 29 décembre 1820" (AMOROS, F. *Gymnase normal, militaire et civil, idée et état de cette institution au commencement de l'année 1821*. Paris: [s.e.], 1821, p. 88). Assinam esse documento, entre outros, de Jorry, oficial geral; Begin, cirurgião-ajudante, major dos hospitais militares de instrução; Morin, diretor da escola da Rua Louis-le-Grand; Lundu, médico; Fournier-Pescay, secretário do Conselho de Saúde do Exército.

91. DEFRANCE, J. *L'excellence corporelle* – La formation des activités physiques et sportives modernes, 1770-1914. Rennes: Presses Universitaires de Rennes, 1987, p. 57.

de Issoudun "espertos como alunos de Amoroso, ousados como águias, hábeis em todos os exercícios"[92], desmaiando com escaladas impossíveis ou corridas inalcançáveis pelas ruas da cidade. Amoros consegue, aliás, construir um segundo ginásio, em 1834, na Rua Jean-Goujon n. 16, depois de ter sido nomeado "inspetor dos ginásios regimentares" em 1831. Suas visitas ao interior do país confirmam a existência de alguns ginásios militares na década de 1830 em Montpellier, Metz, La Flèche ou Saint-Cyr[93]. Os temas da ginástica entram em textos de uso diário, dicionários, enciclopédias, livros de higiene; transforma-se em objeto de um regulamento militar que a torna obrigatória em 1836, triunfa nas obras de diversão e de jogos. Provoca ilustrações e comentários. Seduz. Daí essa insistência de Simon em seu *Tratado de higiene aplicada à educação da juventude* em 1827: "Em todos os pensionatos deveria haver um dinamômetro montado de maneira que os alunos pudessem exercitar a força dos diferentes músculos"[94].

Mais difícil é a instalação concreta da prática. O ginásio civil e militar perde toda subvenção do Estado a partir de 24 de janeiro de 1838. Seu diretor é colocado em "não atividade"[95], objeto de testemunhos e de relatórios reticentes: "Não se pode esperar nenhum bem de um estabelecimento cujo chefe se encontra animado de tal espírito de desordem"[96]. Conflitos de autoridade esmaltam a existência do ginásio da Praça Dupleix; decisões intempestivas de seu diretor, oficial espanhol vindo à França com o exército de Napoleão, puderam irritar. Um mal-entendido ainda freou a compreensão

---

92. BALZAC, H. de. *Un ménage de garçons* (1841). In: *Oeuvres completes.* Paris, 1867, tomo I, p. 25-26.

93. SPIVAK, M. *Un homme extraordinaire, Francisco Amoros y Ondeano, fondateur de l'éducation physique en France*, 1974, p. 19-20 [Tese, Universidade Paris I].

94. METZ, S. de. *Traité d'hygiène appliquée à l'éducation de la jeunesse.* Paris: [s.e.], 1827, p. 219.

95. Cf. Archives historiques et administratives du ministère des Armées, dossiê individual do Coronel François Amoros.

96. Informe do Comandante Pujol, comandante da primeira divisão militar, 01/10/1837, Archives historiques et administratives du Ministère des Armées. Ibid.

desses primeiros exercícios, um recurso a máquinas maciças e caras, mastros, pórticos, muros, barras de todo gênero, pontes elásticas, planos inclinados[97], tudo feito para aumentar a especificidade ou a instrumentação dos espaços de ginástica, tudo feito mais para causar admiração que para convencer, quando a verdadeira descoberta estava em outro lugar, na análise e na prática "anatômica" dos movimentos. Por isso essa abundância instrumental e cara, essas montagens de aparelhos complexos, esse "luxo dispendioso de máquinas e instalações cuja meta principal parece ser deslumbrar os olhos"[98].

Nasce, mais profundamente, uma convicção sem que nasça uma ampla prática. O ginásio convence, impressiona, sem que se inicie, nas primeiras décadas do século, um verdadeiro deslocamento dos hábitos e dos comportamentos. O projeto estatal de construir uma série de estabelecimentos ginásticos se choca ainda com a dificuldade de garantir o seu funcionamento e constituir a sua administração. Regulamentos militares ou escolares da primeira metade do século XIX anunciam sobretudo uma mudança de visão, senão de prática: uma nova maneira de mobilizar os coletivos ao imaginar um trabalho físico de conjunto, de exercer uma influência em massa, de "garantir, como diz Carnot em 1848, o desenvolvimento físico das classes laboriosas"[99]. A exploração pedagógica do exercício é mais insistente depois de 1850-1860: uma "Escola normal militar de ginástica" instrui, a partir de 1852[100], monitores para os ginásios "divisionários" e "regimentais" quando o exército incorpora quarenta mil jovens em duzentos mil a trezentos mil que

---

97. Cf. AMOROS, F. *Manuel...* Op. cit., Atlas.

98. LONDE, C. *Nouveaux éléments d'hygiène*. Paris: [s.e.], 1847, tomo I, p. 431 [1. ed., 1835]. Essas reticências de Londe são ainda mais importantes porque o autor era um partidário de Amoros em 1820.

99. MEUNIER, R. "Éléments pour une histoire institutionnelle de l'éducation physique". *Travaux et recherches en EPS*. Insep, mar./1980, p. 128.

100. SPIVAK, M. Francisco Amoros y Ondeano, précurseur e fondateur de l'éducation physique en France. In: ARNAUD, P. (org.). *Le corps en movement*. Toulouse: Privat, 1981.

atingem vinte anos em 1856[101]; A lei Falloux de 1850 torna possível à escola primária, mas não obrigatório, o ensino "do canto e da ginástica". As escolas primárias do Segundo Império são muito diretamente "encorajadas" a criar seu ginásio. Hillairet, que as visita em nome do imperador em 1868, felicita-se por algumas iniciativas observadas. Como êxito, cita os "duzentos e quarenta e dois ginásios organizados pelas escolas primárias do Departamento da Aisne" em dezoito meses, entre 1867 e 1868[102]. Salas pequenas, modestas para dizer a verdade, limitadas no mais das vezes aos pátios, munidas de alguns pesos, barras ou bastões de ferro, abrigam uma lição nova. Os equipamentos leves triunfaram sobre as máquinas pesadas. Os exercícios de ordem sobre os exercícios perigosos.

A ginástica inventou, no século XIX, uma arte do movimento, ao introduzir princípios decisivos do cálculo e da eficácia. Essa ginástica, em compensação, não é o esporte, que é competição e confronto regulado.

III. Primeiros esportes

Os grandes esportistas do século XVIII tendiam a encarnar extremos: pugilistas com musculatura potente ou, ao contrário, jóqueis peso-pena. Raramente constituíam exemplos para o resto da humanidade. De uma maneira geral, não se considera que uma boa forma física constitua um dever com relação a si mesmo ou aos outros. Essa maneira de ser mudou radicalmente durante a segunda metade do século XIX, quando o esporte se torna o apanágio de uma nova categoria, a dos amadores. A elite social, que se tornou defensora dos esportes modernos, exaltava um corpo novo, um corpo que se qualificaria de atlético segundo normas neoclássicas, feitas de uma relação

---

101. DEFRANCE, J. *L'excellence corporelle*. Op. cit., p. 61. • GIRARDET, R. *La société militaire dans la France contemporaine (1815-1839)*. Paris: Plon, 1953.

102. HILLAIRET, J.-B. *Rapport à Son Excellence le ministre de l'Instruction publique sur l'enseignement de la gymnastique dans les lycées, collèges, écoles normales et écoles primaires*. Paris: [s.e.], 1869, p. 29.

entre o tamanho, o peso, o desenvolvimento muscular e a mobilidade. O conceito central era agora o do equilíbrio entre os diferentes elementos da anatomia e do eu interior, entre o corpo e o espírito, resumido no adágio *Mens sana in corpore sano* [Uma mente sadia num corpo sadio].

Ao deixar de ser apenas um exercício para o prazer, o esporte correspondeu a objetivos morais, sociais e ideológicos. O indivíduo com boa saúde não era mais simplesmente aquele que evitava a doença. A saúde incluía agora a eficácia tanto física como mental. As novas formas de trabalho sedentário determinavam tipos, até então desconhecidos, de estresse físico e psicológico nas classes médias. O esporte teve por meta permitir que estas se recreassem, distendessem, remediassem pela pressão suscitada pelo estudo e pelo trabalho, aumentando ao mesmo tempo a sua capacidade geral para a competição. Além do triunfo da ética do trabalho protestante, operou-se, na Grã-Bretanha vitoriana, uma aproximação entre a cultura da aristocracia e a da classe média. Se o princípio fundamental do esporte moderno era a meritocracia, o estilo e os valores do amadorismo eram, por sua vez, tomados emprestados da nobreza. O acento posto sobre a elegância, a dignidade e a honra faziam parte de um movimento de reforma mais vasto da arte de viver aristocrática. Os filhos da velha nobreza fundiária e os dos novos ricos, ao se misturar nas *public schools*, criaram uma elite mais ampla, no seio da qual os rebentos da pequena nobreza faziam carreira tanto no direito ou no comércio como no exército ou no seio da Igreja. Esses diferentes elementos da elite se encontravam no esporte, como *gentlemen-amateurs-amadores*[103].

Se o esporte amador atingia antes de tudo a classe burguesa no século XIX, a necessidade de oferecer aos operários o que a época vitoriana chamava de "divertimentos racionais" desempenhou também um papel importante na sua difusão. Na França e na Alemanha, no final do século XIX,

---

103. HOLT, R. *Sport and the British*: A modern History. Oxford: Clarendon Press, 1989 [em particular p. 74-116].

essa necessidade de recreação era amplamente satisfeita pela ginástica. Os esportes modernos, por sua vez, faziam apelo a um uso muito diferente do corpo e respondiam a outro objetivo social. A ginástica tinha um aspecto normativo: ela propunha exercícios cuidadosamente graduados, que deviam ser executados de maneira precisa. A ginástica alemã, em particular, visava criar uma disciplina coletiva do corpo para fins militares evidentes. A ginástica excluía a iniciativa e a competição. O individualismo, que faz parte integrante dos esportes, mesmo coletivos, era-lhe estranho. Os jogos de bola, que tanto contribuíram para o sucesso do esporte, permitiam revelar o talento individual, encorajando ao mesmo tempo o esforço coletivo e o espírito de equipe. O futebol e o *rugby*, por exemplo, exigiam uma grande variedade de aptidões, indo de uma grande destreza motora a talentos de antecipação e de organização de grupo, passando por qualidades de velocidade e de resistência.

Os diferentes esportes exigiam aptidões variadas. O amadorismo apreciava a diversidade, e a maioria dos amadores, que pertenciam à nova geração, praticavam vários esportes: *rugby* ou futebol no inverno, *cricket*, tênis ou atletismo no verão, às vezes combinados com o ciclismo ou a natação. Numerosas alianças eram possíveis entre esportes de equipe e esportes individuais. Todos davam ao corpo uma variedade de movimentos adaptados às necessidades do novo mundo urbano; mas o esporte não tardou a tomar outros significados, em termos de raça, de nação e de império. Encarnou literalmente as novas virtudes masculinas da era industrial: o culto do esforço e do mérito, o valor da competição por si mesma, a desconfiança em relação a tudo o que era puramente intelectual, a crença absoluta na diferença dos gêneros, vista como natural e justa, e uma adesão igualmente forte à ideia da superioridade do homem branco sobre todas as outras raças. O corpo do esportista, no final do século XIX, estava marcado por todas essas influências, num grau mais ou menos alto, em função da atividade exercida, da classe e da nação.

1. Os esportes "old English" e o corpo

Antes da era vitoriana havia numerosas atividades esportivas muito diversas que ainda falta explorar e explicar[104]. É claro que uma grande parte da população, todas as classes confundidas, participava em atividades esportivas de maneira ocasional. Uma ou duas vezes por ano, havia manifestações ou festas locais nas quais homens e mulheres de todas as idades (e de todos os tamanhos) praticavam um esporte. Corridas, saltos, lançamentos de modos muito diferentes de um local para outro, estavam abertos a todos, dotados ou não, jovens ou velhos. As competições eram talhadas sob medida para responder às necessidades dos participantes. Por exemplo, em 1790, organizou-se uma corrida de cem jardas seguidas de um salto de distância entre um homem de trinta e cinco anos e outro de setenta. Indivíduos leves eram obrigados a usar pesos a fim de poder correr contra homens mais pesados; às vezes o primeiro corredor partia num sentido diferente e o segundo no outro, e deviam percorrer distâncias diferentes. Esses acontecimentos eram concebidos não somente em vista de pôr à prova as capacidades físicas, mas também a astúcia e o senso estratégico dos indivíduos[105].

O século XVIII ignorava a especialização e a regularidade do esporte moderno. A maioria da população se dedicava à dura labuta da terra, respirava ar puro e não tinha nenhuma necessidade de atividades físicas frequentes e regulares que permitissem gastar gratuitamente sua energia. Aqueles que não precisavam trabalhar nos campos podiam sempre percorrê-los a cavalo para fazer exercício e gozar da campanha. Aliás, saber montar fazia parte integrante da educação de um *gentleman*. O fidalgo rural, excelente cavaleiro, constituía o modelo mais celebrado da elite esportiva. Seus membros

---

104. Para uma apresentação geral dos começos do esporte moderno, cf. BIRLEY, D. *Sport and the Making of Britain*. [s.l.]: Manchester University Press, 1993. • BRAILSFORD, D. *Sport, Time and Society*. Londres: Routledge, 1991.

105. Agradeço calorosamente ao Professor Peter Radford por ter partilhado tão generosamente comigo os resultados de suas pesquisas sobre o esporte no século XVIII.

raramente se pareciam com a ideia que se faz hoje em dia de um atleta. Squire Osbaldeston ou John Mytton, dois dos mais célebres caçadores do começo do século XIX, eram pequenos e atarracados. Esses indivíduos davam mostras de uma resistência fora do comum e de notáveis talentos de cavaleiro; eram capazes de passar o dia na sela, depois beber e comer a toda a noite seguinte. Os excessos de uma vida desenfreada, que faziam parte da imagem aristocrática do caçador, foram também uma das razões da reforma representada pelo esporte amador. Um caçador devia ser corajoso e estoico; devia assumir riscos, não hesitar em saltar por cima dos obstáculos; devia ter o senso de equilíbrio e saber guiar o seu cavalo, mas ele mesmo não precisava ser capaz de correr ou de saltar.

A elite social, nas suas escolas, praticava jogos bem antes do século XIX. Em 1519, o diretor de Eton, William Horman, publicou um manual em latim colocando em cena a vida escolar; aí se tratava principalmente de jogar "com uma bola cheia de ar"[106]. No século XVII, dois jogos de bola eram praticados em Eton: a "bola ao muro" e o "jogo de campo". Equipes de onze jogadores se enfrentavam e o emprego das mãos era proibido. Westminster e Charterhouse possuíam seus próprios jogos de "bola ao pé", bem como Harrow, Shrewsbury e Winchester; isso bem antes da invenção do esporte moderno. Esses jogos podiam se revelar muito violentos; eram o exemplo típico do que os rapazes podiam fazer quando estabeleciam suas próprias regras, inspiradas em jogos de rua ou de aldeia.

Na zona rural, os jogos de bola ao pé eram praticados entre as paróquias, por equipes às vezes muito numerosas. Essas justas eram caóticas e perigosas, deixando pouco lugar para a habilidade e a estratégia. Notemos, todavia, que certas partidas desse futebol primitivo eram jogadas segundo regras por um número limitado de jogadores. Esses esportes, sobretudo praticados du-

---

106. ARLOTT, J. (org.). *Oxford Companion to Sports and Games*. [s.l.]: Oxford University Press, 1976, p. 25.

rante feiras e festas na Grã-Bretanha de meados do século XIX, faziam antes de tudo apelo aos trabalhadores rurais, cuja vida era ritmada pelos duros trabalhos dos campos. A força e a resistência eram essenciais. Velocidade e agilidade eram menos importantes; quer se tratasse da *soule* na França ou do futebol de rua na Inglaterra, os reformadores da classe média fizeram pressão para que fossem abolidos tais esportes associados às desordens públicas e às bebedeiras. Era preciso pôr o corpo sob controle. Não se tratava mais de deixar os homens dar livre curso aos seus instintos de violência.

Neste sentido, o futebol seguia o exemplo do *cricket*, que se tornara o primeiro dos esportes de verão; este tinha evoluído das casas rurais aristocráticas nas aldeias rurais do sul da Inglaterra, depois ganhara o norte do país em meados do século XIX. O *cricket* exigia mais destreza e agilidade que força. Era um jogo complexo, que implicava uma estratégia, que exigia uma certa coragem, dada a dureza da bola; no entanto não era um esporte no qual as qualidades de força, de potência ou de agressividade eram decisivas. O clube de *cricket* de Marylebone, situado em Londres e que se tornaria a instituição diretriz do esporte, foi fundado em 1787 por aristocratas. Em geral, jogadores profissionais, muitas vezes domésticos ou artesãos, enfrentavam *gentlemen*; durante esses *matches* se jogavam altas somas de dinheiro[107].

Foi preciso esperar o fim do século XIX para que o corpo do jogador de *cricket* começasse a se parecer com o ideal neoclássico; antes, os melhores jogadores eram de preferência campônios de corpulência forte. Alfred Mynn, um deles, era alto e pesava cerca de cento e dezessete quilos. "Alfred o Grande, o leão tão corajoso, tão gigantesco de estatura como o Golias de antigamente [...]", louvava um poeta da época. O mais célebre de todos os esportistas ingleses, o jogador de *cricket* W.G. Grace, tinha a estatura de Mynn e um corpo em forma de pera. Uma parte do atrativo que exercia se devia às suas proporções fora do comum. Era a encarnação de um tipo em vias de

---

107. BROOKES, C. *English Cricket*: The Game and its Players. Londres: Weidenfeld, 1978, cap. 5.

desaparecer: "o homem forte". Grace apareceu pela primeira vez em 1865, com a idade de dezesseis anos, e sua última em 1908 (aos cinquenta e nove anos!). Ele se torna o esportista inglês mais célebre de todos os tempos, mas seu físico não correspondia aos novos cânones. Sua grande barba, sua pança e seu aspecto sofrivelmente negligenciado contrastavam vivamente com a silhueta delgada e o rosto liso do jogador de *cricket* do fim do século[108].

Antes de meados do século XIX, o termo "esporte" era na maioria das vezes associado à ideia de competições ferozes. Muito frequentemente se apostava dinheiro no vencedor. A exploração do instinto de certos animais, em particular galos, cães e touros, estava ainda amplamente espalhada no século XVIII. Esses combates foram pouco a pouco suprimidos durante a primeira parte do século XIX, especialmente depois da votação das leis de 1835 e 1849, aplicadas pelas novas forças de polícia. A proibição dessas atividades tinha por origem as pressões exercidas por novas associações, como a "Sociedade para a proteção dos animais contra a crueldade". Estas eram sustentadas pelos ativistas protestantes da classe recentemente enriquecida na indústria, que gozava de um poder maior desde a votação da *Reform Bill*, em 1832. A antiga elite fundiária teria podido proteger os esportes de antigamente ao bloquear as leis na Câmara dos Lordes; mas não fez nada para isso. Sindicalistas radicais denunciavam, também, a cultura da violência e da desordem associada aos combates de animais. O que Norbert Elias qualificou de "limiar de tolerância" subira alguns pontos. A brutalidade – a perda do controle físico, o fato de infligir sofrimentos e ferimentos por prazer – tornava-se cada vez menos aceitável[109].

O questionamento da legitimidade dos combates de animais suscitou uma mudança de atitude em relação aos combates entre os seres humanos. Em 1743, um londrino, Jack Broughton, depois da morte de um de seus ad-

---

108. ERA, S. *W.G. Grace*. Londres: Faber, 1998 [A biografia mais recente e mais completa desse esportista].

109. MALCOLMSON, R.W. *Popular Recreation in English Society, 1700-1850*. Cambridge: Cambridge University Press, 1973.

versários, editou regras de conduta destinadas a reformar o boxe tradicional. As "regras de Broughton" permitiam que um dos adversários fizesse uso de alguns instantes de recuperação quando recebesse um golpe rude demais; por causa disso, os combates podiam prolongar-se por várias horas. Mas continuavam muito perigosos. As formas de agressão mais graves, porém, em particular os pontapés e as mordidas, estavam doravante proibidas; só certos golpes continuavam autorizados. Os combatentes deviam, além disso, prestar atenção para não fazer mal a si mesmos e sair do combate; se bem que algumas dessas partidas fossem muito complexas, e de certa maneira menos violentas, que podiam parecer à primeira vista.

Muitos ingleses consideravam o pugilato como um esporte valente, honroso, patriótico: em vez de se bater com espadas e adagas, como os estrangeiros, os ingleses se batiam com os punhos. A pugnacidade dos pugilistas chegou a simbolizar a força e a resistência de John Bull, o inglês emblemático. A imagem do esportista britânico, durante a época revolucionária e napoleônica, era a de um homem de ombros largos, solidamente construído, pequeno, mas de força colossal. O pugilato conheceu seu apogeu na década de 1790, quando a Inglaterra estava em guerra com a França. Broughton morreu em 1789, mas teve epígonos: Daniel Mendoza, Jem Belcher e *Gentleman* John Jackson, que ensinou boxe a Lorde Byron e serviu de guarda-costas para Jorge IV por ocasião de sua coroação, em 1821. Os defensores do pugilato eram muitas vezes conservadores que percebiam uma ligação entre o nobre rural caçador e os combates por dinheiro praticados dentro de um submundo. A cultura esportiva da elite agrária encontrou-se reforçada por sua associação com o *Fancy*, ou seja, com o mundo dos combates e das apostas, que se tornou o símbolo físico de uma raça insular chamada a mobilizar-se a defender-se contra os ataques do jacobinismo[110].

---

110. BRAILSFORD, D. "Morals and maulers: the ethics of early pugilism". *Journal of Sport History*, verão de 1985; sobre o surgimento do nacionalismo britânico, em particular em sua oposição à França, cf. COLLEY, L. *Britons*: Forgiving the Nation 1710-1837. [s.l.]: Yale University Press, 1992.

As camadas populares britânicas eram fascinadas pela força em geral, mas também pelos altos feitos de resistência física. Estudos recentes sobre as proezas atléticas do século XVIII na Grã-Bretanha mostraram a que ponto as grandes corridas de fundo[111] eram populares. O mais célebre dos "peões", Foster Powell, correu de Londres a York e de volta (ou seja, cerca de setecentos quilômetros) várias vezes para ganhar apostas. Em 1792, ele realizou esse trajeto, pela última vez, em cinco dias, treze horas e quinze minutos, com a idade de cinquenta e oito anos. A maioria dos desafios era acompanhada de apostas sobre a capacidade de tal ou tal atleta percorrer uma certa distância num tempo dado. Um dos personagens mais célebres do começo do século XIX foi, a este respeito, o Capitão Barclay; grande, de estatura imponente e de força natural excepcional, Barclay era de excelente nascimento. Ele percorreu mil milhas em mil horas consecutivas, em Newmarket, em 1809; essa façanha lhe rendeu dezesseis mil libras, numa época em que o salário de um operário agrícola era de cerca de duas libras por mês.

Os antigos esportes não eram codificados. Faziam parte da cultura aldeã tradicional ou então eram praticados por ocasião de acontecimentos excepcionais. Ao mesmo tempo, autorizavam os divertimentos públicos, as apostas e o lucro. Não se tinha necessidade de organizar competições regulares. Não existia classe especial de esportistas que tivessem recebido uma formação para jogos e fossem obrigados a manter a forma. Não havia tampouco rede nacional ou local de transporte, nem verdadeira imprensa esportiva. Reinava um fascínio geral pelos desempenhos extremos, mas não havia nenhum acordo estabelecido sobre o que devia ser o corpo atlético ideal. Nenhuma norma fora definida antes da era do esporte amador. Os esportistas mais conhecidos eram ou gigantes, ou indivíduos minúsculos. Os jóqueis, cujo peso era muitas vezes o de uma criança, estavam entre as figuras mais

---

111. RADFORD, P. "Scientific concepts of competitive sport and risk in eighteenth century Britain". *7th Conference Myc Ostyn*, dez./1997. Lovaina, Bélgica (não publicado).

emblemáticas do esporte; perdiam muitas vezes a saúde à força de purgativos, de dieta e de banhos de vapor, que lhes permitiam reduzir o seu peso ao mínimo. O mais célebre dos jóqueis vitorianos, Fred Archer, foi campeão durante treze estações consecutivas. Ganhou o Derby em 1880, apesar de um grave ferimento no braço (foi amarrado ao seu corpo). Corajoso e excepcionalmente popular, sofria de depressão e suicidou-se quando estava no auge de sua glória. Se Archer foi um grande esportista profissional, era a antítese do ideal físico do esporte amador – uma mente sã num corpo são[112].

2. O corpo do amador

O ideal de uma vida feita de ociosidade e de cultura, a qual tinha influenciado a nobreza europeia desde a Renascença, foi pouco a pouco abandonada durante o século XIX. A época vitoriana valorizou a atividade por si mesma. O esporte moderno exigia um gasto gratuito de energia durante um período prescrito de tempo. Cada vez mais se dedicava o seu lazer ao exercício. O esporte era uma forma de jogo que exigia uma aplicação de todos os instantes, bem como esforços regulares. O corpo humano era percebido como uma máquina que era preciso fazer funcionar regularmente a fim de poder atingir seu potencial máximo. As manifestações esportivas ocasionais organizadas nas aldeias não podiam responder a esse objetivo. O esporte amador visava promover a participação. Olhar os outros se exercitarem não tinha outro valor que o de estimular os espectadores a participar. A medicina, longe de prevenir contra os exercícios que exigiam um grande gasto, recomendava-os. A época vitoriana fez seu o adágio *Mens sana in corpore sano*, o qual já citamos. Ele se torna "um artigo de fé vivo para milhões de pessoas [...], elogiado na imprensa, pregado durante os sermões, recomendado nas salas de consulta dos médicos em

---

112. VAMPLEW, W. Estudo em andamento. Centro Internacional para História e Cultura do Esporte, de Montfort University, Leicester; para uma história geral das corridas de cavalos, cf. VAMPLEW, W. *The Turf*: A Social and Economic History of Horse Racing. Londres: Penguin, 1976.

todo o país"¹¹³. Benjamim Brodie, presidente da Royal Society, médico de Jorge IV e de Guilherme IV, acreditava que "a alienação mental era em geral o resultado de alguma função defeituosa do corpo"¹¹⁴.

O século XIX vive o triunfo progressivo da divisão do trabalho e do fechamento de locais de labor. Aos movimentos repetitivos do corpo acrescentava-se uma falta de ar fresco. As classes médias adotavam empregos sedentários, para os quais era preciso, com frequência cada vez maior, submeter-se a exames e a concursos. A expansão da classe média vitoriana foi muito rápida. Assim, o número dos agentes da administração e dos membros das profissões liberais passou de cento e oitenta e três mil para duzentos e oitenta e nove mil entre 1851 e 1891; durante o mesmo período, o dos empregados de escritório evoluiu de cento e vinte e um mil para quinhentos e quatorze mil¹¹⁵. Esses grupos desempenharam um papel central na criação do esporte moderno, primeiro como participantes, depois como quadros e dirigentes de clubes.

Os empregos de escritório, no sentido que damos a esta expressão, apareceram em meados do século XIX; com eles se desenvolveu a necessidade de fazer, regular e agradavelmente, o exercício. A Grã-Bretanha possuía perto de mil campos de golfe no final do século XIX, a maioria criada durante os últimos vinte e cinco anos. Aí, como dizia o diretor do Stanmore Golf Club, situado no norte de Londres, "o homem de negócios que trabalha duro pode deixar de lado suas inquietações e suas preocupações, os amigos podem encontrar-se no contexto de uma rivalidade cordial [...]"¹¹⁶ Já o moralista bostoniano Oliver Wendell Holmes, ao criticar os hábitos sedentários da nova

---

113. HALEY, B. *The Healthy Body in Victorian Culture*. Cambridge, Mass.: Harvard University Press, 1978, p. 24.

114. Ibid., p. 39.

115. HOPPEN, K.T. *The Mid-Victorian Generation, 1846-1886*. [s.l.]: Oxford University Press, 1998, p. 33.

116. HOLT, R. "Golf and the English Suburb: class and gender in a London Club, 1890-1960". *The Sports Historian*, vol. 18, n. 1, 1998, p. 80.

classe média, tinha deplorado "a vida vegetativa do americano" e a "juventude vestida de preto, com as articulações rijas, os músculos moles e a pele descorada, de nossas cidades do Atlântico"[117]. Os trabalhadores de escritório não tinham nem a constituição robusta, nem as virtudes viris do camponês ou do fidalgo rural. Desse ponto de vista, pode-se interpretar o crescimento dos esportes modernos como o primeiro antídoto prescrito para o que se chama hoje de "estresse dos executivos".

Advertências semelhantes são formuladas em Paris, durante os anos de 1880, no encontro do *surmenage intellectuel**, considerado responsável pelo enfraquecimento das futuras elites e, portanto, da eventual incapacidade de restabelecer o poderio francês, diminuído após a guerra desastrosa de 1870[118]. Ao se difundirem, as ideias de Darwin criaram medo, cada vez mais espalhado, de uma deterioração física da raça. Personalidades de primeiro plano, em numerosas nações ocidentais, estavam convencidas de que as raças se enfrentariam com vista à dominação política e econômica. Ter um corpo sadio e bem treinado parecia, pois, cada vez mais importante. Herbert Spencer lançou então o seu célebre aforismo: "Ser uma nação de bons animais é a primeira condição da prosperidade nacional". Se a Grã-Bretanha, por exemplo, quisesse manter a sua riqueza e seu império, deveria produzir gerações de jovens fisicamente treinados para vencer "a luta pela vida". As revistas escolares estavam cheias de histórias que celebravam o esporte de equipe, a melhor das preparações para uma vida de ação e de conquistas imperiais. O esporte tornava um jovem apto para uma estadia na África ou na Ásia, apto a colaborar com os outros, apto a comandar[119].

---

117. RIESS, S.A. *Sport in Industrial America*. [s.l.] Harlan Davidson, Ill., 1995, p. 16.

* Em francês no texto em inglês. *Surmenage* é o estado resultante de uma fadiga excessiva, sem repouso suficiente. É a estafa, ou o equivalente ao estresse intelectual [N.T.].

118. HOLT, R. *Sport and Society in Modern France*. Macmillan: [s.e.], 1981, p. 64-65.

119. MANGAN, J.A. *Athleticism in the Victorian and Edwardian Public School*. Cambridge: Cambridge University Press, 1981.

O esporte amador propunha um novo uso do corpo que correspondia às necessidades de uma população urbana que crescia rapidamente. É significativo que as primeiras associações esportivas modernas e os primeiros clubes tenham sido criados em Londres, então a cidade mais populosa do mundo (dois milhões e trezentos mil habitantes em 1850). A capital da Inglaterra tinha um número excepcional de comerciantes, de funcionários, de empregados de escritório, de advogados e de contadores; todos atravessavam Londres vindo do subúrbio para ir à *city*, "avançando aos milhares, inclinados para frente, alongando o passo [...] passavam rapidamente, e vinham outros e outros ainda, como as legiões silenciosas de um sonho"[120]. O romancista vitoriano George Gissing escreveu muito sobre a vida de escritório londrina. "Ao meio-dia, hoje, o sol inundava as colinas do Surrey; campos e caminhos embalsamavam-se com as primeiras exalações da primavera [...] mas de tudo isso Clerkenwell não se apercebia; aqui, era um dia como os outros, comportando numerosas horas, cada uma das quais representava uma fração de seu salário semanal"[121]. As novas condições do trabalho urbano incentivaram jovens londrinos abastados, que tinham praticado os novos esportes durante o tempo de escola, a constituir a Football Association em 1863 e a Rugby Union em 1871. O exemplo deles foi retomado em Harvard e Yale nos anos de 1870, depois pelos alunos do Paris Racing Club e do Stade francês dos anos de 1880.

O final do século XIX foi marcado pelo crescimento de grandes cidades novas na Europa. A exploração do carvão e do ferro, a metalurgia e o têxtil suscitaram a criação de regiões industriais com forte densidade, como a Bacia do Ruhr, que tinha mais de dois milhões de habitantes em 1900, ou as grande conurbações de Manchester, Birmingham e Glasgow. A estrada de ferro transformou a vida urbana ao permitir a criação dos bairros que pos-

---

120. THOMAS, K. (org.). *The Oxford Book of Work*. [s.l.]: Oxford University Press, 1999, p. 239.

121. Ibid., p. 508.

suíam parques e espaços disponíveis para a prática dos esportes. O novo corpo atlético não era moldado nem no campo, nem no centro das cidades, mas em seu ponto de contato verdejante, em lugares como Blackheath, Twickenham e Wimbledon. A urbanização em grande escala impunha uma mudança da cidade. De suja, superpovoada, insalubre e perigosa, a cidade precisou se transformar num espaço civilizado no qual o corpo e o espírito poderiam se desenvolver harmoniosamente[122]. Os homens das classes médias tomavam o trem para ir para o trabalho e quase não tinham necessidade dos talentos do cavaleiro das gerações passadas. Alguns, é claro, praticavam a caça por razões de prestígio social, mas a maioria dos representantes das classes médias preferia se dedicar aos esportes de equipe, entre jovens, e se filiar a um ou outro clube de tênis ou de golfe que começaram a florescer em quase todos os bairros ingleses do final do século XIX.

É no seio dos estabelecimentos escolares do ambiente da era vitoriana na Grã-Bretanha que foi elaborado o novo corpo atlético e os valores de *fair-play* e de esportividade. O mais célebre desses jogos novos foi inventado em 1823 por William Webb Ellis. "Com um elegante desprezo pelas regras do futebol assim como era praticado em sua época, ele foi o primeiro a pegar a bola em seus braços e a correr com ela, lançando assim as bases do que se tornaria o jogo de *rugby*". A autenticidade desta inscrição, que comemora um acontecimento que se teria desenrolado na Escola de *Rugby*, é das mais duvidosas. Esse mito clássico das origens permitiu, sobretudo, que as grandes escolas se apropriassem do novo jogo; os membros da classe operária, por sua vez, criaram uma liga de *rugby* autônoma em 1895. A escola de Rugby não foi menos importante para a difusão desse esporte, mesmo se o seu célebre diretor, Thomas Arnold, tenha perdido o interesse por ele; pensando que seu dever era antes de tudo formar "*gentlemen* cristãos", ele se preocupava mais com o intelecto do que com o corpo. No entanto, professo-

---

122. HOHENBERG, P.H. & LEES, L.H. *The Making of Urban Europe, 1000-1994*. Cambridge, Mass.: Harvard University Press, 1994, cap. 8.

res mais jovens começaram a compreender que os jogos de equipe ofereciam a possibilidade de combinar os antigos valores de coragem e de honra com as ideias novas de competição e de esforço.

Vários professores de *rugby* se tornaram, depois, reitores de grandes escolas. Entre eles, G.E.L. Cotton, de Marlborough, serviu de modelo para um dos personagens de *Tom Brown's Schooldays*, o clássico de Thomas Hughes dedicado à vida dos grandes estabelecimentos escolares da época. Edward Thring, um esportista completo de Cambridge, tomou a direção do obscuro Liceu de Uppingham em 1853. Fez dele uma das mais célebres escolas da Inglaterra por sua prática dos esportes de equipe[123]. A.G. Butler, diretor da escola de Haileybury, por sua vez, não hesitou em participar de partidas de futebol: "em camisa branca imaculada e suspensórios vermelhos [...] lançando-se no grupo para emergir segurando bem alto a bola, depois, no instante seguinte, derrubado na lama como o mais humilde dos atacantes"[124]. O sistema escolar, que se estendia rapidamente, associou a formação clássica com novos modos de educação moral e de disciplina: considerava-se que os esportes, em particular, "formavam o caráter". Graças a eles, observava o romancista cristão Charles Kingsley, "os moços adquirem virtudes que nenhum livro pode lhes ensinar; não somente a audácia e a resistência, mas, melhor ainda, um (bom) caráter, o autocontrole, o sentido do *fair-play* e da honra [...]"[125].

Tudo isso fazia parte de uma vasta empresa destinada a remodelar o ideal do *gentleman*. É durante a época vitoriana, na Grã-Bretanha, que se difundiram os valores das novas classes superiores – senso do serviço público, integridade – associados ao espírito de competição e de eficácia. A antiga cultura

---

123. MANGAN, J.A. *Athleticism in the Victorian and Edwardian Public School*. Op. cit., p. 22-25.
124. HALEY, B. *The Healthy Body in Victorian Culture*. Op. cit., p. 164.
125. Ibid., p. 119.

esportiva se viu confinada a algumas atividades como a caça e a equitação. O remo, a corrida, o boxe, o *cricket* e as novas formas de futebol foram profundamente influenciadas pelos valores burgueses de respeitabilidade e de competição honesta. As elites saídas das grandes escolas rejeitaram a antiga cultura do esporte para adotar uma cultura, moralmente mais pura, que chamaram de "esporte amador", O amadorismo* combinava as noções de honra e de esforço. O atrativo do lucro simbolizava doravante os esportes antigos; a inflação das apostas conduzira a uma corrupção degradante e destruíra a razão de ser da competição. O esporte, na sua nova acepção, não consistia mais apenas em obter resultados, em perder ou em ganhar, mas em animar o próprio princípio da competição. Esta era necessária e fonte de satisfação, mas era também portadora de germes de desintegração social, como certos críticos contemporâneos – Carlyle, Marx e Ruskin – sublinharam.

O amadorismo celebrava o princípio da competição ao pôr o acento sobre os valores morais e sociais da participação. A equipe era mais importante que o indivíduo. Após ter lutado ferozmente durante uma partida, os membros das duas equipes se davam as mãos no fim do jogo. O esportista devia, em campo, mostrar refinamento e se comportar como *gentleman*, quer dizer, saber se controlar e dar uma impressão de elegância e de calma. O "autodomínio" era a virtude inglesa suprema, segundo Taine, que visitou Oxford em 1871[126].

Os moços, nos pensionatos, dispunham de muito tempo para treinar. As escolas canalizavam a energia dos seus alunos para a prática cotidiana do esporte – que passavam a ter a vantagem suplementar de fazer com que esquecessem o sexo. O homossexual era considerado como um ser dotado de corpo

---

* Este termo é tomado no seu sentido primeiro e não no sentido derivado e pejorativo de coisa malfeita [N.T.].

126. TAINE apud BURUMA, I. *Voltaire's Coconuts or Anglomania in Europe*. Londres: Weidenfeld, 1999, p. 159.

fraco e efeminado, bem longe da aparência honesta do esportista, desprovido da mão firme e dos músculos sólidos deste. A Igreja da Inglaterra se mostrou cada vez mais favorável à ideia de um "cristianismo musculoso" que atrairia a juventude e purificaria seus corpos pelo esporte. Essa purificação por exercícios viris, de preferência esportes coletivos como o futebol e o *cricket*, tornaram-se um dogma solidamente ancorado no sistema educativo britânico. Na Inglaterra, numerosas grandes escolas do final da era vitoriana foram construídas como catedrais, num estilo gótico flamejante. Elas tinham hectares de campos de esporte. Essas grandes escolas lutavam entre si com vista a oferecer as melhores instalações aos seus alunos. Os vastos campos eram concebidos para competições organizadas no interior do próprio estabelecimento ou entre os alunos de duas instituições. Jogar por sua escola era a máxima das honrarias. A importância concedida ao esporte nos grandes estabelecimentos do final do século XIX, a seriedade com a qual era praticado explicam o nível muito alto de desempenho atingido pelos melhores jogadores.

São os antigos alunos das grandes escolas, que trabalhavam em Londres e moravam nos bairros com muita área verde como Barnes, Richmond ou Blackheath, que formaram as primeiras associações esportivas. Desde a década de 1840, na Universidade de Cambridge, tentara-se definir uma regra de futebol, mas fora impossível conciliar os partidários do jogo com a mão e os do jogo com o pé. Aqueles que vinham de grandes escolas mais antigas e mais famosas, como Eton e Harrow, rejeitavam regras feitas em escolas mais recentes, como na de *Rugby*. Após uma série de encontros, nasceu a Football Association (FA), no final de 1863, mas certos clubes favoráveis ao jogo com a mão, como o de Blackheath (que datava de 1858), recusaram-se a entrar nela. As objeções de seus membros não estavam apenas na maneira de manipular a bola, mas também no tipo de contatos físicos aceitáveis: essencialmente, o direito ou não de chutar o seu adversário abaixo do joelho a fim de tomar dele a bola. Segundo a FA, estava claro que era preciso banir esses costumes de escolar do esporte adulto. Outros, no entanto, observavam que era o mesmo que tirar "do jogo tudo o que se precisava de coragem e afoiteza"[127].

Eram os partidários da antiga cultura esportiva que se exprimiam assim; não conseguiram impressionar os jovens advogados, médicos, jornalistas, homens de negócios e funcionários, que constituíam as primeiras equipes. Estes não tinham nenhuma vontade de comprometer sua carreira correndo riscos demasiados. O esporte devia ser uma prova de robustez, não de violência perigosa. Não se podia evitar que houvesse, de vez em quando, feridos. Mas se devia igualmente proteger o corpo tanto quanto desenvolvê-lo. Era preciso estabelecer uma fronteira bem clara entre o que era um contato físico legítimo, formador do caráter, e o que era conduta violenta, que não formava o caráter. A velocidade, a estratégia, o controle de si e a habilidade eram agora mais importantes que a capacidade de suportar ou infligir a violência.

Foi feito um esforço muito claro a fim de minimizar o risco dos ferimentos no jogo de *cricket*, graças à introdução de protetores de tíbias acolchoados, à construção de campos mais planos e à conservação de uma grama cuidadosamente podada a fim de que a bola, muito dura, pudesse saltar de maneira previsível. O batedor devia mostrar coragem, visto que precisava enfrentar um lançador poderoso. Era isto que fazia do *cricket* um jogo moralmente útil. Mas, como no que se refere ao futebol e ao *rugby*, era preciso limitar os perigos corridos pelos jogadores; o que significava que a bola não devia ser lançada como um calhau, com uma batida do braço, mas com o braço estendido (*bowled*). A técnica do *cricket* se tornou muito elaborada, e os alunos das grandes escolas dispunham doravante de treinadores profissionais. De todos os esportes ingleses, o *cricket* se tornou o mais prezado pela elite das grandes escolas. Apoiava-se numa etiqueta complexa, que exigia, especialmente, que os jogadores amadores preferissem atacar e nunca questionassem a decisão de um árbitro. Para os estrangeiros, esse jogo se

---

127. Apud HOLT, R. *Sport and the British*. Op. cit., p. 86.

tornou a própria essência da Inglaterra; sentimento de que os britânicos participam. Entretanto, o *cricket* fora exportado para a Austrália. A partir da década de 1880, as partidas disputadas entre os dois países suscitaram um imenso interesse da parte dos públicos inglês e australiano. Pouco a pouco se instaura uma nova ética amadora; os jogadores profissionais foram obrigados a se dobrar; ela conduziu, além disso, ao estabelecimento de um sistema de equipes de condado, dirigido por comitês de *gentlemen*. Essa estrutura era dirigida pelo aristocrático Marylebone Cricket Club, que fixou as regras do jogo e organizou o desenvolvimento geral desse esporte a partir do campo dos Lordes, em Londres.

A nova elite dos amadores rejeitava a ideia de uma preparação física particular. O esporte que praticavam era uma celebração das qualidades naturais do corpo humano. Os antigos campeões, e particularmente os pugilistas, tinham elaborado treinamentos complicados e seguiam regimes alimentares especiais a fim de pôr todos os trunfos de seu lado com vistas a ganhar não apenas o jogo, mas também o dinheiro que o acompanhava. Os amadores só tinham desprezo por esse gênero de cálculo, que não era digno de um *gentleman*. O mais célebre de todos os jogadores da primeira geração de futebolistas, G.O. Smith de Charterhouse e de Oxford, lembrava-se de que em sua época ninguém "treinava nunca, e posso afirmar sem risco, acrescentava, que a necessidade nunca se fazia sentir"[128]. A concepção do amadorismo estava fundada sobre um equilíbrio natural do corpo – equilíbrio das diferentes espécies de movimentos e do regime alimentar. Considerava-se normal beber cerveja e fumar. O novo amador não treinava seu corpo com a ajuda de exercícios físicos especiais, com o fim de evitar ferimentos, melhorar seu tempo de reação e de recuperação; contentava-se em melhorar sua técnica pela prática dos jogos mais diversos. Só o *cricket* impunha o domínio das re-

---

128. GRAYSON, E. *Corinthian Casuals and Cricketers*. Havant: Pallant, 1983, p. 31.

gras elementares da batida e do lançamento, mas nem por isso se podia falar de preparação científica.

O esportista amador dava grande importância à maneira de se vestir. Os uniformes esportivos se inspiravam no estilo da roupa de todos os dias usadas pelos membros das classes superiores. A antiga simbólica da cavalaria – cruzes, quadrados, faixas, argolas, sobre camisas de futebol podiam incluir um escudo ornado de uma divisa em latim – era enxertada aí. Nisso se pode ver uma volta a um passado clássico e medieval, como pretende Mark Girouard em *The Return to Camelot*[129]. Os jogadores de *cricket* das classes médias abandonaram seus antigos uniformes descontraídos em benefício do branco. Botas, calções, camisas e casacos brancos se tornaram o uniforme dos jogadores de primeira classe a partir dos anos de 1880. Os melhores se orgulhavam de não sujar seu uniforme, de guardá-lo imaculado, maneira de sublinhar simbolicamente a pureza e a beleza de seu esporte e de distingui-lo de suas formas mais antigas. Os atletas amadores e os jogadores de tênis adotaram também o branco.

Oxford e Cambridge se distinguiam do resto ao adotar, respectivamente, o azul-escuro e o azul-claro. Conseguir "um azul", para um estudante, era a mais alta recompensa e a garantia virtual de conseguir depois um emprego do melhor nível. O Sudão era chamado o país onde "os azuis reinavam sobre os negros", tanto os atletas saídos de Oxford eram numerosos lá, prestando o serviço colonial. Na França, os membros do Racing Club não viram, num primeiro tempo, o interesse por um código de postura para os amadores. Estes usavam roupas de jóquei por ocasião das provas de atletismo e faziam apostas sobre os corredores. Mas essa atitude mudou rapidamente, e os esportistas franceses adotaram logo o estilo novo e elegante que era o da elite inglesa.

---

129. GIROUARD, M. *The Return to Camelot*: Chivalry and the English Gentleman. New Haven: Yale University Press, 1981.

Quando os Old Etonians perderam por pouco a final da Copa em 1883 contra o Blackburn Olympic, uma equipe composta de operários do Norte semiprofissionais, um cronista sublinhou "a condição superior dessa equipe que tinha treinado sistematicamente [...] o que lhe tinha permitido alcançar uma curta vitória na meia-hora suplementar de jogo"[130]. Desde então, as equipes de futebol profissional adotaram o princípio de um treino leve feito de corridas, de dribles, mas sem por isso levá-lo muito a sério. O mais importante era jogar partidas amistosas de preparação. Mesmo no atletismo, o ideal amador estava ligado aos aspectos agradáveis do exercício; o esporte devia ser mais um prazer que um sofrimento. Os amadores britânicos, por exemplo, mostraram-se muito críticos em relação à seriedade da preparação física dos americanos por ocasião dos jogos olímpicos de 1908, que se realizaram em Londres. O amador (inglês) do século XIX tinha a tendência a pensar que os britânicos eram naturalmente fortes, que o esporte era apenas a demonstração dessa "superioridade natural" e que, por conseguinte, não exigia esforço de preparação. Foi preciso vir a Guerra dos Boers para que os britânicos tomassem consciência de que não constituíam uma ração tão bem adaptada como eles se imaginavam. Daí a importância crescente dada às vitórias conseguidas por ocasião das competições esportivas internacionais, especialmente por ocasião dos jogos olímpicos, percebidos como outros tantos símbolos da virilidade nacional.

O corpo atlético simbolizava também o prestígio social. A Amateur Athletic Association (AAA) foi fundada por três estudantes de Oxford em 1880. A Amateur Rowing Association (remo), criada em 1882, era essencialmente composta de remadores de Oxford e de Cambridge, vindos de "escolas de remo" célebres, como era a de Eton. O remo apresentava a particularidade de ter estabelecido uma barreira social. Os trabalhadores manuais ("mecânicos, artesãos ou camponeses") eram rejeitados. As outras organizações

---

130. ALCOCK, C.W. *The Football Annual.* [s.l.]: [s.e.], 1883, p. 67.

esportivas, inclusive aquelas nas quais se praticavam o tênis, o hóquei, a natação e o boxe, não apresentavam essas condições sociais de elegibilidade. Não importa quem podia se tornar membro do AAA, mas é evidente que o recrutamento era diferente segundo as organizações. Os antigos alunos das grandes escolas se filiavam em certos clubes, os empregados da estrada de ferro ou de bancos em outros. De certa maneira, o esporte amador combinava um acesso relativamente aberto a uma certa exclusão. O esporte era o filho da época liberal, aquela que vira o direito de voto concedido aos trabalhadores do sexo masculino pelas leis reformadoras de 1867 e 1884, mas o poder permanecia entre as mãos da elite[131].

3. O exemplo inglês: a Europa e o ideal do amador

Essa transformação da cultura esportiva inglesa lhe valeu a admiração geral dos visitantes estrangeiros. Foi o caso do jovem Barão Pierre de Coubertin, que passou uma temporada nas grandes escolas e universidades da elite na Inglaterra durante a década de 1880. Voltou à França decidido a "rebronzer* la France". Além da cruzada que lançou para a regeneração nacional pela competição, nota-se em Coubertin uma admiração de ordem aristocrática pela tradição esportiva inglesa e pela maneira como os britânicos a tinham adaptado ao seu império. Essa visão se traduziu concretamente pelo renascimento dos jogos olímpicos, que Coubertin fundou sobre os esportes de atletismo que viu praticar nas grandes escolas vitorianas.

Evidentemente, Pierre de Coubertin não estava só. Reinava uma verdadeira paixão pelos "esportes ingleses" na França dos anos de 1880. Quando os alunos de estabelecimentos parisienses de prestígio, como os liceus Rollin, Condorcet e Carnot, criaram o Racing Club de France em 1882, confundi-

---

131. HOLT, R. "Amateurism and its interpretation: the social origins of British sport". *Innovation*, vol. 5, n. 4, 1992.

* Rebronzer tem, aqui, o sentido de voltar a endurecer [N.T.].

ram, antes de tudo, a antiga e a nova cultura esportiva inglesa. Usavam capacetes de jóquei. Apostavam e concorriam por dinheiro[132]. Não durou muito tempo. A nata da juventude parisiense não tardou a ser informada, pelos colegas que tinham estado na Grã-Bretanha como Georges de Saint-Clair. Ela soube bem depressa que os novos amadores ingleses rejeitavam toda ideia de aposta e de dinheiro segundo a visão de um esporte concebido como uma forma de educação moral. Esse espírito de amador inspirou Pierre de Coubertin, o qual, aliás, teve ocasião de discutir as virtudes do esporte com Gladstone*[133].

O desejo de uma "renascença física" era objeto de numerosos artigos na imprensa francesa, o que levou, em 1888, à criação, pelo jornalista Paschal Grousset, da Liga Nacional de Educação Física, patrocinada por numerosos deputados e por acadêmicos. A ideia era dar uma identidade francesa aos jogos importados da Inglaterra. Por outro lado, se fez reviverem esportes franceses tradicionais em declínio, por ocasião das festas estudantis, como as *lendits*. No entanto, a liga sofria por ter à frente homens de idade madura. Não demorou a perder o seu dinamismo[134]. Os únicos progressos decisivos foram realizados no Sudoeste. Em outubro de 1888, Philippe Tissié, um jovem médico da região, criou a Liga Girondina da Educação Física. Alguns meses mais tarde, Coubertin, Saint-Clair e outros constituíram um organismo de direção para todos aqueles que já praticavam os esportes ingleses. A nova mensagem do amadorismo foi levada pela União das Sociedades Fran-

---

132. WEBER, E. "Gymnastics and sports in fin-de-siècle France". *American Historical Review*, vol. 76, n. 1, fev./1971, p. 82-84. • BOURDON, G. *La Renaissance athlétique et le Racing Club de France* (Paris, 1906) é a pesquisa clássica sobre as origens.

* Que foi, várias vezes, Primeiro-Ministro da Grã-Bretanha, especialmente em 1880-1885 [N.T.].

133. Para uma discussão detalhada do papel de Pierre de Coubertin, cf. MAC ALOON, J. *This Great Symbol*: Pierre de Coubertin and the Origins of the Modern Olympic Games. Chicago: Chicago University Press, 1981.

134. LEBECQ, P.-A. *Pascal Grousset et la Ligue nationale de l'Éducation physique*. Paris: L'Harmattan, 1997.

cesas de Esportes Atléticos, organização que contava mais de duzentos clubes no final dos anos de 1890, quase todos situados na região parisiense e no Sudoeste. Assim, o Stade bordolês fora fundado em 1889 e numerosos liceus e clubes universitários tornavam conhecido o *rugby* na região. Tissié era quase o único, na época, por sua vontade de passar da ginástica aos esportes e combinar as diferentes formas de cultura física[135].

Em 1900, os esportes ingleses tinham estabelecido na França uma sólida cabeça de ponte que ia muito além da comunidade dos residentes britânicos. Eles eram praticados nos clubes, dentro dos quais havia diversas disciplinas: *rugby*, atletismo, futebol, tênis; só o *cricket*, ao qual os ingleses atribuíam uma importância excepcional, não pôde ser implantado. O tênis, o atletismo e, logo, um novo esporte, o ciclismo (que os franceses rapidamente tornaram seu), ofereciam uma ampla gama de práticas estivais. É verdade que a França não criou jogo de bola próprio dela.

O que havia por trás dessa adoção entusiasta dos esportes ingleses pelos franceses? A resistência ao imperialismo linguístico e cultural inglês permanecia extremamente forte, e tanto a desconfiança como a suspeita tinha sido a regra, durante séculos, entre os dois países ("a pérfida Albion"). As coisas tinham começado a mudar desde o Segundo Império e, sobretudo, a partir de 1870, quando o Império Alemão, recém-criado sob o impulso da Prússia, tornara-se a ameaça exterior mais preocupante. A germanofobia fez esquecer a anglofobia. As *Notas sobre a Inglaterra* de Taine propunham uma visão totalmente nova da Grã-Bretanha. Esta, que vira sua economia e seu império crescerem a uma velocidade notável, tinha também, segundo ele, tido êxito no plano político. A elite britânica tinha até mantido o controle do poder ao privilegiar as "reformas vindas do alto". Ela era percebida como branda e dinâmica, que sabia encontrar o equilíbrio entre a tradição e os princípios da

---

135. THIBAULT, J. *Sport et éducation physique, 1870-1970*. Paris: Vrin, 1972, p. 125-139; cf. tb. CALLÈDE, J.-P. L'éducation physique de la jeunesse au tournant du siècle. In: ARNAUD, P. & TERRET, T. *Sport, éducation et art*. Paris: Du CTHS, 1996, p. 158-159.

competição. O esporte amador desempenhava um papel significativo nesse processo mais amplo e parecia oferecer um modelo promissor à nobreza francesa, quando a III República e seus princípios democráticos acabavam de se estabelecer[136].

Na Alemanha, os esportes ingleses não foram adotados nem pela aristocracia nem pela classe operária. Esta última considerava até o futebol como elitista demais. A nobreza, que permanecera fiel a uma concepção feudal da sociedade, não queria abandonar suas tradições, o duelo e a equitação. A elite prussiana fora a ponta de lança da vitória de 1871. Ela não via nenhuma razão em adotar os esportes ingleses, que propunham uma visão mais livre e mais individualista do corpo masculino do que o modelo militarista prussiano. Com efeito, são as classes médias alemãs que se deixaram seduzir pelos esportes ingleses; tanto assim que foram excluídas dos rituais esportivos das sociedades de estudantes, bem como dos festivais de ginástica da classe operária, a qual considerava o futebol como um jogo estrangeiro e burguês. Eram exatamente essas qualidades que atraíram os médicos, os comerciantes, os jornalistas, os engenheiros, os arquitetos e os quadros, que constituíam o grosso da Deutsche Fussball Bund, união esportiva que tinha oitenta e três mil membros em 1910 (um quarto ainda estudava). Eles se vestiam com elegância, copiavam o estilo britânico e davam às suas organizações nomes, muitas vezes latinizados, lembrando os das sociedades estudantis: *Alemania, Germania* ou *Teutonia*. A ideia era criar um novo gênero de associações nas quais os ideais de *fair-play* e de competição seriam completados pelo sentimento de identidade nacional[137].

---

136. HOLT, R. *Sport and Society in Modern France*. Op. cit., p. 63-64; para as opiniões de Pierre Coubertin, cf. *l'Éducation anglaise en France*. Paris: [s.e.], 1889, e *Souvenirs d'Oxford et de Cambridge*. Paris: [s.e.], 1887.

137. EISENBERG, C. *"English Sports" und deutsche Burger*. Paderborn: Schoningh, 1999 [este livro é uma pesquisa aprofundada que transformou nosso conhecimento dos esportes alemães].

Nos Estados Unidos, a elaboração de jogos tipicamente nacionais favoreceu a adoção da nova filosofia inglesa do esporte. Como antigos colonizados, os americanos eram sensíveis a tudo o que lembrava o imperialismo cultural. Renunciaram, assim, ao *cricket*, o qual, no entanto, fora muito jogado antes da Guerra da Secessão, particularmente na região da Filadélfia. A nova República queria cimentar sua união por jogos que fossem nacionais e não originários da antiga metrópole colonial. Noutras palavras, mesmo se a cultura americana derivasse em parte da tradição britânica, foi edificada finalmente em reação contra ela. O antigo jogo de bola inglês – o *rounders* – foi, assim, completamente reinventado para se tornar o *baseball*; o qual teria sido organizado em Cooperstown em 1839, segundo seu mito de origem, por Abner Doubleday. O nacionalismo americano, reforçado pela vitória do Norte na Guerra da Secessão, fez do *baseball* um jogo puramente americano. As grandes universidades como Yale, Harvard e Princeton inventaram sua própria variante do futebol e do *rugby* nos anos de 1870; variante conhecida hoje pelo nome de futebol americano. Desta forma os Estados Unidos se fecharam num sistema de esportes nacionais, excluindo o resto do mundo, conservam o nome de valores culturais típicos do amadorismo britânico[138]. Em toda parte onde os novos esportes ingleses foram adotados, viu-se emergir um ideal atlético semelhante; ao pôr o acento sobre um corpo masculino delgado, móvel, exprimia a nova ética da competição e do mérito, bem como um ideal estético.

4. *Do uso do corpo masculino: a multiplicidade dos esportes*

O surgimento dos esportes modernos, longe de ser um fenômeno simples e uniforme, apresentava uma grande diversidade. Os jogos de bola eram muito diferentes dos concursos de atletismo ou dos esportes de combate. Os

---

[138]. Para um estudo recente dos trabalhos americanos, cf. POPE, S.W. (org.). *The New American Sports History*. [s.l.]: University of Illinois Press, 1997.

segundos ignoravam a solidariedade de um grupo de jogadores imposta pelos movimentos de um objeto redondo (ou oval). Os jogos com bola, porém, eram extremamente diferentes entre si segundo a variedade das aptidões que exigiam. Como comparar, por exemplo, uma partida de golfe e uma partida de *rugby*? Na Grã-Bretanha, o *rugby* e o golfe eram esportes das classes médias e não havia nenhuma dúvida que, ao tomar idade, os *rugbymen* passavam muitas vezes para o golfe. Como forma de exercício físico, não podia ser diferente. O *rugby* é uma atividade violenta praticada em equipe, que exige a habilidade com a mão e com o pé, a energia, a coragem e um senso de estratégia. O golfe é um esporte individual, sem nenhum contato físico entre os participantes, a não ser um aperto de mão no começo e no fim da partida. O golfe exige o domínio de uma técnica complexa, acompanhada de um senso agudo da distância, do chão, das condições atmosféricas; envolve um nível elevado de controle físico e psicológico, enquanto o *rugby* é abertamente agressivo. No mesmo sentido se pode analisar o futebol e o tênis, por exemplo, ou então o atletismo e o boxe, o *cricket* e a natação, o remo e o ciclismo, etc. A maioria dos esportistas da virada do século praticava vários esportes – até cinco ou seis, às vezes – em função das estações. Jogava-se futebol e *rugby* no outono e na primavera e o *cricket* durante o verão, que era também a estação do atletismo. O golfe e o tênis constituíam a distração estival da classe superior e da classe média alta. Jogava-se muitas vezes num espírito mais amigável do que competitivo.

Os jogos de bola, praticados em equipe, eram os mais populares. Tratava-se daqueles que exigiam a utilização mais variada e mais complexa das aptidões do corpo. Sua introdução esteve ligada à busca de uma forma de exercício praticável no inverno. A ideia de uma atividade constante se impusera durante o século XIX, e isso valia também para os exercícios físicos: o novo mundo urbano não era sensível às diferenças de estações. Os citadinos trabalhavam o ano todo, e desejavam, pois, poder jogar também o ano inteiro. Faltavam esportes que se pudesse praticar no tempo frio e debaixo de chuva a fim de construir corpos endurecidos, capazes de suportar a dor e executar bem a sua tarefa nas piores condições.

Durante uma partida de *rugby* era preciso correr, lançar, chutar, saltar, agarrar. O futebol exigia uma gama idêntica de aptidões, exceto o jogo com a mão. É muito mais difícil do que parece saber dominar uma bola de couro pesada, conseguir driblar, passar e atirar; são precisos anos de formação. Nos primeiros tempos da prática desses esportes, a divisão do trabalho quase não existia. Os jogadores seguiam a bola e se esforçavam por marcar um gol ou um tento. Repugnava-lhes ter um papel preciso atribuído a eles e estavam inclinados a jogar de maneira individualista. Quando censuraram Lorde Kinnaird, um dos primeiros futebolistas, por não passar a bola aos de sua equipe, ele respondia que jogava antes de tudo para seu próprio prazer e que não tinham que dizer o que devia fazer. No entanto, torna-se rapidamente evidente que, para ganhar, uma certa divisão do trabalho era necessária. Após a partida antológica que já evocamos entre os Old Etonians e o Blackburn Olympic, no jogo final da Copa, em 1883, ficou claro que era preciso utilizar uma estratégia muito mais complexa que a comum, se quisessem vencer. Um grupo dentro do qual cada jogador era capaz de passar a bola devia normalmente vencer uma equipe de indivíduos que jogavam cada um por si. O futebol e os outros jogos coletivos não tardaram a suscitar a sua própria lógica interna; sendo as aptidões corporais utilizadas de maneira diferente da apregoada pelos inventores do jogo; o processo funcionou até nossos dias. Os futebolistas são atletas profissionais que recebem uma formação e um treinamento específicos[139].

Os esportes de equipe formam um "corpo coletivo". Uma boa equipe se compõe de um grupo de jogadores cujas aptidões, tanto físicas como táticas, são bem equilibradas. Jogar para a coletividade acrescenta uma dimensão psi-

---

139. MASON, T. *Association Football and English Society, 1863-1915*. Brighton: Harvester, 1979 [em particular p. 207-221].

cológica e social ao envolvimento esportivo do corpo. É de extrema importância não "deixar cair os seus", ao ponto de esta expressão ter passado para a linguagem corrente. Isso significa que é preciso empenhar-se a fundo e até o último momento durante um jogo, mesmo quando se sabe que a partida está perdida. Evitar a humilhação desempenha um papel importante. Perder é aceitável na medida em que todos os membros da equipe jogaram tão bem quanto podiam. Vergonhoso é abandonar ou simplesmente não tentar vencer. Os jogadores que possuem um talento fora do comum, mas que se recusam a se empenhar a fundo, ou que atribuem aos outros as razões de um fracasso, são muito malvistos. Os jogos de equipe exigem que se desenvolva um máximo de esforços durante um período dado, com vistas a uma tarefa precisa. Se a coordenação é boa, o conjunto se torna maior que a soma de suas partes.

Os jogos de equipe criam uma dependência psicológica e física entre os indivíduos. Isso é particularmente verdadeiro dos esportes de contato como o *rugby*, o futebol ou o futebol americano, mas isso vale também para o *cricket* e o *baseball*. Um só jogador deve fazer frente ao poderio conjugado dos membros da equipe adversária se quer contribuir para a vitória de seu time. Os esportes de equipe, para os quais a linguagem corporal é essencial, exigem que sejam evocados antes da partida a forma de uns e de outros, os riscos de ferimento e a tática a empregar. Tira-se a roupa e se veste diante dos jogadores, observa-se o seu comportamento durante o jogo, reclama-se a bola, manifesta-se o seu entusiasmo quando um gol ou um tento é marcado, aperta-se a mão ou se abraça após o apito do árbitro. É essencial que os jogadores compreendam como se inserir na personalidade mais vasta do grupo pelo uso de seu corpo. Pode-se emitir julgamentos sobre a coragem, a honestidade, a modéstia e a resistência de um indivíduo só por ver sua maneira de jogar. Os jogos de equipe proporcionam um cenário onde se é livre para desenvolver os seus talentos físicos, contanto que se respeitem as regras.

Os jogadores não têm o mesmo desempenho em todas as posições no jogo. Alguns compensam uma falta de habilidade motora por uma determinação feroz. No nível em que joga a maioria dos futebolistas e dos *rugbymen*, basta um talento relativamente modesto. O sistema das ligas esportivas permite que cada um encontre o seu lugar certo. Aqueles que são menores e mais vivos são mais eficazes como pontas; os mais rápidos, como atacantes no centro; os mais fortes, na defesa. Alguns jogadores têm um excelente toque de bola, o que faz deles bons distribuidores, seu lugar é na frente ou no meio. No *rugby*, as equipes galesas dos anos de 1890 mostraram a que ponto é importante possuir meias de abertura capazes de distribuir rapidamente as bolas. Os jogadores que praticavam melhor as fintas de corpo, enquanto corriam a toda a velocidade, como sabia fazer Arthur Gould, o astro do *rugby* galês dos anos de 1890, eram muito admirados. A imprensa não parava de elogiar sua "graça flexível e nervosa". Um cronista garantia que ele era "cheio de graça, vivo, impossível de pegar, virando à esquerda, evitando à direita, sem que nenhuma mão conseguisse pôr-se sobre ele"[140].

Outrora, certas atividades, que não estavam ao alcance de todos, como a esgrima, a caça e a equitação, constituíam artes altamente complexas. As técnicas esportivas refinadas não datam do século XIX. O jogo da péla, que foi praticado durante longo tempo, era tão difícil como o tênis moderno, e igualmente cansativo. "O tênis – observava o erudito Robert Boyle, no final do século XVII –, com o qual nossos galantes fazem a sua recreação, é muito mais extenuante do que aquilo que fazem outros para ganhar a vida"[141]. É sabido que os atletas e os boxeadores, em particular, procediam a uma meticulosa preparação física desde o final do século XVIII. De maneira geral, o esporte se tornou mais complexo e mais técnico pelo final do século seguinte. É claro, a propagação da instrução junto com a codificação das formas modernas de esporte (em particular no que concerne ao futebol, ao *rugby* e ao

---

140. SMITH, D. & WILLIAMS, G. *Fields of Praise*: The Official History of the Welsh Rugby Union. [s.l.]: University of Wales Press, 1980, p. 70.

141. THOMAS, K. (org.). *Oxford Book of Work*. Op. cit., p. XIII.

cricket na Grã-Bretanha e ao *baseball* nos Estados Unidos) forneciam um mercado para autores de manuais. A publicação dessas obras não cessou de se desenvolver a partir da década de 1890.

O objetivo dessa nova literatura esportiva era, antes de tudo, permitir que o futuro jogador participasse de uma atividade social agradável. Eram raros os que se dedicavam a um esporte com a esperança de verdadeiramente serem excelentes nele. Os arquivos dos clubes de golfe, por exemplo, onde são contabilizados os *handicaps*, nos dão uma ideia bastante boa do nível geral dos primeiros jogadores. A maioria deles (como é sempre o caso) tinha um *handicap* elevado e um nível de aptidão relativamente baixo. Raros eram os clubes que possuíam jogadores habilidosos. A maioria daqueles que se escreviam num clube não tinha a finalidade de se tornarem grandes jogadores. Desejavam fazer parte de uma instituição social dentro da qual pudessem se dedicar a um exercício agradável e manter relações com indivíduos que ocupavam, *grosso modo*, a mesma posição dentro da sociedade.

O corpo do esportista estava profundamente marcado pela pertença social. Os esportes da elite tendiam a privilegiar a elegância do movimento e o refinamento da técnica às custas da força bruta e da resistência. É claro, havia exceções. O *rugby*, esporte áspero por excelência, recrutava seus adeptos mais entusiastas tanto entre a elite como no seio das classes populares. No entanto, os esportes burgueses, via de regra, prezavam antes de tudo o estilo; seja na maneira como se ganhava, seja na aura de elegância que envolvia a partida. A maneira como o golfe e o tênis estavam representados mostra isso com evidência. Pessoas jovens, descontraídas, vestidas com elegância, sentadas à mesa em frente a um copo e conversando, enquanto uma partida se desenrolava no plano de fundo, essa era a imagem familiar desses esportistas no final do século[142].

---

142. WALKER, H. Lawn Tennis. In: MASON, T. (org.). *Sports in Britain*. [s.l.]: Cambridge University Press, 1989, p. 245-275.

Neste aspecto, o golfe é particularmente interessante. Bater numa pequena bola imóvel para enviá-la muito longe e com muita precisão é muito mais difícil do que se pode pensar. O golfe exige que se vá contra a sua intuição. Para enviar a bola longe é preciso virar o corpo todo, conservando no movimento um ritmo controlado e regular; trata-se de um gesto técnico árduo. Os primeiros jogadores pegavam o taco de qualquer maneira e se contentavam em dar um bom golpe na bola. Os profissionais do final do século XIX desenvolveram técnicas de jogo que foram universalmente copiadas. O mais célebre desses novos jogadores de golfe, Harry Vardon, venceu seu primeiro British Open em 1896 e seu último em 1912; ele estabeleceu uma nova maneira de segurar o taco, de se manter reto para bater na bola, enquanto descrevia um grande arco corrido e elegante. Esse estilo exerceu uma influência muito grande sobre o desenvolvimento do golfe durante o século XX[143].

Esta capacidade do corpo humano ser ao mesmo tempo eficaz e elegante estava particularmente manifesta no golfe, mas se observava também em outros esportes, especialmente o tênis. As técnicas do golpe reto, do reverso e do serviço começaram a ser acertadas desde o final do século XIX. O *lob* (passando por cima da cabeça do adversário) e a amortecida (caindo delicadamente imediatamente do outro lado da rede), cúmulos do refinamento, já faziam parte da estética dos jogadores, e a maioria deles provava, pelo menos durante alguns instantes, a alegria de sentir o seu corpo realizar um exercício difícil. Um jogador iniciante – homem ou mulher – podia, graças a uma só pancada, vencer uma partida de golfe.

O leque dos jogadores ia dos mais incompetentes aos mais dotados. Muitas vezes, aqueles que tinham apenas poucas disposições naturais, entusiasmados pelo jogo, trabalhavam duro a fim de progredir. A classe média come-

---

143. LOWERSON, J. *Sport and the English Middle Class*. [s.l.]: Manchester University Press, 1993, p. 127-150 tem uma boa discussão sobre o golfe.

çou a aplicar os princípios educativos à prática do esporte. Descobriu-se que se podia aprender a jogar se se recebesse uma boa formação, e que o talento natural não era o único critério. Os dirigentes de clubes de golfe, não contentes em fornecer o equipamento e a manutenção deste, empregavam monitores profissionais. As grandes escolas tinham serviços de jogadores de *cricket* na retaguarda para ensinar a maneira de utilizar o taco e de lançar. Dito isso, o interesse pela técnica era ainda balbuciante, se nos referirmos à obsessão contemporânea pelo material e pela formação. Assim, não existia praticamente nenhum ensinamento de futebol. Os garotos aprendiam a jogar na rua e nos parques. Ainda se acreditava, no mais das vezes, que as aptidões eram inatas. Foi o caso dos melhores esportistas, como o jogador de *cricket* C.B. Fry, um atleta que conservou o recorde mundial de salto de distância durante vários anos sem nunca ter treinado seriamente.

Além do futebol e do *rugby*, o boxe era o espetáculo esportivo mais prezado na Grã-Bretanha e nos Estados Unidos no final do século XIX; invadiu a França na Belle Époque, e Georges Carpentier chegou a se tornar o primeiro grande campeão francês[144]. O boxe é feito de uma mistura particular de violência arcaica e de sofisticação técnica. O pugilato, durante o qual as pessoas se batiam com os punhos nus até o abandono de um adversário que deixava o lugar, a partir dos anos de 1860 tem uma nova forma de confronto com respeito a regras que tinham sido estabelecidas pelo Marquês de Queensbury. As lutas de boxe, durante as quais se utilizavam luvas e só certos golpes eram permitidos, duravam apenas um tempo limitado; tudo se destinava a reduzir a brutalidade desse esporte e melhorar o seu aspecto artístico. O boxe, porém, continuou sendo um espetáculo violento, que seduzia sobretudo os homens das classes populares, para os quais as rixas de rua nada tinham de incomum.

---

144. RAUCH, A. Dempsey-Carpentier. In: HOLT, R., LANFRANCHI, P., MANGAN, J.A. *European Heroes*. Londres: Cass, 1996.

O boxe era ao mesmo tempo primitivo e inovador, sangrento e técnico, casando as antigas e as novas atitudes com respeito ao corpo. Os melhores boxeadores eram homens que dominavam a técnica do deslocamento rápido, dos diretos de esquerda, das defesas e de outros elementos daquela que foi chamada de "nobre arte". Ele precisava ter também um "instinto de matador"[145]. No entanto, muitos boxeadores, mais lentos, tinham apenas a coragem da besta – a coragem de levar um castigo e de infligir um. O novo boxe se inscrevia em reação aos sentimentos ambíguos do público sobre o que constituía a virilidade esportiva. Admirava-se muito a velocidade e a técnica, mas igualmente as antigas qualidades de resistência e de força bruta. Nos Estados Unidos, o boxe era, ademais, envenenado por um clima de profundo antagonismo étnico e de preconceitos raciais. John Sullivan, dito o *fighting Irish*, o primeiro boxeador a ter vencido um título praticando as regras de Queensbury, em 1889, tinha uma reputação de brutalidade. A despeito de seu inegável talento, Jack Johnson, o primeiro campeão peso pesado do mundo em 1908-1915, era odiado unicamente pela razão de ser negro. Se um boxeador, grande técnico, podia ganhar nos pontos, quer dizer, sem nocautear seu adversário, o boxe nem por isso deixava de ser um esporte primitivo, no qual se exprimiam as pulsões agressivas masculinas da maneira mais física que fosse: supliciar com golpes o seu adversário, bater no corpo e na cabeça dele[146].

5. O esporte no feminino

A atividade esportiva, no século XIX, era quase exclusivamente masculina. Ela permitia explorar, definir e celebrar a potência do corpo do homem. No essencial, as mulheres estavam marginalizadas, senão excluídas. Nem sempre fora assim. Pesquisas recentes realizadas em atletas do sexo femini-

---

145. SHIPLEY, S. Boxing. In: MASON, T. (org.). *Sports in Britain*. Op. cit., p. 78-115.
146. RAUCH, A. *La Boxe, violence au XXe siècle*. Paris: Aubier, 1992.

no revelaram que era comum organizar corridas de mulheres nos séculos XVIII e XIX, em geral no contexto de uma manifestação mais vasta, especialmente de uma festa[147]. Essas *smock races* (as corridas eram recompensadas com roupas) atraíam as mulheres das classes populares, que, às vezes, participavam também de outras provas que incluíam apostas. Sua presença ainda era assinalada na década de 1820, mas elas parecem ter desaparecido durante a segunda metade do século, devido à decadência das festas tradicionais e da preocupação mais marcada pela respeitabilidade feminina.

A medicina da época vitoriana libertou o corpo masculino, mas espartilhou o das mulheres da classe média. Ela sublinhava as diferenças entre os sexos e considerava que os exercícios que exigiam vigor apresentavam perigos para as mulheres. A mulher burguesa era apresentada como fraca e hipersensível. Considerava-se que os esportes, que exigiam a força física e a agressividade, eram impróprios para a nova classe de ociosas que era representada pelas donas de casa suficientemente ricas e disponíveis para fazer exercício. A maioria das outras estavam demasiado ocupadas em cuidar da casa, educar os filhos e/ou trabalhar num emprego para ter ainda a energia para se dedicar ao esporte. Os conhecimentos científicos eram dominados por uma ideologia masculina que constituía as diferenças de sexo em estereótipos de gênero e em obstáculos para a atividade esportiva[148].

Mudanças significativas apareceram, todavia, no final do século XIX. As mulheres da classe média, em particular as professoras, rejeitaram cada vez mais firmemente a noção de um corpo feminino fraco e passivo[149]. As direto-

---

147. RADFORD, P. Women's foot-races in the eighteenth and nineteenth centuries. In: GOUNOT, A.; NIEWERTH, T. & PFISTER, G. (orgs.). *Welt der Spiele*: politische, soziale und Pädagogische Aspekte. Vol. 2. Berlim: Academia Verlag, 1996.

148. MANGAN, J,A. & PARK, R.J. (orgs.). *From Fair Sex to Feminism*: Sport and the Socialization of Women in the Industrial and Post-Industrial Eras. Londres: Cass, 1987.

149. HOLT, R."Women, Men and Sport in France, 1870-1914". *Journal of Sport History*, vol. 18, n. 1, p. 125 [Primavera 1991].

ras das escolas destinadas às moças, escolas que tinham sido criadas durante a segunda metade do século, começaram a elaborar sua própria versão dos esportes escolares, adaptando certas atividades masculinas às mulheres. Tudo começou com a ginástica sueca, antes de ser aplicada ao tênis e aos esportes de equipe como o hóquei; sem esquecer um jogo novo, o *net-ball*, variante britânica do *basket-ball* americano. O hóquei sobre a grama conheceu imediatamente um grande sucesso, que levou à formação da All England Women's Hockey Association; esta criou organizações escolares e locais e publicou o seu próprio jornal a partir de 1901. Como esporte de equipe, o hóquei se parecia muito com o futebol; os contatos físicos, no entanto, eram muito mais reduzidos graças ao uso do bastão.

As mulheres das classes populares estavam, no entanto, excluídas, pelo casamento precoce e pelas maternidades, dessas atividades, que elas não tiveram ocasião de praticar na escola. Uma educação física elementar era, certamente, fornecida às moças, nas escolas do Estado, sob a forma de alguns movimentos de ginástica, porém aí não se praticava nenhum esporte. Colégios especializados em educação física foram abertos e formaram professoras destinadas às escolas privadas. Os estabelecimentos mais célebres foram aqueles que tiveram por diretora a impressionante Madame Bergman-Osterberg: o colégio privado de Dartford, em 1885, depois o de Hampstead a partir de 1895. Essa diretora, produto do Instituto Central de Ginástica de Estocolmo, era uma mulher com energia e determinação excepcionais. Organizou o ensino do esporte em seus estabelecimentos. Duas de suas alunas, Rhona Anstey e Margaret Stansfield, seguiram o seu exemplo e cada uma fundou um colégio. Dorette Wilke, que viera da Baviera [para a Inglaterra] na década de 1880, abriu sua Chelsea School for Physical Training em 1898. Ela declarou: "Espero que, afinal de contas, minhas filhas não sejam nunca obrigadas a ensinar; quero que elas se casem e sejam tão felizes quanto possível"[150].

---

150. McCRONE, K.E. *Sport and the Emancipation of English Women, 1870-1914*. Londres: Routledge, 1988, p. 104-129.

O casamento era, com efeito, a "carreira" da maioria das moças das classes médias que tinham praticado esporte na escola. Essas mulheres instalavam sua casa nos bairros verdes das grandes cidades. Tinham meios de contratar domésticos, empregadas, cozinheiras e babás. Seus maridos iam trabalhar de trem no centro, deixando-as livres para se dedicarem a atividades de lazer, entre as quais o tênis e o golfe tinham um lugar preponderante. Os clubes de golfe se tornaram parte integrante da rede social dos bairros e se multiplicaram rapidamente no final do século XIX. O Stanmore Golf Club, do norte de Londres, por exemplo, incluía, desde sua criação, uma seção reservada para as senhoras, que dispunha de seu próprio campo. As mulheres constituíam, com o passar dos anos, entre um quarto e um terço de seus membros. Ocupavam uma posição subordinada, mas autônoma[151]. Criada em 1893, a Ladies Golf Union lançou o campeonato feminino, o qual Margaret Scott venceu três anos seguidos; ela era uma jogadora excepcional, que aprendera o golfe com seus irmãos e o abandonou a competição para se casar. O golfe exigia um movimento flexível e gracioso, feito mais de precisão e de ritmo do que de força.

O tênis teve um sucesso ainda maior junto às mulheres. Os clubes eram menores, menos caros para gerir e melhor situados que os de golfe. Ensinava-se o tênis nas escolas privadas de moças; e as duplas mistas eram um excelente meio de fazer os jovens se conhecerem para casar. O tênis feminino de competição encontrou muito depressa seu lugar em Wimbledon, onde Lottie Dod, "a pequena maravilha", ganhou o primeiro dos seus cinco títulos de simples em 1887, com a idade de quinze anos. Lottie Dod, igualmente jogadora de hóquei, de golfe, patinadora e atiradora de arco e flecha excepcional, foi a primeira heroína esportiva da era moderna. No entanto, tinha um perfil muito incomum e não era considerada como um modelo a imitar pelas moças da classe média. Na Grã-Bretanha, na França, na Alemanha e nos

---

151. HOLT, R. "Golf and the English suburb: class and gender in a London club, 1890-1960". *The Sports Historian*, vol. 18, n. 1, 1998, p. 83-84.

Estados Unidos, as profissões liberais e a elite dos homens de negócios fizeram do tênis um verdadeiro mercado matrimonial. Para uma moça, era, aliás, mais importante ser graciosa e sedutora numa quadra do que jogar bem. "Muitas damas francesas praticam o tênis, lê-se num guia inglês de esportes em 1903, mas se encontram poucas boas jogadoras entre elas"[152]. As mulheres usavam ainda vestidos, chapéus e blusas de mangas compridas. Sua postura era mais ditada por outros objetivos que pelas necessidades do jogo. O tênis feminino conhecia tal sucesso que os homens às vezes se sentiam mais à vontade para praticar esse esporte. "Esse jogo convém bem a um preguiçoso ou a um fraco – se lia num jornal estudantil de Harvard em 1878 –, mas homens que praticaram remo ou esportes mais nobres enrubesceriam por ter de jogar tênis sobre grama"[153]. Este exigia bastante vigor físico e mobilidade para mostrar que uma mulher era ativa e gozava de boa saúde, mas não ao ponto de ameaçar a sua identidade de reprodutora e de objeto decorativo.

As origens do esporte feminino remontam, pois, à virada do século; mas, além de continuar o privilégio de uma classe social, o esporte oferecia apenas um leque reduzido de possibilidades. O atletismo estava fechado para as mulheres e Pierre de Coubertin se declarou contrário à participação delas nos jogos olímpicos. Seu papel era entregar a coroa de louros ao vencedor, não de concorrer. As próprias mulheres achavam muitíssimas vezes que seu corpo e sua personalidade não se adaptavam a um exercício intenso. Foi só durante o século XX que as esportistas conseguiram superar essa tradição de inferioridade.

Nos Estados Unidos, a educação física das mulheres se desenvolveu no mesmo espírito que na Grã-Bretanha. O Vassar College dotou-se de um programa de cultura física desde 1865, sob a supervisão de uma médica. No final do século XIX, os dirigentes de outros colégios de elite como Wellesley, Mont Holyoke e Bryn Mawr elaboraram um programa de cursos especificamente destinados a desenvolver o corpo feminino, mas sem êxito. Como na

---

152. WALLISH, MYERS, A. *Lawn Tennis at Home and Abroad.* Londres: [s.e.], 1903, p. 263.
153. RIESS, S.A. *Sport in Industrial America.* Op. cit., p. 56.

Grã-Bretanha, havia uma separação estanque entre o esporte masculino e as organizações que eram puramente femininas[154]. Os *country clubs* de elite, como o Staten Island Club (reservado aos ricos nova-iorquinos), forneciam um ambiente isolado, discreto, para as moças que quisessem aproveitar das alegrias do exercício após ter deixado o colégio.

Na Europa Continental, os obstáculos à participação das mulheres eram ainda mais enraizados que na Grã-Bretanha e nos Estados Unidos. Os esportes femininos estavam reservados às damas da aristocracia suficientemente ricas e poderosas para poderem praticar a equitação e caçar. Algumas artistas de teatro ou de cabaré montavam, às vezes, bicicleta ou davam uma corrida para divertir um público masculino. Fora disso, o esporte feminino era praticamente inexistente em 1900; foi preciso esperar 1914 para que fossem criados alguns clubes de natação e de atletismo femininos[155]. É entre as duas guerras que progrediram os esportes destinados às mulheres, sob o impulso de Alice Milliat, que durante um tempo fora casada com um inglês. Isso não quer dizer que não existisse educação física feminina. O medo da diminuição da população levara a direita a defender o exercício feminino, percebido como o meio de produzir mães de boa saúde; mas essa solicitude continuava confinada a uma ginástica especialmente adaptada. Georges Vigarello mostrou que existia um acordo limitado sobre a necessidade, para as moças e as mulheres jovens, de praticar uma cultura física específica a fim de gozarem de uma excelente saúde e para se revelarem boas reprodutoras. O esporte, por sua vez, era considerado como fisicamente duro demais. A medicina prevenia contra o risco de esgotar as mulheres[156]. Na Alemanha, até o final do

---

154. PARK, R.J. "Physiology and anatomy are destiny: brains, bodies and exercise in nineteenth century American thought". *Journal of Sport History*, vol. 18, n. 1, p. 61-62 [verão 1991].

155. Uma pesquisa no final do século passado é a de ARNAUD, P. & TERRET, T. *Histoire du sport féminin*. 2 vol. Paris: L'Harmattan, 1996.

156. VIGARELLO, G. *Histoire culturelle du sport*: techniques d'hier et d'aujourd'hui. Paris: Robert Laffont e EPS, 1988, p. 166-175.

século XIX, o esporte feminino se reduzia, também, às quadras de tênis e a uma ginástica específica.

No começo do século XX, o esporte ainda era considerado uma invenção dos britânicos, uma bizarrice bem inglesa. Com o passar do tempo, tenderia-se a dizer que o triunfo dos esportes modernos foi rápido e que era inevitável. Mas seria inexato. Alguns esportes ingleses, como o *cricket*, nunca atravessaram o Mancha. Outros tiveram mais êxito, sem todavia alcançar o mesmo nível que na Grã-Bretanha, durante o tempo entre as duas guerras. Na maioria dos países da Europa, no século XIX, a produção sistemática de um corpo militar, permitido pela ginástica, precedeu o uso lúdico do corpo possibilitado pela prática do esporte. O triunfo deste último foi essencialmente o feito de jovens representantes da burguesia urbana.

Por que os membros das classes médias da época vitoriana rejeitaram ao mesmo tempo a cultura esportiva do passado e os exercícios de ginástica – os quais eram bem-conhecidos na Inglaterra? As formas mais antigas de esporte eram frequentemente violentas, corrompidas e passivas. Ora, o esforço e a competição se situavam no coração do esporte moderno. Ao passo que as gerações antigas sentiam prazer nos combates de animais, a nova geração aboliu as lutas de cães e de galos em proveito de atividades competitivas que exigiam uma grande participação do corpo do homem e que celebravam o seu potencial. Um esforço físico duro e sustentado, as alegrias da competição, foram os que motivaram os reformadores vitorianos. Os esportes modernos eram atividades cuidadosamente codificadas. Regras precisas permitiam que os participantes concorressem em pé de igualdade. Uma vez bem-estabelecidos, os esportes de competição desenvolveram sua própria lógica de desempenho; isso levou a aumentar os esforços físicos exigidos dos participantes, ao mesmo tempo que lhes deixava a liberdade de exprimir a sua individualidade.

O esporte é, por princípio, meritocrático; impõe o *fair-play* a fim de garantir a igualdade das oportunidades. Seu novo objetivo não era simplesmente produzir ganhadores e perdedores, mas promover um processo mais ambicioso. Daí a insistência dos adeptos do esporte amador sobre a necessidade de ser "um bom perdedor". Não se tratava absolutamente de uma obrigação de perder; tratava-se de aceitar o fato de ganhar ou de perder como dois aspectos de algo mais vasto, a competição. Se um participante não podia aceitar a derrota, devia abandonar o combate.

A competição faz parte integrante dos esportes, mas não da ginástica. Desconfiando do individualismo, os partidários desta última queriam encorajar uma participação de massa. Ora, a Grã-Bretanha não possuía exército de terra permanente nem tradição de formação do corpo militar, ao passo que esse era o caso na Europa Continental. Jahn tinha inventado a ginástica prussiana como meio de preparação paramilitar, após as vitórias napoleônicas de 1806; da mesma maneira, a ginástica de Ling nascera sob a influência da derrota sueca diante da Rússia. Ao contrário da ginástica, o esporte não era prescritivo. Os jogos de bola, em particular, favoreciam a criatividade e a liberdade no contexto das regras. Estas, porém, não se destinam a forçar o corpo, a realizar tal ou tal movimento, de tal ou tal maneira. O futebol, que se tornaria o mais popular dos esportes modernos, inicialmente tinha apenas quatorze regras – havia esportes que tinham menos regras –, antes de tudo destinadas a evitar uma violência excessiva e a manter a fluidez do jogo. Vencer uma partida de futebol exige em geral mais do que correr e dar pontapés numa bola. É preciso a criatividade e o senso da improvisação, no nível individual e coletivo. O desenvolvimento do jogo é imprevisível, ao contrário da rotina da ginástica. Comparada com os outros, cada partida é ao mesmo tempo semelhante e diferente; a duração, as dimensões do terreno e as regras são idênticas, mas as combinações de jogadores, as condições climáticas, a chance variam constantemente.

A ginástica minimiza as diferenças individuais, o esporte as valoriza. Os jogos de equipe, também, comportam um aspecto altamente individualista; e a corrida a pé, como o ciclismo, pode exigir do esportista que reaja espontaneamente aos desafios repentinos. O esporte é o espírito e o corpo trabalhando juntos tendo em vista mais a vitória sobre um adversário do que a repetição de movimentos precisos. O esporte é uma forma de prova física durante a qual um indivíduo ou uma equipe enfrenta um outro indivíduo ou uma outra equipe. A complexidade dos esportes, o equilíbrio imposto entre o indivíduo e o grupo, entre a cooperação e a competição, tudo combinado com a grande variedade das aptidões exigidas, permitem um uso mais variado, mais sutil e mais libertador do corpo do que aquele que a ginástica propunha. Foi isso que garantiu o sucesso do esporte. Ele exprimia o que o homem ideal devia ser aos olhos da burguesia: vigoroso, decidido, competitivo, esmerado, capaz de se controlar e de controlar os outros, no seio da família, no local de trabalho e na sociedade de maneira geral.

IV. O ginasta e a nação armada

São necessárias várias décadas para que o esporte se imponha sobre uma ginástica durante longo tempo dominante, na França sobretudo.

A ginástica se difunde também nos comportamentos privados do século XIX: Paris contava com três ginásios em 1850, tinha quatorze em 1860 e trinta e dois em 1880. A prática se torna visível, mesmo se permanece modesta segundo os critérios de hoje. Ela também se especializa: desse conjunto de estabelecimentos, quatro declaram ter finalidades higiênicas em 1860, ao passo que são quatorze em 1880[157]. O estabelecimento de Paz, no qual Jules Simon diz ter seguido as lições até a idade de cinquenta e cinco anos[158], é um dos mais característicos: uma publicidade que o denomina "Grande Ginásio Médico", em 1867, atribui-lhe uma frequência anual de seiscentos

---

157. [s.a.]. *Annuaire du commerce*. Paris, 1860 e 1880; cf. tb. DEFRANCE, J. *L'excellence corporelle*. Op. cit., p. 106-107.
158. SIMON, J. *La Reforme de l'enseignement secondaire*. Paris: Hachette, 1874, p. 148.

alunos[159], sublinhando os cuidados anexos de massagem ou hidroterapia que pode oferecer. Isso acentua as diferenças entre uma ginástica concebida para a escola, para os grupos, para os dispositivos de conjunto, com seus movimentos coletivos e precisos, e uma ginástica concebida para a elite, mais individual, que dispõe de aparelhos caros, feitos de correias, de extensores e de suspensores móveis para melhor desenvolver o desenho das silhuetas. Uma das mudanças mais importantes é o brusco desenvolvimento de uma ginástica com finalidade coletiva, aquela que Gréard diz ter nascido "do choque de nossos desastres"[160] após 1870, aquela que outros chamarão ainda "o grande movimento para fortificar a juventude francesa, sustentada pelo livro, pelo jornal, pelos congressos, etc."[161] Nada mais que uma vontade afirmada por notáveis fortemente mais numerosos de "introduzir a ginástica nos costumes franceses"[162].

1. As sociedades de ginástica

Esse movimento não pertence mais somente às autoridades. É mais profundo, formulado na década de 1860 sobre o modelo da ginástica alemã, que exprime uma expectativa, um reagrupamento popular com finalidade fortalecedora. Novo lazer para um tempo de trabalho que se tornou mais escandido? Nova sociabilidade para uma cidade que se tornou mais anônima? Lugar de encontro e imagem de energia, a sociedade de ginástica é, com certeza, uma forma nova de mobilização coletiva. As primeiras sociedades que apareceram no leste da França, depois de 1860, adotam o modelo dos círculos da França

---

159. "Le grand gymnase dirigé par Eugène Paz". *Almanach formulaire du contribuable*. Paris, 1867, página de capa interior.

160. GRÉARD, O. apud WEBER, E. "Gymnastics and sports in fin-de-siècle France". Art. cit., p. 189.

161. TISSIÉ, P. "L'éducation physique". In: Id. (org). *L'éducation physique*. Paris: [s.e], 1901, p. XXIII.

162. *Le Gymnaste*. [s.l.]: [s.e.], 1873, p. 96.

burguesa[163], os quais o lento progresso democrático tornou possíveis, "estatutos, regulamentos, conselhos de administração"[164]. Elas acrescentam uma referência patriótica ao evocar a defesa da terra, um vigor posto ao serviço de todos: a sociedade de ginástica de Guebwiller, por exemplo, constituída por primeiro, aos 5 de janeiro de 1860, diz ter "por meta desenvolver a força do corpo, formar o coração e educar para a pátria filhos dignos dela"[165].

O argumento é retomado, com uma amplidão e uma certeza renovadas, após a derrota de 1871: "Logo após nossos desastres foram fundadas as sociedades de ginástica cuja vitalidade progride regularmente"[166]. Seu número corresponde a uma verdadeira criação: nove em 1873, oitocentos e nove em 1899[167]. Seus estatutos confirmam a finalidade patriótica: a União das Sociedades de Ginástica da França, criada em 1873, "tem como meta aumentar as forças defensivas do país ao favorecer o desenvolvimento das forças físicas e morais pelo emprego racional da ginástica, pelo estudo do tiro, pela natação [...]"[168] Sociedades locais com nomes sugestivos – La Sentinelle, La Martiale, La Patriote, L'Estafette, L'Avant-garde [...][169] –, elas promovem os exercícios de conjunto com suas cadências ritmadas, às vezes musicadas, vastas execuções coletivas com geometrias programadas, e desenvolvem também o uso de aparelhos confirmados pela ginástica esportiva do final do século (barras paralelas, barra fixa, anéis, cavalo com alças, etc.). O *status* de sua festa, so-

---

163. Cf. AGULHON, M. *Le cercle dans la France bourgeoise, 1810-1848*. Paris: A. Colin, 1977.

164. SANSBOEUF, J. Les sociétés de gymnastique en France. In: TISSIÉ, P. *L'Éducation physique*. Op. cit., p. 63.

165. Ibid.

166. TISSIÉ, P. "L'éducation physique". Art. cit., p. XXIV.

167. SANSBOEUF, J. "Les sociétés de gymnastique en France". Art. cit., p. 64.

168. Ibid.

169. A Sentinela, A Marcial, A Patriota, A Estafeta, A Vanguarda. Cf. ARNAUD, P. (org.). *Les athlètes de la République* – Gymnastique, sport et idéologie républicaine, 1870-1914. Paris: L'Harmattan, 1998, p. 106.

bretudo, é característico: próximo do *status* do esporte que é inventado no mesmo momento, comparando as sociedades locais como se fossem clubes democraticamente constituídos.

Seus dispositivos, porém, são específicos, diferentes dos do esporte, feitos para obedecer a uma "causa", feitos para servir à "nação", visando mais a uma finalidade militante que uma simples finalidade competitiva. Daí essa brusca convergência com a festa republicana nos anos de 1880, essa mistura da ginástica com as auriflamas e as bandeiras; "Nos aniversários solenes que a nação celebra a festa não seria mais doravante completa na ausência das sociedades de ginástica e de tiro"[170]. A intenção militar aflora nos exercícios de armas e de passos cadenciados; a referência à pátria aflora no entusiasmo controlado dos concursos. Até à decisão, durante uma festa de ginástica em 1882, de criar a Liga dos Patriotas, que se presumia que recorresse "à propaganda e à organização da educação militar e patriótica pelo livro, pela ginástica e pelo tiro"[171]. A presença do presidente da República, em particular, se impõe como fiador obrigatório da festa anual da União das Sociedades de Ginástica[172], quando as delegações estrangeiras convidadas estão em nome de seu próprio prestígio patriótico. Os Sokols, por exemplo, "grupos de ginástica organizados quase militarmente contra a invasão do pangermanismo"[173], quase homenageados como irmãos de armas, em Nancy, na festa de 1892 por Sadi Carnot: "Bravos Sokols, caros amigos, é para nós uma grande honra e uma grande alegria vos receber e prestar ao vosso estandarte a sau-

---

170. COLLINEAU, A. *La gymnastique, notions physiologiques et pédagogies, applications hygiéniques et médicales*. Paris: [s.e.], 1884, p. 796.

171. Apud GIRARDET, R. *La société militaire dans la France contemporaine (1815-1839)*. Op. cit., e por Pierre Chambat, Les muscles de Marianne. Gymnastique et bataillons scolaires dans la France des années 1880. In: EHRENBERG, A. (org.). "Aimez-vous les stades? Les origines des politiques sportives en France, 1870-1930". *Recherches*, n. 43, abr./1980, p. 155. Paris.

172. Cf. GOUTIÈRE-VERNOLLE, E. *Les fêtes de Nancy*. Nancy: [s.e.], 1892.

173. Ibid., p. 63.

dação fraterna com que honrastes nossa bandeira [...]"[174] Essa festa de ginástica de Nancy é, aliás, uma das mais ilustrativas, longamente evocada pelo volumoso testemunho de Goutière-Vernolle: as etapas do presidente da República desde Paris, o discurso, o ritual da chegada a Nancy, a passagem sob os arcos de triunfo de Lorraine, o desfile dos ginastas e dos militares, os exercícios, as atitudes e as retóricas marciais. Todos sinais patrióticos que nos textos triunfam sobre os resultados dos concursos: "As festas de Nancy revelaram à Europa uma França nova"[175]. O aparato republicano transpôs a ginástica em prática legitimada. Déroulède pretende dizer da melhor maneira a sua missão "unanimemente" aceita: "Bebo ao dia em que vossos sucessos se chamarão de vitórias e quando vossos prêmios forem Metz e Estrasburgo"[176].

2. A ginástica, disciplina escolar

É ainda a ginástica, certamente, que é imaginada como única prática escolar, oficializada por um decreto de 1869, em todos os graus de ensino[177]. É a referência militar também que domina nessa prática das escolas e dos liceus, manejo das armas, alinhamentos de soldados: "Não se deve desdenhar esse meio de dar ao corpo uma melhor postura e à alma mais segurança"[178]. O aprendizado de grupo não pode ser pensado de modo diferente aqui do que através do aprendizado da ordem. O aumento coletivo de energia não pode ser pensado diferente aqui do que através do aumento da utilidade nacional. Considerar-se-ia até que o exercício da arma torna mais animados os movimentos formais da ginástica: "Se for colocado um fuzil nas mãos deles, tudo

---

174. Ibid., p. 69.

175. Ibid., p. VII.

176. DÉROULÈDE, P. *Le Drapeau*. [s.l.]: [s.e.]: 1883, p. 542.

177. Decreto de 03/02/1869, cf. THIBAULT, J. *Sport et éducation physique, 1870-1970*. Paris: Vrin, 1972.

178. Circular de 09/05/1869, apud THIBAULT, J. Ibid., p. 45.

mudará de figura"¹⁷⁹. Uma palavra triunfa durante longo tempo ainda nesses aprendizados escolares do corpo, o de disciplina: "Dizemos que a disciplina dos liceus pode ganhar algo com esses exercícios"¹⁸⁰.

O episódio dos batalhões escolares confirma essas aproximações. A proposta de Aristide Rey, em 1881, de "organizar as crianças das escolas municipais em batalhões armados e equipados"¹⁸¹ é adotada pelo conselho municipal de Paris, estende-se para a província, impõe-se à imprensa, convence a opinião: "O regime militar aplicado às escolas se impõe hoje em dia. Paris deu o exemplo. Logo todos os liceus e escolas da França marcharão militarmente"¹⁸². Os batalhões são oficialmente criados por um decreto de 1882¹⁸³: o tema é o do "cidadão soldado"¹⁸⁴, a referência é "o espírito dos homens da Revolução"¹⁸⁵, devendo cada um adquirir na escola "um treinamento preliminar especial", "uma instrução militar e cívica"¹⁸⁶.

O fracasso espreitava inevitavelmente essa empresa, além da própria derrocada boulangista e daquela de uma direita militarista após 1890. O mimetismo com soldados impossíveis promovidos por esses batalhões, a certeza de uma "pantalonada de meninos"¹⁸⁷, a de uma "paródia que durou

---

179. GALLARD, T. *La gymnastique et les exercices corporels dans les licées*. Paris: [s.e.], 1869, p. 9.

180. BÉRARD, P.H. *Rapport sur l'enseignement de la gymnastique dans les lycées*. Paris: [s.e.], 1854, reproduzido em TARDIEU, A. *Dictionnaire d'hygiène publique et de salubrité*. Paris: [s.e.], 1862, tomo II, p. 581.

181. Cf. BOURZAC, A. Les bataillons scolaires en France, naissance, développement, disparition. In: ARNAUD, P. (org.). *Les athlètes de la République*. Op cit., p. 57.

182. *L'Événement*, 08/07/1881.

183. Cf. BOURZAC, A."Les bataillons scolaires en France..." Art. cit., p. 59.

184. *Le Drapeau*, 01/03/1882 (apud CHAMBAT, P. "Les muscles de Marianne..." Art. cit., p. 146).

185. COLLINEAU, A. *La Gymnastique*... Op. cit., p. 797.

186. A.N. F.¹⁷ 6918. Discurso do General Farre, ministro da Guerra, na Assembleia Nacional aos 14/06/1881.

187. PARANT, L. "Les bataillons scolaires e leur transformation en sociétés de gymnastique". *Courrier de l'Ain*, 1891, p. 25.

demais"[188] se impunham inexoravelmente. Os batalhões desaparecem com os anos de 1890, ao passo que a ginástica escolar permanece duradouramente marcada pela ordem e pela referência militares. É o que diz ainda o *Manual de exercícios de ginástica e de jogos escolares* de 1892 ao propor "dar ao exército jovens espertos, vigorosos, ousados"[189]. A mobilização física permanece, é preciso dizer, em grande parte aqui, coletiva e armada.

3. O ginasta como homem novo

Ainda falta avaliar quanto essa prática da ginástica é pensada de um modo exclusivo, e difere aqui ainda da prática do esporte, ainda que não esteja completamente afastada. Ela se quer totalizante, não singular entre outras práticas como as do salto, da corrida ou da espada, mas englobante, sintética, para melhor formar um indivíduo "completo": A ginástica é a cultura regular do corpo. É para ele o que o estudo é para o espírito"[190]. Considera-se que ela deva cobrir a totalidade dos exercícios físicos higiênicos ou educativos, materializando o que deve ser praticado e ensinado: não por adição ao que já existia; não exercício que se avizinha da dança, da corrida ou da natação, mas conjunto completo porque o único "racional". Os reinventores da ginástica garantem ter descoberto uma ciência: "a ciência racional de nossos movimentos"[191]. Outros evocam mais modestamente uma arte: "a arte racional de nossos movimentos"[192]. A maioria, notáveis ou médicos, responsáveis pelas sociedades de ginástica, definem um conjunto exclusivo, única prática fundamentada e legitimada: "Os movimentos de ginástica diferem dos movimentos habituais no sentido de que são praticados segundo certas regras

---

188. *Le Temps*, 21/04/1891.
189. *Manuel d'exercices gymnastiques et de jeux scolaires*. Paris: [s.e.], 1892, p. 5.
190. SAINT-HILAIRE,B. "Prefácio a Napoléon Laisné", *La gymnastique pratique*. Paris, 1852, p. VIII.
191. AMOROS, F. *Manuel...* Op. cit., tomo I, p. I.
192. LAISNÉ, N. *Dictionnaire de gymnastique*. Paris: Picard-Bernheim, 1882, p. V.

deduzidas da fisiologia e da experiência"[193]. A insistência é posta sobre "uma mudança metódica e cientificamente instituída"[194]. A certeza é de propor "uma base para toda educação coletiva e privada"[195]. A vontade é de subverter as práticas de todos: "introduzir a ginástica nos costumes franceses"[196].

Mesmo se as sociedades de ginástica anexam vários exercícios antigos, mesmo se os seus concursos combinam com os movimentos de conjunto os saltos, a luta, o tiro ou o cavalo de alça, isso não compromete em nada o seu objetivo. O projeto engloba exercícios denominados "ginásticos" desde a Antiguidade[197], dando um lugar central aos movimentos cadenciados. Mas, além de legitimar definitivamente essa palavra "ginástica", acrescenta-se, como se viu, a visão totalmente nova da mecânica, das progressões e das séries; acrescenta-se também a certeza de formar um indivíduo igualmente novo, aquele cuja habilidade seria posta ao serviço de todos, o homem educado na perspectiva da desforra, mobilizado física e moralmente: "demonstrar ao país que a coragem e a força dos ginastas podem, em mais de um caso, ser úteis na vida prática"[198]. Daí esse termo quase inédito de "ginasta", aquele cujas práticas certificam robustez e devotamento, cujas aprendizagens esposam o universo patriótico do fim do século: "Nossos ginastas provaram que a França não é a nação efeminada que alguns espíritos tristes disseram e que ela conta com filhos vigorosos, prontos a defendê-la quando soar a hora"[199]. A revista das sociedades de ginástica intitula-se simbolicamente *Le Gymnas-*

---

193. PROUST, A. *Traité d'hygiène publique et privée*. Paris: Masson, 1877, p. 494.

194. HILLAIRET, J.-B. *Rapport à son excellence le ministre de l'Instruction publique...* Op. cit., p. 33.

195. PROUST, A. *Traité d'hygiène publique et privée*. Op. cit., p. 494.

196. *Le Gymnaste*, 1873, p. 96.

197. Cf. a este respeito MERCURIALIS, H. [Girolamo Mercuriale], *De arte gymnastica*, Veneza, 1573. Stuttgart: Medicina rara, 1990 [reimpresso].

198. *Le Gymnaste*, 1873, p. 76.

199. *Le Gymnaste*, 1888, p. 55.

te [*O Ginasta*], certificando que a prática deve levar a qualificar os atores de modo diferente. As festas apresentam igualmente "ginastas" que se tornaram entidades exemplares na retórica dos republicanos: "É preciso colocar por toda parte, ao lado do mestre, o ginasta e o militar, a fim de que nossas crianças, nossos soldados, nossos concidadãos sejam todos aptos a segurar uma espada, a manejar um fuzil, a fazer longas marchas"[200]. A Liga dos Patriotas projeta nos mesmos termos um compromisso de comportamento: "Que pena que não sejamos todos um pouco mais ginastas na França"[201]. Então a criação de ginásios se tornaria a garantia de uma renovação das práticas físicas na França: não a área de jogo, mas a área coberta, não o estádio, mas a sala de trabalho, as paredes e o assoalho cheios de instrumentos e de aparelhos. Um lugar para a convergência dos exercícios do corpo e da renovação republicana: "Hoje em dia as municipalidades todas compreendem que a moral e a higiene podem ganhar pela frequência assídua de ginásios"[202].

É sempre mais manifesta a vontade de romper com os jogos antigos, esses gestos julgados naturais e espontâneos, esses mesmos dos quais o esporte, com suas competições jogadas, poderiam se tornar um exemplo: noutras palavras, propor a ginástica como o único universo de prática física desejável.

4. *As elites e a postura física*

Não que os ginastas vivam tão intensamente as referências oficiais. Seus prazeres são mais imediatos, mais pessoais. Em primeiro lugar estão os concursos e as classificações, por exemplo, que Claudius Favier recorda numa das raras autobiografias que ilustram essas práticas do final do século: "fui

---

200. GAMBETTA apud CHAMBAT, P. "Les muscles de Marianne..." Art. cit., p. 151.

201. DÉROULÈDE, P. apud ARNAUD, P. (org.). *Les athlètes de la Republique*. Op. cit., p. 263.

202. *Le Gymnaste*, 1873, p. 158-159.

classificado 10° com apenas 10 pontos a menos que o campeão [...]. Nós nos classificamos Lacombe em 110°, eu em 112° e Terrier em 121° [...]. Ele ocupou o 70° lugar..."²⁰³; há as viagens também, tornadas possíveis pelas festas de ginástica, essa mobilidade tanto mais preciosa porque o universo popular tende ainda a excluí-la: "Era um acontecimento extraordinário [...] ir a Genebra, visitar a cidade, subir uma parte do desfiladeiro de La Faucille"²⁰⁴. Claudius Favier tem a linguagem simples da escola primária para evocar sua vida de ginasta como uma sucessão de desempenhos, de encontros e de cartões postais. Isso mostra quanto o universo do esportista não está longe, aqui, do universo do ginasta com a insistência sobre as competições e as façanhas.

É preciso, porém, recuperar as expectativas dos responsáveis pelas sociedades de ginástica para avaliar toda a importância dada ao polimento do corpo, ao aprendizado dos códigos físicos, da aparência e da postura, sobretudo. Nada mais que a influência reconhecida da elite sobre as classes populares no final do século XIX para controlar e disciplinar os corpos: "A ginástica não deve apenas desenvolver as forças físicas, mas também os princípios de postura e de disciplina sem as quais nenhum cidadão pode prestar um verdadeiro serviço à pátria"²⁰⁵. Por isso o trabalho intenso efetuado pelos ginastas sobre a retidão corporal, a vigilância do peito, a conservação das costas: "A atitude é o primeiro elemento da ginástica"²⁰⁶. Por isso também as referências sociais presentes nos textos que descrevem esse trabalho: "Os filhos dos camponeses fazem movimento, é verdade [...]. Mas não se tornam destros; suas formas não são bem-equilibradas, seu aspecto é muitas vezes pesa-

---

203. FAVIER, C. Ma vie sportive à l'alouette des Gaules. In: ARNAUD, P. (org.). *Les athlètes de la Republique.* Op. cit., p. 404.

204. Ibid., p. 402.

205. *Le Drapeau* apud CHAMBAT, P. "Les muscles de Marianne..." Art. cit., p. 163.

206. PROUST, A. *Traité d'hygiène publique et privée.* Op. cit., p. 495.

do e desajeitado"[207]. Vasta empresa de aculturação, é para agir sobre a aparência que se dedica antes de tudo à ginástica, contribuindo para "levar a adquirir essa postura física pela qual se reconhece um homem bem-educado"[208]. Que dá todo o seu sentido ao título do livro de Pierre Arnaud, *Os atletas da República*[209], aqueles cujo corpo é "polido" para o serviço de todos, aqueles cuja disposição física serve a uma disposição política. Que dá todo o seu sentido também ao artigo de Pierre Chambat, "Os músculos de Marianne"[210].

Os corpos dos ginastas pertencentes às sociedades são, de fato, trabalhados até em sua imagem, seu modo de se apresentar, que impõem uma pose uniformemente repetida das gravuras e das fotografias, cintura apertada, busto para frente, ombros sumidos. É o que representam as fotos oficiais dos grupos de ginastas do final do século XIX imóveis com braços nus, sobre o peito uma faixa com a cor de sua sociedade. É o que comentam também os autores de tratados que apreciam o valor de uma equipe pela sua postura. Tissié, por exemplo, inspirador de uma revista de ginástica no final do século XIX, compara longamente, em 1901, fotos de grupos de ginastas suecos e de ginastas franceses para apreciar a respectiva importância dada à "amplitude do peito"[211]. Os ginastas imóveis diante da objetiva fotográfica devem revelar até em suas atitudes tanto uma mobilização como um vigor potenciais. A República exibiria, através deles, uma força diretamente corporal.

---

207. SIMON, J. *La reforme de enseignement secondaire*. Op. cit. [capítulo sobre a ginástica, p. 135-136].

208. LAISNÉ, N. *Dictionnaire de gymnastique*. Op. cit., p. VII.

209. ARNAUD, P. (org.). *Les athlètes de la Republique*. Op. cit.

210. CHAMBAT, P. "Les muscles de Marianne..." Art. cit., p. 139.

211. TISSIÉ, P. "La gymnastique française". In: Id. (org.). *L'éducation physique*. Op. cit., p. 71.

V. O ginasta ou o esportista?

É precisamente sobre a disciplina que a ginástica devia ser contestada no final do século na França, bem como sobre sua visão quase política. Como prática construída no horizonte do exército, prática que ignora os esportes nascidos em meados do século, sua legitimidade se tornava inevitavelmente mais frágil. Como prática fortemente adaptada ao espaço e ao tempo da escola, ela podia acentuar a imagem autoritária e congelada desta. A polêmica conduzida pelos esportistas contra uma ginástica rígida demais ajudava a recompor os modelos do corpo do final do século. Ela dava uma imagem mais livre do esforço que sublinhava as iniciativas e os jogos. Dava também uma imagem mais completa da energia, sublinhando os gastos respiratórios, seus efeitos de respiração, quando não de liberdade.

1. A disciplina ou os jogos?

As práticas esportivas se afirmam sobre uma crítica da ginástica: "essa ocupação funesta que se faz hoje em dia de preparar as crianças para seus anos de caserna"[212].

A polêmica sobre os jogos e seus movimentos "livres" perturba, para falar a verdade, a opção ginástica desde meados do século XIX. Vernois, que faz uma pesquisa sobre as práticas dos liceus em 1869, já quer lembrar a riqueza fisiológica dos jogos: "Não conheço um só músculo que não seja posto, seja sozinho seja com seus vizinhos, em ação viva e harmônica em todos os jogos comuns à juventude, e por isso vos poupo de sua enumeração"[213]. Insensivelmente, sobre o tema do prazer e do relaxamento que dão, os jogos ganham em importância com o fim do século XIX. São ainda mais sublinhados porque podem servir de tomada de consciência antiautoritária, sensível,

---

212. SAINT-CLAIR, G. *Sports athlétiques*. Paris: [s.e.], 1883, p. XI.
213. VERNOIS, M. *Rapport sur la gymnastique dans les lycées de l'Empire*. Paris: [s.e.], 1869, p. 15.

desde os anos de 1880, ao que um discurso erudito chama de *surmenage* [estafa] e seu "esquecimento das leis da higiene"[214]. Tanto mais marcantes ainda porque numerosos jogos são organizados em instituições novas.

A polêmica entre "esportistas" e "ginastas" pode então se desenvolver, colocando, antes de tudo, um acento no debate sobre a autoridade. Os primeiros "esportistas" pretendem se organizar e não dever nada a uma hierarquia qualquer. Os jovens do "clube dos corredores", por exemplo (um dos primeiros clubes parisienses no final dos anos de 1870), dedicam-se a uma prática que não tinha nome na França: os "esportes atléticos"[215]. Eles se organizam apesar da ausência de "guia" para dirigi-los. Enviam seus representantes para organizações mais vastas. Atraem testemunhas e espectadores e cronometram às vezes suas corridas. O modelo seria o do *self-government*[216], com a competição por objetivo. O tema está no centro da campanha sobre os jogos esportivos organizados pelo jornal *Le Temps* em 1888: "Abramos a gaiola [...] ao ar livre, sobre vastas superfícies"[217], insiste Georges Rozet, numa série de crônicas desenvolvidas durante vários meses no mesmo jornal. O *Manual de exercícios ginásticos* dos anos de 1890 é, por outro lado, também, e pela primeira vez, um manual de "jogos escolares"[218]. É numa organização nova, sobretudo, é preciso repetir, que esses jogos se tornam "esportes", na França, a partir dos anos de 1880. A organização constituída por associações de "iguais", que animam e gerem competições físicas, é totalmente diferente daquela das sociedades ginásticas com sua hierarquia preestabelecida e suas diferenças sempre sublinhadas entre administradores e praticantes. Um dos atores dos anos de 1880 evoca, muito simplesmente, alguns anos mais tarde,

---

214. COUBERTIN, P. *L'éducation en Angleterre, collèges et univerité*. Paris: [s.e.], 1888, p. 35.

215. Cf. ÉOLE, F.R. & MAZZUCHELLI, L. *Les sports athlétiques*. Paris: [s.e.], 1985.

216. COUBERTIN, P. L'éducation anglaise en France [1889]. In: *Textes choisis*. Zurique: Weidmann, 1986, tomo II, p. 111.

217. DARYL, P. "Les jeux scolaires". *Le Temps*, 03/10/1888.

218. *Manuel d'exercices gymnastiques e de jeux scolaires*. Paris: [s.e.], 1892.

a originalidade desses primeiros dispositivos: "1) Na base, os atletas agrupados em sociedades ou clubes cujos dirigentes eles elegem. 2) Os comitês regionais ou ligas regionais compostas por membros eleitos pelos clubes [...]. 3) O poder central representado por um comitê diretor ou um conselho composto por delegados dos comitês dos clubes"[219]. Noutras palavras, o princípio da sociedade democrática.

2. Um corpo energético

O esporte consegue, mais ainda, sugerir uma nova representação do corpo: o lugar dado ao princípio "energético", o privilégio dado às trocas fisiológicas sobre as fixações anatômicas dos ginastas.

Há muito tempo, uma acentuação da referência energética podia fazer aparecer o benefício dos movimentos mais livres. A análise da respiração, por exemplo, a insistência sobre a troca de oxigênio, podia pôr em evidência a vantagem do trabalho muscular geral sobre o trabalho muscular localizado e especializado. As constatações de Lavoisier, com suas câmaras herméticas e suas análises dos ares respirados, deixam, aliás, entrever essas constatações no final do século XVIII[220].

Os primeiros ginastas do começo do século XIX, no entanto, ainda não exploravam a imagem do organismo "que queima" nem os recursos do treino para a respiração: o trabalho do pulmão não era sempre específico[221]. Era preciso que as referências científicas e culturais mudassem para que esse trabalho do pulmão fosse analisado e sublinhado de outro modo. Era preciso, por exemplo, que fosse explicitada a forma científica da energia, a da trans-

---

219. REICHEL, F. "Organisation du sport en France". *Encyclopédie des sports*. Paris, 1924, tomo I, p. 162-163.

220. LAVOISIER, A.-L. *Mémoires sur la respirtion des animaux*. Paris: [s.e.], 1787.

221. Cf., entre outros, o parágrafo sobre a "corrida precipitada" em CLIAS, P.H.*Callisthénie...* Op. cit., p. 74.

posição das calorias em trabalho; esse equivalente mecânico do calor cujo cálculo é, pela primeira vez, teorizado por Carnot em 1824[222]. A quantidade de oxigênio acumulada toma aí outro sentido, suscetível de "energizações" insuspeitas e consequências numeráveis sobre o trabalho: o aumento do pulmão pode acentuar o aumento do rendimento. Faltava, sobretudo, a difusão da teoria do equivalente "trabalho" do "calor", em meados do século XIX, sua extensão nos meios das técnicas e das indústrias para que a fórmula tivesse algum efeito nas práticas. O tema do treinamento pode então adquirir originalidade. O corpo é apenas uma morfologia "fechada", simples arquitetura limitada a um simples arranjo de alavancas cuja chave se há de encontrar na mecânica e na anatomia funcional (o que ilustraria a ginástica do século XIX), é um lugar de passagem onde se convertem energias cuja chave se há de encontrar na termodinâmica e numa ciência biológica atenta aos trabalhos dos químicos (o que o treinamento esportivo ilustraria). Os jogos, os esportes podem então ser legitimados de modo diferente do que eram até então: os exercícios dispersos e agitados (os esportes) ganham em importância sobre os parados e disciplinados (a ginástica). As turbulências e os intervalos podem até triunfar sobre a precisão e a fixidez. O argumento está no centro do processo que os esportistas moveram contra os ginastas.

Os efeitos da corrida, por exemplo, são interpretados de modo diferente. A corrida não age somente sobre os músculos das pernas, mas sobre o espaço dos pulmões. Daí essa representação totalmente inédita, a saber: só o trabalho das pernas, a duração das corridas, suas repetições (e não só a extensão parada do peito) poderiam metamorfosear a forma do tórax e o perfil do corpo. São elas que impõem um desenvolvimento particular do pulmão, são elas que, ao modificar o dispositivo respiratório interno, modificam também o seu lugar

---

222. CARNOT, S. *Réflexions sur la puissance motrice du feu et les moyens propres à développer cette puissance*. Paris: [s.e.], 1824. Cf. VAILLARD, R. & DAUMAS, M. La théorie cinétique des gaz. In: DAUMAS, M. (org.). *Histoire des sciences*. Paris: Gallimard, 1963, p. 905 [Col. "Bibliothèque de la Pléiade"].

anatômico externo: "No tórax, é o volume do conteúdo que determina o do continente"[223], afirma com força o fisiologista Lagrange, orientando para novas expectativas e sugerindo novas representações. Isso subverte a norma dos exercícios e seus efeitos esperados: o trabalho geral e global dos pulmões pode se tornar mais importante que a forma e a exatidão da atividade exigida. O gasto "esportivo" pode se tornar mais importante que a geometria "ginástica". É, aliás, para essa visão dos "motores" orgânicos, a do volume dos peitos, com suas formas, seus esquemas, que se inclina prioritariamente a primeira comissão médica instalada nos jogos olímpicos de 1900[224].

Noutras palavras, o "esportista" acrescenta uma visão energética do corpo à visão mais mecânica do "ginasta".

3. O esporte e o extremo da saúde

Mais amplamente, o esportista construiu um ambiente de atividades para as quais a sociedade industrial deu o seu sentido. É o do desempenho e do recorde. Esse ambiente progressivamente fabricou um novo espaço mítico com suas aberturas, seus horizontes indefinidos, seus heróis. Um universo dado quase como uma contrassociedade, modelo purificado da nossa, que cultiva a igualdade, o mérito e a lealdade. É o mito do exemplar que seduz, atraindo insensivelmente as multidões até tomar parcialmente o lugar do fervor religioso declinante. É esse mito, também, que contribuiu para construir um novo mundo de representações e de objetos com sua economia nascente, seus estádios, seus encontros que suscitam identificações surdas. Aliás, nada mais que uma oposição suplementar à ginástica, fosse ela complacente ou afetada: "O esporte é mais; é uma escola de audácia, de energia e

---

223. LAGRANGE, F. *Physiologie des exercices du corps*. Paris: [s.e.], 1888, p. 273.

224. Cf. MERILLON, D. *Exposition universelle de 1920* – Rapport sur les concours internationaux d'exercices physiques et de sport. 2 vols. Paris: [s.e.], 1901, p. 7.

de vontade perseverante. Por sua essência, ele tende para o excesso; são necessários campeonatos e recordes [...]"[225]

Esse universo do desempenho fez, afinal de contas, existir uma visão inédita da saúde, a qual é impossível ignorar. A segurança é certamente obscura, toda feita de convicção, mas traduz o sentimento novo de mobilidade, o de uma conquista no espaço e no tempo, afirmada pela elite do final do século: o desempenho numerado do esporte é logo interpretado como um aperfeiçoamento sanitário, ao mesmo tempo em que joga com a superação e o excesso[226]. Um modelo que *Le Temps* comenta após cada prova, nesse ano de 1888: "Os alunos não somente nadam melhor, mais rápido e durante mais tempo que nos anos precedentes, não só mostram uma resistência à fadiga como nunca se conhecera, mas também sua condição física é absolutamente diferente daquela de trinta meses atrás"[227]. É a existência de um progresso possível instalado no coração das defesas corporais. Assim o esporte se torna demonstrativo, um sinal de modernidade, um penhor de progresso, ao ponto de os promotores da Exposição Universal de 1900 o apresentarem como prova de uma renovação física. A exposição parisiense explora o símbolo. Ela é a primeira dessas manifestações universais a utilizar o cenário esportivo: provas exibidas como são as máquinas, associadas a elas, suscetíveis como elas de um aperfeiçoamento contínuo. Os concursos de corrida, de salto, de tiro, de *lawn tennis*, espalhados em torno dos pavilhões dos expositores ou nos bosques periféricos de Paris, são a ocasião de comentar a saúde coletiva, seu adiantamento ou seu declínio possíveis. A maratona, por exemplo, realizada em torno das fortificações parisienses, torna-se um indício en-

---

225. COUBERTIN, P. "Discours à la cérémonie de clôture des Jeux d'hiver (Chamonix, 1924)". *Textes choisis.* Op. cit., tomo II, p. 320.

226. Cf. a este respeito a bela tese de QUEVAL, I. *Le complexe d'Astérix* – Généalogie du dépassement de soi dans sa verson sportive e dopante. Paris: [s.e.], 2002 [Universidade Paris V].

227. *Le Temps*, 16/05/1891.

tre outros: "Decididamente os pessimistas estão errados, a raça humana não degenera absolutamente, visto que nossos contemporâneos podem realizar sem perigo a façanha que custou a vida ao soldado de Atenas"[228].

A originalidade não é passar da não saúde à saúde, mas aprofundar a própria saúde, imaginar seu crescimento indefinido. É o "sanatório para os que têm boa saúde"[229], estabelecimento projetado por Pierre de Coubertin numa de suas ficções com valor de programa. A imagem é econômica, orientada para a "mais-valia física"[230]: regime, exercícios, levantar às sete horas, deitar às nove horas, treino contínuo deveriam transfigurar a saúde até deslocar suas fronteiras. Nunca a normalidade sanitária tinha, a esse ponto, parecido modulável, perfectível, voltada para o futuro e o progresso.

No entanto, não havia nenhuma ação esportiva de massa nesse começo do século XX. Os nadadores matriculados na Federação Francesa de Natação são menos de mil em 1920 e os atletas matriculados na Federação Francesa de Atletismo são menos de quinze mil na mesma data[231]. Em compensação, a prática é bastante nova para abalar as convicções. Uma segurança que Bergson traduz numa resposta ao *Gaulois littéraire* em 1912: "O que aprecio, sobretudo, nos esportes é a confiança em si que eles proporcionam. Creio num renascimento da moral francesa"[232].

O esporte não encarna somente a renovação das representações do corpo, encarna uma renovação mais ampla da cultura, uma visão sempre mais tecnicizada do espaço, uma visão sempre mais calculada do tempo, uma vi-

---

228. *La vie au grand air*. [s.l.]: [s.e.], 1900, p. 570.

229. COUBERTIN, P. *Essais de psychologie sportive*. Grenoble: Millon, 1992, p. 44 [1. ed., 1913].

230. Ibid.

231. Cf. DENIS, G. *Encyclopédie générale des sports et sociétés sportives en France*. Paris: [s.e.], 1946, p. 33 e 548.

232. *Le Gaulois Littéraire*, 15/06/1912.

são sempre mais democratizada das trocas e da sociabilidade. Ele faz esse corpo participar, até nos seus investimentos mais íntimos, daquilo que parece, já no começo do século XX, uma visão do futuro.

ÍNDICE DE NOMES PRÓPRIOS*

Abe, Yoshio, 144n.

Abélès, Luce, 144n.

About, Edmond, 121n.

Ackerknecht, Erwin, 20n.

Adler, Laure, 229n, 231n.

Agostinho (Santo), 79, 83, 333, 349

Agulhon, Maurice, 67, 462n.

Albert, Pierre, 333, 335n.

Alberti, Leon Battista, 103s.

Alcock, Charles W., 439n.

Aldini, Jean, 295

Alloula, Malek, 239n.

Alq, Louise d', 387n.

Amalvi, Christian, 58n.

Ambrósio (Santo), 69

Amiel, Henri-Frédéric, 202

Amoros, Francisco, 408, 409n., 410-412, 414n., 416s., 418n., 466n.

Ana (Santa), 63

Ancel, Paul, 360n.

Andlauer, Jeanne, 87s.

Andral, Gabriel, 47

Angotti, Heliana, 142n., 166n.

Anstey, Rhona, 454

Antier, Benjamin, 164, 166

Appert, Benjamin, 47

Apponyi, Rodolphe, 383

Apter, Emily, 239n., 255, 256n.

Arasse, Daniel, 287n., 301s.

Arcet, J.-P. d', 317

Archer, Fred, 428

Ariès, Philippe, 198n., 224n., 298

---

* A letra "n" após os números de página indica nota de rodapé.

Aristóteles, 185, 342

Arlott, John, 423

Arnaud, Antoine, 357

Arnaud, Pierre, 401n., 418n., 442n., 457n., 462n., 465n., 468n., 469n., 470

Arnold, Odile, 71, 72n., 82, 83n., 85n., 87s., 89n., 334n.

Arnold, Thomas, 432

Arnould, Jules, 389n.

Aron, Jean-Paul, 188n., 223s.

Artières, Philippe, 311n.

Astorg, Bertrand d', 239n.

Atkin, Nicholas, 71n.

Aubenas, Sylvie, 125n.

Aubert (editor), 148n., 159, 171-173

Audoin-Rouzeau, Stéphane, 312

Auenbrugger, 22

Azouvi, François, 44n.

Backouche, Isabelle, 384n.

Bacon, Francis, 18

Baecque, Antoine de, 269n., 270, 272n., 300n., 302n.

Baer, Karl Ernst von, 188

Baillette, Frédéric, 213, 243, 244n.

Baldin, Damien, 238n.

Baldwin, Peter, 391n.

Balzac, Honoré de, 115, 136, 138, 148, 149n., 150n., 152, 159, 161s., 167, 174, 255, 376s., 382, 385, 406, 416, 417n.

Banville, Théodore de, 164, 165n., 168, 170n.

Bara, Joseph, 111

Barberot, Étienne, 391n.

Barbey d'Aurevilly, Jules, 192, 197, 212

Barclay (capitão), 427

Barnes, David, 315, 435

Barnum, Phineas Taylor, 363s.

Barral, Catherine, 349n., 354n., 366n.

Barras Vincent, 164, 293, 295n.

Barré, Louis-Auguste, 391n.

Barré, Paul, 391n.

Barthez, Paul-Joseph, 43

Basedow, Johann Bernhard, 351

Bashkirtseff, Marie, 228n.

Basly, Émile-Joseph (deputado), 320

Baudelaire, Charles, 134, 144n., 146, 147n., 162-164, 176, 223, 252, 259

Índice de nomes próprios

Baudrillard, Jean, 215

Baudry, Paul, 130

Baylac Choulet, Jean-Pierre, 231

Bazin (Anaïs de Raucou), 145n.

Beattie, John Maurice, 398

Beaubatie, Yannick, 294n., 295n.

Beccaria, Cesare Bonesana, Marquês de, 283

Becchi, Egle, 354n.

Becquerel, Alfred, 382

Beddoes, Thomas, 39

Beethoven, Ludwig von, 301

Begin, Louis Jacques, 414n., 416n.

Béjin, André, 224n.

Belcher, Jem, 426

Belloc, Auguste, 213

Bendz, Wilhelm, 117

Bénichou, Paul, 366n.

Benkert, Joseph, 246

Béraldi, Henri, 176

Bérard, Pierre Honoré, 465n.

Bercé, Yves-Marie, 52n.

Bérenger, René, 210

Bergeret, L.F. (doutor), 202s.

Bergman-Osterberg (madame), 454

Bergson, Henri, 477

Berlière, Jean-Marc, 229n.

Bernard, Claude, 36-43, 55, 296

Bernheimer, Charles, 229n.

Berry, Charles-Ferdinand, Duque de, 303

Bert, Paul, 296

Bertherat, Bruno, 297, 299n.

Berthier, J.-M.F. (doutor), 77

Bertholet, Claude-Louis, 37

Bertrand, Alexandre (doutor), 165s., 169s., 172n., 174s., 201, 258

Bertrand, Régis, 292n., 293n., 294n.

Bettazzi, Rudolfo, 210

Bézagu-Deluy, Maryse, 351n.

Bichat, Marie-François-Xavier, 25, 38, 43, 295, 331

Bidan (policial), 276

Binet, Alfred, 182, 237

Bionnier, Yvon, 276n.

Birley, Derek, 422n.

Bischoff, Theodor L.W., 188

Blake, William, 113s.

Blanchard, Pascal, 239n.

Blasis, Carlo, 412n.

Bloy, Léon, 197

Boerhaave, Hermann, 18, 20

Boëtsch, Gilles, 239

Bogdan, Robert, 363

Bollet, Jean, 361n.

Bologne, Jean-Claude, 109n.

Bonduelle, Michel, 48n.

Bonello, Christian, 223, 224n., 226n., 248n., 251n.

Bonnet, Jean-Claude, 302n.

Bonnet, Marie-Jo, 223, 224n., 252n.

Bonnier, Louis, 386

Boone, Chantal, 33n.

Bordeu, Théophile de, 43

Borel, France, 121n.

Borie, Jean, 188n., 205n.

Boruwlaski, Joseph, 355s.

Bosko, Karel, 335n.

Bossuet, Jacques Bénigne, 59, 69n.

Bottex, Alexandre, 47

Bouguereau, 214

Bouilhet, Louis, 238

Bouillaud, Jean-Baptiste, 47

Boulard, Fernand (cônego), 57n.

Boullier, Francisque, 342

Bouquet, 148n.

Bourcier, Marie-Helène, 224, 253

Bourdelais, Patrice, 23n., 51n., 390n., 392n.

Bourdon, Georges, 441n.

Bourgeois d'Orvanne, Alfred, 388

Bourgeois, Léon, 373

Bourget, Paul, 229

Bourneville, Désiré Magloire, 351, 355

Bourzac, Albert, 465n.

Bousquet, J. (doutor), 77

Boutry, Philippe, 62n., 71n., 90s., 93

Bouvier, Jean-Baptiste, 69n., 80

Boyer d'Argens, Jean-Baptiste de, 209

Boyle, Robert, 448

Brachet, Jean-Louis (doutor), 221

Brailsford, Dennis, 422n., 426n.

Breughel, Pierre, 348

Brierre de Boismont, Alexandre, 47

Brieux, Eugène, 263

Briffault, Eugène, 403n., 404n., 406

Briquet, Pierre, 221

Broca, Paul, 47, 333

Brodie, Benjamin, 429

Brohm, Jean-Marie, 7n.

Brookes, Christopher, 424n.

Brouardel, Paul Camille Hippolyte, 308, 392n.

Broughton, Jack, 425s.

Broussais, François Joseph Victor, 44, 47, 221

Brown, Ford Maddox, 126

Brown-Séquard, Édouard, 296

Bruit, Louise, 209n., 228n.

Brune, Guillaume (marechal), 275

Buchan, A.P., 199

Buchez, Philippe Joseph Benjamin, 407n.

Bueltzingsloewen, Isabelle von, 39n.

Buffon, 78n.

Buisson, François-Joseph (doutor), 337

Bullough, Vern L., 229n.

Burne-Jones, Edward, 132

Buruma, Ian, 434n.

Busch, Werner, 112, 113n.

Butler, Arthur Gray, 433

Butler, Josephine, 210

Byron, George Gordon (Lorde), 405, 426

Cabanel, Alexandre, 128-130, 214

Cabanis, Georges, 28s., 44s., 193-195, 295, 314, 331s.

Callède, Jean-Paul, 442n.

Callot, Jacques, 145

Cangrain, A. (doutor), 77n.

Canguilhem, Georges, 359

Canova, Antonio, 139

Caracciolo-Arizzoli, Maria Teresa, 154

Carjat, Étienne, 169, 170n.

Carlile, Richard, 183

Carlyle, Thomas, 434

Carnot, Hippolyte, 418

Carnot, Sadi, 367, 38n., 418, 463, 474

Carol, Anne, 66, 198n., 200n., 292n., 293n., 294n., 295n., 296s.

Caron, Jean-Claude, 227n., 228, 336

Caron, Pierre, 271n., 281n.

Carpeaux, Jean-Baptiste, 135

Carpentier, Georges, 451

Carroy, Jacqueline, 99n., 235n.

Casagrande, Carla, 79

Casta-Rosaz, Fabienne, 228

Castel, Robert, 349s.

Castex, Pierre-Georges, 162n.

Castiglione, Condessa de, 134

Celnart, Élisabeth, 379

Certeau, Michel de, 213

Cervantes, 143

Chambat, Pierre, 465n., 468n., 469n., 470n.

Chambert, filho, 276

Champfleury (Jules Husson), 144, 146, 148, 150n., 151n., 154n., 155, 157, 158n., 159n., 160, 161n., 163

Chaperon, Sylvie, 224n.

Charcot, Jean-Martin, 48, 98, 125n., 220, 248, 253, 263, 335

Charrié, Pierre, 396

Chateaubriand, François René de, 69s., 83, 273

Chatelier, Armelle, 239n.

Chaume, Geoffroy de, 134

Chauvaud, Frédéric, 224, 276n., 277, 307n.

Chéret, Jules, 152n.

Chevalier, Julien (doutor), 249, 251

Chevalier, Louis, 314

Cholvy, Gérard, 57n.

Chopelin, Paul, 76n.

Christensen, Christen, 117

Chysdale, Matthew, 295

Cinquin, Michel, 62n.

Cladel, Judith, 138n.

Clark, Timoty K., 143, 215n.

Clarke, William E., 341

Claude, Antoine, 280

Claverie, Élisabeth, 75n., 234n., 309

Clément, Charles, 116n.

Clésinger, Auguste, 134, 137

Clias, Peter Heinrich, 407, 410, 411n., 412, 413n., 415n., 473n.

Clydsdale, Matthew, 295

Coffin, Jean-Christophe, 366, 368

Cohen, Margaret, 239n., 256n.

Colet, Louise, 219

Colley, Linda, 426n.

Collineau, Alfred, 463n., 465n.

Collingham, E.N., 245

Comte, Augusto, 37

Condillac, Étienne Bonnot de, 28, 350

Considérant, Victor, 383

Constable, John, 137

Corbin, Alain, 53n., 58n., 62n., 64n., 74n., 83n., 197n., 229n., 236n., 237n., 261n., 264n., 269n., 273n., 276n., 299n., 306n., 310n., 315n., 334n., 348n.

Corday, Charlotte, 294

Cordier, Alexandra, 308, 361n.

Corvisart, Jean-Nicolas, 23

Corvol, Pierre, 24n.

Cottereau, Alain, 316n., 318n., 319, 322n.

Cotton, George Edward Lynch, 433

Coubertin, Pierre de, 440s., 443n., 456, 472, 476n., 477

Coucy, F. de, 378n.

Coudray, Marguerite du, 19s.

Courbet, Gustave, 119-124, 126, 144n., 214s.

Courier, Paul Louis, 73, 395s.

Courmont, Jules, 392n.

Courtin, Eustache Marie, 375, 413n., 414

Courtivron, Ludovic Antoine François Marie le Compasseur, Visconde de, 402n.

Couture, Thomas, 104

Couty de la Pommerais, Louis (doutor), 296

Crary, Jonathan, 215n., 256

Croiset-Moiset, M.-C., 396

Crouzet, Denis, 269n.

Crow, Thomas, 111n.

Csergo, Julia, 387n.

Cullen, William, 25, 220

Cuno, James B., 151n., 153n., 154n.

Curtius (Philippe-Guillaume Kreutz), 363

Dague, P., 354n.

Dakhlia, Jocelyne, 239n.

Dally, Eugène, 368n.

Daly, César, 386

Damiens, Robert François, 271, 283

Dante, 112, 151n., 213

Dareste, Camille, 360n., 361

Darmon, Pierre, 52n.

Darvillé, Wil, 389

Darwin, Charles, 369s., 430

Daudet, Alphonse, 263

Daumas, Maurice, 474n.

Daumier, Honoré, 119s., 122s., 128, 143s., 148n., 156n., 161, 163-165, 166n., 167-176, 380, 403, 406, 409

David, Jacques Louis, 107s., 110-115, 118, 120s., 128

David, Théophile, 390

Davidson, A.I., 181n.

Davy, Humphry, 39, 341

Debreyne, Pierre J.C., 78, 80, 84

Defrance, Jacques, 416n., 419n., 460n.

Degas, Edgar, 123s., 134

Déjazet, Virginie, 219

Delacroix, Eugène, 101, 116, 120-122, 125, 127, 141s., 176

Delage, Yves, 360n., 361

Delaporte (litógrafo), 148n.

Delasiauve, Louis, 47

Delattre, Simone, 219n., 292n.

Delille, Jacques (padre), 303

Delon, Michel, 72n., 206n., 208n.

Delteil, Loys (abreviado L.D.), 122n., 128n., 165n., 172n.

Delumeau, Jean, 326n.

Delveaum, Alfred, 189

Delville, Jean, 132

Demartini, Anne-Emmanuelle, 293n., 301n., 365

Demeaux, Jacques Begouen, 387

Denis, Georges, 477n.

Déroulède, Paul, 464, 468n.

Désaguliers, Jean Théophile, 408

Descartes, René, 18, 331

Descaves, Lucien, 348

Desforges, Pierre (cônego), 76

Desnoyers, Louis, 171

Désormeaux, Antonin-Jean, 22

Dessertine, Dominique, 53n.

Dias, Nélia, 256

Diderot, Denis, 89, 158, 350, 355, 357, 414

Didi-Huberman, Georges, 220

Disjkstra, Bram, 212

Disney, Walt, 170n.

Docx, Guillaume, 416n.

Dod, Lottie, 455

Doré, Gustave, 143

Doubleday, Abner, 444

Doussinet, Raymond, 397n.

Drouais, Jean-Germain, 110, 111n., 136

Du Camp, Maxime, 240-242, 292

Duché, Didier-Jacques, 198n.

Duchenne de Boulogne, Guillaume Benjamin, 342

Índice de nomes próprios

Duffin, Jacalyn, 23

Dufieux, Jean Ennemond, 69, 78n.

Dufour, Léon, 33

Dujardin-Beaumetz, Georges (doutor), 294

Dumas, Alexandre, 158

Dumontier, Ludovic, 301

Dupin, Charles, 409, 412, 413n.

Duprat, Annie, 302n.

Dupront, Alphonse, 68, 94n.

Dupuytren, Guillaume, 260, 336, 363

Dürer, Albrecht, 103

Durieu, Eugène, 213

Edelman, Nicole, 48n., 220n., 221, 254

Edwards, William Frederic, 381

Ehrard, Jean, 184n.

Ehrenberg, Alain, 463n.

Eisenberg, Christiane, 443n.

Elias, Norbert, 35, 425

Ellis, Havelock, 182, 238, 247, 249, 251

Emmely, H.C., 384n.

Emmerich, Anne-Catherine, 335

Épée, Charles, Padre de l', 350-352

Éribon, Didier, 223, 224n., 246

Esquirol, Jean Étienne Dominique, 307

Ewald, François, 352n., 371n.

Ewing, William A., 214n.

Fabisch, Joseph, 66

Fabre, François-Xavier, 108, 111n.

Falret, Jean-Pierre, 47

Faraday, Michael, 341

Farge, Arlette, 331

Farre (general), 465n.

Fauchery, 171n.

Faure, Olivier, 19n., 23n., 25n., 31n., 43n., 44n., 52n., 53n.

Faury, Jean, 73

Favier, Claudius, 468s.

Favre, Robert, 298n.

Fechter, Charles, 219

Fénéon, Félix, 152n.

Féré, Charles-Samson, 182, 246, 248, 251

Ferrer, Jean-Marc, 298n.

Ferron, Laurent, 308, 309n., 310

Fieschi, Giuseppe, 279

Figuier, Louis, 243

Filomena, Santa, 71

Fine, Agnès, 265n.

Finnegan, Frances, 229n.

Fischer, Jean-Louis, 204n., 360n., 361n.

Flandrin, Jean-Louis, 73, 79n., 198n., 204n., 228, 233n.

Flaubert, Gustave, 162, 221s., 238, 240-242, 259, 261

Flaxman, John, 112s.

Fodéré, François-Emmanuel, 77n.

Fol, Herman, 360n.

Fontenelle, Bernard Le Bovier de, 356

Fonvielle, Wilfrid de, 390n.

Ford, Caroline, 71n.

Ford, Peter, 364n.

Forel, Auguste, 229

Foucault, Michel, 34, 181s., 198, 223, 226, 232, 246, 283s., 336, 398n.

Fouquet, Catherine, 184n.

Fournier, Alfred, 197, 262, 321

Fournier-Pescay, François, 414n., 416n.

Foville, Achille, 47

Foy, François, 376n., 379n., 380n.

Foy, Maximilien Sébastien (general), 304, 377n.

Fraenkel, Béatrice, 157n.

Franchet, Antoine, 77

Fremigacci, Isabelle, 313n.

Freud, Sigmund, 55, 234, 266

Freund, Julien, 370n.

Friès, C., 403n.

Fromentin, Eugène, 239

Fry, Charles Burgess, 451

Fureix, Emmanuel, 299n., 301, 302n.

Füssli, Heinrich, 113

Gagneux, Yves, 89n.

Gagnon, Gemma, 309

Galeno, Cláudio, 18n., 185, 331

Gall, Franz-Joseph, 46

Gallard, Théophile, 465n.

Galliffet, Gaston Alexandre Auguste, Marquês de (general), 280

Galtier-Boissière, Émile, 390n.

Galton, Francis, 247

Índice de nomes próprios

Galvani, Luigi, 295

Gambetta, Paul, 468n.

Garb, Tamar, 256n., 260

Garniche-Merritt, Marie-José, 73n.

Garnier, Charles, 135

Garnot, Benoît, 283n.

Gasser, Jacques, 48n.

Gateaux-Mennecier, Jacqueline, 351n.

Gauchet, Marcel, 48n.

Gaudin, Jacques (abade), 76

Gauguin, Paul, 104, 133

Gautier, Théophile, 166, 401

Gavarni (Sulpice-Guillaume Chevalier), 169, 176

Gay, Peter, 183, 212, 214

Gelfand, Toby, 48n.

Geoffroy de Chaume, 134

Geoffroy Saint-Hilaire, Étienne, 357s.

Geoffroy Saint-Hilaire, Isidore, 357-360

Georgel, Pierre, 151n.

Georget, Étienne, 221

Gérando, Joseph Marie de, 416

Géricault, Théodore, 116, 118-121, 132

Gérôme, Jean-Léon, 125n.

Getty, Clive, 147n., 148n., 149n.

Giedon, Sigfried, 386

Gigault de la Bédollière, Émile, 409

Gillray, James, 119s.

Giorgione, 103, 129

Girard, 402n.

Girardet, Raoul, 463n.

Girardin, Eugène de, 172

Girodet, Anne Louis, 110s.

Girouard, Mark, 438

Gissing, George, 431

Gladstone, William Ewart, 441

Gobineau, Joseph Arthur de, Comandante, 370

Goethe, Johann Wolfgang, 167, 197

Goetz, Christopher G., 48n.

Goffman, Erving, 373

Goldscheider, Cécile, 138n.

Goldstein, Jan, 45n., 48n.

Goncourt, Jules e Edmond de, 169n., 192, 211, 221-223

Goubert, Jean-Pierre, 50n., 384n.

Gould, Arthur, 448

Goulemot, Jean-Marie, 206s.

Gounot, André, 453n.

Gourarier, Zeev, 171n.

Gousset, Thomas, 80

Goutière Vernolle, Émile, 463n.

Grace, William Gilbert, 424s.

Graglia, Désiré, 82

Grand-Carteret, John, 145n., 165n.

Grandcoing, Philippe, 298n.

Grandville, J.-J. (Jean Ignace Isidore Gérard), 143, 147-149, 151, 173, 403

Grayson, Edward, 437n.

Gréard, Octave, 461

Grmek, Misko D., 15n., 19n., 22n., 23n., 37n., 38n.

Groningue, J. de, 258

Gros, Frédéric, 284n.

Grossiord, André, 360

Grou, Jean-Nicolas, S.J., 61

Grousset, Paschal, 441

Guérin (fotógrafo), 214

Guérin, Jules, 359s., 361n.

Gueslin, André, 350n., 353n.

Guignard, Laurence, 361n.

Guilhaumou, Jacques, 302n.

Guillaume, Pierre, 53n., 147n., 373n.

Guillerme, Jacques, 393n.

Guignard, Louis, 289n., 293n.

Gury, Jean-Pierre, S.J., 81

Gwynn, Lewis, 274n.

Hadjinicolau, Nikos, 141n.

Hahn, Hazel, 256, 260

Hahn, P., 224n.

Hales, Stephen, 24

Haley, Bruce, 429n., 433n.

Haller, Albrecht von, 28

Hamon, Philippe, 197, 210s., 260

Hanoum, Leïla, 239n.

Harris, Ruth, 65n., 66, 95n., 96, 98s.

Harsin, Jill, 229n.

Haüy, Valentin, 350

Helmholtz, Hermann von, 22

Henri, Pierre, 351n.

Henry Michel, 7

Héran, Emmanuelle, 301n.

Hickman, Henry Hill, 341

Hilaire, Yves-Marie, 57n., 61n., 233n.

Hillairet, Jean-Baptiste, 419, 467n.

Hintermeyer, Pascal, 298n.

Hipócrates, 14, 18, 29, 33, 50

Hirschfeld, Magnus, 182, 248

Hodler, Ferdinand, 133

Hoffmann, Friedrich, 28, 220

Hogarth, William, 143

Hohenberg, Paul M., 432n.

Hollander, Anne, 107n.

Holmes, Frederic, L., 37n.

Holt, Richard, 393, 420n., 429n., 430n., 436n., 440n., 443n., 451n., 453n., 455n.

Homo, Hippolyte (doutor), 230

Hoppen, K. Theodore, 429n.

Horman, William, 423

Houbre, Gabrielle, 223

Houssaye, Henry, 274n.

Howel, Michael, 364

Hughes, Thomas, 433

Hugo, Victor, 134, 142, 143n., 151, 388n., 364s.

Humerose, Alan, 216, 218n.

Hunt, Lynn, 206n., 302n., 332n.

Hunt, William Holman, 126

Hunter, William, 25

Hutchinson, John, 261

Huysmans, Joris-Karl, 262

Ibrahim, Annie, 357n.

Imbert-Gourbeyre, Antoine, 21n., 335

Ingres, Jean Auguste Dominique, 404n.

Isabey, Jean-Baptiste, 147

Itard, Jean-Marc-Gaspard, 349, 351

Jack, o Estripador, 311

Jackson, John, 426

Jacques, Jean-Pierre, 224n.

Jahn, Friedrich Ludwig, 459

James, Henry, 143n.

Janet, Pierre, 234, 266

Jeanron, 142

Jelk, Serge, 338n., 341n.

Jeudy, Henri-Pierre, 216

João da Cruz (São), 85

Joaquim (São), 63

Jobert, Antoine Joseph (doutor), 342

Jodelet, Denise, 238n.

Johannot, Tony, 143

Johnson, Jack, 452

Johnson, Paul, 398

Jorry, Sébastien Louis Gabriel, 416n.

Joutard, Philippe, 57n.

Jouy, Étienne, 160n.

Julia, Dominique, 354n.

Julia de Fontenelle, Jean-Sébastien-Eugène (doutor), 296

Jullien, Marc Antoine, 412n.

Kaan, Heinrich, 247

Kalifa, Dominique, 311n.

Kant, Immanuel, 350

Kardec, Allan (Denisard Léon Hippolyte Rivail), 98

Karr, Alphonse, 403n., 404n.

Karsenti, Bruno, 347n.

Keel, Othmar, 20n.

Kelly, George Armstrong, 302n.

Kempf, Roger, 224

Khalil-Bey, 123

Kimball, Nell, 388, 389n.

Kingsley, Charles, 433

Kinnaird, Lorde, 446

Klee, Paul, 101

Kleist, Heinrich von, 305

Knibiehler, Yvonne, 184n.

Koch, Robert, 35, 49

Kock, Paul de, 384

Korpès, Jean-Louis, 366n.

Krafft-Ebing, Richard von, 182, 236s., 247s., 251, 331

La Berge, Ann, 26n.

La Soudière, Martin de, 337n.

Labarraque, Antoine-Germain, 298, 303

La Bédolière, Émile de, 116

Laborde, J.V. (doutor), 296

Laborde, Léon de, 109

Labouré, Catherine, 65, 89

Labrunie, E. (doutor), 77n.

Lacambre, Geneviève, 144n.

Índice de nomes próprios

Lacassagne, Alexandre, 311, 389n.

Lacassagne, Francis, 311

Lacenaire, Pierre-François, 293, 301

Lacordaire, Henri, 58, 84

Laennec, Théophile, 23, 32

Lafarge, Marie, 259

Lagrange, Fernand, 475

Lagrange, Hugues, 398n.

Laisné, Napoléon, 466n., 470n.

Lalouette, Jacqueline, 98n.

Lamaison, Pierre, 75n., 234n., 309

Lamarre, Annie, 210

Lamour, Éric, 291n.

Lane, Harlane, 349n.

Langlois, Claude, 58, 77n., 91, 302n.

Lannes, Jean (marechal), 303

Lantéri-Laura, Georges, 248n.

Lapalus, Sylvie, 290n., 312

Laplace, Pierre-Simon, 37

Lapray, Xavier, 292n.

Laqueur, Thomas, 182, 183n., 185n., 186, 187n., 198n., 286n., 332n.

Larousse, Pierre, 194, 195n.

Lateau, Louise, 335

Laty, Dominique, 413n.

Laurand, H. (doutor), 354n.

Laurentin, René, 65n., 98

Lautman, Françoise, 94n.

Lavater, Johann Kaspar, 148

Lavilatte, Marie-Jeanne, 30n., 329, 338n., 339, 341n., 342n.

Lavoisier, Antoine Laurent, 410, 473

Leão XIII, Papa (Vincenzo Pecci), 97

Lebecq, Pierre-Alban, 441n.

Le Bras, Gabriel, 57n.

Le Breton, David, de, 243, 329n., 330

Le Goff, Jacques, 57n.

Le Goff, T.J.A., 77n.

Le Men, Ségolène, 154n., 159n., 171n., 173n., 243, 256n., 314

Lebrun, François, 57n.

Lécuyer, Bernard-Pierre, 317

Lees, Lynn Hollen, 432n.

Leibniz, Gottfried Wilhelm, 349

Lejeune, Philippe, 209n., 247n.

Lemaître, Frédérick, 164-167, 169, 171

Lémery, Nicolas, 356

Léonard, Jacques, 15n., 190, 337, 378n.

Leonardo da Vinci, 103, 143n.

Leproux, Paul, 95n.

Lequin, Yves, 323n., 326n.

Lessing, Gotthold Ephraim, 104s.

Lever, Maurice, 365n.

Lévy, Michel, 162n.

Liberato, Isabel, 229n.

Ligório, Afonso de, 81s., 205, 264

Ling, Per Henrik, 459

Liotard, Philippe, 239

Littré, Alexis, 356

Locke, John, 349

Lombroso, Cesare, 247n., 311, 368

Londe, Charles, 418n.

Loti, Pierre, 244s.

Louis, Pierre, 23

Louis-Philippe, 143, 153, 167, 171

Loux, Françoise, 264

Louyer-Villermay, Jean-Baptiste de, 220s.

Lowerson, John, 450n.

Lucas, Colin, 274n., 275

Lucas, Prosper, 263

Lynch, David, 275n., 364n.

Lyon-Caen, Judith, 259

Lyonnet, Henry, 145n., 165n.

M'sili, Marine, 292n.

Mac Aloon, John, 441n.

Mac Laren, Angus, 265n.

Macé, G., 237

Maeder, Adam, 416

Magendie, François, 27, 31, 37, 40, 341, 381

Magnan, Valentin, 182, 247s., 251

Maine de Biran (Marie François-Pierre Gontier de Biran), 8, 45, 332

Maistre, Joseph de, 284

Malcolmson, Robert W., 425n.

Malebranche, Nicolas de, 331s.

Malgaigne, Joseph-François (doutor), 342

Mallarmé, Stéphane, 131

Malthus, Thomas-Robert, 192

Mandressi, Rafael, 18n.

Manet, Édouard, 104, 128s., 137, 214s.

Índice de nomes próprios

Mangan, James Anthony, 430n., 433n., 451n., 453n.

Mantegazza, Paul, 249

Marat, Jean-Paul, 302

Marbot, Bernard, 217n.

Marc, Charles-Chrétien-Henri (doutor), 307

Marconi, Gaudenzio, 125, 137

Marcus, Steven, 210

Maréchaux, Xavier, 90n.

Maria (Virgem), 59n., 60, 68

Marie-Zoé (irmã), 90s.

Martin, Ernest, 361n.

Martin, Jean-Clément, 270n., 273n.

Martin, Teresa (do Menino Jesus), 61

Martinet-Hautecoeur, 148n.

Martin-Fugier, Anne, 96n.

Marx, Karl Friedrich, 434

Mason, Tony, 446n., 449n., 452n.

Masset, Claude, 271n.

Massillon, 90

Matlock, Jann, 255, 256n., 259n., 260

Matzneff, Gabriel, 405n.

Maugue, Anne-Lise, 250

Maulitz, Russel C., 23n.

Maupassant, Guy de, 209, 237, 263, 348, 364

Mauss, Marcel, 347

Mayer, Alfred, 385

Mayeur, Jean-Marie, 276n.

Mazzuchelli, L., 472n.

McCauley, Anne, 160n.

McCrone, Kathleen E., 454

Meininger, Anne-Marie, 155, 161n.

Meissonnier, Jean-Louis Ernest, 127

Méliès, Georges, 364

Memling, Hans, 103

Mendel, Johann, 53, 367

Mendès, Catulle, 197

Mendoza, Daniel, 426

Menon, Elisabeth K., 147n., 148n., 149n., 152, 153n.

Menzel, Adolph von, 127

Méray, Anthony, 259

Mercurialis, Hieronimus, 467n.

Merillon, Daniel, 475n.

Mérimée, Prosper, 197

Mérode, Cléo de, 101

Merrick, John, 364

495

Merriman, John, 94n.

Méry, Joseph, 166

Mesnil, Octave du, 388

Métais-Thoreau, Odile, 76

Meunier, René, 418n.

Meurand, Victorine, 130

Meyer, Arielle, 215n.

Michaud, Stéphane, 70

Michel de Bourges (Louis-Chrysostome Michel, 219

Michel, Jacques, 38n.

Michel, Régis, 105n.

Michel-Ange (Michelangelo Buonarroti), 103

Michelet, Jules, 188s.

Milanesi, Claudio, 295n.

Millais, John Everett, 126

Milliat, Alice, 457

Millot, Jacques-André, 379n.

Milner, Max, 256n.

Mirabeau, 153n.

Mirman, Léon, 371

Mogensen, Nels Wayne, 398

Molière (Jean-Baptiste Poquelin), 163, 167, 175

Moll, Albert, 237, 249

Monestier, Martin, 361n.

Moneys, Alain de, 276

Monnier, Henry-Bonaventure, 144, 154-164, 167, 173, 176, 406

Montaigne, Michel de, 328, 357

Montessori, Maria, 351

Montfort, Antoine, 116n.

Moreau de Tours, Jacques-Joseph, 248

Moreau, Gustave, 132s.

Moreau, Jean-Michel (Le Jeune), 228

Moreau, Thérèse, 188n.

Morel, Bénédict-Augustin, 247, 251, 263, 366-368

Moreno Mengibar, Andrés, 198n., 229n., 246n.

Moriceau, Caroline, 314, 318n., 319n., 321n., 322-324

Morin, Joseph, 377n., 416n.

Morny, Charles-Auguste-Louis-Joseph, Duque de, 252

Morton, William T. Green (doutor), 342

Mosso, Angelo, 319

Mucha, Alphonse-Marie, 237

Muracciole, Marie-Madelaine, 398

Murad, Lion, 388n.

Murphy, Gwenaël, 89, 90n.

Musset, Alfred de, 148s., 222, 252

Myers, Arthur Wallace, 456

Mynn, Alfred, 424

Mytton, John, 423

Nadar, 125n.

Nadaud, Martin, 321, 388, 399s., 401n.

Nanteuil, Célestin, 172n.

Napoleão I, 153n.

Napoleão III, 37, 238

Necker, Suzanne (madame), 300

Neyt, Auguste, 137

Nietzsche, Friedrich, 263, 286

Niewerth, Toni, 453n.

Noiray, Jacques, 324

Nonnis, Serenella, 390n.

Normand, Louis Marie, 383n.

Ollier, L. (doutor), 339

Orfila, Mathieu Joseph Bonaventure, 308, 363

Orsini, Felice, 279

Osbaldeston, George ("Squire"), 423

Osiakovski, Stanislas, 164n.

Outram, Dorinda, 300n.

Ozouf, Mona, 302n.

Paganini, 148n.

Papet, Édouard, 168n.

Papin-Dupont, Léon, 75

Parant, Louis, 465n.

Paré, Ambroise, 356

Parent-Duchâtelet, Alexandre, 210, 230, 265, 281, 299n., 317

Parisis, Pierre-Louis, 264

Park, Roberta J., 453, 457n.

Pasteur, Louis, 39, 49, 51s.

Patissier, Philibert, 317

Paulo (São), 77, 79

Paver de Courteille, Charles, 378

Paz, Eugène, 460, 461n.

Peitzman, Steven J., 23n.

Pélicier, Yves, 351n.

Perdiguier, Agricol, 396, 398, 400

Pereire, 351

Perier, Casimir, 304

Pernoud, Emmanuel, 205n., 215n.

Péron, François, 408

Perot, Francis, 397n.

Perrot, Michele, 224n., 321n., 322

Pestalozzi, Johann Heinrich, 351, 412s.

Peter, Jean-Pierre, 87s., 331n., 332n., 333, 336, 337n., 341

Pétion de Villeneuve, Jérôme, 273

Petit, J., 354n.

Petit, Jacques-Guy, 289

Petit, Marc-Antoine, 28, 295

Pfister, Gertrude, 453

Philipon, Charles, 146s., 151n., 168, 169n., 170, 172n., 173n., 174s.

Picard, François, 98

Pichois, Claude, 144n.

Pichot, André, 369n., 370n.

Picon, Antoine, 47

Pierrard, Pierre, 324, 326

Pierre, Éric, 39n.

Pigenet, Michel, 322n.

Pignatelli, 137

Pinel, Philippe, 48, 351, 358

Pinell, Patrice, 25n., 35n.

Pinon, Pierre, 385

Piorry, Pierre-Adolphe, 221

Piranèse, Giovanni Battista, 106

Pisseux, Michel, 402

Plongeron, Bernard, 76

Poe, Edgar Allan, 405

Poincaré, Émile-Léon, 319, 322

Poiseuille, Jean-Louis, 24

Poitry, Guy, 208

Pollack, Michael, 223, 224n.

Ponteil, Félix, 274n.

Pope, Elijah (doutor), 341

Pope, Steven W., 444n.

Porret, Michel, 206n., 283, 284n., 285n., 287n.

Portalis, Jean, 62s.

Porter, Roy, 185n.

Porto-Alegre, Manuel de Araújo, 166n.

Postel-Vinay, Nicolas, 24n.

Potain, Pierre-Charles, 24

Potts, Alex, 106n.

Pouchet, Félix-Archimède, 188

Pourésy, Émile, 210

Poussin, Nicolas, 111, 115s.

Powell, Foster, 427

Pravaz, Charles Gabriel, 415

Índice de nomes próprios

Preiss, Nathalie, 173

Prendergast, Christopher, 239n., 255, 256n.

Presneau, Jean-René, 349n.

Prévost, Marcel, 229

Prévost, Marie-Laure, 151n.

Proust, Adrien, 467n., 469n.

Proust, Antonin, 104n.

Pussin, Jean-Batiste, 48

Puvis de Chavannes, Pierre, 133

Py, Christiane, 258n.

"Quatre-taillons", 275

Queensbury, Marquês de, 451s.

Quesnel, F.C. (doutor), 77n.

Quetelet, 352n.

Queval, Isabelle, 476n.

Rabaud, Étienne, 360n.

Rachel, 134

Raciborski, M.A. (doutor), 227

Radford, Peter, 422n., 427n., 453n.

Rae, Simon, 425n.

Ramazzini, Bernardino, 317

Ramel, Jean-Pierre (general), 275

Rancé, Armand Jean Le Bouthillier de, 83

Rauch, André, 340, 451n., 452n.

Raulot, Jean-Yves, 51n.

Rayer, Pierre-François, 37

Rebérioux, Madeleine, 323n.

Récamier, Anthelme, 22

Reclus, Élisée, 243

Redon, Odilon, 132

Regnard, E., 349n.

Régnier, Edme, 408

Reichel, Frantz, 473n.

Remlinger, 390

Rémond, René, 57n.

Renan, Ernest, 370

Reni, Guido, 103

Renneville, Marc, 46, 392n.

Resnick, Daniel, 274n.

Restif (La Bretonne, Nicolas-Edme), 237

Rey, Aristide, 465

Rey, Laurence, 71n.

Rey, Roselyne, 27n., 30n., 40n., 328, 332n.

Richard, Eugène, 391n.

Richard, Philippe, 264

Richardot, Anne, 209n.

Richardson, Ruth, 297n.

Richepin, Jean, 362n.

Richer, Paul, 361n.

Richet, Charles, 49, 54

Ricoeur, Paul, 328

Rieder, Philip, 17n.

Riess, Steven A., 430n., 456n.

Rilke, Rainer Maria, 135s.

Rimann, Jean-Philippe, 215n.

Riolan (doutor), 249, 251

Rival, Bertrand, 257

Robillard, Hippolyte, 148, 152n.

Rodin, Auguste, 135-138

Roentgen, Wilhelm-Conrad, 24

Roger, Jacques, 356

Roland de la Platière, Jean-Marie, 273

Romon, Christian, 353n.

Ronsin, Francis, 230, 265

Rony, Duprest-Rony, A.P. (doutor), 77n., 78n.

Rops, Félicien, 263

Rossetti, Dante Gabriel, 213

Rostan, Louis Léon, 376n.

Rouillé, André, 125n., 217n., 315

Rousseau, Jean-Jacques, 187, 209, 351

Roussel, Pierre (doutor), 145n., 184

Rowlandson, 143

Royer, Clémence, 370

Roynette, Odile, 337

Rozet, Georges, 472

Rozier, L. (doutor), 201

Rubens, Peter Paul, 103, 122

Rupke, Nicolas, 39n.

Ruscio, Alain, 244

Ruskin, John, 434

Sacher-Masoch, Leopold, 236, 331

Sade, Donatien-Alphonse-François de, 72n., 89, 208s.

Saëz-Guérif, Nicole, 258n., 297n.

Said, Edward, 239

Saint-Clair, Georges de, 441, 471n.

Saint-Hilaire, Barthélemy, 466n.

Saint-Victor, Paul de, 154, 155n.

Salgues, Jacques-Alexandre, 336

Salignac, Mélanie de, 350

Índice de nomes próprios

Sand, George, 84, 219, 379, 380n.

Sansboeuf, Joseph, 462n.

Sanson, Charles (carrasco), 64n., 290

Sanson, Rosemonde, 64

Sartre, Jean-Paul, 9

Sassard, Ambroise, 337

Saunderson, Nicolas, 350

Savart, Claude, 58, 87, 334n.

Scharf, Aaron, 125n.

Scheid, John, 271n.

Schiller, Friedrich von, 301

Schoemaker, Robert, 185n.

Schönlein, Johann-Lucas, 40

Schwartz (professor), 258

Schwartz, Vanessa, 214, 255, 256n., 248, 313

Scott, Joan W., 321

Scott, Margaret, 455

Segal, Alain, 22, 24n.

Segalen, Martine, 223n.

Seguin, Édouard, 351, 354

Serman, William, 281n.

Sewell, William H., 316

Shakespeare, William, 167

Shelley, Mary, 295

Shipley, Stan, 452n.

Shorter, Edward, 183, 220n.

Simon de Metz, 376, 417

Simon, Jules, 460, 470n.

Simonetti, Pascal, 303

Smith, David, 448n.

Smith, Gilbert Oswald, 437

Smith, James, 25

Soemmering, Thomas, 294

Soëtard, Michel, 413n.

Sohn, Anne-Marie, 227, 231s., 249, 255, 310

Solé, Jacques, 229n.

Solomon-Godeau, Abigail, 112n.

Soubirous, Bernadette, 58, 64, 89

Soulet, Jean-François, 232n., 233n.

Soulié, Frédéric, 259

Souvestre, Émile, 396s.

Spencer, Herbert, 430

Spitzner, Pierre (doutor), 258, 363

Spivak, Marcel, 417n., 418n.

Staël, Germaine de, 197

Staffe, Blanche, 386n.

Stahl, Georg Ernst, 43, 220

Stansfield, Margaret, 454

Stanton, Domna, 182n.

Stendhal (Henri Beyle), 222

Stengerts, Jean, 198n.

Stiker, Henri-Jacques, 349n., 354n., 366n., 373n.

Stockmann, C. (doutor), 341

Stone, Laurence, 198n.

Sue, Eugène, 353, 383, 399, 400n.

Sue, Jean-Joseph, 294

Sullivan, John, 452

Swain, Gladys, 48n., 351n.

Sydenham, Thomas, 29, 331

Taine, Hippolyte, 281n., 434n., 442

Tallet, Frank, 71n.

Talma, François-Joseph, 304

Tamagne, Florence, 223, 224n., 249, 250n., 253n., 255n.

Taraud, Christelle, 239, 242n.

Tarczylo, Théodore, 198n.

Tardieu, Ambroise, 224-226, 246, 465

Tartakowsky, Danielle, 64

Ten-Doesschate Chu, Petra, 154n.

Teresa d'Ávila (Santa), 85

Termeau, Jacques, 230

Terret, Thierry, 402, 442n., 457n.

Thibault, Jacques, 442n., 464n.

Thiers, Adolphe, 156, 167s.

Thoinot, Louis-Henri (doutor), 226, 246, 249

Thomas, Keith, 431n., 448n.

Thompson, Edward P., 318

Thouvenin (doutor), 317

Thring, Edward, 433

Thuillier, Guy, 351n.

Ticiano, 129

Tillier, Annick, 234n., 310, 312

Tintoreto, Jacopo, 103

Tissié, Philippe, 442, 461n., 462n., 470

Tissot, Samuel Auguste, 199s., 209

Tombs, Robert, 280, 282

Tomé (São, discípulo), 62

Töpffer, Rodolphe, 159, 162, 173

Tort, Patrick, 360n., 366n., 369

Toulouse, Édouard, 235

Tourette, Gaston Gilles de (doutor), 335

Toussaint, Hélène, 141n.

Índice de nomes próprios

Traeger, Jörg, 142n.

Traviès, 119, 144, 146-148, 150s., 153s., 174

Trélat, Ulysse, 407n.

Trempé, Rolande, 320

"Trestaillon", 275

Treves (doutor), 364

Troppmann, J.-B., 297

Trousseau, Armand (doutor), 221

Trousson, Raymond, 206n.

Tussaud, Marie Grosholtz (Madame Tussaud), 363

Tyndall, John, 390n.

Vacher, Joseph, 311

Valin, Claudy, 270n., 272s., 274n.

Vamplew, Wray, 428n.

Van Neck, Anne, 198n.

Vardon, Harry, 450

Vazquez García, Francisco, 198n., 229n., 246n.

Vecchio, Silvana, 79n.

Vélasquez, Diego, 103

Velpeau, Alfred (doutor), 296, 337

Venette, Nicolas, 204

Verdès-Leroux, Jeannine, 367n.

Verdier, Jean, 351

Verne, Júlio, 243

Vernois, Maxime, 471

Verônica (Santa), 60

Verrier, J. (doutor), 77n.

Verspieren, Patrick, 341

Vial, Monique, 349n., 354n., 355n., 366n.

Viallaneix, Paul, 184n.

Vidart, Cécile, 258n.

Vidocq, 167

Vigarello, Georges, 306s., 310s., 316, 351, 393n., 457

Vigier, Philippe, 276n.

Vigny, Alfred de, 406

Villedieu, Louise, 259

Villermé, Louis-René, 51, 317

Vincent, Mary, 185n.

Vincent-Buffault, Anne, 218n.

Vinci, Leonardo da, 143n.

Viola, Paolo, 272, 281n.

Virchow, Rudolf, 25, 41, 295

Virey, J.-J., 184, 191, 332

Voltaire, 110

Vovelle, Michel, 287n., 298

Vulpian, Alfred, 296

Xeique Nefzaoui, 209

Wagner, Anne, 135

Wagniart, Jean-François, 322n.

Wagret, Paul, 58n.

Walker, Helen, 449n.

Walkowitz, Judith, 210n., 229n., 311

Wallis Myers, Arthur, 456

Wanrooij, Bruno P.F., 210n., 217n.

Warren, John C., 241

Warynski, Stanislas, 260n.

Watteville, Adolphe du Grab, Barão de, 353n.

Webb Ellis, William, 432

Weber, Eugen, 396n., 397, 441n., 461n.

Wechsler, Judith, 146n., 169n.

Weiner, Dora B., 48n.

Weisberg, Gabriel, 154n.

Weisz, George, 26n.

Wendell Holmes, Oliver, 429

Werdet, Edward, 377n.

Wesley, John, 182

Westphal, Carl, 247

Weygand, Zina, 348n.

Wilde, Oscar, 249

Wilke, Dorette, 454

Willer, Jean-Claude, 330

Williams, Gareth, 448n.

Winckelmann, Johann Joachim, 104-106, 107n., 109n., 111, 113

Winslow, Charles-Édouard, 356s.

Wittig, Monica, 223

Wolff, Étienne, 360n.

Wolff, L., 170n.

Wunderlich, Carl-August, 24

Yvonneau, Charles-Alfred, 337

Yvorel, Jean-Jacques, 30n.

Zerner, Henri, 10, 151n.

Zeuxis, 105

Zola, Émile, 98, 129, 197, 203s., 211, 215n., 221, 227, 235, 237s., 266, 324

Zylberman, Patrick, 388n.

Os autores

Alain Corbin é professor-emérito de História do século XIX na Universidade Paris I e membro do Instituto Universitário da França. É autor e também organizador de diversas obras coletivas.

Georges Vigarello é professor de Ciências da Educação na Universidade Paris V, diretor de estudos na École des Hautes Études en Sciences Sociales e membro do Instituto Universitário da França. Autor de diversas obras sobre as representações do corpo.

Henri-Jacques Stiker é diretor de pesquisa (antropologia histórica) no laboratório "História e civilização das sociedades ocidentais" da Universidade Paris VII. É presidente da Sociedade Internacional Alter para história das enfermidades. Autor de diversas obras e artigos.

Henri Zerner é professor de História da Arte na Harvard University. Durante muitos anos foi conservador de estampas no Fogg Art Museum. Suas publicações tratam principalmente da Renascença na França e do século XIX, como também da História da Arte.

Olivier Faure, *agregé* de História, foi professor de História Contemporânea na Universidade de Clermont-Ferrand (1991-1994) e na Universidade Jean-Moulin Lyon III desde 1994. É membro do UMR 5190 Larra (Laboratoire de Recherche Historique Rhône-Alpes), e responsável pelo grupo "Exclusions, médicine, insertion sociale". Possui diversas obras publicadas.

Richard Holt, que começou suas pesquisas em Oxford sob a direção de Theodore Zeldin, é professor no International Center for Sports, History and Culture, da Montfort University, Leicester, Reino-Unido. Autor de diversas obras.

Ségolène Le Men foi durante muito tempo pesquisadora CNRS no Museu d'Orsay. É professora de História da Arte Contemporânea na Universidade Paris X – Nanterre, bem como diretora de Estudos Literários na Escola Normal Superior. Comissária de várias exposições e autora de publicações.

ÍNDICE GERAL

Sumário, 5

Introdução (Alain Corbin), 7

PARTE I: OLHARES CRUZADOS SOBRE O CORPO

1. O olhar dos médicos (Olivier Faure), 13

    I. Corpo explorado, corpo dividido, corpo negado?, 16

        1. O nascimento da medicina moderna, 17

        2. A exploração do corpo, 21

        3. A dor ludibriada?, 26

        4. O corpo na relação terapêutica, 32

    II. O retorno do corpo-máquina e seus limites, 36

        1. O corpo: um "ambiente interior", 36

        2. Do moral ao psíquico, 43

        3. O corpo no "meio exterior", 49

Conclusão, 54

2. A influência da religião (Alain Corbin), 57

    I. O cristianismo, a religião da encarnação, 57

    II. Virgindade e continência, 68

    III. Os deveres conjugais, 78

IV. A posição ascética, 82

V. As posturas do recolhimento e da adoração, 92

VI. Compaixão e espera do milagre, 94

3. **O olhar dos artistas (Henri Zerner), 101**

I. Fundamentação teórica, 104

II. O nu, 107

III. O modelo, 115

IV. Imaginar o real, 118

V. Realismo óptico e fotografia, 124

VI. "Mais Vênus, sempre Vênus...", 127

VII. O corpo simbolista, 131

VIII. Rodin, 133

4. **As imagens sociais do corpo (Ségolène Le Men), 141**

I. Mayeux e a corcunda, 145

II. Monsieur Prudhomme, 154

III. Robert Macaire, 163

PARTE II: PRAZER E DOR: NO CORAÇÃO DA CULTURA SOMÁTICA

1. **O encontro dos corpos (Alain Corbin), 181**

I. As lógicas do desejo e da repulsa, 181

1. O corpo e a história natural do homem e da mulher, 184

2. As imagens do desregramento: a masturbação e as perdas seminais, 198

3. Erotismo e "lascívia", 205

4. O retrato do "antifísico", 223

II. A difícil história das práticas de prazer, 227

III. A revolução das últimas décadas, 234

    1. A emergência de uma ciência do sexo, 234

    2. O imaginário erótico colonial, 238

    3. Os personagens do invertido e da lésbica, 246

    4. Riscos e prejuízos da visibilidade do corpo, 255

    5. A nova tragédia, 261

2. **Dores, sofrimentos e misérias do corpo (Alain Corbin), 267**

    I. O corpo massacrado, 267

    II. O corpo supliciado, 283

    III. O lugar do cadáver, 297

    IV. O corpo violentado, 304

    V. O corpo gasto e assassinado do trabalhador no século da industrialização, 314

        1. O desgaste do corpo do operário, 314

        2. Os acidentes de trabalho, 324

    VI. A dor e o sofrimento, 328

PARTE III: O CORPO CORRIGIDO, TRABALHADO, EXERCITADO

1. **Nova percepção do corpo enfermo (Henri-Jacques Stiker), 347**

    I. O corpo inválido se torna educável, 348

    II. O corpo enfermo como monstruoso, 355

        1. A representação erudita, 356

        2. A representação popular, 362

    III. O corpo e a degenerescência, 366

    IV. O cuidado do corpo acidentado, 371

2. Higiene do corpo e trabalho das aparências (Georges Vigarello), 375

    I. A raridade do banho, 375

    II. As abluções parciais, 379

    III. O aguçamento do sensível, 380

    IV. Os itinerários da água, 384

    V. A água "popular", 387

    VI. A limpeza "invisível", 390

3. O corpo trabalhado – Ginastas e esportistas no século XIX (Georges Vigarello e Richard Holt), 393

    I. Tradições renovadas?, 394

        1. Resistências, 395

        2. "Prazeres vulgares", 398

        3. A cidade e a água, 402

        4. Posturas burguesas, 404

    II. A invenção de uma mecânica, 406

        1. Corpo produtivo, movimentos cifrados, 407

        2. Uma mecânica dos movimentos, 410

        3. A invenção de uma pedagogia, 414

        4. Uma lenta difusão, 416

    III. Primeiros esportes, 419

        1. Os esportes *"old English"* e o corpo, 422

        2. O corpo do amador, 428

        3. O exemplo inglês: a Europa e o ideal do amador, 440

        4. Do uso do corpo masculino: a multiplicidade dos esportes, 444

        5. O esporte no feminino, 452

IV. O ginasta e a nação armada, 460

    1. As sociedades de ginástica, 461

    2. A ginástica, disciplina escolar, 464

    3. O ginasta como homem novo, 466

    4. As elites e a postura física, 468

V. O ginasta ou o esportista?, 471

    1. A disciplina ou os jogos?, 471

    2. Um corpo energético, 473

    3. O esporte e o extremo da saúde, 475

Índice de nomes próprios, 479

Os autores, 505

Conecte-se conosco:

- facebook.com/editoravozes
- @editoravozes
- @editora_vozes
- youtube.com/editoravozes
- +55 24 2233-9033

www.vozes.com.br

Conheça nossas lojas:

www.livrariavozes.com.br

Belo Horizonte – Brasília – Campinas – Cuiabá – Curitiba
Fortaleza – Juiz de Fora – Petrópolis – Recife – São Paulo

EDITORA VOZES

Vozes NOBILIS

Vozes de Bolso

Vozes Acadêmica

EDITORA VOZES LTDA.
Rua Frei Luís, 100 – Centro – Cep 25689-900 – Petrópolis, RJ
Tel.: (24) 2233-9000 – E-mail: vendas@vozes.com.br